Treuhand am Gesellschaftsanteil

Saarbrücker Studien
zum Privat- und Wirtschaftsrecht

Herausgegeben von Johann Paul Bauer,
Michael Martinek (geschäftsführender Herausgeber)
und Helmut Rüßmann

Band 43

PETER LANG
Frankfurt am Main · Berlin · Bern · Bruxelles · New York · Oxford · Wien

Rudolf Lenders

Treuhand am Gesellschaftsanteil

Die Einbindung des Treugebers in das gesellschaftsrechtliche Organisationsgefüge

PETER LANG
Europäischer Verlag der Wissenschaften

Bibliografische Information Der Deutschen Bibliothek
Die Deutsche Bibliothek verzeichnet diese Publikation in der Deutschen Nationalbibliografie; detaillierte bibliografische Daten sind im Internet über <http://dnb.ddb.de> abrufbar.

Zugl.: Saarbrücken, Univ., Diss., 2004

D 291
ISSN 1433-8866
ISBN 3-631-52699-7

www.peterlang.de

Saarbrücker Studien zum Privat- und Wirtschaftsrecht

herausgegeben von
Prof. Dr. Johann Paul Bauer
Prof. Dr. Dr. Dr. h.c. Michael Martinek
Prof. Dr. Helmut Rüßmann

Die Schriftenreihe "Saarbrücker Studien zum Privat- und Wirtschaftsrecht" bildet in erster Linie ein Forum für rechtswissenschaftliche Doktorarbeiten der Universität des Saarlandes auf zwei juristischen Schwerpunktgebieten. Zum einen sollen Dissertationen im klassischen Privatrecht, vor allem im bürgerlichen Vermögensrecht der ersten drei Bücher des BGB und ihrer Nebengesetze vorgestellt werden. Zum anderen findet das Wirtschaftsrecht im Sinne des Wirtschaftsprivatrechts besondere Berücksichtigung, womit namentlich die Gebiete des Handelsrechts einschließlich des Bilanzrechts, des Personen- und Kapitalgesellschaftsrechts einschließlich des Konzernrechts, des Gewerblichen Rechtsschutzes sowie des Wettbewerbs- und Kartellrechts bezeichnet sind. Es versteht sich, daß nicht nur rechtsdogmatische Studien, sondern auch rechtstatsächlich, rechtspolitisch oder interdisziplinär angelegte Arbeiten in die Schriftenreihe Aufnahme finden. Denn die Rechts- und Wirtschaftswissenschaftliche Fakultät der Universität des Saarlandes vereinigt unter *einem* Dach die Fachbereiche Rechtswissenschaft und Wirtschaftswissenschaft und regt damit Studenten und Hochschullehrer in besonderer Weise zu fachübergreifender Lehre und Forschung an. Die Schriftenreihe steht aber nicht nur sehr guten und ausgezeichneten Dissertationen, sondern auch anderen "Studien" zu privat- und wirtschaftsrechtlichen Themen offen, bis hin zu Materialien und Skripten des akademischen Unterrichts. Die drei Herausgeber, die zugleich stellvertretend für ihre anderen Saarbrücker Fakultätskollegen des Privat- und Wirtschaftsrechts handeln, verbinden mit den "Saarbrücker Studien zum Privat- und Wirtschaftsrecht" den Wunsch, daß die hier veröffentlichten Arbeiten die verdiente Resonanz in der breiteren juristischen Fachöffentlichkeit finden.

Vorwort

Die vorliegende Arbeit wurde von der Rechts- und Wirtschaftswissenschaftlichen Fakultät der Universität des Saarlandes im Wintersemester 2003/2004 als Dissertation angenommen.

Ich danke meinem Doktorvater Herrn Professor Dr. Dr. Dr. h.c. Michael Martinek für seine umfassende Betreuung. Er hat mich unmittelbar nach dem ersten Staatsexamen zur zügigen Erstellung einer Dissertation angeregt. Bei der Wahl des Themas und der Bearbeitung ließ er mir alle wünschenswerten Freiheiten. Stets stand er für wissenschaftlichen Rat zur Verfügung.

Dank gebührt auch Herrn Professor Dr. Rüßmann, der sich trotz großer Arbeitsbelastung zur Erstellung des Zweitgutachtens bereit gefunden hat.

Ich widme die Arbeit meinen Eltern. Sie haben mir jede erdenkliche Unterstützung zu Teil werden lassen und den erforderlichen Rückhalt zur Fertigstellung des Projekts gegeben.

Saarbrücken, April 2004 Rudolf Lenders

Meinen Eltern

Inhaltsverzeichnis

Einleitung

Die Treuhand am Gesellschaftsanteil betrifft gleichermaßen gesellschaftsrechtliche wie allgemein-zivilrechtliche Problemkreise und Regelungssysteme. Die besondere Faszination liegt in der Vielzahl zu lösender Detailprobleme und deren Einbindung in ein schlüssiges Gesamtkonzept. Ziel der vorliegenden Arbeit ist es, ein mitgliedschaftliches Konzept zur Stellung des Treugebers herzuleiten und als Leitlinie zur Entwicklung interessengerechter Einzellösungen anzubieten.

Die Diskussion um die Treuhand am Gesellschaftsanteil hat in den letzten Jahren eine kräftige Belebung erfahren. Stand früher nahezu allein die Publikums-KG im Mittelpunkt des Interesses, so hat sich der Schwerpunkt inzwischen auf die allgemeine Problematik der Aufteilung der Rechte und Pflichten zwischen Treugeber und Treuhänder verlagert. Von besonderer Bedeutung ist dabei die Frage, ob und gegebenenfalls wie der Treugeber Träger von unmittelbaren schuldrechtlichen oder gar korporativen Rechten in der Gesellschaft werden kann. Korrespondierend hierzu ist auf der Pflichtenseite die Reichweite der gesellschaftsrechtlichen Haftung zu klären. Die Brisanz des Themas ergibt sich dabei nicht zuletzt aus dem Fehlen einer speziellen gesetzlichen Regelung. Lehre und Rechtsprechung sind darauf angewiesen, allgemeine Rechtsinstitute zur Bewältigung der Probleme fruchtbar zu machen. Die Vielfalt an unterschiedlichen Interessenlagen und daraus resultierenden Gestaltungsmöglichkeiten erschwert es zusätzlich, ein einheitliches Lösungsmodell zu finden.

Jeder Lösungsversuch muss sich damit auseinandersetzen, wie die gesellschafts- und schuldrechtlichen Beziehungen zwischen dem Treugeber, dem Treuhänder und den übrigen Gesellschaftern miteinander zu kombinieren sind. Es ist nach Organisationsstrukturen zu suchen, die sowohl eine Umsetzung der Parteiinteressen ermöglichen, als auch den gesetzlichen, insbesondere gesellschaftsrechtlichen, Vorgaben gerecht werden. Stets im Auge zu behalten sind dabei ebenfalls die Interessen unbeteiligter Drittgläubiger. Die zahlreichen Detailprobleme lassen sich nur bewältigen, wenn die treuhandrechtliche Dogmatik aus spezifisch gesellschaftsrechtlicher Perspektive betrachtet wird. Ein Gesellschaftsanteil weist als Treugut zu viele Besonderheiten auf, um die allgemein im Treuhandrecht geltenden Grundsätze unmodifiziert anzuwenden.

Die traditionelle Treuhanddogmatik ist vornehmlich am Außenverhältnis orientiert. Im Mittelpunkt steht der Schutz des Treugebers in einer Insolvenz des Treuhänders oder im Falle einer Einzelvollstreckung in dessen Vermögen. Versucht man die hieraus entwickelte Dogmatik auf die Treuhand am Gesellschaftsanteil zu übertragen, stößt man schnell an Grenzen. Bei der Treuhand am Gesellschaftsanteil tritt neben die Beziehung zwischen Treuhänder und Treugeber und etwaigen Drittgläubigern das Rechtsverhältnis zu den übrigen

Gesellschaftern. Die herkömmliche Treuhanddogmatik ist darauf nicht zugeschnitten. Ihre Prinzipien wurden anhand der klassischen Treuhand, die schlichte Sachen als Treugut zum Gegenstand hat, entwickelt. Wesentliche Grundsätze der Treuhanddogmatik rechtfertigen sich denn auch in erster Linie aus sachenrechtlichen Prinzipien. Für die komplexen Wechselwirkungen zwischen Treuhandbeziehung und Gesellschaftsverhältnis sind sie jedoch wenig ergiebig. Im Lichte der besonderen Prägung des Treugutes als Gesellschaftsanteil sind im Treuhandrecht allgemein als unumstößlich angesehene Grundsätze für die Treuhand am Gesellschaftsanteil daher neu zu überdenken.

Die Problematik der Treuhand lässt sich allgemein dahingehend umschreiben, dass es gilt, schützenswerte Interessen im Innen- und Außenverhältnis miteinander in Einklang zu bringen. Jedes Treuhandverhältnis ist durch die Rechtsmacht des Treuhänders im Rechtsverkehr als Außenverhältnis und seine Pflichtenbindung in der Innenbeziehung gegenüber dem Treugeber geprägt. Dabei fragt sich, ob und gegebenenfalls inwieweit die Bindung gegenüber dem Treugeber auf das Außenverhältnis durchschlagen kann. Eine derartige Verdinglichung der Treugeberposition wird für die Treuhand allgemein abgelehnt.

Bei der Treuhand am Gesellschaftsanteil ist indes zu berücksichtigen, dass die Treuhand nicht nur den allgemeinen Rechtsverkehr, sondern auch das gesellschaftsrechtliche Innenverhältnis betrifft. Ein Gesellschaftsanteil ist nämlich zunächst dadurch gekennzeichnet, dass er eine Teilhabe am gesellschaftlichen Innenverhältnis vermittelt. Er ist nicht nur – wie eine Sache – Gegenstand des Rechtsverkehrs, sondern geht aus diesem überhaupt erst hervor. Durch den rechtsgeschäftlichen Gründungsakt wird die Gesellschaft, und damit auch jeder einzelne Gesellschaftsanteil, geschaffen. Zugleich entsteht durch den Gründungsakt das gesellschaftliche Innenverhältnis, das sich als Binnenbeziehung vom allgemeinen Rechtsverkehr abhebt. Mit Rücksicht auf die beschränkte Zahl der als Gesellschafter an dieser Innenbeziehung teilnehmenden Personen sind vom allgemeinen Rechtsverkehr abweichende Regelungsmechanismen und Schutzgesichtspunkte zu beachten.

Die auf das Außenverhältnis bezogene zentrale Frage einer Verdinglichung der Treugeberstellung stellt sich bei der Treuhand am Gesellschaftsanteil daher in doppelter Weise: Einerseits im klassischen Sinne der Verfügungsbefugnis über den Gesellschaftsanteil im allgemeinen Rechtsverkehr, andererseits aber auch unter dem Gesichtspunkt einer Handlungsbefugnis in der Gesellschaft. Auch insoweit handelt es sich um – im gesellschaftsrechtlich-organisationsrechtlichen Sinne – dingliche Befugnisse. Es ist offensichtlich, dass der Interessenausgleich zwischen treuhänderischem Innen- und Außenverhältnis in beiden Bereichen unterschiedlichen Maßstäben unterliegen muss. Der Schutz des Rechtsverkehrs setzt der privatautonomen Vertragsgestaltung enge Grenzen. Für den gesellschaftsinternen Bereich hingegen eröffnen sich weitergehende Möglichkeiten.

Die Faktoren einer eigenverantwortlichen Ausgestaltung und des Einverständnisses aller Beteiligten können zu einer weiterreichenden „verdinglichenden" Wirkung als im allgemeinen Rechtsverkehr führen. Die Treuhand am Gesellschaftsanteil öffnet mithin gerade wegen ihrer besonderen Stellung im Schnittpunkt von allgemeinem Rechtsverkehr, Gesellschaftsverhältnis und Treuhandbeziehung neue Perspektiven. Zumindest als Anregung können die daraus abzuleitenden Erkenntnisse für Lösungen auch über den engen Bereich der Treuhand am Gesellschaftsanteil hinaus geeignet erscheinen.

Der spezifisch gesellschaftsrechtliche Teil der Treuhandproblematik spitzt sich auf die Frage nach den Rechten und Pflichten des Treugebers gegenüber der Gesellschaft zu. Es ist zu untersuchen, ob der Treugeber nur mittelbar über den Treuhänder auf die Gesellschaft einwirken kann oder ob ihm unmittelbare Einflussrechte zustehen. Beschränkt sich seine Einflussmacht auf den Weg über den Treuhänder, ist er auf dessen pflichtgemäßes Verhalten angewiesen. Besitzt er demgegenüber eigene Rechte in der Gesellschaft, kann er den Treuhänder kontrollieren und gegebenenfalls selbst tätig werden. Entsprechend fragt sich auf der Pflichtenseite, ob der Treugeber einer direkten oder lediglich indirekten gesellschaftsrechtlichen Haftung unterliegt, ob auch er neben dem Treuhänder von der gesellschaftlichen Treuepflicht erfasst wird. All das sind nur einige von zahllosen Detailproblemen im Bereich der Treuhand am Gesellschaftsanteil. Indes stehen sie beispielhaft für die grundlegende dogmatische Problemstellung. Die genannten Rechte und Pflichten knüpfen allesamt an eine Gesellschafterstellung des Betroffenen an. Ist der Treugeber Gesellschafter, unterliegt er dem vollen Rechtsfolgenprogramm, das allenfalls ausnahmsweise an die Besonderheiten seiner Stellung angepasst werden kann. Ist er hingegen Außenstehender, kann es allein um eine vereinzelte Erstreckung der gesellschaftsrechtlichen Folgen auf ihn gehen. Die gesellschaftsrechtliche Stellung des Treugebers innerhalb oder außerhalb des Gesellschaftsverbandes erweist sich damit als Schlüssel zur Bewältigung der treuhandrechtlichen Probleme.

Die Frage nach einer gesellschaftsinternen Position des Treugebers scheint nach herrschender Lehre einfach beantwortet: Treuhänder und Treugeber wollen lediglich eine schuldrechtliche Bindung des Treuhänders begründen. Allein der Treuhänder ist nach ihrer Ansicht Gesellschafter. Allenfalls für den Bereich einer umfassenden vertraglichen Regelung, die auch eine Abstimmung von Treuhand- und Gesellschaftsverhältnis aufeinander enthält, wird Raum dafür gesehen, den Treugeber nach Art eines umfassenden Organisationsverhältnisses in die Gesellschaft einzubinden. Indes ist eine derartig umfassende Regelung aller Beteiligten keineswegs die Regel. Von praktischer Bedeutung ist die Abstimmung der Vertragsverhältnisse aufeinander allein im Bereich der Publikums-Anlagegesellschaften. Ein umfassendes Konzept lässt sich hieraus nicht entwickeln. Die Ansätze, noch weitergehend eine Gesellschafterstellung des Treugebers anzunehmen, beschränken sich auf die Fälle einer qualifizierten

Treuhand. Erforderlich ist dafür, dass eine besondere Stärkung der Treugeberposition von den Parteien vereinbart wird. Die Möglichkeit, den Treugeber bereits bei der schlichten Treuhand, bei der eine solche Vereinbarung gerade fehlt, als Gesellschafter zu verstehen, wird von vornherein ausgeschlossen.

Vergegenwärtigt man sich die Besonderheiten der Treuhand am Gesellschaftsanteil, muss es verwundern, dass eine gesellschaftsinterne Stellung des Treugebers zur Lösung der treuhandrechtlichen Probleme für ungeeignet gehalten wird. In erster Linie liegen die Schwierigkeiten offenbar darin, dass durch die Treuhandkonstruktion gerade beabsichtigt wird, den Treugeber aus der Gesellschaft herauszuhalten. Der Treuhänder soll den Treugeber vollständig repräsentieren. Die Anerkennung einer Gesellschafterstellung des Treugebers scheint demgegenüber genau das Gegenteil zu bewirken. Zu bedenken ist jedoch zweierlei: Zum einen können die Ziele der Parteien durchaus verfehlt werden, wenn dem zwingende rechtliche Prinzipien, die der Privatautonomie Grenzen setzen, entgegenstehen. Zum anderen muss eine Gesellschafterstellung des Treugebers nicht zwangsläufig bedeuten, dass die Regelungszwecke der Treuhand völlig verfehlt werden. Auch im Rahmen eines mitgliedschaftlichen Konzeptes zur Stellung des Treugebers lassen sich Organisationsstrukturen finden, die der treuhandrechtlichen Interessenlage Rechnung tragen.

Die rechtliche Struktur des gesellschaftlichen Innenverhältnisses ermöglicht eine Einbindung des Treugebers in die Gesellschaft. Eine ausdrückliche Vereinbarung ist dazu nicht erforderlich. Als Rechtsverhältnis ist das gesellschaftliche Innenverhältnis grundsätzlich offen für eine konkludente Ausdehnung durch weitere Rechtsgeschäfte. Die Gesellschaft bildet kein starres Gebilde, sondern kann als Strukturgefüge durch eine Verknüpfung mit weiteren Rechtsverhältnissen erweitert werden. Es ist daher näher zu beleuchten, wie sich das rechtstrukturelle Zusammenspiel von Gesellschafts- und Treuhandverhältnis gestaltet. Vorstellbar erscheint, dass sich Gesellschafts- und Treuhandvertrag auch ohne umfassende vertragliche Abstimmung aufeinander zu einem Gesamtgebilde verknüpfen. Der Treugeber würde dann durch die Vermittlung des Treuhänders nicht nur mittelbar an der Gesellschaft beteiligt, sonder selbst Teil des gesellschaftlichen Strukturgefüges.

Will man den Treugeber auf diesem Wege als Gesellschafter einstufen, liegt eine weitere rechtskonstruktive Schwierigkeit in der Frage, wie sich die Position des Treugebers mit der daneben zugleich bestehenden Gesellschafterstellung des Treuhänders vereinbaren lässt. Stellt man die Gesellschafterstellung des Treuhänders in Frage, würde das Ziel der Treuhandkonstruktion, den Treugeber durch einen Vollrechtsinhaber zu repräsentieren, letztlich völlig verfehlt. Es ist daher nach einer Möglichkeit zu suchen, Treugeber und Treuhänder gemeinsam als Gesellschafter einzubinden. Herkömmliche Formen der gemeinsamen Innehabung einer Rechtsposition erweisen sich schnell als ungeeignet. Die typische Interessenlage der Treuhandbeziehung, die (bei der fremdnützigen Treuhand) durch eine völlige Dominanz des Treugebers geprägt ist, steht Berechtigungsformen, die auch intern eine gleichstufige Verteilung der Rechte vorsehen, entgegen. Hier hilft indes wiederum eine Besinnung auf die Eigenart des Gesellschaftsanteils als Treugut weiter. Es ist zu erwägen, die Treuhandverbindung selbst als Instrument der gemeinsamen Innehabung einer Rechtsposition – hier des Gesellschaftsanteils – aufzufassen. Mit Blick auf die Gestaltungsfreiheit im Gesellschaftsrecht scheint dies durchaus vorstellbar. Zudem stehen auch sachenrechtliche Prinzipien, die im Gesellschaftsrecht allenfalls eingeschränkt anwendbar sind, nicht im Wege. Zu berücksichtigen sind freilich auch hier die Interessen außenstehender Dritter. Vor allem der Schutz der Gesellschaftsgläubiger, die an der Vereinbarung einer Treuhand nicht beteiligt sind, darf durch die treuhänderische Ausgestaltung nicht beeinträchtigt werden.

Den dargestellten Schwierigkeiten bei der Begründung einer Gesellschafterstellung des Treugebers stehen die Vorzüge gegenüber, im Gesellschafterbegriff einen klaren Anknüpfungspunkt für die Anwendung gesellschaftsrechtlicher Normen auf die Treuhand zu besitzen. Es eröffnet sich dadurch ein klares Regelungsprogramm für die Erstreckung von gesellschaftlichen Rechten und Pflichten auf den Treugeber. Angesichts dieser Vorzüge überrascht es, dass sich keine der zahlreichen Abhandlungen zur Treuhand am Gesellschaftsanteil dogmatisch tiefgreifend mit einer Gesellschafterstellung des Treugebers auseinandersetzt. Argumentation und Darstellung beschränken sich ganz überwiegend auf die Lösung der einzelnen Sachfragen. Ein übergreifendes Konzept wird nur vereinzelt entwickelt. Doch auch soweit sich gerade in der neueren Literatur vertiefte Auseinandersetzungen mit der Treuhand am Gesellschaftsanteil finden, ist die Tendenz zu beobachten, sich zu sehr von traditionellen Vorgaben der Treuhanddogmatik leiten zu lassen. Eine umfassende Gesellschafterstellung des Treugebers wird nicht ernsthaft in Betracht gezogen, weil die Trennung zwischen Gesellschafts- und Treuhandbeziehung hierdurch durchbrochen würde. Dieser Grundsatz leitet sich aus dem Prinzip der Relativität der Schuldverhältnisse ab. Rechtsgeschäfte sollen grundsätzlich nur zwischen den Personen wirken, die an ihnen beteiligt sind. Ein Durchschlagen des Treuhandverhältnisses auf die Gesellschaftsbeziehung wäre demnach ausgeschlossen. Übersehen wird dabei freilich die besondere Eigenart des Gesellschaftsanteils als Treugut. Die Beteiligung an einer Gesellschaft bedarf nicht zwingend des vorangehenden rechtsgeschäftlichen Kontaktes zu allen Mitgesellschaftern. Die je nach Gesellschaftsart mehr oder weniger ausgeprägte Verselbstständigung des Gesellschaftsanteils ermöglicht es, ohne eine Verwerfung grundlegender zivilrechtlicher Prinzipien ein mitgliedschaftliches Konzept zur Treugeberstellung zu entwickeln. Ansatz zur Rechtfertigung der Durchbrechung des Prinzips der Relativität der Schuldverhältnisse muss dabei vor allem das Zusammenwirken der beiden Rechtsbeziehungen des Gesellschafts- sowie des Treuhandverhältnisses sein, an dem es bei einer Treuhand jenseits des gesellschaftsrechtlichen Bereiches zwangsläufig fehlt. Das Prinzip der Relativität der Schuldverhältnisse wird dadurch nicht grundlegend in Frage gestellt. Es zeigt sich allerdings eine Durchbrechung für den Bereich der Treuhand am Gesellschaftsanteil.

Das Anliegen der vorliegenden Arbeit ist es, die Zulässigkeit und die dogmatisch-konstruktive Begründbarkeit einer Einbeziehung des Treugebers in das Organisationsgefüge der Gesellschaft nachzuweisen. Dabei sind das Wesen der Mitgliedschaft im Verband und die grundlegenden gesellschaftsrechtlichen Prinzipien zu beachten. Insofern ist eine Darstellung und Hinterfragung dieser Gesichtspunkte geboten. Des weiteren muss den Besonderheiten der Treuhand am Gesellschaftsanteil Rechnung getragen werden. Die Interessenlage der Beteiligten, die unterschiedlichen Ausprägungen der Treuhandmodelle und insbesondere alternative Gestaltungsarten sind stets im Blick zu behalten. Von diesen Eckpunkten ausgehend soll sich die Darstellung mit den bisher in Literatur und Rechtsprechung zu findenden Lösungsvorschlägen auseinander setzen, deren dogmatische und wertungsmäßige Schwächen aufzeigen und eine an den Möglichkeiten zur privatautonomen Ausgestaltung des Gesellschaftsverhältnisses orientierte eigene Lösung finden.

Anschließend soll das entwickelte Konzept auf die für die Treuhand am Gesellschaftsanteil prägenden Problemfelder angewandt werden: Die Erstreckung der gesellschaftsrechtlichen Treuepflicht auf den Treugeber, Form- und Zustimmungserfordernisse in Zusammenhang mit der Begründung der Treuhand, die Haftung des Treugebers und seine gegebenenfalls erforderliche Eintragung im Handelsregister. Diese Problemkreise bilden indes nur einen Ausschnitt aus den insgesamt auftauchenden zahllosen Einzelfragen. Die Darstellung befasst sich nicht mit sämtlichen aus der Treuhand am Gesellschaftsanteil resultierenden Rechtsproblemen. Sie beschränkt sich vielmehr auf die Herausarbeitung des dogmatisch-konstruktiven Grundmusters zur Erfassung der Treuhand am Gesellschaftsanteil. Die behandelten Einzelprobleme verstehen sich als Erprobung des zuvor erarbeiteten Konzepts auf seine innere Schlüssigkeit und seine Tauglichkeit zur Bewältigung praxisrelevanter Probleme. Die Darstellung beschränkt sich zudem mit Rücksicht auf die Übersichtlichkeit und den zur Verfügung stehenden Raum auf das Personengesellschaftsrecht und die GmbH. Diesen Bereichen entstammen die in der Rechtsprechungspraxis wie auch in der wissenschaftlichen Diskussion völlig dominierenden Fälle der Treuhand am Gesellschaftsanteil.

1. Kapitel: Einführung in die Treuhand am Gesellschaftsanteil

§ 1 Treuhand

Die Treuhand hat im weitesten Sinne Rechte (Treugut) zum Gegenstand, die eine Person (Treuhänder) im Interesse einer anderen Person (Treugeber) wahrzunehmen hat.[1] Der Begriff der Treuhand umschreibt dabei einerseits die vertragliche Beziehung zwischen Treugeber und Treuhänder (Innenverhältnis), andererseits die Position des Treuhänders im Rechtsverkehr (Außenverhältnis) als Inhaber des Treugutes.

I. Echte und unechte Treuhand

Anhand der Stellung des Treuhänders im Außenverhältnis wird die Treuhand in die Bereiche der echten (fiduziarischen) Vollrechtstreuhand, der Ermächtigungstreuhand und der (Vollmachts-) Treuhand eingeteilt.[2] Kennzeichnend für die echte Treuhand ist die Innehabung einer Rechtsposition durch den Treuhänder und dessen schuldrechtliche Bindung gegenüber dem Treugeber.[3] Nur bei der echten Treuhand weichen äußere Rechtszuständigkeit und innere Treubindung des Treuhänders voneinander ab.[4] Der Treuhänder ist Rechtsinhaber und kann als solcher Verfügungen und Verwaltungsmaßnahmen treffen.

Bei der unechten Treuhand, zu der sowohl die Vollmachts-, als auch die Ermächtigungstreuhand zählen[5], wird der Treuhänder demgegenüber nicht selbst Vollrechtsinhaber. Er ist jedoch zur Ausübung des Rechts ermächtigt (§ 185 BGB) oder bevollmächtigt (§ 164 ff. BGB). Während der Vollmachtstreuhänder in fremdem Namen handelt, tritt der Ermächtigungstreuhänder in eigenem Namen, jedoch gleichfalls für fremde Rechnung auf. In beiden Varianten bleibt der Treugeber alleiniger Vollberechtigter. Dies führt zu Unterschieden etwa mit

---

[1] *Coing*, Treuhand, S. 1, 85.

[2] Dazu: *Coing*, Treuhand, S. 90; MünchKomm/*K. Schmidt*, Vor. § 230 HGB, Rdnr. 35; ausführlich zur deutschrechtlichen (Ermächtigungs-) Treuhand: *Siebert*, S. 44 ff., und vor allem S. 213 ff.;; die Differenzierung zwischen echter und unechter Treuhand wird teils auch auf die Anwendbarkeit des Vollstreckungs- und insolvenzrechtlichen Schutzes des Treugebers bezogen, vgl. *Staudinger/Martinek*, § 675 Rdnr. A 53, A 55, während sich hierfür überwiegend die Terminologie einer eigentlichen beziehungsweise uneigentlichen Treuhand findet.

[3] *Beuthien*, ZGR 1974, 26, 29; *Coing*, Treuhand, S. 85 f.; *Henssler*, AcP 196 (1996), 37, 41 f.; MünchKomm/*K. Schmidt*, Vor § 230 HGB, Rdnr. 36; *Schlegelberger/K. Schmidt*, Vor (§ 230 n.F.) § 335 HGB, Rdnr. 43; *Siebert*, S. 146 ff.; ablehnend steht *Grundmann*, S. 83 ff., einer Differenzierung an Merkmalen aus dem Außenverhältnis gegenüber, er befürwortet demgegenüber eine Orientierung ausschließlich am treuhandrechtlichen Innenverhältnis (S. 87 ff.).

[4] MünchKomm/*K. Schmidt*, Vor. § 230 HGB, Rdnr. 36.

[5] *Henssler*, AcP 190 (1990), 37, 42; Vgl. auch *Krenzel*, S. 11 f., gegen eine Bezeichnung der Ermächtigungs- und Vollmachtsvariante als Treuhand.

Blick auf den Schutz des Treugebers vor treuwidrigen Verfügungen.[6] Dem Treuhänder kommt eine schwächere Stellung zu als bei der echten Treuhand. Er kann Verfügungen nicht aus eigenem, sondern nur aus abgeleitetem Recht treffen. Hiermit einhergehend besitzt der Treugeber weitergehende Möglichkeiten, seinerseits die ordnungsgemäße Wahrnehmung seiner Interessen zu überwachen und zu beeinflussen. Ein Überschuss an dinglicher Rechtsmacht, der allein schuldrechtlich gebunden ist, findet sich bei der unechten Treuhand nicht. Die unechte Treuhand wird daher auch als lediglich treuhandähnlich bezeichnet.[7] Gleichwohl sollte man die unechte Treuhand nicht von vornherein als Regelungsmodell außer Betracht lassen. Im Innenverhältnis liegt echter wie unechter Treuhand eine spezifisch treuhänderische Pflichtenbindung zugrunde.[8] Gerade wegen ihrer im Außenverhältnis rechtlich abweichenden Struktur mag die unechte Treuhand zur Lösung einzelner Probleme vorzugswürdig erscheinen. Für die Zwecke der Verbergung, Umgehung und Vereinfachung scheinen die Gestaltungsformen der unechten Treuhand am Gesellschaftsanteil freilich wenig geeignet.[9] Die genannten Ziele sind nur dann zu erreichen, wenn der Treuhänder selbst zum Gesellschafter wird. Daran fehlt es bei der unechten Treuhand aber gerade.

Im Folgenden wird, um Unklarheiten zu vermeiden, der Treuhandbegriff im Sinne einer echten (Vollrechts-) Treuhand gebraucht und die unechte Treuhand stets ausdrücklich als solche ausgewiesen.

II. Treuhand als Vertrag

Im Innenverhältnis basiert die Treuhand auf dem Treuhandvertrag, also der schuldrechtlichen Bindung des Treuhänders gegenüber dem Treugeber. Teils wird daher die Rechtsstellung des Treuhänders nach außen für die Einstufung als Treuhand für unerheblich gehalten.[10] Die Treuhand ist als eigenständiges Rechtsinstitut in Deutschland nicht geregelt.[11] Die rechtliche Behandlung muss sich folglich an den allgemein bestehenden Regelungen, aus denen sich das Gesamtbild der Treuhand zusammenfügen lässt, orientieren.

---

[6] *Henssler*, AcP 190 (1990), 37, 42.
[7] *Henssler*, AcP 196 (1996), 37, 43.
[8] Demgemäß ordnet vor allem *Grundmann*, S. 83 ff., unter Betonung des Innenverhältnisses, sowohl die Ermächtigungs- (S. 83 f.) als auch die Vollmachtstreuhand (S. 85 ff.) den Treuhandverhältnissen zu.
[9] *Blaurock*, S. 123, 124.
[10] Diese betonen besonders *Beyerle*, Die Treuhand im Grundriss des deutschen Privatrechts, S. 18 ff. und in neuerer Zeit *Grundmann*, S. 87 ff.
[11] *Grundmann*, S. 28 ff.

A. Bedeutung des Erwerbsaktes

Der Treuhandvertrag beinhaltet je nach Ausgestaltung eine Pflicht des Treuhänders, das Treugut zu erwerben, gegebenenfalls auch eine korrespondierende Übertragungspflicht des Treugebers. Es fragt sich, ob der Weg, auf dem der Treuhänder seine Vollrechtsstellung erlangt, für die rechtliche Erfassung der Treuhand im Innenverhältnis von Bedeutung ist. Es wird üblicherweise unterschieden zwischen den Fällen der Übertragungs-, der Vereinbarungs- und der Erwerbstreuhand.[12] Dabei ist für die Treuhand am Gesellschaftsanteil von besonderem Interesse, ob je nach Entstehungsart und Gesellschaftsform Zustimmungserfordernisse der Gesellschaft beziehungsweise der übrigen Gesellschafter gegeben sind.[13] Auch Formerfordernisse kommen im Rahmen der Begründung der Treuhandbeziehung in Betracht.

Bei der Übertragungstreuhand ist der Treuhänder vor Abschluss des Treuhandgeschäftes nicht Gesellschafter. Die Gesellschafterstellung wird auf ihn vom Treugeber übertragen.[14] Das Treuhandgeschäft beinhaltet hier also neben der schuldrechtlichen Vereinbarung der treuhänderischen Bindung des Treuhänders die dingliche Übertragung des Gesellschaftsanteils. Die Vereinbarungstreuhand ist dadurch gekennzeichnet, dass der Treuhänder schon vor Abschluss des Treuhandgeschäftes eine Gesellschafterposition besitzt. Er verpflichtet sich lediglich schuldrechtlich, diese für den Treugeber auszuüben.[15] Ein Übertragungsakt liegt dagegen nicht vor. Wie bei der Übertragungstreuhand ist der Treuhänder auch bei der Erwerbstreuhand zum Zeitpunkt des Abschlusses des Treuhandvertrages noch nicht Inhaber der Gesellschafterstellung. Zugleich fehlt es aber auch an einem Übertragungsakt des Treugebers auf den Treuhänder. Vielmehr verpflichtet sich der Treuhänder, selbst von einem Dritten den Gesellschaftsanteil zu erwerben. Nach Erlangung der Gesellschafterstellung soll diese für den Treugeber wahrgenommen werden.[16]

B. Unmittelbarkeitskriterium

Die Einteilung der Treuhand nach Entstehungsarten hat ihren Ursprung in dem Bestreben der Rechtsprechung, den Schutz des Treugebers bei einer Insolvenz des Treuhänders sowie bei Einzelvollstreckungen in dessen Vermögen einzugrenzen. Der Treugeber soll diesen Schutz (§ 47 InsO und § 771 ZPO) nur in den Fällen der Übertragungstreuhand, mithin wenn der Treuhänder das

---

[12] So etwa *Roth/Thöni*, FS 100 Jahre GmbH-Gesetz, S. 245,. 251.
[13] Vgl. *Beuthien*, ZGR 1974, 26, 37, 77.
[14] Vgl. MünchKomm/*K. Schmidt*, Vor § 230 HGB, Rdnr. 53.
[15] *Armbrüster*, S. 15; MünchKomm/*K. Schmidt*, Vor § 230 HGB, Rdnr. 53
[16] *Armbrüster*, S. 15; *Schlegelberger/K. Schmidt*, Vor (§ 230 n.F.) § 335 HGB, Rdnr. 48.

Treugut unmittelbar vom Treugeber erlangt, genießen.[17] War der Treuhänder demgegenüber schon vor Vereinbarung der Treuhand Inhaber des Treugutes, oder verschafft er es sich von dritter Seite, wird der Treugeber nicht gegenüber den Gläubigern des Treuhänders bevorzugt. Den Vertretern des Unmittelbarkeitskriteriums liegt vor allem daran, die Treuhand von der mittelbaren Stellvertretung abzugrenzen.[18] Ein Schutz des Treugebers soll in den Fällen der mittelbaren Stellvertretung - anders als bei der (Übertragungs-)Treuhand - nicht erfolgen. Eine Ausnahme vom Grundsatz der Unmittelbarkeit bilden indes auch nach Ansicht der Befürworter des Unmittelbarkeitskriteriums die treuhandrechtlichen Anderkonten.[19] Die Einzahlung von Geldbeträgen von dritter Seite stehe hier einem Schutz des Treugebers nach § 47 InsO und § 771 ZPO nicht im Wege. Teils wird dieser Schutz durch das weitere Merkmal der Offenkundigkeit beziehungsweise Bestimmbarkeit der Forderungen eingeschränkt. Der Schutz des Treugebers soll gegenüber den Gläubigern nur dann gerechtfertigt sein, wenn erkennbar ist, welche Forderungen des Treuhänders der treuhänderischen Bindung unterliegen.

C. Treuhand und mittelbare Stellvertretung

In neuerer Zeit setzt sich demgegenüber zu Recht mehr und mehr die Erkenntnis durch, das Unmittelbarkeitskriterium sei zur Abgrenzung des Treugeberschutzes ungeeignet.[20] Die strikte Trennung von Treuhand und mittelbarer Stellvertretung geht davon aus, dass sich die beiden Rechtsinstitute gegenseitig ausschließen. Schon dieser Ansatzpunkt ist jedoch verfehlt. Treuhand und mittelbare Stellvertretung bilden keine Gegensätze. Sie bewegen sich vielmehr auf den unterschiedlichen Ebenen einerseits der schuldrechtlichen Bindung, andererseits des rechtsgeschäftlichen Handelns.[21] Das wird besonders deutlich, wenn man bedenkt, dass treuhänderische Verwaltung regelmäßig auch gegenüber Dritten

[17] RG, Urt. v. 19.2.1914, VII 448/13 = RGZ 84, 214, 217 f.; RG, Urt. v. 6.3.1930, VI 296/29 = RGZ 127, 341, 344; BGH, Urt. v. 7.4.1959, VIII ZR 219/57 = NJW 1959, 1223, 1225; vgl. *Musielak*, Entgeltliche Geschäftsbesorgung, in Gutachten und Vorschläge zur Schuldrechtsreform 1981, S. 1209, 1303; *Beuthien*, ZGR 1974, 26, 67 f.

[18] Lasse man eine Wirkung der durch mittelbare Stellvertretung begründeten Treuhand im Außenverhältnis mit Blick auf den Schutz des Treugebers in Insolvenz und Zwangsvollstreckung zu, würden die Regeln der indirekten Stellvertretung, die eine Trennung zwischen äußerer und innerer Verpflichtung bezweckten, aufgegeben: *Siebert*, S. 193. Allerdings erkennt auch *Siebert*, dass der obligatorische Treuhandvertrag unabhängig von der Entstehungsart ist (S. 192).

[19] *Musielak*, Entgeltliche Geschäftsbesorgung, in Gutachten und Vorschläge zur Schuldrechtsreform 1981, S. 1209, 1303; BGH, Urt. v. 7.4.1959, VIII ZR 219/57 = NJW 1959, 1223, 1225.

[20] *Coing*, FS Bärmann, S. 203, 212 f.; *Coing*, Treuhand, S. 102; *Henssler*, AcP 196 (1996), 37, 54/55; *Beuthien*, ZGR 1974, 26, 68 ff.; *Gernhuber*, JuS 1988, 355, 360 f.; *Markwardt*, S. 40; *Martinek*, FS Musielak, S. 355, 367 ff.; vgl. auch *Wiegand*, AcP 190 (1990), 112, 126 ff..

[21] *Beuthien*, ZGR 1974, 26, 29; MünchKomm/*K. Schmidt*, Vor § 230 HGB, Rdnr. 48; *Schless* , S. 10 ff., 42 ff., 60 f.; *Siebert*, S. 108 ff., 110; *Coing*, S. 102 f.; für die Treuhand am Gesellschaftsanteil: *Schlegelberger/K. Schmidt*, § 335 HGB(§ 230 n.F.), Rdnr. 41.

abzuschließende Rechtsgeschäfte umfasst. Im Rahmen der Treuhand kommt es also durchaus zu Akten mittelbarer Stellvertretung. Ebenso kann sich nach zutreffender Auffassung auch der Erwerb des Treugutes im Wege der mittelbaren Stellvertretung vollziehen. Für die wirtschaftliche Zuordnung des Treugutes an den Treugeber ist es unerheblich, auf welche Art der Treuhänder das Treugut erlangt. Man könnte allenfalls geneigt sein, der Unmittelbarkeit eine Publizitätsfunktion zuzuordnen, die es dem Rechtsverkehr ermöglichen würde, das Treugut vom sonstigen Vermögen des Treuhänders zu unterscheiden. Indes besteht eine in Zusammenhang mit der Übertragung stehende Publizität, wie sich insbesondere an der Treuhand an Forderungen zeigt, ohnehin nicht durchgängig.[22] So offenbart sich die Untauglichkeit des Unmittelbarkeitskriteriums nicht zuletzt daran, dass sogar seine Befürworter sich genötigt sehen, für die Fälle der treuhänderischen Anderkonten eine Ausnahme zuzulassen.[23]

D. Treuhand als Zustand

Eine Differenzierung zwischen mittelbarer Stellvertretung und Treuhand ist folglich nicht nur entbehrlich, sondern irreführend. Beide Rechtsinstitute basieren auf der gleichen Grundlage. Treuhand wie mittelbare Stellvertretung sind Unterfälle einer Geschäftsbesorgung. Sie schließen sich nicht aus, sondern bezeichnen allein unterschiedliche Aspekte des Handelns in fremdem Namen: Die mittelbare Stellvertretung den einzelnen Vertretungsvorgang auf rechtsgeschäftlicher Ebene, die Treuhand die auf eine längere Zeit ausgerichtete Verwaltung eines fremden Gutes. Beide Gesichtspunkte vermischen sich dabei typischerweise.[24] So wie im Rahmen der Treuhand regelmäßig einzelne Akte mittelbarer Stellvertretung durchzuführen sind, beinhaltet eine scheinbar isolierte mittelbare Stellvertretung im Rahmen der Abwicklung von Herausgabepflichten doch stets ein treuhänderisches Element.

Zugleich stellt die Erkenntnis, dass Treuhand und mittelbare Stellvertretung verschiedene, sich gegenseitig nicht ausschließende Kategorien sind, die Differenzierung nach Entstehungsarten in Frage. Die Begründung der Treuhandbeziehung und die Erlangung des Treugutes durch den Treuhänder sind grundsätzlich separat zu betrachten. Die Treuhand stellt sich als bloßer Zustand

[22] Das Vertrauen in die Kreditwürdigkeit wird vom geltenden Recht nicht geschützt, *Beuthien*, ZGR 1974, 26, 71.

[23] BGH, Urt. v. 7.4.1959, VIII ZR 219/57 = NJW 1959, 1223, 1225; BGH, Urt. v. 16.12.1970, VIII ZR 36/69 = NJW 1971, 559, 560.

[24] *Beuthien*, ZGR 1974, 26, 30; *Schless*, S. 61; MünchKomm/*K. Schmidt*, Vor § 230 HGB, Rdnr. 48; *Siebert* , S. 110 umschreibt das folgendermaßen: „Das Verhältnis zwischen Treuhand und indirekter Stellvertretung kann danach schon hier soweit bestimmt werden, daß das Treuhandverhältnis das Ergebnis, die mittelbare Stellvertretung vielleicht ein Weg zur Erzielung dieses Ergebnisses ist!“.

dar.[25] Gleichwohl sind die im Rahmen der Treuhandbegründung erfolgenden Übertragungsakte für die Treuhand am Gesellschaftsanteil nicht völlig bedeutungslos. Die treuhänderische Bindung setzt stets voraus, dass der Treuhänder Inhaber des Treugutes ist. Der Erwerb des Treugutes ist für den Treuhandvertrag insoweit von Belang, als dies zum Zeitpunkt des Vertragsabschlusses noch nicht der Fall ist. Bei der Übertragungstreuhand wird eine Pflicht des Treugebers zur Übertragung des Treugutes auf den Treuhänder und eine korrespondierende Erwerbspflicht begründet. Bei der Erwerbstreuhand entsteht eine Pflicht des Treuhänders, sich das Treugut von dritter Seite zu beschaffen. Diese Pflichten können insbesondere bei der Treuhand am Gesellschaftsanteil zusätzliche Form- und Zustimmungserfordernisse erzeugen. Indes sind diese nicht von der Begründung der treuhänderischen Bindung abhängig, sondern ausschließlich von den in Rede stehenden Verpflichtungs- und Erwerbsvorgängen. Der Treuhandvertrag als schuldrechtliche Bindung des Treuhänders gegenüber dem Treugeber ist hiervon rechtstechnisch zu trennen.[26]

III. Regelungsprogramm für das Innenverhältnis

Die schuldrechtliche Innenbeziehung zwischen Treugeber und Treuhänder (Treuhandvertrag) stellt zumeist einen entgeltlichen Geschäftsbesorgungsvertrag (§ 675 Abs. 1 BGB), seltener einen unentgeltlichen Auftrag (§§ 662 ff. BGB), dar. Dabei tritt der Treugeber als Geschäftsherr auf, dessen Interessen der Treuhänder als Geschäftsbesorger auszuführen hat. Stets finden also die Regelungen der §§ 662 ff. BGB, in aller Regel über die einschränkende Verweisung in § 675 BGB, Anwendung.[27]

A. Weisungs- und Interessenbindung

Wie sich aus den §§ 675, 665 BGB ergibt, ist der Treuhänder auch ohne ausdrückliche Vereinbarung den Weisungen des Treugebers unterworfen.[28] Der

[25] *Coing*, S. 87; *Schlegelberger/K. Schmidt*, Vor (§ 230 n.F.) § 335 HGB, Rdnr. 43; ähnlich, den Schwerpunkt auf das Innenverhältnis der Treuhandbeziehung legend: *Grundmann*, S. 87 ff., sowie ihm folgend, *Tebben*, S. 46 ff.

[26] Dem widerspricht es nicht, wenn man als Charakteristikum der Treuhand den gegenleistungsfreien Empfang des Treugutes erblickt, so *Grundmann*, S. 192 ff. Das Fehlen einer Gegenleistung setzt keinen formellen Übertragungsakt voraus, sondern kann sich ebenso in der Erstattung des Wertes des Treugutes durch den Treugeber widerspiegeln.

[27] *Beuthien*, ZGR 1974, 26, 40; *Coing*, S. 92; *Grundmann*, S. 29 f.; *Maulbetsch*, S. 118, S. 157 ff.; *Roth/Thöni*, S. 250; *Schlegelberger/K. Schmidt*, Vor (§ 230 n.F.) § 335 HGB, Rdnr. 44.

[28] *Roth/Thöni*, S. 279; *Beuthien*, ZGR 1974, 26, 41; vgl. allgemein zur Weisungsbindung des Geschäftsbesorgers: *Staudinger/Martinek*, § 675, Rdnr. A 78 ff.; teils wird freilich angenommen, dieses Weisungsrecht enthalte nicht automatisch auch eine Stimmbindung des Treuhänder gegenüber

Treugeber kann dem Treuhänder also Zielrichtungen vorgeben, die dieser in der Gesellschaft verfolgen soll, und je nach Intensität des Weisungsverhältnisses auch das konkrete Abstimmungsverhalten des Treuhänders steuern. Das Bestehen eines Weisungsrechts des Treugebers richtet sich dabei im Einzelnen nach der Ausgestaltung des Treuhandvertrages. Es ist durchaus möglich, im Rahmen eines Geschäftsbesorgungsverhältnisses die Weisungsbindung einzuschränken oder gar völlig auszuschließen.[29] Es bedarf hierfür jedoch einer ausdrücklichen Vereinbarung. Das Weisungsrecht des Treugebers, nicht die Weisungsfreiheit des Treuhänders, bildet den gesetzlichen Regelfall.[30]

Neben der Weisungsbindung ist jedoch auch die hiervon zu trennende Interessenbindung[31] des Treuhänders zu beachten.[32] Unabhängig vom zugestandenen Handlungsspielraum führt der Treuhänder als Geschäftsbesorger fremde Geschäfte, handelt also in fremdem Interesse. Die Pflicht des Geschäftsbesorgers, sich an den Interessen des Geschäftsherrn zu orientieren, bildet das Wesensmerkmal jeder Geschäftsbesorgung.[33] Ein Ausschluss auch der Interessenbindung ist daher nicht möglich. Die Interessenbindung steht freilich insoweit hinter der Weisungsbindung zurück, als der Treugeber hiervon Gebrauch macht. Übt der Treugeber sein Weisungsrecht als Geschäftsherr aus, wird die Interessenbindung hierdurch überlagert.[34] Eigenständige Bedeutung erlangt die Interessenbindung nur dort, wo es an Weisungen des Treugebers fehlt oder dem Treuhänder eigener Entscheidungsspielraum zugestanden wurde. Insbesondere im Falle eines völligen Ausschlusses der Weisungsbindung bleibt der Treuhänder doch auf dem Wege der Interessenbindung an den Treugeber gebunden.

---

dem Treugeber: *Ulmer*, FS Odersky, S. 873, 887; *Beuthien*, ZGR 1974, 26, 43 f..

[29] *Staudinger/Martinek*, § 675 Rdnr. A 83; *Soergel/Häuser/Welter*, § 675, Rdnr. 14; im Kernbereich gesellschaftlicher Mitwirkungsbefugnisse hält demgegenüber *Hofmann*, S. 55 ff., zumindest für den Treugeberkommanditisten einer kupierten Publikums-KG das Weisungsrecht für unabdingbar; ebenso *Maulbetsch*, S. 134 f., für die gesellschaftsrechtlichen Grundlagengeschäfte.

[30] *Staudinger/Martinek*, § 675 Rdnr. A 78.

[31] Die Interessenwahrungspflicht findet sich in §§ 662 BGB nicht ausdrücklich, *Grundmann*, S. 92 ff., 97 ff. Für eine Ausweitung des Treuhandbegriffs auf alle Fälle einer „Interessenwahrungspflicht stricto sensu“ (als Treuepflicht ieS. als Hauptpflicht von der Treuepflicht iwS. als Nebenpflicht zu unterscheiden), also über den Auftrag hinaus, insbesondere auch auf Gesamtvertrages: S. 134 f., S. 166 ff.; vgl. auch *Staudinger/Martinek*, § 675, Rdnr. A 42, A 26.

[32] Vgl. *Beuthien*, ZGR 1974, 26, 43; *Grundmann*, S. 221 ff.

[33] *Esser/Weyers*, SchuldR BT § 35 II 3, S. 316 sprechen vom „denkenden Gehorsam“ des Geschäftsführers.

[34] Vgl. zum Recht und zur Pflicht zur Abweichung von Interessenbindung durch den Geschäftsbesorger: *Staudinger/Martinek*, § 675, Rdnr. A 79.

B. Weiterleitung der Vor- und Nachteile

Von Bedeutung ist neben der Bindung des Treuhänders an Interessen und Weisungen des Treugebers vor allem die Weiterleitung der wirtschaftlichen Vor- und Nachteile aus der Verwaltung des Treugutes über die §§ 675, 667, 669, 670 BGB. Der Treuhänder ist einerseits verpflichtet, sämtliche Vorteile, die er aus der Verwaltung des Treugutes erlangt, an den Treugeber herauszugeben (§§ 675, 667 BGB), andererseits kann er verlangen, dass seine Aufwendungen vollständig ersetzt werden (§§ 675, 669, 670 BGB).[35] Für die Treuhand am Gesellschaftsanteil bedeutet dies, dass der Treuhänder Gewinnausschüttungen oder Gewinnentnahmen, die er erlangt, ebenso wie einen etwaigen Auseinandersetzungserlös an den Treugeber herausgeben muss. Als Aufwendungen erhält er Einlageleistungen und im Falle einer Inanspruchnahme durch Gesellschaftsgläubiger erbrachte Zahlungen vom Treugeber erstattet.[36] Die Abtretung der vermögensrechtlichen Beteiligungsrechte an den Treugeber ist zulässig.[37]

Das Schicksal des Gesellschaftsanteils nach Ende der treuhänderischen Beteiligung ist entgegen verbreiteter Ansicht nur teilweise durch den Geschäftsbesorgungscharakter der Treuhandbeziehung vorgegeben. Man könnte insoweit an eine generelle Herausgabepflicht des Treuhänders nach §§ 675, 667 BGB denken. Hiergegen spricht jedoch, dass die Beteiligung nicht zwangsläufig im Rahmen der Treuhandbeziehung erlangt worden sein muss. In den Fällen der Vereinbarungstreuhand etwa ist der Treuhänder schon vor Eingehung der treuhänderischen Bindung Gesellschafter. Anders liegt es in den Fällen der Erwerbs- und der Übertragungstreuhand. Hier erlangt der Treuhänder die Gesellschafterstellung gerade mit Rücksicht auf seine treuhänderische Verpflichtung. Gleichwohl kommt es auch hier auf die Vereinbarungen im Einzelfall an. Es ist durchaus möglich – und zumindest im Bereich der Publikums-KG auch weithin gebräuchlich – eine Pflicht zur Übertragung des Anteils auf den Treugeber auszuschließen. Dem Gedanken des § 670 BGB kann dabei genügt werden, indem der Treuhänder dem Treugeber den Wert des Gesellschaftsanteils zum Zeitpunkt der Beendigung der treuhänderischen Beteiligung ersetzt.

Auch wenn der Gesellschaftsanteil je nach vertraglicher Ausgestaltung über das Ende der Treuhandbeziehung hinaus beim Treuhänder verbleiben soll, ändert dies nichts an der wirtschaftlichen Zuordnung des Treugutes während der Dauer der Treuhand. Der Treugeber wird in aller Regel dem Treuhänder zu Beginn der Beziehung den Wert der Beteiligung als Aufwendung zu erstatten haben (§§

---

[35] *Staudinger/Martinek*, § 675, Rdnr. A 68; *Soergel/Häuser/Welter*, § 675, Rdnr. 6.
[36] *Staudinger/Martinek*, § 675, Rdnr. A 72; *Soergel/Häuser/Welter*, § 675 Rdnr. 18.
[37] *Beuthien*, ZGR 1974, 26, 50f. (für das Personengesellschaftsrecht), 81 (für das Kapitalgesellschaftsrecht); *Markwardt*, S. 79 ff.

675, 670 BGB), kann seinerseits am Ende dann aber statt des Anteils den entsprechenden, möglicherweise gefallenen oder gestiegenen Wert als Erlangtes herausverlangen (§§ 675, 667 BGB).

IV. Gesellschaftsanteil als Treugut

Die Besonderheit der Treuhand am Gesellschaftsanteil liegt in der Eigenart der Gesellschaftsbeteiligung einerseits als Gegenstand des allgemeinen Geschäftsverkehrs, andererseits als Innenverhältnis der zur Gesellschaft zusammengeschlossenen Personen.[38] Demgemäß lässt sich unterscheiden zwischen allgemein treuhandrechtlichen und spezifisch gesellschaftsrechtlichen Problemen. Während das einfache Treuhandverhältnis lediglich zum allgemeinen Rechtsverkehr in Beziehung zu setzen ist, tritt bei der Treuhand am Gesellschaftsanteil die Besonderheit hinzu, dass das Treugut seinerseits die Teilhabe an einem Rechtsverhältnis bildet. Zu den Schwierigkeiten, die generell aus der Wahrnehmung fremder Interessen in eigenem Namen resultieren, zählen die Missbrauchsmöglichkeiten des Treuhänders sowie die Gefahr, der das Treugut im Falle einer Insolvenz des Treuhänders oder einer Einzelvollstreckung in dessen Vermögen ausgesetzt ist. Auch hier entsteht freilich durch den Charakter des Treugutes ein spezifisch gesellschaftsrechtlicher Einschlag.

A. Missbrauchsmöglichkeit

Dem Treuhänder kommt bei der echten Treuhand regelmäßig ein Übermaß an Rechtsmacht zu. Er kann als allein Berechtigter jede Maßnahme treffen, unabhängig davon, ob diese dem Interesse des Treugebers entspricht oder nicht.[39] Es kommen sowohl Verfügungen über den gesamten Gesellschaftsanteil als auch die Ausübung gesellschaftsinterner Mitwirkungsrechte in Betracht.[40] Sogar eine ausdrückliche gegenläufige Willensbekundung des Treugebers kann die Wirksamkeit der Handlung des Treuhänders nicht beeinträchtigen. Der Treuhänder verstößt dann zwar gegen seine Pflichten aus dem Treuhandvertrag, das hat jedoch nur schuldrechtliche Folgen gegenüber dem Treugeber, grundsätzlich aber keine dinglichen Auswirkungen auf seine Berechtigung nach außen.

[38] Vgl. zu den einzelnen Möglichkeiten, einen Gesellschaftsanteil als Treugut zu bestimmen: MünchKomm/*K. Schmidt*, Vor § 230 HGB, Rdnr. 37 (mwN.).

[39] *Beuthien*, ZGR 1974, 26, 64; *Sojka*, S. 4 f., 58 (speziell für das Stimmrecht); *Tebben* S. 81 f., der auch die praktische Bedeutung des Missbrauchsrisikos hervorhebt, S. 190 f.

[40] *Beuthien*, ZGR 1974, 26, 59; *Blaurock*, S. 127.

Es liegt im Interesse des Treugebers, die Gefahr einer Ausnutzung des Machtüberschusses des Treuhänders zu verringern oder nach Möglichkeit ganz auszuschalten. Dazu lässt er sich häufig vom Treuhänder im Einvernehmen mit der Gesellschaft beziehungsweise den übrigen Gesellschaftern Rechte in der Gesellschaft einräumen.[41] Je nach Umfang der Rechte kann der Treugeber sich so direkt von der Gesellschaft informieren lassen oder die Entscheidungen der Gesellschafter beeinflussen, ohne den Umweg über den Treuhänder gehen zu müssen. Ein solches Verfahren ist nicht unproblematisch, da durch die Einräumung von Rechten an den Treugeber das gesellschaftsrechtliche Gefüge von Rechten und Pflichten, von Einfluss, wirtschaftlichem Interesse und Haftung variiert wird. Es fragt sich, in welchem Umfang Eingriffe in das regelmäßig bestehende Muster überhaupt zulässig sind. Verbunden damit ist die Problematik, ob gegebenenfalls die von den Parteien beabsichtigten Gestaltungen durch zwingende Ergänzungen zu korrigieren sind. Begrifflich wird unterschieden zwischen einfacher und qualifizierter Treuhand. Bei der einfachen Treuhand ist der Treugeber auf seine Einwirkungsrechte aus der Geschäftsbesorgungsbeziehung zum Treuhänder verwiesen. Als qualifizierte Treuhand ist demgegenüber eine Ausgestaltung zu verstehen, bei der dem Treugeber weitergehende unmittelbare Rechte gegenüber der Gesellschaft zugewiesen sind.[42]

B. Risiken in Insolvenz und Zwangsvollstreckung

1. Allgemein

Aufgrund der dinglichen Zuweisung des Treugutes an den Treuhänder steht das Treugut einem Zugriff der Gläubiger des Treuhänders im Wege einer Zwangsvollstreckung oder eines Insolvenzverfahrens an sich offen. Zum Schutze des Treugebers erkennt die ganz herrschende Meinung diesem jedoch in der Insolvenz des Treuhänders ein Aussonderungsrecht nach § 47 InsO und im Fall einer Einzelzwangsvollstreckung ein Recht zur Drittwiderspruchsklage nach § 771 ZPO zu.[43] Grund hierfür ist die typische Interessenlage bei der Treuhand. Durch den Treuhandvertrag ist das Treugut schuldrechtlich dem Treugeber

[41] Soweit der Treuhand die Absicht zugrunde liegt, die Verwaltung des Gesellschaftsanteils auf den Treugeber zu verlagern, ist dem Treugeber durch Informations- und Kontrollrechte in regelmäßigen Abständen bereits genügt. Insbesondere für die treuhänderisch organisierten Anlagegesellschaften ist eine Wahrnehmung der Kontrollbefugnisse durch ein unabhängiges Gremium zu erwägen, vgl. *Hofmann*, S. 23.

[42] *Armbrüster*, S. 19 ff.; *Tebben*, S. 31, versteht darunter die Möglichkeit einer „unmittelbaren mitgliedschaftlichen Berechtigung des mittelbar Beteiligten"; im Sinne einer Differenzierung zwischen Offenlegung und Verdeckung; aber: MünchKomm/*Ulmer*, § 705 BGB, Rdnr. 78; *Staub*/*Ulmer*, § 105 HGB, Rdnr. 102 f. und 106.

[43] BGH, Urt. v. 7.4.1959, VIII ZR 219/57 = NJW 1959, 1223, 1225; *Beuthien*, ZGR 1974, 26, 65; *Coing*, Treuhand, 1973, S. 44; vgl. ausführlich: *Henssler*, AcP 196 (1996), 37, 50 ff.

zugeordnet. Sinn und Zweck der § 47 InsO und § 771 ZPO entspricht es, über den Wortlaut der Vorschriften hinaus auch schuldrechtliche Ansprüche Dritter zu schützen, sofern sie nach einer Interessenabwägung gleichermaßen schutzwürdig erscheinen.[44] Der Schutz des Dritten ist mithin unabhängig von einer dinglichen Position. Ausschlaggebend für den Schutz des Treugebers ist letztlich die wirtschaftliche Position, die ihm durch den Treuhandvertrag eingeräumt wird. Es ist nicht einzusehen, warum dem Zugriff der Gläubiger des Treuhänders auch Vermögenswerte unterliegen sollen, die sich nur zu Verwaltungszwecken in seiner Hand befinden.

2. Schutz gegenüber Gesellschaftsgläubigern

Der Schutz des Treugebers über eine Ausdehnung von § 47 InsO und § 771 ZPO ist heute gewohnheitsrechtlich anerkannt. Eine ausführliche Auseinandersetzung hiermit kann daher unterbleiben. Für die Treuhand am Gesellschaftsanteil besteht jedoch insoweit eine Besonderheit, als Gesellschaftsgläubiger sowohl in das Gesellschaftsvermögen als auch gegebenenfalls in den Gesellschaftsanteil, mithin in das Treugut, vollstrecken können.[45] Die Bevorzugung des Treugebers erklärt sich nämlich letztlich daraus, dass das Treugut unter Haftungsgesichtspunkten ihm und nicht dem Treuhänder zugeordnet wird. Der Schutz des Treugebers kann deshalb gegenüber Gläubigern, deren Forderung gegen den Treugeber sich gerade aus dem Treugut ableitet, nicht greifen. Weder durch eine Vollstreckung der Gesellschaftsgläubiger ins Gesellschaftsvermögen noch in den treuhänderisch gehaltenen Anteil steht der Treugeber schlechter als im Falle einer Beteiligung ohne Einschaltung eines Treuhänders. Entsprechend ist der Treugeber in der Insolvenz des Treuhänders lediglich gegenüber Privatgläubigern, nicht jedoch gegenüber Gesellschaftsgläubigern berechtigt, den Gesellschaftsanteil auszusondern. Indes kann eine Aussonderung nur gegenüber einzelnen Gläubigern nicht erfolgen. Abhilfe kann hier eine Aufteilung nach Höhe der entsprechenden Forderungen bringen.[46]

C. Gesellschaftsspezifische Probleme

1. Doppeltes Außenverhältnis

Der Treuhänder wird als mittelbarer Stellvertreter eingeschaltet. Er soll die wirtschaftliche Aktivität einer Person im Rechtsverkehr verbergen. Die

[44] Vgl. *Henssler*, AcP 196 (1996), 37, 52/53.
[45] *Beuthien*, ZGR 1974, 26, 73 f.; *Markwardt*, S. 157 und 169.
[46] *Beuthien*, ZGR 1974, 26, 74 f.

Rechtsordnung duldet dies grundsätzlich. Das zeigt sich an den Regeln des Kommissionsrechts (§§ 383 ff. HGB) sowie der stillen Gesellschaft (§§ 230 ff. HGB). Beide Regelungskomplexe sehen die ausschließliche externe Berechtigung einer Person vor, die intern hinsichtlich bestimmter Geschäfte zur Wahrnehmung fremder Interessen verpflichtet ist. Diese Konstruktion der Treuhand beziehungsweise der mittelbaren Stellvertretung basiert letztlich auf dem Prinzip der Relativität der Schuldverhältnisse. Schuldrechtliche Rechte und Pflichten wirken grundsätzlich nicht über die Rechtsbeziehung hinaus, in der sie verwurzelt sind. Die Möglichkeit der mittelbaren Beteiligung an Unternehmen ergibt sich aus einer konsequenten Anwendung dieser Einsicht.[47] Gegenstand der Treuhand kann auch ein Handelsgewerbe oder ein Gesellschaftsanteil sein. Während jedoch das Handelsgewerbe als Gegenstand der mittelbaren Beteiligung nur insofern eine Besonderheit darstellt, als das Bezugsobjekt nicht mehr einen einzelnen Gegenstand oder ein einzelnes Geschäft bildet, kommt bei der mittelbaren Beteiligung an einer Gesellschaft ein weiterer Aspekt hinzu. Der Gesellschaftsanteil als Bezugspunkt des treuhänderischen Rechtsgeschäfts stellt seinerseits ein Paket an Rechten und Pflichten einer Person in einem Verband dar. Es handelt sich mithin nicht um einen allgemein im Rechtsverkehr befindlichen Gegenstand, sondern um ein Produkt einer rechtsgeschäftlichen Verknüpfung mehrerer Personen. Die Treuhand am Gesellschaftsanteil wirft daher neben der allgemeinen Frage der Zulässigkeit und Wirkung einer treuhänderischen Konstruktion beziehungsweise mittelbaren Stellvertretung im Rechtsverkehr auch die Frage der Zulässigkeit und Wirkungen hinsichtlich der Gesellschaft als Bezugsobjekt auf. Es besteht aus Perspektive der Treuhandbeziehung ein doppeltes Außenverhältnis: Einerseits der allgemeine Rechtsverkehr, andererseits die Beziehung zum Gesellschaftsverband und deren Mitgliedern. Dieses zweite Außenverhältnis zeichnet sich dadurch aus, dass es selbst gegenüber dem allgemeinen Rechtsverkehr wiederum Innenverhältnis ist. Die Frage nach den Auswirkungen der Treuhand am Gesellschaftsanteil stellt sich daher noch einmal aus Perspektive der mittelbaren Teilhabe an einer Gesellschaft mit Blick auf den allgemeinen Rechtsverkehr.

2. Mittelungsfunktion der Gesellschaft

In ihrem Grundanwendungsfall ist die Treuhand auf die Verwaltung einfacher Gegenstände, also Sachen oder Forderungen, bezogen, die mittelbare Stellvertretung auf den schlichten Abschluss von Rechtsgeschäften in Zwei-Personen-Verhältnissen. Die Treuhand am Gesellschaftsanteil zeichnet sich demgegenüber dadurch aus, dass die Verwaltungshandlungen des Treuhänders sich ganz überwiegend im gesellschaftlichen Innenverhältnis abspielen (Ausnahme, wenn

[47] Den Trennungsaspekt betonend: *Tebben*, S. 78 f.

der Treuhänder zugleich für die Gesellschaft vertretungsbefugt ist). Die Ausübung der korporativen Mitwirkungsrechte entfaltet zunächst nur interne Wirkung gegenüber den Mitgesellschaftern. Außenwirkungen entstehen lediglich reflexartig, soweit durch die Verwaltungsmaßnahmen ein Handeln der Gesellschaft im Rechtsverkehr bewirkt wird. Diese gesellschaftsinternen Verfügungen zeichnen sich dadurch aus, dass sie zugleich mittelbar verpflichtende Wirkung besitzen. Denn durch die Mitwirkung wird das Auftreten der Gesellschaft im Rechtsverkehr bestimmt, aus dem sich die Verpflichtungen der Gesellschaft ergeben. Im Wege der gesellschaftsrechtlichen Haftung können daraus wiederum für die Gesellschafter Verpflichtungen folgen. Für die Treuhand am Gesellschaftsanteil stellt sich daher die Frage, ob auch der Treugeber als „mittelbar" Beteiligter den Verpflichtungen eines Gesellschafters zu unterwerfen ist, da auch er im Verhältnis zum allgemeinen Rechtsverkehr über sein Weisungsrecht gesellschaftsinternen Einfluss ausübt.

Die treuhänderische Tätigkeit im gesellschaftsinternen Bereich stellt darüber hinaus eine Besonderheit dar, weil der Treuhänder hierdurch ins Spannungsfeld zwischen gesellschaftsrechtlicher Treuepflicht und treuhandrechtlicher Weisungsbindung gerät.[48] Er steht in einem Zwiespalt, welcher Bindung er zu folgen hat. Verschärft wird die Probelmatik dadurch, dass der Treuhänder sich gegebenenfalls in einer der Beziehungen schadensersatzpflichtig macht.[49] Bezieht sich die Treuhand demgegenüber auf eine Sache oder Forderung, kann eine entsprechende Konfliktlage nicht entstehen. Allein im gesellschaftsinternen Bereich besteht die über das allgemein geltende Gebot von Treu und Glauben hinausgehende gesellschaftliche Treuebeziehung.

V. Interessenlage

Zur Lösung der gesellschaftsspezifischen Probleme der Treuhand am Gesellschaftsanteil ist es erforderlich, sich auf die von den Beteiligten verfolgten Interessen zu besinnen. Die Treuhandgestaltungen lassen sich nach der Ausrichtung des Interesses auf den Treuhänder oder eine andere Person in eigennützige und fremdnützige Treuhand unterteilen.[50] Zur eigennützigen Treuhand zählen die Unterfälle der Sicherungs- und der Nutzungstreuhand. Die fremdnützige Treuhand spaltet sich nach den angestrebten Zielen in Vereinfachungs-, Verbergungs- und Umgehungstreuhand auf.

---

[48] *Beuthien*, ZGR 1974, 26, 39 f., 41 ff. (für das Personengesellschaftsrecht); *Tebben*, S. 79 ff.
[49] Vgl. *Blaurock*, S. 133 f., der sich für einen Vorrang des Gesellschaftsrechts ausspricht.
[50] *Beuthien*, ZGR 1974, 26, 30; *Coing*, S. 54; MünchKomm/*K. Schmidt*, Vor § 230 HGB, Rdnr. 38; kritisch zu dieser Einteilung: *Gernhuber*, JuS 1988, 355, 356 f.

A. Eigennützige Treuhand

Die eigennützige Treuhand liegt im Interesse des Treuhänders. Primär liegt ihm selbst an der Innehabung des Treugutes. Daneben können freilich auch Interessen des Treugebers verfolgt werden.[51]

Bei der Sicherungstreuhand lässt sich der Treuhänder vom Treugeber eine Vollrechtsposition als Sicherheit für eine ihm gegen den Treugeber zustehende Forderung einräumen. Bis zur Verwertungsreife unterliegt der Treuhänder jedoch hinsichtlich der Verwaltung den Weisungen des Treugebers. Der Treuhänder besitzt regelmäßig kein eigenes unternehmerisches Interesse an der Beteiligung.[52] Jede Sicherungsübereignung oder Sicherungsabtretung stellt in der Regel eine Sicherungstreuhand dar, da durch die Sicherungsabrede zugleich die Modalitäten der Verwaltungsbefugnis geregelt werden, mithin eine Treuhandabrede getroffen wird. Sicherungsübereignung und Sicherungsabtretung bilden gebräuchliche Kreditsicherungsmittel. Demgegenüber wird der Sicherungstreuhand am Gesellschaftsanteil zumeist ein Pfandrecht vorgezogen. Der eigennützigen Treuhand kommt daher im Gesellschaftsrecht nur geringe praktische Bedeutung zu.[53]

Die Vorteile, die für eine Sicherungsübereignung und Sicherungsabtretung als gesetzliche nicht geregelte Institute sprechen, bestehen im Bereich des Gesellschaftsrechts nicht in gleicher Weise. Der Sicherungsübereignung wird gegenüber dem gesetzlich geregelten Pfandrecht an beweglichen Sachen häufig der Vorzug gegeben, weil auf diesem Wege ein besitzloses Sicherungsmittel zur Verfügung steht, das dem Sicherungsgeber den Gegenstand belässt und ihm insbesondere ein Wirtschaften damit ermöglicht. Die Sicherungsabtretung besitzt den Vorzug, dass die beim Forderungspfandrecht grundsätzlich erforderliche Anzeige der Verpfändung an den Schuldner der verpfändeten Forderung (§ 1280 BGB) unterbleiben kann. Die Problematik eines Besitzpfandrechts, wie bei beweglichen Sachen, stellt sich beim Gesellschaftsanteil von vornherein nicht. Der Gesellschaftsanteil stellt ein Recht im Sinne des § 1273 BGB dar. Da es sich jedoch nicht um eine einzelne Forderung handelt, ist auch § 1280 BGB nicht anzuwenden, so dass nach § 1274 Abs. 1 S. 1 BGB Pfandrechtsbestellung und Vollrechtsübertragung im Rahmen der Sicherungstreuhand gleichstehen. Es überwiegen daher die Vorteile eines Pfandrechts am Gesellschaftsanteil. Zum einen ist ein klares gesetzliches Regelungsprogramm vorgegeben, zum anderen wird bei der Pfandrechtsbestellung lediglich das Recht des Inhabers mit einem Recht des Sicherungsnehmers belastet, so dass der Sicherungsgeber im Verhältnis zur Ausgangslage bei der Treuhand am

---

[51] *Coing*, Treuhand, S. 85.
[52] MünchKomm/*K. Schmidt*, Vor § 230 HGB, Rdnr. 39.
[53] *Roth/Thöni*, FS 100 Jahre GmbH-Gesetz, S. 245, S. 248.

Gesellschaftsanteil, die eine Vollrechtsübertragung erfordert, eine stärkere Position innehat.

Die Nutzungstreuhand als weiterer Fall der eigennützigen Treuhand[54] ist in ihrer Funktion dem Nießbrauch am Gesellschaftsanteil vergleichbar.[55] Auch hier kommen indes die Vorzüge einer gesetzlichen Regelung, die eine dingliche Aufspaltung der einzelnen Rechte ermöglicht, zugunsten des Nießbrauchs zum Tragen. Die Nutzungstreuhand besitzt daher ebenso wie die Sicherungstreuhand keine große praktische Bedeutung.

Sicherungs- und Nutzungstreuhand als Formen einer eigennützigen Treuhand am Gesellschaftsanteil stellen anders als die fremdnützige Treuhand keine reine Geschäftsbesorgungsbeziehung dar. Der Treuhänder ist nicht ausschließlich an die Interessen des Treugebers gebunden, sondern verfolgt daneben eigene – im Nutzungs- beziehungsweise Sicherungszweck liegende – Ziele. Die für die Treuhand typische Problemkonstellation, die sich aus der scheinbaren Diskrepanz zwischen äußerer Rechtsgestaltung und tatsächlicher, wirtschaftlicher Interessenlage ergibt, stellt sich im Bereich der eigennützigen Treuhand nicht in Reinform. Die folgenden Ausführungen bleiben daher, um eine Verwässerung der dogmatisch-konstruktiven Lösungsmodelle zu vermeiden, auf die Fälle der fremdnützigen Treuhand beschränkt.

B. Fremdnützige Treuhand

Anders als bei der eigennützigen Treuhand hat der Treuhänder an der Wahl der Treuhandkonstruktion bei der fremdnützigen Treuhand kein eigenes unmittelbares Interesse. Sofern der Treuhänder entgeltlich tätig ist, besteht bei ihm natürlich ein Interesse an der Entlohnung, diese bewegt sich jedoch auf einer anderen Ebene und beeinflusst die Interessenausrichtung der Treuhand nicht. Die Treuhandkonstruktion wird hier gewählt, weil sie entweder dem Treugeber oder aber einem Dritten nützt. Die Zwecke, die der Treugeber beziehungsweise die Dritten verfolgen, können dabei äußerst vielfältig sein und müssen nicht immer in Reinform vorliegen. Gleichwohl bietet es sich an, drei grundsätzliche Kategorien zu unterscheiden.[56]

---

[54] *Roth/Thöni*, FS 100 Jahre GmbH-Gesetz, S. 245, S. 251.

[55] MünchKomm/*K. Schmidt*, Vor § 230 HGB, Rdnr. 41.

[56] Die Einteilung bei *Liebich/Mathews*, Treuhand und Treuhänder in Recht und Wirtschaft, S. 76 ff. bezieht des weiteren mit der Kreditfunktion (S. 78) und der Schutzfunktion (S. 78 f.) die beiden Formen einer eigennützigen Treuhand mit ein.

1. Vereinfachung

Die Treuhand kann dazu dienen, das Organisationsgefüge der Gesellschaft zu vereinfachen.[57] So können mehrere Personen, die sich wirtschaftlich an einer Gesellschaft beteiligen wollen, durch einen Treuhänder in der Weise zusammengefasst werden, dass allein der Treuhänder Gesellschafter ist und jeweils im Innenverhältnis gegenüber den einzelnen Anlegern gebunden ist. Wichtigster Anwendungsfall ist die Gestaltungsform der kupierten Publikums-KG.[58] Daneben bestehen jedoch vielfältige weitere Einsatzmöglichkeiten.[59] So kommt der Treuhand am Gesellschaftsanteil im Rahmen der Zusammenfassung von Familienstämmen vereinfachende Funktion zu.[60] Einen weiteren bedeutenden Anwendungsfall bildete vor der gesetzlichen Regelung der Einmann-Gründung einer GmbH die Strohmanngründung unter Verwendung eines Treuhänders. Zwar ist auch heute eine derartige Gründung noch möglich, angesichts der gesetzlichen Regelung nimmt sie jedoch nunmehr lediglich eine untergeordnete Position ein.[61]

2. Publikums-KG

a. Motive der Beteiligten

Die Publikums-KG[62] basiert auf dem Grundmuster der Personengesellschaft. Sie zeichnet sich jedoch dadurch aus, dass sie eine Vielzahl von Kommanditisten besitzt, die weder untereinander noch zum Komplementär in besonderem persönlichen Kontakt stehen. Nicht der Wille zur gewerblichen Tätigkeit im Verbund mit anderen Gesellschaftern steht im Mittelpunkt ihres Interesses, sondern die Aussicht auf eine lukrative Kapitalanlage. Demgemäß wird die Publikums-KG typischerweise von einem oder mehreren Komplementären organisiert und ist von vornherein auf die Aufnahme einer großen Zahl von Kommanditisten als bloßer Kapitalgeber zugeschnitten. Hauptmotiv für die Wahl der KG als Gesellschaftsform sind steuerliche Vorteile für die Anleger. Daneben liegen die Vorzüge gegenüber der AG, die ebenfalls eine Gesellschaftsform mit der Möglichkeit zur Kapitalakquirierung darstellt, vor allem in der geringeren gesetzlichen Regelungsdichte.[63] Anders als im Bereich des Aktienrechts wird die Ausgestaltung der KG nicht durch einen weitgehend

---

[57] *Markwardt*. S. 3 ff.
[58] *Bälz*, ZGR 1980, 1, 1ff.
[59] Zu weiteren Fällen der Vereinfachung neben der Publikums-KG: *Beuthien*, ZGR 1974, 26, 32ff.
[60] *Roth/Thöni*, FS 100 Jahre GmbH-Gesetz, S. 245, S. 245, 248.
[61] *Roth/Thöni*, FS 100 Jahre GmbH-Gesetz, S. 245, S. 245, 247.
[62] Ausführlich zur Publikums-KG: *Bälz*, ZGR 1980, 1; *Grundmann*, S. 486 ff.; zu den einzelnen Arten der einfachen, integrierten und der kupierten Publikums-KG: *Hofmann*, S. 8 ff.
[63] *Grundmann*, S. 486 f.

zwingenden Charakter gesetzlicher Vorschriften belastet, sondern erlangt durch die größtenteils disponiblen Regelungen des KG-Rechts die von den Organisatoren gewünschte Flexibilität.[64]

b. Organisation der kupierten Publikums-KG

Aus der atypischen Ausprägung der Publikums-KG, insbesondere aus den fehlenden persönlichen Beziehungen der Gesellschafter untereinander, ergeben sich im Organisationsgefüge der Gesellschaft vom gesetzlichen Leitbild abweichende Konstellationen. Die Vielzahl der Kommanditisten erschwert die Abhaltung von Gesellschafterversammlungen und die gesellschaftsinterne Meinungsfindung erheblich. Zudem haben die Anleger-Kommanditisten kein Interesse an einer intensiven Befassung mit den Angelegenheiten der Gesellschaft. Auch die Gesellschafterwechsel werden durch das (abbedingbare) Zustimmungserfordernis (§ 719 I BGB) und vor allem die Eintragungspflicht (§§ 161 II, 107, 143 II HGB) erschwert. Diese Probleme sollen durch den Einsatz der Treuhandkonstruktion im Rahmen der kupierten Publikums-KG gelöst werden.[65] Diese – bei weitem am häufigsten anzutreffende Konstruktionsvariante – bedient sich der echten Treuhand zur organisatorischen Zusammenfassung der Anleger. Nicht die Kapitalanleger selbst sind Gesellschafter, sondern allein der Treuhänder.[66] Der Treuhänder hält die Gesellschaftsanteile als Kommanditist für sämtliche Kapitalanleger als Treugeber. Formal ist damit allein der Treuhänder Gesellschafter. Die Anleger werden jedoch wirtschaftlich im Innenverhältnis zum Treuhänder durch den mit ihm bestehenden Vertrag (§§ 675, 663 ff BGB) wie Gesellschafter gestellt.

Die Vereinfachungsvorteile werden bei einem Vergleich mit der Variante der integrierten Publikums-KG besonders deutlich. Hier sind die Anleger selbst Kommanditisten. Die einheitliche Verwaltung der Anteile erfolgt durch einen unechten Treuhänder. Die integrierte Publikums-KG bietet den Anlegern steuerlich die gleichen Vorteile wie die kupierte Variante. Die Vorzüge der Verwendung einer echten Treuhand zeigen sich jedoch sowohl an der Möglichkeit einer einheitlichen Gründung und späteren Streuung der mittelbaren Beteiligungen, als auch an der vereinfachten Gesellschaftsorganisation.[67] Daneben kann auch die Verdeckung der mittelbaren Beteiligung nach außen, die allein bei der kupierten Publikums-KG gewährleistet ist, für die Anleger von Interesse sein. Unter dem Gesichtspunkt der Vereinfachung ist das Fehlen einer

---

[64] Ob man wie *Hofmann*, S. 21, die Ausschaltung der Mitwirkungsrechte der Anlage-Kommanditisten als Regelungsziel der kupierten Ausgestaltung einstufen kann, erscheint fraglich. Jedenfalls liegt aber in der Möglichkeit, dass die Organisatoren hierauf abzielen, eine der Hauptgefahren für die Anleger.

[65] *Bälz*, ZGR 1980, 1, 11 f.

[66] Darin liegt der Unterschied zur „integrierten" Publikums-KG, bei der die Treugeber selbst formell und materiell Kommanditisten sind und die Anteile lediglich im Wege der Vollmachtstreuhand verwaltet werden, *Grundmann*, S. 489 f.

[67] *Bälz*, ZGR 1980, 1, 12 f.

Eintragung der Anleger als Gesellschafter im Handelsregister indes nebensächlich, da die Gesellschaft aus organisatorischen Gründen jedenfalls ein eigenes internes Treugeberregister führen muss.[68] Bei der „kupierten" Publikums-KG kumulieren die Gefahren, die sich für den Kapitalanleger aus der Form der Publikums-KG ergeben, mit den Risiken, denen ein Treugeber hinsichtlich „seines" Gesellschaftsanteils ausgesetzt ist. Angesichts dieser Zuspitzung von Risiken fragt sich, ob die Organisation einer Publikums-KG unter Zuhilfenahme der echten Treuhand am Gesellschaftsanteil überhaupt zulässig ist, wie die auftretenden Probleme gelöst werden können, und ob sich vorzugswürdige Konstruktionsmöglichkeiten anbieten.

3. Verdeckung

a. Zweck und Richtung der Verdeckung

Ein weiteres Motiv zur Wahl der Treuhand als Beteiligungsform im Gesellschaftsrecht bildet die Verdeckungsabsicht.[69] Die Treuhandkonstruktion wird in diesen Fällen gewählt, um eigene wirtschaftliche Aktivitäten im Geschäftsverkehr zu verbergen. Mit der Kundgabe der Beteiligung an einer Gesellschaft können nachteilige Folgen für den Ruf des Beteiligten verbunden sein. So etwa, wenn ein Markenproduzent gleichfalls an einer Gesellschaft beteiligt ist, die entsprechende „no-name"-Produkte zu einem günstigeren Preis vertreibt. Ein weiterer Gesichtspunkt kann darin liegen, dass der Umfang der eigenen wirtschaftlichen Einflussmacht Konkurrenten nicht bekannt werden soll. In diesem Zusammenhang kann auch die Verbergung gegenüber Mitgesellschaftern nützlich erscheinen, wenn diese an sich nicht gewillt wären, ihren Konkurrenten in die Gesellschaft aufzunehmen.

Terminologisch spiegelt sich der Verdeckungszweck in der mit Rücksicht auf die Publizität der Treuhand getroffenen Differenzierung zwischen offener und verdeckter Treuhand wider. Zu unterscheiden ist freilich zwischen einer Verdeckung gegenüber der Gesellschaft beziehungsweise den übrigen Gesellschaftern einerseits und Dritten am Geschäftsverkehr beteiligten Personen andererseits.[70] Mit Blick auf die durch die Verbergung betroffenen Interessengruppen des allgemeinen Rechtsverkehrs beziehungsweise der Mitgesellschafter stellen sich hinsichtlich der Zulässigkeit der verdeckten Treuhand unterschiedliche Probleme.

[68] *Bälz*, ZGR 1980, 1, 13; anders aber *Wiesner*, FS P. Ulmer, S 672, 672, der hier gerade eine Ausrichtung der Treuhand auf die Vereinfachung der Registereintragung sieht.
[69] *Beuthien*, ZGR 1974, 26, 36 f., 76 f.; *Liebich/Mathews*, Treuhand und Treuhänder in Recht und Wirtschaft, S. 76; *Markwardt*, S. 6 f.
[70] *Beuthien*, ZGR 1974, 26, 31; das wird nicht immer klar erkannt: vgl. etwa *Gernhuber*, JuS 1988, 355, 357; BGH, Urt. V. 13.5.1953, II ZR 157/52 = BGHZ 10, 44, 49.

Um das Verdeckungsziel zu erreichen, darf der Treugeber keine Position innehaben, die eine Offenlegung im Geschäftsverkehr oder gegenüber der Gesellschaft erfordert. Für das Personengesellschaftsrecht – mit Ausnahme der GbR – ergibt sich die Offenkundigkeit der Gesellschaftereigenschaft im Rechtsverkehr, wenn es sich nicht um eine GbR handelt, aus der Pflicht, alle Gesellschafter im Handelsregister eintragen zu lassen (§§ 106, 107, 161 Abs. 2 HGB). An einer Norm, die auch für die GmbH eine Eintragung der Gesellschafter im Handelsregister vorsieht, fehlt es demgegenüber. Die Eintragungspflicht bewirkt, dass Gesellschafter, auch wenn sie im Rechtsverkehr nicht als solche in Erscheinung treten, einer Publizität ihrer Stellung nach außen nicht entgehen können. Die Parteien des Treuhandvertrages streben daher an, den Treuhänder an Stelle des Treugebers die Gesellschafterposition einnehmen zulassen.

Nach innen folgt eine Offenlegung der Gesellschafterstellung im Personengesellschaftsrecht demgegenüber bereits daraus, dass die Gesellschafterstellung nur mit Zustimmung der übrigen Gesellschafter erworben werden kann (§§ 717 BGB, 105 Abs. 3, 161 abs. 2 HGB). Zudem muss für eine Ausübung der Mitwirkungs- und Beteiligungsrechte gegenüber der Gesellschaft die eigene Stellung als Gesellschafter oder die Ableitung der Ansprüche von einem Gesellschafter dargelegt werden. Während bei der GmbH der Zustimmungsgesichtspunkt nur im Falle einer Anteilsvinkulierung im Innenverhältnis die Offenlegung eines Gesellschafterwechsels erforderlich macht (§ 15 Abs. 5 GmbHG), muss der Gesellschafter sich zur Ausübung seiner Rechte stets bei der Gesellschaft anmelden (§ 16 Abs. 1 GmbHG).

b. Offenlegung und Qualifizierung

Von der Differenzierung nach Offenlegung und Verdeckung ist die Einstufung der Treuhand in einfache oder qualifizierte Treuhand zu trennen. Dieses Begriffspaar wird – nicht immer übereinstimmend – gebraucht, um die Treuhandkonstruktion hinsichtlich der Stellung des Treugebers zu unterscheiden.[71] Bei der qualifizierten Treuhand sind dem Treugeber zusätzlich zu den Weisungsrechten gegenüber dem Treuhänder ausdrücklich eigene Einwirkungsrechte gegenüber der Gesellschaft zugewiesen. Bei der einfachen Treuhand ist er demgegenüber grundsätzlich auf die Einflussnahme über den Treuhänder beschränkt. Wichtig ist, dass offene Treuhand und qualifizierte Treuhand nicht immer gemeinsam vorliegen müssen.[72] Zum Teil wird indes in Verbindung mit

[71] Einerseits: MünchKomm/*Ulmer*, § 705 BGB, Rdnr. 78; *Staub/Ulmer*, § 105 HGB, Rdnr. 102 f. und 106; andererseits: *Armbrüster*, S. 19 ff.; häufig wird die begriffliche Uneinheitlichkeit überhaupt nicht erkannt: *Tebben*, S. 31; *Wiesner*, FS P. Ulmer, S. 672, 674.

[72] *Armbrüster*, S. 19 ff.

der Offenlegung zugleich eine Billigung der Treuhand angenommen.[73] Das ist jedoch mit Rücksicht auf den rechtsgeschäftlichen Charakter des Billigungsaktes ungenau. Die Offenlegung ist nur ein einseitiger Akt, der von den Parteien des Treuhandvertrages ausgeht. Die Billigung der Gesellschaft bedarf demgegenüber zusätzlich einer Willensbildung und -kundgabe auf Gesellschaftsseite. Von dieser Billigung kann, sofern ein Zustimmungserfordernis besteht, schon die Wirksamkeit der einfachen Treuhand abhängen. Durchgängig erfordert indes die Begründung einer qualifizierten Treuhand einen derartigen Mitwirkungsakt der Mitgesellschafter. Durch die Einräumung unmittelbarer Rechte in der Gesellschaft ist nicht allein die Beziehung zwischen Treugeber und Treuhänder betroffen. Es wird vielmehr das gesellschaftliche Gesamtgefüge modifiziert. Eine vertragliche Regelung zwischen Treugeber, Treuhänder und der Gesellschaft beziehungsweise den Mitgesellschaftern ist daher erforderlich. Das Zustandekommen eines derartigen Vertrages kann nicht allein in der Offenlegung gesehen werden. Auch ist eine schlichte Billigung der Treuhandbeziehung nicht ausreichend. Zu fordern ist vielmehr, dass sich die Billigung der Mitgesellschafter ausdrücklich auf die Einräumung unmittelbarer Rechte in der Gesellschaft bezieht. Im Folgenden wird daher der Einteilung in verdeckte und offen gelegte Treuhand einerseits, sowie einvernehmliche und qualifizierte Treuhand andererseits gefolgt.[74]

c. Verdeckung und Scheingeschäft

Der Verdeckungstreuhand kommt erhebliche praktische Bedeutung zu. Die relativ geringe Zahl von Gerichtsentscheidungen zu dieser Konstellation erklärt sich daraus, dass die Parteien, um den Zweck der Verbergung nicht zu gefährden, den Klageweg in aller Regel scheuen. Gleichwohl befasst sich bereits die erste richtungsweisende Entscheidung des BGH (13.5.1953) zur Treuhand am Gesellschaftsanteil mit einer Verdeckungstreuhand.[75] Gegenstand der Entscheidung war letztlich die Frage, ob die Verdeckungsabsicht die Wahl der Treuhandgestaltung zum bloßen Scheingeschäft degradiert, oder ob die Einschaltung eines Treuhänders zu Verbergungszwecken ein legitimes Mittel gesellschaftsrechtlicher Gestaltung darstellt.

Fall 1:

Sachverhalt: *nach BGH, Urt. v. 13.5.1953, II ZR 157/52 = BGHZ 10, 44.* Eine GmbH beteiligte sich im Jahre 1936 über einen Treuhänder als Komplementär an einer KG. Die Stellung des Treuhänders wurde zunächst in Form einer Abänderung des bisherigen

---

[73] BGH Urt. v. 13.5.1953 – II ZR 157/52 = BGHZ 10, 44, 49; *Henssler*, AcP 196 (1996), 37, 81; *Hachenburg/Zutt*, Anh. § 15 Rdnr. 51.

[74] *Armbrüster*, S. 20 f.

[75] BGH, Urt. v. 13.5.1953, II ZR 157/52 = BGHZ 10, 44.

Gesellschaftsvertrags zwischen den übrigen Gesellschaftern und dem (zu diesem Zeitpunkt noch als Gesellschafter auftretenden) Treugeber, später auch im Treuhandvertrag zwischen Treugeber und Treuhänder, unter Bezugnahme auf die Vereinbarungen im Gesellschaftsvertrag geregelt. Nach der in beiden Verträgen übereinstimmenden Vereinbarung wurde der Treuhänder als Komplementär Geschäftsführer der KG und sollte vom Treugeber eine Vergütung erhalten. Nach außen diente die Treuhandkonstruktion der Verdeckung der (wirtschaftlichen) Beteiligung der GmbH an der KG.
Die Treugeber-GmbH wurde als Rechtssubjekt mit dem Tag des Einmarsches der Alliierten in Deutschland durch das Kontrollratsgesetz Nr. 2 vernichtet. Bis zum Frühjahr 1945 war der Treuhänder als Geschäftsführer der KG tätig. Zwischen Sommer 1945 und 1947 befand er sich in Haft. Ein nach Beginn seiner Haftzeit durch die Besatzungsregierung für die KG eingesetzter Verwalter (Custodian) kündigte gegenüber dem Treuhänder ein etwa bestehendes Anstellungsverhältnis fristlos und erklärte die Geschäftsführungsbefugnis für erloschen. Der Treuhänder verlangte gleichwohl von der KG Zahlung der ihm im Vertragswerk zugesagten Vergütung. Seine Stellung als Gesellschafter könne durch die ausgesprochene Kündigung nicht beeinträchtigt werden.

Problemstellung: Im vorliegenden Zusammenhang konnte eine Vergütung losgelöst von der ab dem Kündigungszeitpunkt beendeten Geschäftsführertätigkeit allenfalls aus einer Stellung als Gesellschafter folgen. Die Vergütung müsste dafür insoweit als Abgeltung der mit einer Gesellschafterstellung verbundenen Risiken und Unannehmlichkeiten aufzufassen sein. Vor allem aber musste der Treuhänder tatsächlich eine Gesellschafterstellung innehaben. Das Treuhandgeschäft dürfte nicht als bloßes Scheingeschäft einzustufen sein.

Lösung des BGH: Das Berufungsgericht hatte die Regelungen des Treuhandvertrages noch dahingehend interpretiert, dass der Treugeber Mitglied der Gesellschaft und Inhaber der damit verbundenen Rechte und Pflichten sei. Der Treuhänder werde demgegenüber nur zu Tarnungszwecken als Gesellschafter ins Handelsregister eingetragen. Der BGH hielt dieser Auffassung entgegen, es sei nicht zulässig, einen Gesellschafter einer Handelsgesellschaft nicht im Handelsregister eintragen zu lassen und auch ansonsten ein Auftreten nach außen nicht vorzusehen. Eine derartige Beteiligungsform entspreche vielmehr dem Wesen der Innengesellschaft. Es bestehe im Rahmen der Ausgestaltung einer Gesellschaft die Möglichkeit, zwischen Innen- und Außengesellschaft zu wählen. Eine Bestimmung, dass eine tatsächlich gebildete Außengesellschaft rechtlich als Innengesellschaft zu behandeln sei, könne von den Beteiligten nicht getroffen werden.[76]
Die Innehabung besonderer Kontroll- und Anweisungsbefugnisse in der Gesellschaft durch den Treugeber erachtet der BGH im Innenverhältnis für zulässig. Dies könne bis hin zu einer internen Gleichstellung des Treugebers mit einem Gesellschafter reichen. Hieraus ergebe sich jedoch keinesfalls eine Position des Treugebers, die die Gesellschafterstellung des Treuhänders in Frage stelle. Allein der Treuhänder sei hinsichtlich des von der Treuhandkonstruktion betroffenen Gesellschaftsanteils als Gesellschafter einzustufen.[77]

Der BGH schließt aus der Absicht der Beteiligten, den Treuhänder im Rechtsverkehr als Gesellschafter auftreten zu lassen, den Treugeber aber zu verbergen, dass tatsächlich eine Gesellschafterstellung des Treuhänders gewollt ist. In der

[76] BGH, Urt. v. 13.5.1953, II ZR 157/52 = BGHZ 10, 44, 48.
[77] BGH, Urt. v. 13.5.1953, II ZR 157/52 = BGHZ 10, 44, 49/50.

Tat liegt kein Scheingeschäft im Sinne von § 117 Abs. 2 BGB vor. Die Parteien wollen zwar den Treugeber einem Gesellschafter wirtschaftlich gesehen weitestgehend gleichstellen. Die Stellung des Treuhänders als Gesellschafter mit allen daraus folgenden Rechtsfolgen ist aber gleichermaßen erwünscht. Die Verdeckung der Position des Treugebers im Rechtsverkehr soll nicht durch ein lediglich scheinbar vorgenommenes Rechtsgeschäft erreicht werden. Vielmehr versucht man sich des Instituts der mittelbaren Stellvertretung im Bereich des Gesellschaftsrechts zu bedienen. Mittel zur Verbergung des Treugebers ist auf diesem Wege die tatsächliche Vollrechtstellung des Treuhänders. Fraglich ist nicht die Gesellschafterstellung des Treuhänders, sondern die Position des Treugebers. Die Mittelung durch den Treuhänder kann den Treugeber von einer Gesellschafterstellung nur freistellen, wenn das Institut der mittelbaren Stellvertretung im Gesellschaftsrecht ungebrochene Wirkung entfaltet. Stuft man den Treugeber gegebenenfalls neben dem Treuhänder als Gesellschafter ein, muss daraus indes nicht zwangsläufig eine Verfehlung des Verbergungszweckes folgen. Es stellt sich dann vielmehr die Frage, inwieweit die Repräsentierung von Treugeber und Treuhänder als Gesellschafter allein durch den Treuhänder im Rechtsverkehr ausreichend ist.

Dabei sollte der Verbergungszweck nicht voreilig als missbilligenswert eingestuft werden. Sogar der Gesetzgeber sieht zum Teil die Möglichkeit ausdrücklich vor, einen anderen in dessen eigenem Namen für sich handeln zu lassen (so etwa im Kommissionsrecht, §§ 383 ff. HGB). Andererseits kann die Verdeckungsabsicht auch nicht von vornherein als völlig unbedenklich und rechtlich unerheblich erachtet werden. Der Zweck der Verdeckung gegenüber Dritten kann durchaus mit einer im Geschäftsverkehr beabsichtigten Publizität kollidieren, die Verdeckung gegenüber den übrigen Gesellschaftern muss sich mit etwaigen Zustimmungserfordernissen auseinander setzen. Es besteht damit eine Fülle von Detailproblemen, bei denen der Verdeckungszweck zu berücksichtigen ist. Die Frage, ob und wieweit der Verbergungszweck erreicht werden kann, ist – nicht zuletzt mit Rücksicht auf bestehende Publizitätserfordernisse – untrennbar mit der Einstufung des Treugebers als Gesellschafter oder Nichtgesellschafter verbunden. Zu der Zulässigkeit und Erreichbarkeit des Verbergungszweckes kann mithin erst nach der Bestimmung des Verhältnisses des Treugebers zur Gesellschaft Stellung genommen werden.

4. Umgehung

In Verbindung mit einer Verdeckung der Beteiligung an einer Gesellschaft kann die Treuhand am Gesellschaftsanteil zugleich eine Umgehungsfunktion besitzen. Das Umgehungsmotiv zielt auf die Vermeidung bestimmter Konsequenzen, die an eine Gesellschafterstellung anknüpfen, ab.[78] Die Umgehung kann insofern aus der Verbergung resultieren, als die Beteiligung des Treugebers nicht bekannt wird, eine Anwendung gesellschaftsrechtlicher Vorschriften auf den Treugeber mithin praktisch nicht erfolgen kann. Indes ist mit der Umgehung nicht zwangsläufig eine Verbergung der Treuhand verbunden. Die Offenlegung des Treuhandverhältnisses tut zwar die wirtschaftlichen und rechtlichen Beziehungen kund. Eine Umgehung gesetzlicher Vorschriften kann jedoch auch durch eine Ausnutzung der Diskrepanz zwischen formaler und wirtschaftlicher Lage erstrebt werden.

In noch stärkerem Maße als der Verdeckungszweck unterliegt das Motiv der Umgehung dem Verdacht, nur eine Ausnutzung rechtlicher Gestaltungsmöglichkeiten zu missbilligten Zielen darzustellen.[79] Auch hier ist jedoch zu beachten, dass es durchaus legitim ist, sich das günstigste zur Verfügung stehende Organisationsmodell auszusuchen. Bedenklich wird eine Umgehung jedoch dann, wenn sie formale Rechtsgestaltungsmöglichkeiten nutzt, um ein Eingreifen der an sich vorgesehenen gesetzlichen Regelungen auszuschließen. Die abweichende formale Ausgestaltung kann hier nur insoweit die erstrebten Rechtsfolgen herbeiführen, als durch die gewählte Rechtsform zugleich eine sachliche Differenzierung bewirkt wird.

VI. Zusammenfassung

Die Treuhand am Gesellschaftsanteil bedient sich der Form der echten Treuhand. Der Treuhänder hat eine Vollrechtsstellung inne. Er ist also selbst Gesellschafter. Der Treuhänder kann die Gesellschafterstellung entweder vom Treugeber übertragen bekommen oder selbst erwerben. Eine Differenzierung danach, auf welche Weise der Treuhänder zum Gesellschafter geworden ist, erscheint jedoch nur insoweit sinnvoll, als es auf die Begründung einer Erwerbspflicht des Treuhänders ankommt. Die Erwerbspflicht ist dabei rechtstechnisch von der Treuhand zu trennen. Die Ausgestaltung der Treuhand ist unabhängig davon, ob der Treuhänder bereits zum Zeitpunkt des Vertragsabschlusses Gesellschafter war oder diese Stellung erst später erlangt. Eine Unterscheidung nach Entstehungsarten hat letztlich allein eine Abgrenzung der Treuhand von der mittelbaren Stellvertretung zum Zweck. Mittelbare Stellvertretung und Treuhand sind indes nicht einander ausschließende Rechtsinstitute. Sie sind vielmehr auf unterschiedlichen Ebenen angesiedelt und ergänzen sich gegenseitig. Eine Abgrenzung ist daher überflüssig.

---

[78] Zum Einsatz bei der GmbH-Gründung vor Zulassung der Einmann-GmbH: *Roth/Thöni*, FS 100 Jahre GmbH-Gesetz, S. 245, S. 245, 247.
[79] *Beuthien*, ZGR 1974, 38 f.

Das Verhältnis zwischen Treuhänder und Treugeber ist als Geschäftsbesorgungsvertrag ausgestaltet. Daraus ergibt sich als Kern des Regelungsprogramms für das treuhänderische Innenverhältnis, dass der Treuhänder den Weisungen des Treugebers unterworfen und an dessen Interessen gebunden ist. Daneben nimmt die Weiterleitung wirtschaftlicher Vor- und Nachteile durch die geschäftsbesorgungsrechtliche Herausgabe- beziehungsweise Aufwendungserstattungspflicht (§§ 675, 667, 670 BGB) eine zentrale Bedeutung ein. Zunächst den Treuhänder treffende Verluste werden ebenso an den Treugeber weitergeleitet wie aus der Gesellschaftsbeteiligung fließende Gewinne.

Die Eigenart des Gesellschaftsanteils bringt es mit sich, dass der Treugeber einer Missbrauchsgefahr in doppelter Weise ausgesetzt ist. Die Macht des Treuhänders, als Vollrechtsinhaber weisungswidrig über das Treugut zu verfügen, besteht einerseits mit Blick auf Veräußerungen im allgemeinen Rechtsverkehr. Andererseits kann der Treuhänder seine Macht aber auch bei gesellschaftsinternen Tätigkeiten, so vor allem im Rahmen seiner Mitwirkung an Abstimmungen der Gesellschafter, missbrauchen. Im Verhältnis zur Treuhandbeziehung besteht insofern ein doppeltes Außenverhältnis.

Die Treuhandkonstruktion wird trotz dieser doppelten Missbrauchsgefahr aus unterschiedlichen Motiven gewählt. Praktisch relevant sind vor allem die Fälle einer fremdnützigen Treuhand, bei der der Treuhänder keine eigenen Interessen verfolgt, sondern ausschließlich im Interesse des Treugebers tätig wird. Die Wahl der Treuhandkonstruktion kann hierbei zur Vereinfachung der Gesellschaftsorganisation eingesetzt werden. Dies erfolgt in erster Linie bei den Publikumsgesellschaften, die sich eines Treuhänders zur Zusammenfassung einer Vielzahl von Anlegern bedienen. Daneben wird ein Treuhänder vielfach eingeschaltet, um die Beteiligung an einer Gesellschaft zu verdecken oder gesetzliche Regelungen, die an eine Gesellschafterstellung anknüpfen, zu umgehen.

§ 2 Abgrenzung von ähnlichen Rechtsinstituten

I. Bedeutung der unterschiedlichen Formen mittelbarer Beteiligung

Die Treuhandbeziehung ist auf schuldrechtlicher Ebene als Geschäftsbesorgungsvertrag beziehungsweise Auftrag einzuordnen.[80] Der Treugeber bedient sich des weisungs- und interessengebundenen Treuhänders als Mittler zur Beteiligung an einer Gesellschaft. Er kann über den Treuhänder Einfluss auf die Belange der Gesellschaft nehmen. Zudem werden die aus der Beteiligung fließenden Vorteile vom Treuhänder an den Treugeber weitergeleitet (§ 667 BGB). Die Treuhand stellt insofern eine Form der mittelbaren Gesellschaftsbeteiligung dar. Neben der Treuhand bestehen jedoch auch weitere Rechtsformen, die eine mittelbare Teilhabe an einer Gesellschaft gewähren. Indes zeichnet sich allein die Treuhand durch die strikt geschäftsbesorgungsrechtliche Prägung der Innenbeziehung aus. Nur hier ersetzt der Treuhänder den Treugeber vollständig, ohne zusätzlich eigene Interessen in der Gesellschaft zu verfolgen. Für die Entwicklung eines mitgliedschaftlichen Konzeptes zur Stellung des Treugebers ist es daher unumgänglich, die einzelnen Formen mittelbarer Beteiligung auseinander zu halten. Gleichwohl darf nicht der Blick auf die funktionalen Parallelen versperrt werden, die eine Angleichung des treuhänderischen Beteiligungssystems an parallele Rechtskonstruktionen erforderlich machen kann.

Die Abgrenzungsproblematik ist dabei dadurch geprägt, dass zur Erreichung ähnlicher, teils sogar identischer Zwecke im Gesellschaftsrecht zahlreiche verschiedene Gestaltungsvarianten zur Verfügung stehen. Zu einer sinnvollen Einteilung der einzelnen Konstruktionsformen ist es geboten, die Motive der Parteien ausfindig zu machen und die Gründe für die gewählten Gestaltungsvarianten zu hinterfragen. Eine Gliederung der Beteiligungskonstruktionen hat sich an den vorgegebenen Gesellschaftsformen ebenso zu orientieren wie an den wirtschaftlichen Zielsetzungen der Parteien. Zu beachten ist insbesondere der Zweck einer Ordnung der Varianten „mittelbarer" Beteiligung an Gesellschaften, der darin liegen muss, das jeweilige Vertragsgefüge dem zutreffenden gesetzlichen Regelungsprogramm und den daraus folgenden Schranken und Korrekturen zu unterwerfen.

Gesichtspunkte, die sich zur Unterscheidung der Beteiligungsarten anbieten, sind der Bezugspunkt der Vereinbarung – entweder ein Unternehmen als Ganzes, oder lediglich ein Gesellschaftsanteil –, der Umfang der Zuordnung an den „mittelbar" Beteiligten sowie die Interessenverteilung zwischen „mittelbar" und „unmittelbar" Beteiligtem.

[80] MünchKomm/*K. Schmidt*, Vor. § 230 HGB, Rdnr. 51 (dort auch zu Organisationselementen der Treuhand).

II. Stille Unterbeteiligung

A. Vertragsgestaltung

Neben der Treuhand bildet die stille Unterbeteiligung den Hauptanwendungsfall mittelbarer Gesellschaftsbeteiligung. Die Unterbeteiligung ist Beteiligung an einer Beteiligung.[81] Unmittelbar beteiligt ist der Hauptgesellschafter an der Hauptgesellschaft, der mit dem mittelbar Beteiligten einen Gesellschaftsvertrag schließt.[82] In diesem Innenverhältnis wird die interne Aufteilung der Rechte und Pflichten aus dem Anteil an der Hauptgesellschaft vorgenommen. Nach außen ist der mittelbar Beteiligte hingegen nach herrschender Auffassung nicht Gesellschafter. Es bestehen im Grundsatz nur Rechtsbeziehungen zwischen Hauptgesellschaft und unmittelbar Beteiligtem einerseits sowie zwischen unmittelbar und mittelbar Beteiligtem andererseits. Wird die Gesellschaft zwischen unmittelbar und mittelbar Beteiligtem als bloße Innengesellschaft geschlossen, liegt eine stille Unterbeteiligung vor. Diese stille Unterbeteiligung besitzt wie eine stille Gesellschaft kein eigenes Gesamthandvermögen, sondern verschafft dem Unterbeteiligten lediglich gegenüber dem unmittelbar Beteiligten eine schuldrechtliche Mitberechtigung an dessen Anteil an der Hauptgesellschaft.[83] Streitig ist, ob die Unterbeteiligungsgesellschaft als Innengesellschaft ihrerseits stille Gesellschaft (§§ 230 ff. HGB) oder GbR (§§ 705 ff. BGB) ist.[84] Die überwiegende Auffassung fordert zudem eine Gewinnbeteiligung des Unterbeteiligten.[85]

B. Rechtsprechung des BGH (Urteil vom 13.6.1994)

Die stille Unterbeteiligung wird nach herrschender Auffassung von der Treuhand dadurch unterschieden, dass der Hauptbeteiligte an der Beteiligung in der Hauptgesellschaft anders als bei der fremdnützigen Treuhand auch ein

---

[81] *Roth/Thöni*, FS 100 Jahre GmbH-Gesetz, S. 245, 252 ff; *Armbrüster*, S. 22 ff.

[82] *Tebben*, S. 36 f.; vgl. aus der Rechtsprechung nur: BGH, Urt. v. 11.7.1968, II ZR 179/66 = BGHZ 50, 316, 319; einschränkend: BGH, Urt. v. 13.6.1994, II ZR 259/92 = NJW 1994, 2886.

[83] *K. Schmidt*, Gesellschaftsrecht, § 63 I 3, S. 1869; *Tebben*, S. 36 f.

[84] Die h. M. tritt für eine Innengesellschaft ein: BGH, Urt. v. 29.10.1952, II ZR 16/52 = BGHZ 7, 378, 382; BGH, Urt. v. 11.7.1968, II ZR 179/66 = BGHZ 50, 316, 319; BGH, Urt. v. 22.3.1965, II ZR 196/62 = WM 1965, 458; *Roth/Thöni*, FS 100 Jahre GmbH-Gesetz, S. 245, 253 geben zu bedenken, wollte man die Unterbeteiligung als stille Gesellschaft einstufen, müsste sich das Halten der Gesellschaftsbeteiligung durch den Hauptgesellschafter als Handelsgewerbe darstellen, § 230 Abs. 1 HGB; ausführlich: *Tebben*, S. 45(mwN. zum Streitstand).

[85] Vgl. *Schlegelberger/K. Schmidt*, § 335 (§ 230 n.F.) HGB, Rdnr. 183, 186; dagegen: *Tebben*, S. 43 f., der Unterbeteiligungsverhältnisse ohne Gewinnbeteiligung zwar als Minus zum Regelfall, nicht aber als aliud werten will.

eigenes Interesse besitzt.[86] Andererseits sollen sich nach neuerer Auffassung des BGH Unterbeteilung und Treuhand nicht von vornherein ausschließen.

Fall 2:

Sachverhalt: In der richtungsweisenden Entscheidung des BGH vom 13.6.1994[87] stand die Abgrenzung zwischen Treuhand und Unterbeteiligung völlig im Mittelpunkt. Anlass war die Kündigung eines Unterbeteiligungsverhältnisses durch einen Kommanditisten. Der beklagte Kommanditist hatte dem Kläger formularvertraglich eine Unterbeteiligung an seinem Kommanditanteil eingeräumt. Im Vertragswerk wurde die Unterbeteiligung als „echtes Treuhandverhältnis" bezeichnet. Zudem wurde der Gesellschaftsvertrag als Bestandteil auch des „Treuhandvertrages" ausgewiesen. Die Unterbeteiligung sollte für die Dauer der Beteiligung des Kommanditisten an der KG unkündbar sein. Eine Lösung von der Unterbeteiligung war demnach nur durch Vereinbarung zwischen Haupt- und Unterbeteiligtem möglich. Der Unterbeteiligte wandte sich nun als Kläger gegen die - inzwischen erfolgte - Kündigung der Unterbeteiligung durch den Hauptbeteiligten.

Problemstellung: Einer wirksamen Beendigung des Unterbeteiligungsverhältnisses könnte der im Unterbeteiligungsvertrag vorgesehene Kündigungsausschluss entgegenstehen. Indes erscheint zweifelhaft, ob dieser Kündigungsausschluss seinerseits wirksam ist. Ausschlaggebend hierfür ist, ob zwischen den Beteiligten die Regelungen über eine Gesellschaft bürgerlichen Rechts oder über ein Geschäftsbesorgungsverhältnis anwendbar sind. Für die Gesellschaft bürgerlichen Rechts sieht § 723 Abs. 3 BGB die Nichtigkeit eines Kündigungsausschlusses vor. Demgegenüber ist im Bereich der über § 675 BGB den Auftragsregeln unterliegenden Treuhand gegen einen Kündigungsausschluss im Grundsatz - soweit die Kündigung nicht auch für die Fälle, in denen ein wichtiger Grund gegeben ist, ausgeschlossen wird - nichts einzuwenden.

Der BGH erblickt zwar das Wesen der Unterbeteiligung im Eigeninteresse des Hauptbeteiligten an der Gesellschaftsbeteiligung. Zumindest zum Teil sei dem Hauptbeteiligten der Anteil nicht nur formell, sondern auch materiell zuzuordnen. Die Verwaltung für den Unterbeteiligten betreffe demgemäß nicht die gesamte Beteiligung. Im Gegensatz hierzu liege das wirtschaftliche Interesse bei der Treuhand ausschließlich beim mittelbar beteiligten Treugeber. Gleichwohl schließen sich Treuhand und Unterbeteiligung nach Auffassung des BGH nicht vollständig aus. Da hinsichtlich des Beteiligungselements, das bei der Unterbeteiligung wirtschaftlich für den mittelbar Beteiligten gehalten werde, durchaus treuhänderische Verwaltungspflichten bestünden, seien die treuhandrechtlichen Vorschriften gegebenenfalls ergänzend anzuwenden .[88]

[86] Kritisch hierzu: *Roth/Thöni*, FS 100 Jahre GmbH-Gesetz, S. 245, 258 ff.; *Tebben*, S. 55 (mwN. zur h.M.).

[87] BGH, Urt. v. 13.6.1994, II ZR 259/92 = WiB 1994, 775 mit Anmerkung, *Gummert*.

[88] Zustimmend: *Armbrüster*, S. 22 ff.; *Henssler*, AcP 196 (1996), 37, 44; MünchKomm/*K. Schmidt*, Vor § 230 HGB, Rdnr. 45; ähnlich nimmt auch *Sojka*, S. 4, an, die Treuhand bilde den Grundtypus einer mittelbaren Beteiligung, der in den übrigen Formen mittelbarer Beteiligung verschieden stark ausgeprägt sei.

Mit Bezug auf den zu entscheidenden Sachverhalt lehnte der BGH eine Orientierung am Wortlaut des Unterbeteiligungsvertrages, der von einem „echten Treuhandverhältnis" spricht, ab. Das Gericht nahm vielmehr Bezug auf die tatsächliche Ausgestaltung der Rechtsbeziehung. Berücksichtige man, dass sowohl der Hauptbeteiligte als auch der Unterbeteiligte ein eigenes wirtschaftliches Interesse an der Gesellschaft besäßen, sei die Rechtsbeziehung als Unterbeteiligung einzustufen. § 723 Abs. 3 BGB finde daher Anwendung. Der Kündigungsausschluss entfalte keine Wirksamkeit, so dass der Hauptbeteiligte das Unterbeteiligungsverhältnis mit der im Gesellschaftsvertrag vorgesehen Frist kündigen konnte. Die Maßgeblichkeit des Gesellschaftsvertrages ergebe sich dabei aus seiner Einbindung in den Unterbeteiligungsvertrag. Da sich jedoch aus anderen - noch aufklärungsbedürftigen - Umständen gleichwohl ein Kündigungsausschluss ergeben könne, verwies der BGH den Rechtsstreit an das Berufungsgericht zurück.

Aus der Rechtsprechung des BGH lässt sich mithin keineswegs eine pauschale Gleichstellung von Treuhand und Unterbeteiligung ableiten. Treuhand und Unterbeteiligung sollen sich nur insoweit nicht gegenseitig ausschließen, als jeder Unterbeteiligung ein treuhandartiges Element zur Wahrung der Interessen des Unterbeteiligten durch den Hauptbeteiligten inne wohnen soll.[89] Dass der BGH sehr wohl einen Unterschied zwischen Treuhand und Unterbeteiligung als Konstruktionsvarianten mittelbarer Gesellschaftsbeteiligung annimmt, zeigt sich an seiner Lösung der Kündigungsproblematik.[90] Die Anwendbarkeit von § 723 Abs. 3 BGB soll gerade von der Einstufung als (Innen-) Gesellschaft, mithin von der Zuordnung des Vertragswerks zur Unterbeteiligung, abhängig sein.[91]

C. Angleichung und Abgrenzung

Die rechtliche Differenzierung zwischen Auftrag beziehungsweise Geschäftsbesorgung einerseits und Gesellschaft andererseits wird im Bereich mittelbarer Gesellschaftsbeteiligung nicht entbehrlich. Als Unterscheidungskriterium dient hierzu auf tatsächlicher Ebene nach wie vor die Wahrnehmung auch eigener oder ausschließlich fremder Interessen.[92] Zu bedenken ist dabei freilich, dass der Grad des Eigeninteresses durchaus in abgestufter Form vorliegen kann.[93] So kann bei der stillen Unterbeteiligung das Eigeninteresse des unmittelbar Beteiligten im Extremfall eine verschwindend geringe Bedeutung gegenüber dem Interesse des mittelbar Beteiligten einnehmen. Die beiden Gestaltungsarten

[89] Kritisch: *Tebben*, S. 66 auf Basis einer am Innenverhältnis orientierten vertragsrechtlichen Sicht der Treuhand, S. 67 ff.

[90] Vgl. auch MünchKomm/*K. Schmidt*, Vor § 230 HGB, Rdnr. 45.

[91] Ähnlich: *Henssler*, AcP 196 (1996), 37, 44.

[92] MünchKomm/*K. Schmidt*, Vor § 230 HGB, Rdnr. 45.

[93] *Tebben*, S. 70 ff., 76, will daher eine Gesamtbetrachtung des Vertrages im Innenverhältnis vornehmen. Er gelangt so zu einem Kontinuum vom partiarischen Darlehen über die Unterbeteiligung bis hin zur Treuhand am Gesellschaftsanteil.

sind mit Blick auf ihre Angleichungsmöglichkeiten zumindest im Grenzbereich daher nahezu austauschbar.[94]

Am grundsätzlichen Unterschied zwischen gemeinsamer Zweckverfolgung und ausschließlich fremder Interessenwahrung ändert sich zwar auch dann nichts, wenn der Unterbeteiligte nach dem Gewicht der Anteile nahezu völlig dominiert. Indes ist allenfalls für offensichtliche Missbrauchsfälle an eine umfassende Übertragung des treuhandrechtlichen Reglungsprogramms auf die Unterbeteiligung zu denken. Im Übrigen kann der funktionalen Parallele zwischen Treuhand und stiller Unterbeteiligung allein im Kontext der einzelnen Sachlösungen Rechnung getragen werden. Je nach konkreter Interessenlage kommt auch den Unterbeteiligungsformen partiell Treuhandcharakter zu. Die Entscheidung des BGH weist insoweit in die richtige Richtung. Wie für die Treuhand ist auch für die stille Unterbeteiligung zu erwägen, ob sich aus den Einflussmöglichkeiten und dem wirtschaftlichen Interesse des mittelbar Beteiligten eine Einbeziehung in den Gesellschaftsverband ergibt. Ähnlichkeit und fließender Übergang zwischen Unterbeteiligung und Treuhand sprechen für eine Abstimmung der jeweiligen Lösungen zur Beziehung des mittelbar Beteiligten zur Gesellschaft.[95] Die strukturellen Unterschiede sowie die – wenn auch je nach Gestaltung nur leicht – abweichende Interessenlage stehen indes einer generellen Übertragung der dogmatisch-konstruktiven Erfassung der Treuhand auf die Unterbeteiligung entgegen.

III. Verbandsmäßige Unterbeteiligung

Auch die verbandsmäßige Unterbeteiligung, teilweise auch als mehrstufige Beteiligung bezeichnet[96], bildet einen Fall mittelbarer Gesellschaftsbeteiligung. Sie zeichnet sich gegenüber der stillen Unterbeteiligung dadurch aus, dass sie Außengesellschaft ist.[97] Die Unterbeteiligten sind zwar nicht unmittelbar Gesellschafter der Hauptgesellschaft, jedoch sind sie ihrerseits zu einer Außengesellschaft zusammengeschlossen, die als Hauptbeteiligte den Gesellschaftsanteil an der Hauptgesellschaft hält. Die Beteiligungsgesellschaft kann dabei als Personengesellschaft (GbR, OHG, KG) oder als Kapitalgesellschaft (GmbH, AG) organisiert sein.

---

[94] *Roth/Thöni*, FS 100 Jahre GmbH-Gesetz, S. 245, S. 259 f.; *Tebben*, S. 57 ff., 59, betont hingegen den strukturellen Unterschied zur Treuhand auch für die Fälle, in denen den Hauptgesellschafter praktisch keine eigene „Quote" trifft. *Tebben* lehnt das Merkmal der Eigenquote letztlich als willkürlich ab (S. 61). Die Quote könne jedoch den Vertragsgegenstand auch in dem Sinn näher bestimmen, dass teils eine Unterbeteiligung, teils ein Treuhandverhältnis vorliege (S. 69 f.).

[95] *Staub/Ulmer*, § 105 HGB, Rdnr. 110.

[96] *Armbrüster*, S. 27.

[97] *Roth/Thöni*, FS 100 Jahre GmbH-Gesetz, S. 245, 255.

Die verbandsmäßige Unterbeteiligung unterscheidet sich von der Treuhand am Gesellschaftsanteil ebenso wie von der stillen Unterbeteiligung durch das zwischen Unterbeteiligtem und Hauptgesellschaft als Mittler auftretende Rechtssubjekt. Bei der verbandsmäßigen Unterbeteiligung wird eine Gesellschaft zwischengeschaltet, die von den mittelbar Beteiligten selbst gebildet wird. Sowohl bei der stillen Unterbeteiligung als auch bei der Treuhand nimmt diese Stellung ein Dritter – entweder eine natürliche Person oder wiederum eine Gesellschaft – als Treuhänder beziehungsweise Hauptbeteiligter ein.

Anders als bei der Treuhand am Gesellschaftsanteil stellt sich die Problematik der Beziehung des mittelbar Beteiligten zur Gesellschaft bei der verbandsmäßigen Unterbeteiligung im Rahmen der Verknüpfung mehrerer Gesellschaften. Die rechtliche Erfassung fällt dabei leichter, weil die verbandsmäßige Unterbeteiligung sich gesetzlicher Regelungsmodelle bedient, die ein relativ klar strukturiertes Regelungsprogramm zur Lösung der anstehenden Probleme bereitstellen.[98] Auch zwischen verbandsmäßiger Unterbeteiligung und Treuhand am Gesellschaftsanteil nähern sich die Gestaltungsformen allerdings an, wenn man die Möglichkeit zur Bildung einer Einmann-Gesellschaft berücksichtigt. Der verbandsmäßig Unterbeteiligte steht dann zwar zur hauptbeteiligten Gesellschaft in gesellschaftsrechtlichen Beziehungen, indes kann er als alleiniger Gesellschafter das Verhalten des Hauptbeteiligten in ähnlicher Weise steuern wie ein Treugeber das Auftreten des Treuhänders. Allein, wenn man die Zulässigkeit einer Einmann-Personengesellschaft anerkennt, erscheinen Treuhand und verbandsmäßige Unterbeteiligung nahezu völlig austauschbar. Bei einer Kapitalgesellschaft als Hauptbeteiligtem ist die völlige Mediatisierung der Beteiligung ihres alleinigen Gesellschafters jedoch durch das strikte gesetzliche Regelungsprogramm insbesondere zur Kapitalaufbringung und -erhaltung gerechtfertigt. Für die Einmann-Personengesellschaft hingegen ist eine Übertragung der Lösung zur Treuhandproblematik zu erwägen.

IV. Stille Gesellschaft

Die stille Gesellschaft (§§ 230 ff. HGB) stellt zwar keine Form mittelbarer Gesellschaftsbeteiligung dar, gleichwohl nähert sie sich der Treuhand – vor allem in der Variante der atypischen stillen Gesellschaft – funktional derart weit an[99], dass eine Abgrenzung geboten erscheint. Zudem findet die stille Gesellschaft teilweise zur Organisation von Anlagegesellschaften Verwendung, die ihrerseits wiederum dem Organisationsgebilde der Treuhand am Gesellschaftsanteil ähneln.

---

[98] *Roth/Thöni*, FS 100 Jahre GmbH-Gesetz, S. 245, S. 261 f.

[99] *Armbrüster*, S. 21 f.

A. Grundmuster

Der intern Beteiligte ist bei der stillen Gesellschaft am Unternehmen eines Kaufmanns beteiligt. Das Handelsgeschäft befindet sich dabei ausschließlich im Vermögen des Kaufmanns (§ 230 Abs. 1 HGB). Allein er wird aus den im Betriebe geschlossenen Geschäften berechtigt und verpflichtet. Denkbar ist eine stille Gesellschaft sowohl zwischen einer natürlichen Person als Inhaber eines Handelsgewerbes als auch einer Gesellschaft und einem stillen Gesellschafter. Jedoch wird der stille Gesellschafter, auch wenn er in einer derartigen Beziehung zu einer Gesellschaft steht, nicht an einem bestimmten Gesellschaftsanteil beteiligt. Wie auch bei der stillen Gesellschaft mit einer natürlichen Person bezieht sich die interne Beteiligung stets auf das Handelsgeschäft als Ganzes. Dadurch unterscheidet sich die stille Gesellschaft von der Treuhand am Gesellschaftsanteil, deren Bezugspunkt immer ein konkreter Gesellschaftsanteil, nie aber das Handelsgewerbe in seiner Gesamtheit ist. Da der Einfluss des Unterbeteiligten bei der stillen Gesellschaft nicht über einen Gesellschaftsanteil vermittelt wird, stellt sich die Problematik einer Einbindung in das Organisationsgefüge der Gesellschaft nicht in gleicher Weise wie bei der Treuhand. Die Einflussmöglichkeiten des stillen Gesellschafters sind ausweislich der §§ 230 ff HGB begrenzt. Im Regelfall hat er keinen Einfluss auf die Geschäftsführung, sondern allein die Kontrollrechte des § 233 HGB. Wird hiervon vertraglich abgewichen, liegt eine atypische stille Gesellschaft vor.[100] Allein für die Fälle einer atypischen stillen Gesellschaft, bei der die Position des stillen Gesellschafters der eines unmittelbar beteiligten angenähert ist, kommt es in Betracht, ihn auch bezüglich der Pflichten einem unmittelbar Beteiligten gleichzustellen.

B. GmbH und Still

Die GmbH und Still dient wie die Treuhand am Gesellschaftsanteil in der Sonderform der Publikums-KG zur Organisation einer Anlage-Gesellschaft. Das als Projekt verfolgte Ziel bildet den Gesellschaftszweck der GmbH. Die Kapitalakquirierung erfolgt auf dem Wege des Abschlusses zahlreicher stiller Beteiligungen. Als rechtliche Gestaltung dient jeweils die Bildung einer stillen Gesellschaft. Die GmbH geht also mit jeder als Kapitalanleger einzubindenden Person eine stille Gesellschaft ein, die im Grundsatz dem Regelungsprogramm der §§ 230 ff. HGB folgt. Der Vorteil dieser Konstruktion liegt in der lediglich internen Beteiligung der stillen Gesellschafter. Nach außen ist allein die GmbH berechtigt und verpflichtet. Sie allein tritt als Geschäftsinhaber hervor. Auch kann eine Eintragung der Anleger im Handelsregister unterbleiben, da sie weder zum Kaufmann noch zum Außengesellschafter werden. Der Unterschied zur

---

[100] *Kübler*, Gesellschaftsrecht, § 9 II. 2. c), S. 109.

Publikums-KG liegt vor allem darin, dass nicht eine Beteiligung an einem Gesellschaftsanteil, sondern an dem Handelsgeschäft selbst vorliegt. Die Anleger stehen nicht zu einem der Gesellschafter, sondern zur Anlagegesellschaft in Rechtsbeziehungen. Die auftauchenden Probleme, insbesondere mit Blick auf den Schutz der Kapitalanleger, weisen indes in großen Teilen Ähnlichkeit mit den bei der Publikums-KG entstehenden Schwierigkeiten auf.

C. Virtuelle KG

Die virtuelle KG ist ein Konstrukt, das in Teilen der Rechtsprechung und Lehre zur Bewältigung der aus den gesellschaftsrechtlich atypisch ausgestalteten Anlagegesellschaften resultierenden Probleme erwogen wird.[101] Die virtuelle KG ist nicht als nach außen real existierende Gesellschaftsform zu verstehen. Sie dient vielmehr dazu, die internen Rechtsbeziehungen der Beteiligten der Interessenlage anzupassen. Grundgedanke ist, dass die funktionale Verteilung von Interessen und Aufgaben der Rechtslage bei der KG entspricht. Gleichwohl wird nach außen eine andere Gestaltungsform gewählt, um bestimmten Motiven – etwa steuerrechtlicher Natur – gerecht zu werden. Würde man die äußere Gestaltungsform jedoch auch für die Regelung der inneren Beziehungen als maßgeblich erachten, käme es zu Ergebnissen, die mit der tatsächlichen Interessenlage nicht zu vereinbaren wären. Die virtuelle KG wird für die atypisch ausgestalteten Varianten der stillen Gesellschaft in Form der GmbH & Still[102] und der Unterbeteiligung[103] zu Anlagezwecken vorgeschlagen. Von der Interessenlage her betrachtet steht bei der GmbH & Still die GmbH, bei der atypischen Unterbeteiligung der Hauptbeteiligte dem Komplementär einer KG gleich. Funktional nehmen entsprechend die Anleger als stille Gesellschafter beziehungsweise Unterbeteiligte die Stellung von Kommanditisten ein. Die parallele Interessenlage zeigt sich vor allem hinsichtlich der Verteilung der Geschäftsführungskompetenz. So wie bei der KG der Komplementär die Geschäfte führt (§§ 164 S. 1, 161 Abs. 2, 114 HGB) und nach außen die Gesellschaft vertritt (§§ 170, 161 Abs. 2, 126 HGB), tut dies die GmbH bei der GmbH & Still beziehungsweise der Hauptbeteiligte bei der atypischen Unterbeteiligung. Die Wahl der Gestaltungsform der mehrgliedrigen atypischen stillen Gesellschaft einerseits oder einer KG mit oder ohne Treuhänderkommanditisten andererseits stellt sich demgemäß oftmals als Zufall dar.[104] Auch für die

[101] Zurückgreifen lässt sich hinsichtlich des Gedankens der virtuellen KG auf Vorarbeiten der steuerrechtlichen Literatur und Rechtsprechung. In diesem Bereich wird die Konstruktion der virtuellen KG schon längere Zeit zur Lösung der steuerrechtlichen Problematik genutzt. So wird die GmbH & Still vom BFH als „selbständiges Subjekt der Gewinnerzielung, Gewinnermittlung und Einkünftequalifikation“ eingestuft. Vgl. *K. Schmidt*, FS Bezzenberger, S. 401, S. 407.

[102] *K. Schmidt*, Gesellschaftsrecht, § 62 II 2. e), S. 1849/1850.

[103] *K. Schmidt*, Gesellschaftsrecht, § 63 I 3. a), S. 1867/1868.

[104] BGH, Urt. v. 14.11.1994, II ZR 160/93 = NJW 1995, 1353, 1357.

Form der Publikums-KG dürfte der Gedanke der virtuellen KG daher mit Blick auf die funktionalen Parallelen und die rechtstechnische Austauschbarkeit zu erwägen sein.

V. Nießbrauch

Der Nießbrauch stellt eine zulässige Form mittelbarer Beteiligung an Gesellschaften dar.[105] Besondere Bedeutung besitzt für die Treuhand am Gesellschaftsanteil, dass sich beim Nießbrauch gleichfalls die Frage nach einer Gesellschafterstellung des Nießbrauchers als mittelbar Beteiligtem stellt. Wirtschaftlich betrachtet ähnelt die Stellung des Nießbrauchers der Position des Treuhänders bei der Nutzungstreuhand sowie der Stellung des Treugebers bei der fremdnützigen Treuhand.[106]

A. Nießbrauch und Treuhand

Der Nießbrauch unterscheidet sich von der treuhänderischen Beteiligung mit Blick auf den Umfang der internen Zuordnung des Gesellschaftsanteils an den mittelbar Beteiligten.[107] Während beim Nießbrauch dem Nießbraucher nur Rechte hinsichtlich des Ertrags des Gesellschaftsanteils zugewiesen werden, berechtigt die Treuhand den Treugeber – zumindest mittelbar – auch bezüglich der Substanz des Anteils. Die Berechtigung allein am Ertrag führt zwangsläufig zu einer Aufspaltung der Befugnisse zwischen Nießbrauchbesteller und Nießbraucher nach Maßgabe der Interessen an Ertrag und Substanz. Die für die Treuhand prägende vollumfängliche interne Berechtigung des Treugebers geht demgegenüber einher mit einer völligen Verlagerung der Interessen auf den mittelbar Beteiligten. Die Stellung des Treugebers erweist sich mithin gegenüber der Position des Nießbrauchers als weiter reichend. Zu klären bleibt indes, ob daraus auch eine weitergehende „dingliche" Berechtigung des Treugebers in Form einer gesellschaftsinternen Position abzuleiten ist.

---

[105] *Queck*, S. 50 ff. (aus bürgerlich-rechtlicher Perspektive), S. 57 ff. (aus gesellschaftsrechtlicher Perspektive); Für den Bereich der GmbH: *Roth/Thöni*, FS 100 Jahre GmbH-Gesetz, S. 245, 256/257; vgl. für das Personengesellschaftsrecht: MünchKomm/*Ulmer*, § 705 BGB, Rdnr. 82 (mwN.).

[106] *Armbrüster*, S. 26; die beiden verschiedenen Möglichkeiten werden nicht immer gesehen: vgl. z.B.: *Roth/Thöni*, FS 100 Jahre GmbH-Gesetz, S. 245, 257; MünchKomm/*K. Schmidt*, Vor § 230 HGB, Rdnr. 12, spricht vom „Nießbrauch als Vertragszweck", der auch bei der Treuhand vorliegt, im Gegensatz zum „Nießbrauch als Rechtsgestaltungsform".

[107] *Queck*, S. 39 sieht den unterschiedlichen Zuordnungsgrad darin gespiegelt, dass der Treuhänder eine Vollrechtstellung innehabe, während der Nießbraucher lediglich eine dingliche Belastung am Gesellschaftsanteil eingeräumt erhalte.

B. Gesellschafterstellung des Nießbrauchers

Auch für den Nießbrauch am Gesellschaftsanteil stellt sich bereits die Frage nach der gesellschaftsrechtlicher Stellung des Nießbrauchers als mittelbar Beteiligtem. Das Meinungsbild ist uneinheitlich. Teils wird der Nießbraucher als Außenstehender betrachtet, den jedoch kraft der nießbrauchsrechtlichen Belastung des Gesellschaftsanteils einzelne gesellschaftliche Rechte und Pflichten treffen.[108] Teils wird der Nießbraucher hingegen als Gesellschafter neben dem Nießbrauchsbesteller verstanden.
Nach überwiegender Auffassung wird der Nießbraucher nicht Gesellschafter. Dem stehe entgegen, dass der Nießbrauch als lediglich beschränkt dingliches Recht ausgestaltet sei.[109] Als Maßstab zur Aufteilung der Rechte und Pflichten soll das Regelungsprogramm der §§ 1069 ff. BGB dienen.[110] Stets verbleibe dem Nießbrauchsbesteller dabei die Gesellschafterposition. Der Nießbrauch belaste lediglich den Gesellschaftsanteil des Bestellers, ohne die Zuordnung des Anteils grundlegend in Frage zu stellen.[111]
Die Gegenposition ist gekennzeichnet durch die Auffassung, die Innehabung gesellschaftlicher Mitwirkungsrechte, die sich für den Nießbraucher aus den Vorschriften der §§ 1069 ff. BGB ergebe, könne seine Rechtfertigung allein in einer gesellschaftsinternen Stellung des Nießbrauchers finden.[112] Die Rechte und Pflichten aus dem Gesellschaftsanteil stünden Besteller und Nießbraucher nach Art einer Vergemeinschaftung des Anteils zu.[113]

C. Funktionale Parallelen

Die Ähnlichkeit des Nießbrauchs am Gesellschaftsanteil zur Treuhand zeigt sich nicht zuletzt daran, dass zunächst versucht wurde, die Nießbrauchsbestellung in einer Vollrechtsübertragung an den Nießbraucher zu erblicken. Mittlerweile hat sich demgegenüber die Sichtweise, im Falle einer Vollrechtsübertragung eine nießbrauchsähnliche Nutzungstreuhand anzunehmen, völlig durchgesetzt.[114] Hintergrund der anfänglichen Verwirrung dürfte die funktionale Nähe der

[108] So das Konzept *Quecks*, sich bei der Verteilung der Nutzungen, S. 67 ff., wie auch der Mitverwaltungsrechte, S. 181 ff., an den gesetzlichen Vorgaben zum Nießbrauch an Rechten zu orientieren.
[109] *Roth/Thöni*, FS 100 Jahre GmbH-Gesetz, S. 245, 256/257.
[110] A. A. MünchKomm/*Ulmer*, § 705 BGB, Rdnr. 83; Schön, ZHR 158 (1994), 229, 248 f. mwN..
[111] MünchKomm/*K. Schmidt*, Vor § 230 HGB, Rdnr. 12: anders als bei der Treuhand sind nach *K. Schmidts* Auffassung beide Beteiligten am Gegenstand des Nießbrauchs berechtigt.
[112] Vgl zu den unterschiedlichen Lösungen der Aufteilung der Rechte zwischen den beiden Beteiligten: *Schön*, ZHR 158 (1994), 229, 248 ff.
[113] So *Schön*, ZHR 158 (1994), 229, 255 und 260 ff. (mwN.); gegen eine Teilung der Mitgliedschaftsrechte beim Nießbrauch am Gesellschaftsanteil jedoch: MünchKomm-*K. Schmidt*, Vor § 230 HGB, Rdnr. 21; *K. Schmidt*, ZGR 1999, 601, 607 ff; anders: *Flume*, Die Personengesellschaft, § 17 VI, S. 361 ff.
[114] *Flume*, Die Personengesellschaft, § 17 VI, S. 359 f.

Stellung des Nießbrauchers zur Gesellschafterstellung des Treuhänders bei der Nutzungstreuhand sein.

Versteht man mit der herrschenden Meinung allein den Nießbrauchsbesteller als Gesellschafter, besteht insoweit eine Parallele zur Treuhand, als auch dort dem Treugeber von der herrschenden Meinung eine Gesellschafterposition versagt wird. Zwar liegt es auf den ersten Blick näher, mit Rücksicht auf die Nutzungstreuhand einen Vergleich zwischen Nießbraucher und Treuhänder zu ziehen. Dabei übersieht man jedoch, dass auch die fremdnützige Treuhand nießbrauchsähnliche Funktion besitzen kann. Freilich steht der Nießbraucher dann in Parallele zum Treugeber, der ähnlich dem Nießbraucher durch den Treuhandvertrag die Vorteile aus der Gesellschaftsbeteiligung vermittelt bekommt.

VI. Pfandrecht

Die Verpfändung eines Gesellschaftsanteils dient als Sicherungsmittel. Sie steht damit in ihrer Funktion der Sicherungstreuhand nahe. Im Gegensatz zur Treuhand besteht wie beim Nießbrauch auch für das Pfandrecht ein gesetzliches Regelungsprogramm (§§ 1274 ff. BGB). Anders als der Treuhänder bei der Sicherungstreuhand wird der Pfandrechtsgläubiger jedoch nicht Gesellschafter, sondern Inhaber eines beschränkt dinglichen Rechts an der Gesellschafterstellung des Pfandrechtsbestellers.[115] Problematisch ist dabei insbesondere, ob dem Pfandgläubiger mitgliedschaftliche Rechte in der Gesellschaft erwachsen.[116] Die Problemlage gestaltet sich ähnlich wie beim Nießbrauch. Für den Pfandgläubiger ist wie für den Nießbraucher eine Einstufung als Gesellschafter zu erwägen. Auch die Unterschiede zur Treuhand bewegen sich auf vergleichbarer Ebene. Während dem Pfandgläubiger allenfalls ein Anteil an der Gesellschaftsbeteiligung zusteht, der seinem Sicherungsinteresse entspricht, wird bei der Treuhand die Beteiligung im Verhältnis zwischen Treugeber und Treuhänder völlig dem Treugeber zugewiesen.

VII. Gesamtbetrachtung

Die Darstellung der einzelnen Formen mittelbarer Gesellschaftsbeteiligung hat gezeigt, dass die Übergänge fließend, die Gestaltungsformen in den Grenzbereichen nahezu austauschbar sind. Die Wahl der Rechtsform beruht vor allem auf dem Ziel, unerwünschte gesetzliche Regelungen zu vermeiden. Vor allem im Bereich der unter Verwendung von Treuhandkonstruktionen

---

[115] *Roth/Thöni*, FS 100 Jahre GmbH-Gesetz, S. 245, 256/257.
[116] *Armbrüster*, S. 25.

oder stillen Gesellschaften organisierten Anlagegesellschaften offenbart sich die Diskrepanz zwischen Rechtsform und materieller Regelung. Das Konstrukt der „virtuellen KG“ stellt einen Versuch dar, in diesem Bereich die Form der Gesellschaftsorganisation mit den Interessen der Beteiligten in Einklang zu bringen. Es wird versucht, die gesellschaftsinternen Rechtsbeziehungen der tatsächlichen Interessenlage – hier dem Leitbild der KG – anzupassen und dabei doch die zugleich ebenfalls gewünschte formelle Rechtsgestaltung im Außenverhältnis aufrecht zu erhalten. Das bringt freilich mit sich, dass zumindest im Außenverhältnis die formelle Rechtslage volle Wirksamkeit beanspruchen kann. Die Abweichung des Außenverhältnisses vom gesellschaftlichen Innenverhältnis lässt sich daher nicht auf eine Diskrepanz zwischen formeller und materieller Rechtslage reduzieren. Auch die durch das äußere Erscheinungsbild geprägte Stellung der Gesellschaft im allgemeinen Rechtsverkehr besitzt materiell-rechtlichen Charakter. Richtiger ist es deshalb, von einer Abweichung der äußeren und inneren Rechtsgestaltung zu sprechen.

Die Schwierigkeit, zwischen den einzelnen Typen mittelbarer Beteiligung zu differenzieren, verdeutlicht sich an der Auslegungsbedürftigkeit der Parteivereinbarungen. In seinem Urteil vom 11.10.1976[117] hatte der BGH nicht nur eine Abgrenzung von Nießbrauch und Pfandrecht vorzunehmen, sondern vor allem zu entscheiden, welche der betroffenen Seiten Treuhänder oder Treugeber sein sollte.

Fall 3:

Sachverhalt: Der zugrunde liegende Sachverhalt[118] ist im Umfeld eines Erbfalls angesiedelt. Der Erblasser ließ seinen Erben jeweils Anteile an einer von ihm initiierten Gesellschaft zukommen. Er schloss mit den zukünftigen Erben Verträge, in denen die betroffenen Anteile dem Erblasser „verpfändet“ wurden. Zugleich wurde auf den Erblasser für die Dauer der „Verpfändung“ das Stimmrecht übertragen. Der Erblasser ordnete eine sich über mehrere Jahre erstreckende Testamentsvollstreckung an. Nach Eintritt des Erbfalls entstanden Unstimmigkeiten zwischen den Erben und dem Testamentsvollstrecker. Infolge der Meinungsverschiedenheiten widerriefen die Erben die nach ihrer Auffassung als Stimmrechtsvollmachten einzustufenden Stimmrechtsübertragungen. Der Testamentsvollstrecker fasste demgegenüber die „Verpfändung“ der Gesellschaftsanteile an den Erblasser als Treuhandvereinbarung auf, so dass die Erben vor dem Erbfall lediglich Treugeber, mithin nicht Gesellschafter, gewesen seien. Der Erblasser sei hingegen als Gesellschafter zu verstehen. Die Gesellschafterstellung falle damit in die Erbschaft und unterstehe demnach seiner Verwaltung. Der Testamentsvollstrecker klagte auf die Feststellung seiner Befugnis, das Stimmrecht für die in Rede stehenden Gesellschaftsanteile auszuüben.

[117] BGH, Urt. v. 11.10.1976, II ZR 119/75 = WM 1976, 1247.
[118] BGH, Urt. v. 11.10.1976, II ZR 119/75 = WM 1976, 1247.

Problemstellung: Das Stimmrecht des Testamentsvollstreckers hängt von der Position des Erblassers in der Gesellschaft sowie von der Beständigkeit dieser Position über den Erbfall hinaus ab. Die Problematik des Falls liegt folglich in den unterschiedlichen Auslegungsmöglichkeiten der vertraglichen Vereinbarung und den daraus folgenden Konstruktionsalternativen. Es ist zu untersuchen, welche der beteiligten Seiten Gesellschafter sein soll. Zudem muss geklärt werden, ob diese mitgliedschaftliche Stellung mit Rechten der anderen Seite „belastet" ist. Gegebenenfalls stellt sich die Anschlussfrage, welcher Natur die Rechtsposition des Vertragspartners ist. Zwei verschiedene Treuhandvarianten können mit der Bezeichnung als „Verpfändung" des Gesellschaftsanteils gemeint sein: Entweder man betrachtet den Erblasser als Treuhänder und seine Erben als Treugeber, oder genau umgekehrt den Erblasser als Treugeber, seine Erben aber als Treuhänder. Während nach herkömmlicher Ansicht in der ersten Alternative der Treuhänder Gesellschafter ist, sind es in der zweiten Alternative seine Erben.

Der BGH – wie auch die ganz überwiegende Literatur – orientiert sich zunächst am erfolgten Übertragungsakt. Der Erwerber des Gesellschaftsanteils wird unabhängig von flankierend bestehenden Vereinbarungen alleiniger Gesellschafter. Von der Prämisse ausgehend, im Rahmen einer Treuhandbeziehung sei stets ausschließlich der Treuhänder Gesellschafter, ist die Verteilung der Rollen vorgegeben. Die Zuweisung einzelner gesellschaftsrechtlicher Befugnisse wird gleichfalls nicht als Hinweis auf eine Gesellschafterstellung der als Treugeber eingestuften Person gewertet. Es liege vielmehr lediglich eine Stärkung der Treugeberposition im Innenverhältnis vor. In diesem Zusammenhang kommt wiederum die Differenzierung zwischen formaler und materieller Rechtslage zum Tragen.[119]

Die Möglichkeit, den Erblasser als Treuhänder einzustufen, lehnt der BGH im zu entscheidenden Fall daher ab. Der Erblasser habe die Gesellschafterstellung auf seine Erben übertragen. Trotz der vom Erblasser ausgeübten gesellschaftsrechtlichen Befugnisse sei eine Treuhänderstellung des Erblassers ausgeschlossen. Eine Einstufung der „Verpfändung" als Nießbrauchsbestellung, wie sie noch das Berufungsgericht befürwortet hatte, weist der BGH gleichfalls zurück. Der Vertragswortlaut der „Verpfändung" könne schon deshalb nicht maßgeblich sein, weil es an einer im Wege des Pfandrechts zu sichernden Forderung fehle. Einer Deutung als Nießbrauch stehe entgegen, dass diese Lösung dem Erblasser lediglich die Versorgung bis ans Lebensende sichere, nicht aber die im konkreten Fall angestrebte Möglichkeit eröffne, weiterhin das Schicksal der Substanz des übertragenen Vermögens zu bestimmen. Den Interessen des Erblassers werde daher ausschließlich die Treuhandkonstruktion gerecht. Eine dahin gehende Auslegung des Vertrages sei geboten.[120]

Nach Ansicht des BGH ist das dem Erblasser zugewiesene Stimmrecht auch nicht mit dessen Tod erloschen. So wie die treuhänderische Beteiligung einen schuldrechtlichen Bestandteil des Nachlasses bilde, falle auch die Befugnis zur Stimmrechtsausübung in den Nachlass. Das gelte unabhängig davon, ob man eine Stimmrechtsabspaltung für zulässig halte oder die Übertragung des Stimmrechts wegen der Unzulässigkeit einer Abspaltung von der Gesellschafterstellung als Vollmacht an den Erblasser verstehe.

[119] BGH, Urt. v. 11.10.1976, II ZR 119/75 = WM 1976, 1247, 1247.
[120] BGH, Urt. v. 11.10.1976, II ZR 119/75 = WM 1976, 1247, 1248.

Maßgeblich sei das Interesse des Erblassers, die Einflussmöglichkeit auf den Gesellschaftsanteil über seinen Tod hinaus zu festigen. Aus einer an diesem Interesse ausgerichteten Auslegung der vertraglichen Vereinbarungen ergebe sich, dass auch die Vollmacht den Erbfall überdauern müsse. Zudem sei nach Ansicht des BGH ein isolierter Widerruf der Vollmacht durch die Treuhänder nicht zulässig. Die Stimmrechtsvollmacht werde gleichwohl nicht zu einer unwirksamen unwiderruflichen Vollmacht, da jedenfalls das Treuhandverhältnis gekündigt werden könne, mithin mittelbar auch eine Lösung von der Vollmacht möglich bleibe.[121] Der BGH stellte daher die Befugnis des Testamentsvollstreckers zur Ausübung des Stimmrechts in der Gesellschaft fest.

VIII. Zusammenfassung

Die Anwendungsbereiche für die Treuhand am Gesellschaftsanteil und funktional ähnliche Rechtsinstitute gehen fließend ineinander über. So können insbesondere die stille und die verbandsmäßige Unterbeteiligung, die stille Gesellschaft, aber auch der Nießbrauch und das Pfandrecht zu ähnlichen Zwecken eingesetzt werden. Das Grundproblem, dass die äußere Rechtsgestaltung und die tatsächliche wirtschaftliche Sachlage voneinander abweichen und gegebenenfalls einer Angleichung bedürfen, stellt sich indes übergreifend. Gleichwohl ist die Treuhand von den anderen Rechtsgestaltungen zu trennen. Allein die Treuhand am Gesellschaftsanteil ist im Innenverhältnis durch die völlige Unterordnung der Interessen des unmittelbar beteiligten Treuhänders unter die Weisungen des Treugebers gekennzeichnet. Diese rein geschäftsbesorgungsrechtliche Prägung unterscheidet sie von anderen Formen mittelbarer Gesellschaftsbeteiligung, die allenfalls in einzelnen Bereichen einer geschäftsbesorgungsrechtlichen Regelung zugänglich sind.

Die stille Unterbeteiligung ist eine Beteiligung an einer Beteiligung. Sie ist eine bloße Innengesellschaft. Von der Treuhand lässt sie sich nach der Verteilung der wirtschaftlichen Interessen abgrenzen. Bei der stillen Unterbeteiligung besitzen sowohl der Hauptbeteiligte als auch der Unterbeteiligte ein eigenes wirtschaftliches Interesse an der Beteiligung. Ein treuhandartiges Element kann der Unterbeteiligung dabei durchaus innewohnen. Gleichwohl unterscheidet sie sich durch die grundlegende Interessenausrichtung der Beteiligten von der Treuhand.

Anders als die stille Unterbeteiligung erfolgt die verbandsmäßige Unterbeteiligung über eine Außengesellschaft. Die mittelbar Beteiligten sind in einer eigenen Gesellschaft zusammengeschlossen, die als selbstständiges Rechtssubjekt den Anteil an der Hauptgesellschaft hält.

[121] BGH, Urt. v. 11.10.1976, II ZR 119/75 = WM 1976, 1247, 1250.

Die stille Gesellschaft stellt eine weitere Form der mittelbaren Unternehmensbeteiligung dar. Sie vermittelt eine interne Beteiligung am Unternehmen eines Kaufmannes. Bezugspunkt ist nicht ein Gesellschaftsanteil, sondern das gesamte Handelsgewerbe des Kaufmanns. In Konkurrenz zur Treuhand am Gesellschaftsanteil tritt die stille Gesellschaft in ihrer atypischen Form, bei der dem stillen Gesellschafter über die Kontrollrechte des § 233 HGB hinaus Einfluss auf die Geschäftsführung eingeräumt wird. Diese Form der stillen Gesellschaft wird vor allem zur Organisation von Anlagegesellschaften in der Form der „GmbH und Still" verwendet. Sie bildet damit eine Gestaltungsalternative zur treuhänderisch organisierten Publikums-KG. Um der Diskrepanz zwischen der formalrechtlichen Ausgestaltung und der materiellen Sachlage gerecht zu werden, wird für die „GmbH und Still" vorgeschlagen, auf ihre innere Organisation KG-Recht anzuwenden. Das Innenverhältnis entspreche der Interessenlage einer KG, so dass man sich im Wege einer „virtuellen KG" insoweit über die formale Ausgestaltung hinwegsetzen müsse.

Schließlich stehen auch Nießbrauch und Pfandrecht am Gesellschaftsanteil der Treuhand nahe. Das Pfandrecht unterscheidet sich dabei als beschränktdingliches Recht von der Sicherungstreuhand durch den Umfang der dem Sicherungsgläubiger zukommenden Rechtsposition. Gleiches gilt für den Nießbrauch. Dem Nießbraucher werden nur Rechte, die mit dem Ertrag zusammenhängen, zugewiesen. Die Position des Nutzungs- oder Sicherungstreuhänders als vollberechtigter Gesellschafter ist insoweit stärker. Eine Parallele lässt sich aber nicht nur zwischen Nießbraucher und eigennützigem Treuhänder, sondern auch zum Treugeber bei der fremdnützigen Treuhand ziehen. Ähnlich einem Nießbraucher kommen auch dem Treugeber jedenfalls mittelbar über den Treuhänder die Erträge aus der Gesellschaftsbeteiligung zugute. Gleichwohl liegt auch hier der Unterschied im Umfang der Berechtigung. Die mittelbare Berechtigung des Treugebers erfasst die Beteiligung vollumfänglich, während dem Nießbraucher lediglich die Nutzungen der Sache, nicht aber das Bestimmungsrecht über dessen Substanz zugewiesen sind.

§ 3 Möglichkeiten der Einbeziehung des Treugebers in die Gesellschaft

Bevor die verschiedenen Konzepte zur rechtlichen Erfassung der Stellung des Treugebers gegenüber der Gesellschaft vorgestellt werden (2. Kapitel) und die Auswirkungen, die sie auf die Lösung der einzelnen Probleme entfalten, behandelt werden können (4. Kapitel), ist es erforderlich, die einzelnen Einbeziehungsmöglichkeiten darzustellen. Es soll grundlegend erläutert werden, in welchen verschiedenen Konstruktionsvarianten Einfluss des Treugebers auf die Gesellschaft denkbar erscheint. Noch offen bleiben soll, ob die einzelnen Einwirkungsarten überhaupt zulässig sind, und welche Voraussetzungen gegebenenfalls erfüllt sein müssen, damit der Treugeber derartige Rechte innehat. Auch die weiteren rechtlichen Konsequenzen aus der Stellung des Treugebers gegenüber der Gesellschaft werden erst später (4. Kapitel) nach der Auseinandersetzung mit den Konzeptionen zur rechtlichen Erfassung der Treugeberstellung (2. Kapitel) sowie der Entwicklung eines eigenen Lösungsmodells erörtert.

I. Mittelbare Einwirkung über Treuhänder

Wendet man die Prinzipien der mittelbaren Stellvertretung unmodifiziert an, kann der Treugeber lediglich mittelbar über den Treuhänder Einfluss auf die Belange der Gesellschaft nehmen. Er ist darauf angewiesen, dass der Treuhänder seine Interessen in der Gesellschaft verfolgt. Der Treugeber kann demgegenüber, da sich seine schuldrechtlichen Ansprüche aus der Treuhandbeziehung allein gegen den Treuhänder richten, selbst nicht unmittelbar in die gesellschaftsinternen Vorgänge eingreifen. Einfluss auf die Gesellschaft kommt dem Treugeber nur auf dem Umweg über den Treuhänder zu.

A. Weisungsrecht und Interessenbindung

Eine Beschränkung auf eine mittelbare Einwirkung über den Treuhänder bedeutet für den Treugeber, dass er seine Rechte aus dem Treuhandvertrag gegenüber dem Treuhänder nutzen muss. Der Treuhänder ist aus dem Treuhandvertrag, der meist einen Geschäftsbesorgungsvertrag darstellt, auch ohne ausdrückliche Vereinbarung den Weisungen des Treugebers unterworfen (§§ 675, 665 BGB).[122] Ist das Weisungsrecht des Treugebers vertraglich teilweise

[122] So *Roth/Thöni*, FS 100 Jahre GmbH-Gesetz, S. 245, S. 279; daraus aber keine Stimmbindung

oder ganz ausgeschlossen, bleibt gleichwohl eine Interessenbindung des Treuhänders bestehen.[123] Die Bedeutung der Weisungs- und Interessenbindung des Treuhänders wäre erheblich geschmälert, wenn der Treugeber diese nicht durchsetzen könnte. Die Konsequenz aus einem Pflichtverstoß des Treuhänders läge allein in der Möglichkeit, Schadensersatz zu fordern und die Treuhandbeziehung aus wichtigem Grund zu kündigen.
Treuhänderische Bindungen sind als schuldrechtliche Verpflichtung zwar grundsätzlich im Klagewege für durchsetzbar zu halten. Für die Treuhand am Gesellschaftsanteil tritt indes die Besonderheit hinzu, dass durch die Bindung eines Gesellschafters in die Gesellschaftsbeziehung eingewirkt wird. Es fragt sich, ob die Durchsetzung treuhänderischer Weisungs- und Interessenbindungen mit den Interessen der Gesellschaft beziehungsweise dem Schutz der Mitgesellschafter vereinbar ist. Am deutlichsten zeigt sich der Konflikt zwischen der Pflichtenbindung des Treuhänders gegenüber dem Treugeber einerseits und seinen Mitgesellschaftern andererseits bei der Ausübung des gesellschaftlichen Stimmrechts.

B. Stimmbindung des Treuhänders

Das Problem der Durchsetzung einer Stimmbindung eines Gesellschafters durch den Bindungsberechtigten stellt sich über den Bereich der Treuhand hinaus allgemein, wenn sich ein Gesellschafter fremden Weisungen bezüglich seiner Mitwirkung in der Gesellschaft unterwirft.[124] Zunächst ist daher die Frage nach der grundsätzlichen Zulässigkeit und Durchsetzbarkeit einer Stimmbindung zu klären. Im Anschluss kann untersucht werden, ob für die Treuhandkonstellation auf Grund der durch den Treuhandvertrag vermittelten Position des Treugebers Besonderheiten zu gelten haben.

1. Zulässigkeit einer Stimmbindung

Durch die Stimmbindung eines Gesellschafters erlangen außenstehende Personen – wenn auch nur mittelbar – Einfluss in der Gesellschaft. Das Interesse der übrigen Gesellschafter könnte einer derartigen Einflussnahme entgegenstehen. Zu erwägen ist eine generelle Unzulässigkeit der Stimmbindung, ein Zustimmungserfordernis der Mitgesellschafter oder zumindest eine Offenlegungspflicht.

---

ableitend: *Ulmer*, FS Odersky, S. 873, 887; *Beuthien*, ZGR 1974, 26, 41, 43 f.
[123] Vgl. zur Weisungs- und Interessenbindung oben: § 1 III. A., S. 12
[124] Vgl. allgemein: *Zöllner*, ZHR 155 (1991), 168.

Allgemein als unzulässig wird eine dingliche Stimmbindung eingestuft. Im Gegensatz zur schuldrechtlichen Bindung würde ein Verstoß gegen eine dingliche Stimmbindung im Abstimmungsverhalten ohne weiteres zur Unwirksamkeit der Stimmabgabe (vgl. § 135 Abs. 6 AktG) führen.[125] Das Abstimmungsergebnis hinge letztlich vom Inhalt der internen Bindung des Gesellschafters ab. Dadurch würde die Abstimmung in der Gesellschaft mit unzumutbaren Unsicherheiten und Risiken für die übrigen Beteiligten belastet. Eine dingliche Stimmbindung kann folglich in der Gesellschaft keine Wirksamkeit entfalten.

Die schuldrechtliche Stimmbindung wird für privatrechtliche Personenzusammenschlüsse demgegenüber ganz überwiegend sowohl gegenüber anderen Mitgliedern des Zusammenschlusses als auch gegenüber Dritten für zulässig gehalten.[126] Ein Gesichtspunkt, der teils gegen eine Stimmbindung gegenüber außenstehenden Personen vorgebracht wird, liegt in deren fehlendem wirtschaftlichen Interesse an der Gesellschaft.[127] Dieser Einwand kann indes für die Treuhand am Gesellschaftsanteil nicht greifen, da der Treugeber über den Treuhänder sämtliche wirtschaftlichen Vor- und Nachteile aus der Beteiligung vermittelt bekommt (§§ 675, 667, 670 BGB). Demgemäß wird allgemein anerkannt, dass die Stimmbindung jedenfalls gegenüber einem Treugeber zulässig ist.[128] Äußerst umstritten ist jedoch, ob dies nur mit Zustimmung der übrigen Gesellschafter geschehen kann.[129] Nicht immer hinreichend beachtet wird in diesem Zusammenhang, dass sich die Stimmbindung des Treuhänders aus der Pflicht zur Befolgung der Weisungen beziehungsweise zur Wahrnehmung der Interessen des Treugebers ableitet. Eine gegebenenfalls für die Treuhand erforderliche Zustimmung deckt mithin auch die Stimmbindung ab. Der Gesichtspunkt der Stimmbindung gewinnt für die Zulässigkeit der Treuhand am Gesellschaftsanteil damit keine eigenständige Bedeutung.

---

[125] *Armbrüster*, S. 238.

[126] *Zöllner*, ZHR 155 (1991), 168, 170 mwN. ; BGH, Urt. v. 29.5.1967, II ZR 105/66 = BGHZ 48, 163, 166 ff.; *Kübler*, Gesellschaftsrecht, § 10 III 2. d), S. 120, für Stimmbindung gegenüber Dritten zweifelnd, jedenfalls aber zu Gunsten des Treugebers soll einer Stimmbindung nach *Kübler* möglich sein; *Busse*, BB 1961, 261, 262 und *A. Hueck*, FS Nipperdey, Band 1, S. 401, 416 ff.: für eine Beschränkung nur durch die Treuepflicht; *Flume*, Die juristische Person, § 7 VI, S. 240 ff., hält Stimmbindungen gegenüber Dritten für unzulässig, allerdings mit Ausnahme der Bindung gegenüber dem Treugeber (S. 243); gänzlich ablehnend noch: *Müller-Erzbach*, Das private Recht der Mitgliedschaft als Prüfstein eines kausalen Rechtsdenkens, S. 248 ff.

[127] Vgl. *Busse*, BB 1961, 261, 262.

[128] Vgl. nur *Kübler*, Gesellschaftsrecht, § 10 III 2. d), S. 120.

[129] Hierzu ausführlich: *Armbrüster*, S. 232; *Beuthien*, ZGR 1974, 26, 45: nur mit Zustimmung für das Personengesellschaftsrecht, S. 79: im Kapitalgesellschaftsrecht anders, dort Zustimmung nur bei § 15 V GmbHG erforderlich.

2. Durchsetzbarkeit einer Stimmbindung

Noch das Reichsgericht hatte die Auffassung vertreten, die Erzwingung eines bindungsgemäßen Abstimmungsverhaltens über § 894 ZPO sei nicht möglich. Die Mitglieder einer Gesellschaft sollten die Möglichkeit besitzen, sich erst auf Grund der Sachdebatte zu einer Stimmabgabe zu entscheiden.[130] Der Prozess der innergesellschaftlichen Entscheidungsfindung erfordere es, dass die Entscheidungen in der Gesellschafterversammlung getroffen würden. Eine durchsetzbare Stimmbindung verlagere die Entscheidung demgegenüber ins Vorfeld und entziehe sie dem Einfluss der Diskussion in der Gesellschaft. Der BGH und mit ihm die heute ganz herrschende Literatur wenden indes § 894 ZPO auch auf Stimmbindungen an.[131] Schuldrechtliche Vereinbarungen beschränkten allgemein die Entschließungsfreiheit des Verpflichteten. Dieser Grundgedanke schlage sich in der Durchsetzbarkeit über § 894 ZPO nieder. Ein bloßer Schadensersatzanspruch genüge den Interessen des Vertragspartners nicht. Der Anwendung von § 894 ZPO ist der Vorzug zu geben, da die Besonderheiten des Gesellschaftsrechts eine generelle Abweichung vom Prinzip der Erzwingbarkeit verbindlich versprochener Willenserklärungen nicht rechtfertigen.[132] Allerdings sind die allgemeinen Gesichtspunkte der guten Sitten und der Treuepflicht gegenüber den übrigen Gesellschaftern als Grenzen der Wirksamkeit der Stimmbindung zu beachten.[133] Liegt keine wirksame Stimmbindung vor, kann die versprochene Stimmabgabe auch nicht erzwungen werden. Eine schuldrechtliche Stimmbindung ist demnach grundsätzlich für zulässig und durchsetzbar zu halten.[134]

3. Wechselwirkungen zwischen gesellschaftsrechtlicher Treuepflicht und Stimmbindung

a. Schutz des Treuhänders und der Mitgesellschafter

Auch wenn man die Durchsetzbarkeit einer Stimmbindung grundsätzlich befürwortet, muss dies nicht unbedingt unabhängig vom Inhalt der konkreten Weisung gelten. Es ist zu untersuchen, ob auch ein treupflichtwidriges

[130] RG, Urt. v. 20.11.1925, II 576/24 = RGZ 112, 273, 279.
[131] BGH, Urt. v. 29.5.1967, II ZR 105/66 = BGHZ 48, 163, 171 ff.; vgl. zur Frage eines einstweiligen Rechtsschutzes im Bereich der Stimmbindungen: *Zutt*, ZHR 155 (1991), 190 ff.
[132] *Kübler*, Gesellschaftsrecht, § 10 III 2. d), S. 120; vgl. auch *Zöllner*, ZHR 155 (1991), 168, 185 ff.: zu bedenken ist, dass mit einer Vollstreckung über § 894 ZPO noch nicht zwangsläufig über die Wirksamkeit der Stimmabgabe in der Gesellschaft entschieden ist (S. 187).
[133] *Kübler*, Gesellschaftsrecht, § 10 III 2. d), S. 120.
[134] A.A. (nicht durchsetzbar, nur Schadensersatz): *Coing*, Treuhand, S. 160; *Henssler*, AcP 196 (1996), 37, 79 f.

Abstimmungsverhalten in der Gesellschaft erzwungen werden kann. Die Durchsetzung bedeutet dabei lediglich die Abgabe der Willenserklärung gegenüber der Gesellschaft. Ob diese gegenüber der Gesellschaft Wirksamkeit erlangt, ist hiervon getrennt zu betrachten.[135] Bei der Treuhand am Gesellschaftsanteil beschränkt sich die Problematik insoweit von vornherein auf das Bestehen einer Weisungsbindung. Ist das Weisungsrecht des Treugebers ausgeschlossen, der Treuhänder mithin nur zur Verfolgung der Interessen des Treugebers verpflichtet, bleibt genügend Spielraum zu einem der gesellschaftsrechtlichen Treuepflicht entsprechenden Verhalten. Besteht indes eine Weisungsbindung des Treuhänders, kann der Treuhänder in einen Konflikt geraten, in dem Weisungen des Treugebers dem wohlverstandenen Interesse der Gesellschaft zuwiderlaufen, und damit ein weisungsgemäßes Verhalten seiner gesellschaftsrechtlichen Treuepflicht widerspräche.[136]

Als Lösung für diesen Zwiespalt wird im Sinne einer Komplementarität von Stimmbindungs- und Gesellschaftsverhältnis vorgeschlagen, den Treuhandvertrag dahin auszulegen, der Treuhänder solle nicht zu einem treuepflichtwidrigen Verhalten in der Gesellschaft verpflichtet werden.[137] Es folge aus dem Gebot von Treu und Glauben (§ 242 BGB), dass der Treuhänder nur insoweit zu weisungsgemäßem Verhalten verpflichtet sei, als er dadurch nicht gegen andere Pflichten aus dem Gesellschaftsverhältnis verstoße.[138] Weit verbreitet ist auch der Verweis auf einen Vorrang des Gesellschaftsverhältnisses vor dem Treuhandverhältnis.[139] Die Interessen der Gesellschafter sollen auf diesem Wege offenbar vor einem negativen Außeneinfluss durch den Treugeber geschützt werden. Der Ansatz einer Auslegung des Treuhandvertrages legt den Schwerpunkt hingegen auf den Schutz des Treuhänders vor einer unangemessen nachteiligen Verpflichtung.

Die Gegenposition beruft sich darauf, auch eine Verpflichtung zu einem Verhalten, das gegen Bindungen aus Drittbeziehungen verstoße, sei grundsätz-

---

[135] Von Bedeutung allein für einen Schadensersatzanspruch des Bindungsberechtigten gegen den Gebundenen unter dem Gesichtspunkt eines zu vertretenden Unvermögens ist zudem die Frage, ob die Verpflichtung nur auf die weisungsgemäße Abgabe der Stimme oder auf deren wirksame Abgabe gerichtet ist. Vgl. hierzu: *Zöllner*, ZHR 155 (1991), 168, 175 ff.

[136] *Roth/Thöni*, FS 100 Jahre GmbH-Gesetz, S. 245, S. 280 ff. sprechen von Wechselwirkungen der Interessen des mittelbar Beteiligten und der GmbH.

[137] Vgl. ausführlich: *Zöllner*, ZHR 155 (1991), 168, 172 ff.

[138] In erster Linie ist dabei eine ausdrücklich getroffene Vereinbarung zu berücksichtigen, ansonsten hat eine Auslegung nach dem mutmaßlichen Parteiwillen zu erfolgen: *Tebben*, S. 177.

[139] BGH, Urt. v. 10.11.1951, II ZR 111/50 = BGHZ 3, 354, 360: „Die Rechtsstellung des Treugebers gegenüber dem Treuhänder, der als Gesellschafter hinsichtlich seiner Beteiligung an einer Personalgesellschaft gebunden ist, findet seine Grenzen in den Grundlagen des Gesellschaftsrechts"; vgl. ähnlich: *Beuthien* (mit Blick auf eine Unzulässigkeit treupflichtwidriger Weisungen), ZGR 1974, 26, 41 f.; *Henssler*, AcP 196, 37, 79; *Maulbetsch*, S. 133; *Roth/Thöni*, FS 100 Jahre GmbH-Gesetz, S. 245, S. 276 (bzgl. eines Informationsanspruchs des Treugebers); gegen einen pauschalen Vorrang aber: *Tebben*, S. 175.

lich wirksam. Es sei nicht ersichtlich, warum für die Durchsetzbarkeit eine Einschränkung vorgenommen werden sollte.[140]

Zu beachten ist, dass es sich bei der Stimmbindung des Treuhänders um eine allgemeine handelt. Das bedeutet, dass es an einer konkreten Festlegung des Abstimmungsinhaltes zum Zeitpunkt des Vertragsschlusses noch fehlt. Die Stimmbindung ist vielmehr von einer jeweiligen Konkretisierung durch die Weisungen des Treugebers abhängig. Im Gegensatz dazu stehen konkret vereinbarte isolierte Stimmbindungen, die sich jeweils auf ein einzeln in den Blick genommenes Abstimmungsverhalten beziehen. Während im Rahmen der konkreten Stimmbindung die Pflicht zu einem gegebenenfalls treupflichtwidrigen Abstimmungsverhalten ausdrücklich aus der Stimmrechtsvereinbarung folgen muss, kommt es im Rahmen einer allgemeinen konkretisierungsbedürftigen Stimmbindung auf die Auslegung des Vertrages an. Grundsätzlich wird man hier davon ausgehen können, dass der Gesellschafter sich nicht zu einem treupflichtwidrigen Verhalten verpflichten will.[141] Der mutmaßliche Parteiwille richtet sich darauf, den Zwiespalt zwischen gesellschaftlicher Treuebindung und Verpflichtung aus der Stimmbindung nach Möglichkeit zu vermeiden. Eine ausdrücklich anderslautende Vereinbarung ist freilich auch bei der allgemeinen Stimmbindung möglich. Ist damit zwar regelmäßig im Rahmen einer allgemeinen Stimmbindung eine Pflicht auch zu treupflichtwidrigem Stimmverhalten nicht verbunden, fragt sich doch, ob aus den Besonderheiten der Treuhand am Gesellschaftsanteil etwas anderes abzuleiten ist.

b. Orientierung am Vertragszweck

Zur Bewältigung des Konflikts zwischen gesellschaftsrechtlicher und treuhänderischer Pflichtbindung des Treuhänders ist es erforderlich, sich auf Sinn und Zweck der Treuhandkonstruktion zu besinnen. Die Stellung des mittelbar beteiligten Treuhänders soll nach dem Willen der Parteien mit Blick auf seine Einwirkungsmöglichkeiten dem eines unmittelbar Beteiligten möglichst nahe kommen. Zwar müsste der Treugeber im Falle einer unmittelbaren Beteiligung als Gesellschafter ebenso die Treuepflicht beachten wie der Treuhänder.[142] Jedoch hätte er als unmittelbar Beteiligter auch die Möglichkeit, sich entgegen dieser Treuepflicht zu verhalten und es auf eine Durchsetzung der Treuepflichtbindung durch die Mitgesellschafter ankommen zu lassen.[143] Einer Erzwingbar-

---

[140] Vgl. *Zöllner*, ZHR 155 (1991), 168, 173.

[141] *Tebben*, S. 177; *Zöllner*, ZHR 155 (1991), 168, 178 unter Bezugnahme auch auf Treuhandverhältnisse.

[142] *Beuthien*, ZGR 1974, 26, 44.

[143] Es ist daher entgegen *Markwardt*, S. 61 ff. nicht unbedingt widersprüchlich, wenn der Treugeber Weisungen zu einem treupflichtwidrigen Verhalten des Treuhänder in der Gesellschaft erteilt.

keit treupflichtwidrigen Verhaltens in der Gesellschaft lässt sich daher nicht entgegenhalten, der Treugeber dürfe durch die Mittelung über den Treuhänder nicht besser stehen als ein unmittelbar Beteiligter.[144] Vielmehr gebietet es gerade der Zweck der schuldrechtlichen Treuhandbindung, auch Weisungen, die zu einer treupflichtwidrigen Stimmabgabe in der Gesellschaft anhalten, als verbindlich und durchsetzbar einzustufen. Denn die Unterwerfung des Treuhänders unter die Interessen und Weisungen des Treugebers bezweckt gerade in ihrem Verhältnis zueinander, den Treugeber einem unmittelbaren Gesellschafter gleichzustellen. Im Wege der Vertragsauslegung lässt sich folglich keine Eingrenzung der Weisungsbindung entnehmen.[145] Während bei einer Stimmbindung außerhalb einer Treuhandbeziehung der gebundene Gesellschafter auch im Falle einer allgemeinen Stimmbindung zumindest neben den Interessen des Weisungsberechtigten eigene Interessen in der Gesellschaft verfolgt, ist die Tätigkeit des Treuhänders völlig auf seine Unterordnung unter die Interessen des Treugebers ausgelegt. Die Interessen des Treuhänders sind dabei einerseits durch seinen Aufwendungsersatzanspruch (§§ 675, 669, 670 BGB), andererseits durch die Möglichkeit einer ausdrücklichen Einschränkung des Weisungsrechts gewahrt. Allenfalls in Fällen, in denen dem Treuhänder ein außergewöhnlich hohes Haftungsrisiko droht, das im Geschäftsverkehr herrschende Vertrauen in seine Person gefährdet wäre, oder aber der Treugeber seine Position missbräuchlich ausnutzt, ist an eine Unwirksamkeit der Weisung gemäß § 242 BGB oder § 138 BGB zu denken. Die Interessen der Mitgesellschafter werden in keinem Fall beeinträchtigt. Sie können sich mit den zur Verfügung stehenden gesellschaftsrechtlichen Mitteln gegen das treupflichtwidrige Verhalten des Treuhänders zur Wehr setzen.

C. Wirkung bei Verstoß gegen die Stimm- beziehungsweise Weisungsbindung

Entfaltet die aus dem Treuhandvertrag resultierende Stimmbindung des Treuhänders grundsätzlich keine dingliche Wirkung, so kann sich eine Unwirksamkeit der weisungswidrigen Stimmabgabe doch unter Umständen aus hinzutretenden Faktoren ergeben. Von besonderem Interesse ist dabei, wie es sich auswirkt, wenn die übrigen Gesellschafter Kenntnis von der Weisungswidrigkeit des Verhaltens des Treuhänders haben oder sich ihnen die Weisungswidrigkeit zumindest aufdrängen musste. Insofern bestehen Parallelen zur Regelung in den Fällen des Missbrauchs der Vertretungsmacht. Die schuldrechtliche Begrenzung einer Rechtsposition im Innenverhältnis soll unter Umständen auch gegenüber Dritten, hier den übrigen Gesellschaftern, Wirkung entfalten.

---

[144] So aber: *Beuthien*, ZGR 1974, 26, 44; *Markwardt*, S. 62 f.

[145] Anders: *Tebben*, S. 177; *Zöllner*, ZHR 155 (1991), 168, 178.

1. Schutz über allgemeine Vorschriften und Bedingungslösung

Unabhängig von einer Parallele zum Missbrauch der Vertretungsmacht besteht ein Schutz des Treugebers jedenfalls über die allgemeinen Vorschriften der §§ 134, 138 BGB.[146] So ist das bewusste Zusammenwirken zwischen Treuhänder und übrigen Gesellschaftern zum Nachteil des Treugebers im Sinne einer Kollusion als sittenwidrig (§ 138 BGB) und damit die Stimmabgabe als unwirksam einzustufen. Auch ein Verstoß gegen § 134 BGB führt stets zur Unwirksamkeit der Stimmabgabe.[147] Die praktische Bedeutung einer Nichtigkeit nach §§ 134, 138 BGB sollte jedoch mit Rücksicht auf die hohen Anforderungen, die an einen Gesetzes- oder Sittenverstoß zu stellen sind, gerade im Bereich der Treuhand am Gesellschaftsanteil nicht überschätzt werden.[148]

Ein Schutz des Treugebers vor weisungswidrigen Verfügungen des Treuhänders kann auch durch vertragliche Vereinbarungen im Treuhand- oder Gesellschaftsvertrag bewirkt werden.[149] Für Veräußerungen des Gesellschaftsanteils etwa ist ein Abtretungsverbot mit den Mitgesellschaftern vereinbarungsfähig.[150] Von besonderem Interesse ist in diesem Zusammenhang die noch weitergehende Möglichkeit, eine Rückfallklausel zu Gunsten des Treugebers vorzusehen.[151] Diese auf die deutschrechtliche Treuhand[152] zurückgehende Sicherungsmöglichkeit sieht vor, dass dem Treuhänder das Treugut nur unter der auflösenden Bedingung (§ 158 Abs. 2 BGB) eines Treuhandmissbrauchs übertragen wird. Verletzt der Treuhänder seine Verpflichtungen aus dem Treuhandvertrag, fiele die Berechtigung am Treugut automatisch an den Treugeber zurück. Zweifelhaft ist die Zulässigkeit einer derartigen Resolutivbedingung mit Rücksicht auf § 137 BGB. Man könnte einwenden, durch die Verknüpfung mit der Bedingung werde der Vollberechtigte doch letztlich wiederum in seiner Verfügungsbefugnis dinglich beschränkt. Überwiegend wird die Bedingungslösung jedoch für zulässig gehalten.[153] Die praktische Relevanz ist indes gering. Treugeber und

---

[146] Vgl. *Gruber*, AcP 202 (2002), 435, 442 ff.; *U. Huber*, JZ 1968, 791, 792.

[147] *Armbrüster*, S. 238; von Bedeutung ist als Verbotsgesetz vor allem die strafrechtliche Untreue des § 266 StGB: *Tebben*, S. 191 f.

[148] *Blaurock*, S. 133.

[149] Vgl. hierzu: *Beuthien*, ZGR 1974, 26, 62 ff., der als Möglichkeiten zur Sicherung der Treugeberstellung eine Erwerbsvollmacht des Treugebers – also die Einräumung eines Rechtes, die Beteiligung an Dritte oder sich selbst unter Befreiung von § 181 BGB abzutreten – ein schuldrechtliches Sperrstimmrecht des Treugebers und eine Stimmbindung der Mitgesellschafter bezüglich ihrer gegebenenfalls erforderlichen Zustimmung zur Verfügung des Treuhänders vorschlägt; *Hegmanns*, ZIP 1989, 900, 901.

[150] *Henssler*, AcP 196 (1996), 37, 71.

[151] *Beuthien*, ZGR 1974, 26, 62 ff.; *Gruber*, AcP 202 (2002), 435, 437; für Zulässigkeit: *Schlosser*, NJW 1970, 681; *Timm*, JZ 1989, 13 ff.; BayObLG, Beschl. v. 16.11.1977, BReg. 2 Z 627/77, NJW 1978, 700, 701; *Henssler*, AcP 196 (1996), 37, 45; Bedenken: *Flume*, Das Rechtsgeschäft, § 17, 7., S. 362 f.

[152] Vgl. *Gruber*, AcP 202 (2002), 435, 437

[153] *Henssler*, AcP 196 (1996), 37, 69 ff.

Treuhänder scheuen offenbar davor zurück, eine exakte Definition der Missbrauchsfälle, die für die Bedingungslösung erforderlich wäre, in die Vertragswerke aufzunehmen.

2. Parallele zum Missbrauch der Vertretungsmacht

a. Meinungsstand

Die Rechtsprechung und ein Teil des Schrifttums lehnen eine Übertragung der Grundsätze zum Missbrauch der Vertretungsmacht auf die mittelbare Stellvertretung und die Treuhand ab.[154] Vor allem die Rechtsprechung beruft sich darauf, ein Handeln in eignem und in fremdem Namen sei unterschiedlich zu beurteilen.[155] Diese sehr formale Überlegung lässt sich durch den Gedanken stützen, den Beteiligten stünden sämtliche Gestaltungsvarianten zur Verfügung, sie könnten also eine echte Treuhand mit Vollrechtsinhaberschaft des Treuhänders oder aber eine unechte Treuhand mit einer Bevollmächtigung des Treuhänders durch den Treugeber vereinbaren. Wählten sie die Variante der echten Treuhand, läge damit zugleich eine Entscheidung gegen die Anwendbarkeit der an die Vertretungskonstruktion geknüpften Folgen, mithin auch des Missbrauchs der Vertretungsmacht, vor.[156] Schließlich wird mit § 137 BGB argumentiert. Das der Rechtsklarheit dienende Verbot einer dinglich wirkenden Verfügungsbeschränkung werde durch die Anwendung der Regeln über den Missbrauch der Vertretungsmacht auf das Handeln eines Treuhänders unterlaufen.[157]

Ein anderer Teil des Schrifttums tritt dagegen grundsätzlich für eine Anwendbarkeit der Regeln über den Missbrauch der Vertretungsmacht auch im Bereich der echten Treuhand ein.[158] Nicht das Auftreten in fremdem Namen sei der tragende Gerechtigkeitsgesichtspunkt für die Grundsätze des Missbrauchs der

---

[154] BGH, Urt. v. 4.4.1968, II ZR 26/67 = NJW 1968, S. 1471; *U. Huber*, JZ 1968, 791 ff.; *Beuthien*, ZGR 1974, 26, 60/61; *Henssler*, AcP 196 (1996), 37, 66 ff.; weitere Nachweise bei *Timm*, JZ 1989, 13, 22, FN 174.

[155] BGH, Urt. v. 4.4.1968, II ZR 26/67 = NJW 1968, S. 1471.Weitere Nachweise bei *Timm*, JZ 1989, 13, 22, FN 182.

[156] *Beuthien*, ZGR 1974, 26, 61; *U. Huber*, JZ 1968, 791 ff.; vgl. im Ergebnis ablehnend auch *Timm*, JZ 1989, 13, 24, der die Thematik aus der Perspektive einer Beschäftigung mit § 137 BGB behandelt und in diesem Zusammenhang zwischen den Argumenten einer Orientierung am Parteiwillen und einer Orientierung an der Wahl der Rechtsform, losgelöst vom Parteiwillen differenziert; im Ergebnis mit ihm übereinstimmenden *Wank*, JuS 1979, 402, 402; *Tebben*, S. 194, kritisiert, die Argumentation aus dem Parteiwillen der Beteiligten sei zirkulär. Es werde die Unanwendbarkeit der Regeln zum Missbrauch der Vertretungsmacht als Rechtsfolge, auf den der Parteiwille ausgerichtet sei, vorausgesetzt, obwohl es doch um die Begründung gerader dieser Unanwendbarkeit gehe.

[157] BGH, Urt. v. 4.4.1968, II ZR 26/67 = NJW 1968, S. 1471.

[158] *Armbrüster*, S. 240/241 (nur für die einvernehmliche Treuhand); *Blaurock*, S. 131 ff.; *Kötz*, NJW 1968, 1471, 1471 f.; *Kümmerlein*, S. 97 ff.; *K. Schmidt*, Gesellschaftsrecht, § 61 III.3.a., S. 1829 f. Weitere Nachweise bei *Timm*, JZ 1989, 13, 22; *Tebben*, S. 192 ff.

Vertretungsmacht, sondern vielmehr eine aus Treu und Glauben resultierende Pflicht, interne Bindungen eines in fremdem Interesse Handelnden unter bestimmten Voraussetzungen zu berücksichtigen.[159]

b. Interessenlage

Die Übertragung der Gedanken zum Missbrauch der Vertretungsmacht muss sich damit auseinander setzen, ob die Interessenlage trotz des Auftretens in eigenem Namen bei der Stimmabgabe durch den Treuhänder übereinstimmt. Typisch ist für beide Konstellationen die Diskrepanz der Berechtigung nach außen und der Bindung nach innen.[160] Die Berechtigung nach außen ergibt sich bei der Vertretungsmacht aus der Vollmacht, bei der Treuhand aus der Vollrechtsposition, also im Gesellschaftsrecht aus der Gesellschafterstellung des Treuhänders. Die Bindung nach innen folgt aus der lediglich internen Beschränkung der Vollmacht beziehungsweise den Pflichten aus der Treuhandvereinbarung. Der Kenntnis der internen Beschränkung der Vollmacht entspricht damit die Kenntnis der treuhänderischen Bindung. Hiervon zu unterscheiden ist die Kenntnis des Umfangs der Beschränkung der Vollmacht, die in Parallele zur Kenntnis der konkreten Weisung oder der Interessen des Treugebers steht. Ansatzpunkt für die Lehre vom Missbrauch der Vertretungsmacht ist die Kenntnis oder das Kennenmüssen (streitig) der Abweichung der Vollmachtsausübung von der internen Bindung.[161] Diese Kenntnis ist unabhängig davon, ob ein Vertreter in fremdem Namen oder ein Treuhänder in eigenem Namen auftritt. Die Interessenlage beim weisungswidrigen Handeln des Treuhänders stimmt damit im Grundsatz mit der beim Missbrauch der Vertretungsmacht überein. Das für die Vollmacht typische Auftreten in fremdem Namen bildet nicht den tragenden Gesichtspunkt für das Durchschlagen der internen Bindung ins Außenverhältnis. Der Unterschied zwischen Auftreten in fremdem und in eigenem Namen rechtfertigt eine unterschiedliche Behandlung folglich nicht.

Man könnte meinen, jeder Kenntnis einer schuldrechtlichen Bindung sei demnach in Parallele zum Missbrauch der Vertretungsmacht verfügungshindernde Wirkung zuzuerkennen.[162] Ein allgemeiner Grundsatz, der das Durchschlagen schuldrechtlicher Verpflichtungen auf die dingliche Ebene vorsieht, ist dem geltenden Recht jedoch in der Tat fremd.[163] Bei der Übertragung der Grundsätze zum Missbrauch der Vertretungsmacht auf die Treuhand und

---

[159] *Blaurock*, S. 132; für eine Herleitung aus § 242 BGB auch: *Timm*, JZ 1989, 13, 23; *Coing*, Treuhand, S. 167.
[160] *Tebben*, S. 198.
[161] *K. Schmidt*, Gesellschaftsrecht, § 61 III.3.a., S. 1829 f..
[162] So: *Henssler*, AcP 196 (1996), 37, 68.
[163] *Henssler*, AcP 196 (1996), 37, 68.

mittelbare Stellvertretung geht es indes nur um den Bereich des Handelns für fremde Rechnung. Die schuldrechtliche Zuweisung des Verfügungsobjekts an den Hintermann ist dabei stärker als bei Drittbeziehungen, die von einem Interessengegensatz geprägt sind. Während die schuldrechtliche Zuordnung dort im Versprechen einer zukünftigen Übertragung des Gegenstandes besteht, wird im Rahmen der Geschäftsbesorgung der Gegenstand schon gegenwärtig dem (schuldrechtlichen) Einfluss des Vertragspartners unterstellt.

Eine Abweichung vom originären Anwendungsbereich des Missbrauchs der Vertretungsmacht ergibt sich über den Unterschied zwischen Handeln im eigenen und im fremden Namen hinaus aus rechtstechnischer Perspektive. Bei der Stellvertretung genügt es, die Vertretungsmacht des Vertreters zu negieren. Bei der gesellschaftsrechtlichen Abstimmung im eigenen Namen ist es hingegen erforderlich, die Unwirksamkeit der eigenen Stimmabgabe anzunehmen. Das Hinwegsehen über diesen formalen Unterschied ist jedoch wegen der in den entscheidenden Punkten identischen Sachlage geboten.

Eine weitere konstruktive Schwierigkeit bereitet die Anwendbarkeit der Grundsätze von Treu und Glauben (§ 242 BGB) auf das Verhältnis zwischen dem Treugeber als Hintermann und den Gesellschaftern als Drittkontrahenten.[164] Im Bereich der unmittelbaren Stellvertretung wird das Institut des Missbrauchs der Vertretungsmacht überwiegend auf die Grundsätze von Treu und Glauben gestützt.[165] Die Loslösung der Vertretungsmacht von der internen Pflichtbindung des Vertreters finde in den Grundsätzen des Missbrauchs der Vertretungsmacht ihre Grenze.[166] Die Grundsätze von Treu Glauben beherrschen jedoch nicht allgemein das Zusammenleben der Menschen, sondern setzen dem Wortlaut nach ein das Bestehen eines Schuldverhältnisses voraus. Während bei der direkten Stellvertretung eine rechtsgeschäftliche Beziehung zwischen Vertretenem und Drittem zumindest zustande kommen soll, fehlt es bei der mittelbaren Stellvertretung an einer unmittelbaren Wirkung des Vertretungsaktes gegenüber dem mittelbar Vertretenem.[167] Die Anwendbarkeit von § 242 BGB und damit

[164] Vgl. speziell zur Übertragung der Regeln des Missbrauchs der Vertretungsmacht auf die Treuhand: *Tebben*, S. 196 f.

[165] So die h.M.: MünchKomm/*Schramm*, § 164 BGB Rdnr. 102a; die Einordnung im Vertretungsrecht nimmt demgegenüber in erster Linie bezug auf die Rechtsfolgen (§ 177 ff. BGB) und besagt daher nichts über den Geltungsgrund des Prinzips: vgl. *Flume*, Das Rechtsgeschäft, § 45 II 3., S. 788 ff.; *Enneccerus/Nipperdey* II, § 183 I 5, S. 1125; *K. Schmidt*, AcP 174 (1974), 55, 58 ff. *ders*. GesR § 10 II 2 b, S. 258 f.

[166] *Flume*, Rechtsgeschäft, § 45 II 3., S. 789.

[167] *Canaris*, FS Flume I, S. 371, 421, ist der Auffassung, die Unanwendbarkeit von § 242 BGB und damit auch der Grundsätze des Missbrauchs der Vertretungsmacht seien dabei letztlich Ausfluss des Grundsatzes, „daß der Dritte sich um die Interessen des Hintermannes grundsätzlich nicht zu kümmern braucht, weil er mit ihm keinen Vertrag schließen will und daher nicht in rechtsgeschäftlichen Kontakt zu ihm tritt." Die Missbrauchsproblematik sei über eine Anwendung der §§ 134, 138 BGB i.V.m. § 266 StGB zu lösen.

auch der Grundsätze zum Missbrauch der Vertretungsmacht scheint hierdurch in Frage gestellt.

Genau besehen bildet die Grundlage der Regeln zum Missbrauch der Vertretungsmacht jedoch nicht eine rechtsgeschäftliche Beziehung, sondern lediglich eine Sonderverbindung im Sinne eines qualifizierten Kontaktes.[168] Ausreichend ist eine besondere Interessenverknüpfung, die das Verhältnis von einem einfachen, rein sozialen Kontakt abhebt.[169] Gestützt wird dieses Ergebnis, wenn man die Grundsätze zum Missbrauch der Vertretungsmacht in ihrem originären Anwendungsbereich genauer betrachtet. Die rechtsgeschäftliche Beziehung wird auch hier erst durch das von einer Vollmacht getragene Verhalten des Vertreters zustande gebracht. Es liegt in der Konsequenz des Instituts des Missbrauchs der Vertretungsmacht, dass es gegebenenfalls schon am Zustandekommen eines derartigen Rechtsverhältnisses fehlen muss. Grund der Wirkungslosigkeit des Vertreterhandels kann daher schwerlich ein bestehendes Rechtsverhältnis zwischen Vertretenem und Drittem sein. Bereits im Bereich der direkten Stellvertretung ist daher ein Rückgriff auf die Anbahnung eines Schuldverhältnisse erforderlich. Zwar fehlt es im Bereich der mittelbaren Stellvertretung sogar hieran, die Interessenlage weist aber gleichwohl Parallelen auf. Hier wie dort geht es um die Einschränkung des Vertrauensschutzes gegenüber der internen Bindung eines Stellvertreters (vgl. auch die §§ 170 ff. BGB). Fehlt es an diesem Vertauen, ist eine Einschränkung der Trennung zwischen äußerer Berechtigung und innerer Bindung geboten.

c. Kenntnis oder Kennenmüssen des Missbrauchs

Mit Blick auf die größere Warnfunktion eines Auftretens in fremdem Namen ist die Frage aufgeworfen, ob Kenntnis oder Kennenmüssen der Bindung des Treuhändergesellschafters auf Seiten der Mitgesellschafter zu fordern ist. Das Kennenmüssen kann sich einerseits auf den konkreten Umfang der Vollmachtsbeschränkung beziehen oder aber auf das Bestehen einer internen Beschränkung überhaupt. Hinsichtlich beider Gesichtspunkte wird beim Missbrauch der Vertretungsmacht zum Teil Kennenmüssen des Vertragspartners für ausreichend erachtet. Das lässt sich für den Treuhandbereich nur bedingt übernehmen. Beim Handeln in eigenem Namen im Rahmen der Treuhand fehlt es an der Warnfunktion, die das Auftreten in fremdem Namen bei der Stellvertretung mit sich bringt. Daher wird man im Bereich der Treuhand stets positive Kenntnis der

[168] MünchKomm/*Roth*, § 242 BGB Rdnr. 54 f. mwN.

[169] MünchKomm/*Roth*, § 242 BGB Rdnr. 55; *Soergel/Teichmann*, § 242, Rdnr. 30 ff., 34; entsprechend sieht auch *Tebben*, S. 197, im Ergebnis § 242 BGB nicht als Hindernis einer Übertragung der Grundsätze zum Missbrauch der Vertretungsmacht auf die mittelbare Stellvertretung.

Treuhandbindung zu fordern haben.[170] Liegt diese Kenntnis vor, ist der Dritte indes in gleicher Weise wie bei der unmittelbaren Stellvertretung gewarnt, so dass hinsichtlich der konkreten Abweichung des Treuhänders von den Weisungen des Treugebers nicht zwangsläufig positive Kenntnis verlangt werden muss.

Schon im originären Anwendungsbereich des Missbrauchs der Vertretungsmacht ist streitig, ob der Erklärungsempfänger Kenntnis von dem Missbrauch haben muss, oder ob es genügt, wenn sich der Pflichtverstoß ihm geradezu aufdrängen musste. Die Schwierigkeiten liegen darin, dass praktisch kaum zu ermitteln ist, welche tatsächliche Kenntnis eine Person zu einem bestimmten Zeitpunkt hatte.[171] Das Evidenzmerkmal, das ein Kennenmüssen genügen lässt, kann dagegen an objektiven Kriterien ermittelt werden.[172] Dass das Kennenmüssen den gesteigerten Grad der Evidenz erreicht haben muss, rechtfertigt sich daraus, dass den übrigen Gesellschaftern vertiefte Nachforschungspflichten nicht zuzumuten sind und Unsicherheitsmomente im Rahmen der Beschlussfeststellung zu vermeiden sind. Nur wenn sich ihnen die Pflichtwidrigkeit des Abstimmungsverhaltens im Sinne eines Weisungsverstoßes geradezu aufdrängt, ist folglich Unwirksamkeit der Stimmabgabe des Treuhänders gegeben.[173] Positive Kenntnis ist hingegen nicht erforderlich.

d. Verdeckte und offene Treuhand

Liegt eine gegenüber der Gesellschaft und den Mitgesellschaftern verdeckte Treuhand vor, ist eine Wirkung der Weisungswidrigkeit des Stimmverhaltens des Treuhänders auch gegenüber den Gesellschaftern nicht zumutbar.[174] Es fehlt zwangsläufig an der Kenntnis oder dem Kennenmüssen hinsichtlich der Abweichung des Treuhänders von seiner internen Bindung.

Anders gestaltet sich die Lage bei der offenen Treuhand. Hier wissen die Mitgesellschafter von der Bindung des Treuhänders, auch wenn sie nicht unbedingt mit ihr einverstanden sein müssen. Bei der einverständlichen Treuhand liegt dagegen sogar die Zustimmung der Mitgesellschafter zur Treuhandkonstruktion vor. Es fragt sich, ob die Kenntnis der Treuhand oder nur das Einverständnis mit ihr als ausreichend anzusehen sind, um eine Weisungswidrigkeit auf die Gesellschaftsebene durchschlagen zu lassen. Betrachtet man die Grundsätze zum Missbrauch der Vertretungsmacht, so erkennt man, dass es dort um den Schutz des Vertrauens des Erklärungsempfängers in die von

[170] Ebenso: *Timm*, JZ 1989, 13, 24; *Wank*, JuS 1979, 402, 405.
[171] *Medicus* Allgemeiner Teil des BGB, Rdnr. 967.
[172] Vgl. *Gruber*, AcP 202 (2002), 435, 462 f.
[173] *Armbrüster*, S. 240/241.
[174] *Blaurock*, S. 131/132.

Einschränkungen im Innenverhältnis unabhängige Vertretungsmacht des Erklärenden geht.[175] Die Vertretungsmacht wird jedoch verneint, wenn der Erklärungsempfänger die interne Einschränkung kennt oder kennen muss.[176] Demgemäß kann es auch bei der Treuhand am Gesellschaftsanteil nur auf die Kenntnis der internen Pflichtbindung ankommen. Ein Einverständnis mit der Wahl der Treuhandkonstruktion ist nicht erforderlich. Die Beachtlichkeit des Weisungsverstoßes des Treuhänders stellt keine Einwirkungen der schuldrechtlichen Treuhandabrede in die Gesellschaftsebene dar[177], sondern eine Einschränkung des Vertrauensschutzes der Mitgesellschafter.

3. Vereinbarkeit mit § 137 BGB

Das zentrale Problem hinsichtlich der Übertragung der Grundsätze zum Missbrauch der Vertretungsmacht auf die mittelbare Stellvertretung beziehungsweise die Treuhand bildet das Verständnis des Verbots rechtsgeschäftlicher Verfügungsbeschränkungen in § 137 BGB. § 137 BGB setzt der Verdinglichung einer schuldrechtlichen Bindung Grenzen.[178] Auf den ersten Blick verwundert, dass das Verbot dinglich wirkender Verfügungsbeschränkungen zwar im Bereich der entsprechenden Anwendung der Grundsätze auf die mittelbare Stellvertretung, nicht aber im originären Anwendungsbereich des Vertretungsrechts als Hindernis angesehen wird.[179] Hier wie dort geht es um die Beschränkung der dinglichen Macht des Mittlers zu Verfügungen, die auch gegenüber dem Hintermann Wirkung entfalten. Die Überschreitung der Grenze zwischen äußerer Vertretungsmacht und interner Bindung stellt sich jedoch im Vertretungsrecht als unproblematisch dar, da hier die Vertretungsmacht des Mittlers jedenfalls grundsätzlich (Ausnahme etwa: §§ 48 f. HGB) ohnehin nach Belieben vom Vertretenen eingegrenzt werden kann.[180] Es handelt sich nicht um die Beschränkung einer dinglichen Vollrechtstellung, auf die § 137 BGB unter dem Verkehrsschutzaspekt in erster Linie abzielt.

Zunächst fragt sich, inwieweit die Regelung des § 137 BGB im Bereich der Treuhand am Gesellschaftsanteil überhaupt anwendbar ist. Hierzu bedarf es

---

[175] *Medicus*, Allgemeiner Teil des BGB, Rdnr. 967; MünchKomm/*Schramm*, § 164 BGB, Rdnr. 98.
[176] Vgl. zum Streitstand: *Staudinger/Jürgen Schmidt*, § 242, Rdnr. 506 (mwN.).
[177] So aber *Armbrüster*, S. 240.
[178] *Blaurock*, S. 130.
[179] Vgl. *Tebben*, S. 198 f.
[180] Anders verfährt *Tebben*, S. 198 f., der § 137 BGB unmittelbar überhaupt nicht im Bereich des Missbrauchs der Vertretungsmacht für anwendbar hält. Die Grundsätze zum Missbrauch der Vertretungsmacht bewirkten nicht einen Wegfall der Vertretungsmacht, sondern versagten mit Rücksicht auf § 242 BGB dem abgeschlossenen Geschäft überhaupt die Wirksamkeit. Gleichwohl will *Tebben, S. 199 ff.*, prüfen, ob die Grundsätze des § 137 BGB trotz allem einer Übertragung des Instituts des Missbrauchs der Vertretungsmacht auf die mittelbare Stellvertretung entgegenstünden.

einer vorausgehenden Besinnung auf Sinn und Zweck des Verbots rechtsgeschäftlicher Verfügungsbeschränkungen. Anschließend ist zu klären, in welcher Weise die Sanktionierung eines Missbrauchs in Parallele zum Vertretungsrecht mit dem Regelungsgehalt von § 137 BGB in Einklang zu bringen ist.

a. Sinn und Zweck von § 137 BGB

Welche Zwecke die Unwirksamkeit eines rechtsgeschäftlichen Verfügungsverbotes verfolgt, ist im Einzelnen umstritten. Angeführt werden die Freiheit der Person[181], die Sicherung der Verkehrsfähigkeit von Gütern[182], die Funktionsfähigkeit der Zwangsvollstreckung[183] und die Orientierungssicherheit des Rechtsverkehrs.[184] Die Bedeutung von § 137 BGB erklärt sich aus dem Zusammenhang der beiden Sätze der Vorschrift. § 137 S. 1 BGB ordnet die Unwirksamkeit eines rechtsgeschäftlichen Veräußerungsverbots an. § 137 S. 2 BGB lässt jedoch die schuldrechtliche Verpflichtung, über ein bestimmtes Recht nicht zu verfügen, zu.

Die Differenzierung zwischen Verfügungs- und Verpflichtungsebene legt es nahe, den Regelungsgehalt im Schutz des Rechtsverkehrs zu sehen. Die dingliche Zuordnung von Gütern soll nicht durch interne Absprachen in Frage gestellt werden. Besäße die schuldrechtliche Einschränkung einer Verfügungsbefugnis dingliche Wirkung, könnten Dritte nicht mehr uneingeschränkt auf die Verfügungsberechtigung des Eigentümers oder Rechtsinhabers vertrauen. Die Orientierungssicherheit des Rechtsverkehrs wäre dadurch empfindlich beeinträchtigt. Daneben soll § 137 BGB des Weiteren die Möglichkeit ausschließen, einen Gegenstand völlig seiner Verkehrsfähigkeit zu berauben. Auch dieser Aspekt lässt sich freilich letztlich dem Gesichtspunkt des Verkehrsschutzes zuordnen. Für die Orientierungssicherheit im Rechtsverkehr ist es nämlich unerlässlich, dass jedermann grundsätzlich auf die Veräußerungsfähigkeit von Sachen und Rechten vertrauen kann.

---

[181] *Baur*, JZ 1961, 334, 335; kritisch dazu: *Blaurock*, S. 129; *Däubler*, NJW 1968, 1117, 1118 f. mwN.; *Tebben*, S. 121; *Wank*, Jus 1979, 403 f.; BGH, Urt. v. 5.12.1996, V ZB 27/96 = BGHZ 134, 182, 186.

[182] Als einzigen Zweck sehen dies: *Wiegand*, AcP 190 (1990), 112, 118; *Müller-Freienfels*, Die Vertretung beim Rechtsgeschäft (1955), S. 129 ff.; *Siebert*, S. 218; dagegen: *Däubler*, NJW 1968, 1117, 1118; *Schlosser*, NJW 1970, 681, 683; *Kohler*, DNotZ 1989, 339, 347; *Tebben*, S. 123 f.; *Wagner*, AcP 194 (1994), 451, 472 f.

[183] BGH, Urt. v. 5.12.1996, V ZB 27/96 = BGHZ 134, 182, 186; *Liebs*, AcP 175 (1975), 12, 36 f; *Kohler*, DNotZ 1989, 347; *Wagner*, AcP 194 (1994), 451, 472 f.; *Wiedemann*, Mitgliedschaftsrechte, S. 284]; dagegen: *Tebben*, S. 125 f.: kein „eigenständiger Argumentationswert".

[184] *Blaurock*, S. 129 f.; *Flume*, Das Rechtsgeschäft, 3. Aufl. 1979, § 17, 7, S. 362; *Däubler*, NJW 1968, 1117, 1119f.; vgl. *Timm*, JZ 1989, 13, 16 ff. ; *Liebs*, AcP 175 (1975), 1, 23 ff.; *Tebben*, S. 122, 200; *Wagner*, AcP 194 (1994), 451, 473 ff.

Die Funktionsfähigkeit der Zwangsvollstreckung wird reflexartig durch die Sicherung der Verkehrsfähigkeit gewährleistet. Die Gewährleistung der Zwangsvollstreckung ist jedoch nicht in der Lage, allein die Reichweite von § 137 S. 1 BGB zu erklären. Es hätte insofern eine Spezialregelung im Vollstreckungsrecht genügt. Die darüber hinausgehende Unzulässigkeit rechtsgeschäftlicher Veräußerungsverbote verfolgt mithin in erster Linie den Schutz des Rechtsverkehrs.

Nicht zu überzeugen vermag es, als weiteren Hauptzweck die Freiheit der Person anzusehen. Zwar wird durch § 137 S. 1 BGB die Möglichkeit, sich der Entscheidungsbefugnis in eigenen Angelegenheiten zu begeben, eingeschränkt. § 137 S. 2 BGB nimmt hiervon jedoch bis zu den allgemeinen Grenzen der Sittenwidrigkeit (§ 138 BGB) die schuldrechtliche Bindung aus. Die Zulässigkeit der schuldrechtlichen Bindung bewirkt eine Einschränkung der Freiheit der Person zunächst unter dem Gesichtspunkt der Durchsetzbarkeit der Forderung. Hinzu tritt, dass bei einem Verstoß gegen die schuldrechtliche Bindung als Sekundärforderungen Schadensersatzansprüche des Gläubigers entstehen. Wirtschaftlich stehen die Folgen der schuldrechtlichen Bindung einer dinglichen Einschränkung der Verfügungsbefugnis folglich gleich. Der faktische Zwang, der Bindung nachzukommen, schränkt die Freiheit der Person qualitativ in einer Verfügungsbeschränkung entsprechender Weise ein.

b. Reichweite der Unzulässigkeit von Verfügungsbeschränkungen im Gesellschaftsrecht (§ 137 BGB)

Unter Berücksichtigung des im Schutz unbeteiligter Dritter liegenden Zwecks lässt sich der Anwendungsbereich von § 137 BGB untersuchen. Die Reichweite der Norm bestimmt sich durch ihre Bezugnahme auf eine „Verfügung über ein veräußerliches Recht". Klärungsbedürftig ist dabei einerseits, ob ein Gesellschaftsanteil ein veräußerliches Recht darstellt, andererseits, was unter Verfügungen über einen Gesellschaftsanteil im Sinne des § 137 BGB zu verstehen ist. Zweifel an der Veräußerlichkeit eines Gesellschaftsanteils könnten entstehen, weil Gesellschaftsanteile oftmals nur mit Zustimmung der übrigen Gesellschafter veräußert werden dürfen (so im Bereich des Personengesellschaftsrechts, im GmbH-Recht in den Fällen der Vinkulierung, § 15 Abs. 5 GmbHG). Das Merkmal der Veräußerlichkeit in § 137 BGB ist jedoch normzweckorientiert auszulegen. Mit Blick auf den Sinn der Vorschrift, die Teilnahmefähigkeit der betroffenen Gegenstände am Rechtsverkehr zu gewährleisten, kann das Bestehen einzelner Zustimmungserfordernisse nicht maßgeblich sein. Die Fähigkeit der Güter, am Rechtsverkehr teilzunehmen, wird hierdurch nicht generell in Frage gestellt. Weiterhin könnte man meinen, die gesetzlich vorgesehenen Möglichkeiten zur Einschränkung der Verfügungsbefugnis des Gesellschafters über seinen Gesellschaftsanteil stünden als speziellere Regelung einer Anwendung von § 137 BGB entgegen. In den Fällen etwa der Vinkulierung tritt jedoch mit der Zustimmung der übrigen Gesellschafter lediglich ein zusätzliches Erfordernis zur Wirksamkeit der Veräußerung hinzu. Stets ist ebenso die Mitwirkung des Inhabers des Gesellschaftsanteils erforderlich. Eine Zulassung der Trennung von Rechtsinhaberschaft und Verfügungsbefugnis, die § 137 BGB als speziellere Regelung verdrängen könnte, liegt mithin nicht vor.[185]

Den Mittelpunkt der Problematik der Anwendung von § 137 BGB auf die Treuhand am Gesellschaftsanteil bildet die Frage, ob auch gesellschaftsinterne Verwaltungsakte (z. B. Beteiligung an Abstimmungen in der Gesellschafterversammlung) Verfügungen über einen Gesellschaftsanteil und damit über ein Recht im Sinne des § 137 BGB, darstellen.[186] Nur wenn die Ausübung der Mitwirkungsrechte als Verfügung über den zugehörigen Gesellschaftsanteil einzustufen ist, kommt die Schaffung subsidiärer Rechte des Treugebers in der Gesellschaft durch den Treuhandvertrag als verfügungsbeschränkende Abrede in Betracht. Ähnlich der Lage bei einer Stimmrechtsabtretung fragt es sich, ob man „Befugnis aus dem Recht und Befugnis über das Recht in Bezug auf ihre Zugehörigkeit zum Stammrecht gleichzustellen hat."[187] Dafür ließe sich anführen, dass die Beteiligung an den gesellschaftlichen Verwaltungsakten wesentliches Element der Mitgliedschaft ist, in dem gerade die der kooperativen Verknüpfung inne wohnende Bündelung der Kräfte auf ein gemeinsames Ziel hin zum Ausdruck kommt. Andererseits spielen sich die Verwaltungsakte im gesellschaftsinternen Bereich ab. Es fragt sich also, inwiefern der Aspekt des Schutzes des Rechtsverkehrs, der § 137 BGB zu Grunde liegt, hier zum Tragen kommen kann. Es sind sowohl die mittelbaren Wirkungen der Verwaltungsmaßnahmen auf den Rechtsverkehr in Betracht zu ziehen als auch die Konsequenzen für die Mitgesellschafter, die im Verhältnis zu Treuhänder und Treugeber ebenso schutzwürdige Dritte darstellen.[188] Die Auswirkungen, die eine Ausübung gesellschaftlicher Mitwirkungsrechte auf den allgemeinen Rechtsverkehr besitzt, erschöpfen sich in mittelbaren Folgen. Zwar sind Wertenwicklung und Auftreten der Gesellschaft im Rechtsverkehr letztlich von der Steuerung durch die Gesellschafter abhängig. Unmittelbare Relevanz im Sinne eines Vertrauensschutzes am allgemeinen Rechtsverkehr beteiligter Personen kommt

---

[185] Vgl. *Weber*, Privatautonomie, S. 231 f.

[186] BGH, Urt. v. 4.4.1968, II ZR 26/67 = NJW 1968, 1471, 1471; *Tebben*, S. 189, will zwar auf jegliche Ausübung gesellschaftlicher Rechte durch den Treugeber die Grundsätze über den Missbrauch der Vertretungsmacht anwenden. Er glaubt indes, einfache Mitwirkungsakte, wie etwa die Stimmabgabe des Treuhänders, nicht als Verfügungen über den Gesellschaftsanteil einstufen zu können. Er hält jedoch die Bezugnahme auf ein „wirkendes" Gesellschafterhandeln für ausreichend.

[187] *Weber*, Privatautonomie, S. 232.

[188] *Weber*, Privatautonomie, S. 232 ff., diskutiert zwar (im Ergebnis ablehnend) die Auswirkungen von innergesellschaftlichen Verwaltungshandlungen auf den allgemeinen Rechtsverkehr. Einen Schutz der Mitgesellschafter über § 137 BGB hält er jedoch offenbar von vornherein für ausgeschlossen(S. 235).

den Mitwirkungsakten jedoch nicht zu. Es fällt nicht unter den Zweck von § 137 BGB, allgemein die gesellschaftsinterne Gestaltungsfreiheit hinsichtlich subjektiver Rechte einzuschränken.[189] Die Trennung einzelner Verwaltungsbefugnisse vom Stammrecht ist als Ausgestaltung der Gesellschafterposition einzustufen, die mit Blick auf den allgemeinen Rechtsverkehr keine Verfügungsbeschränkung im Sinne von § 137 BGB darstellt.

Durch eine Beschränkung der Perspektive auf eine Betrachtung des Gesellschaftsanteils als Objekt des allgemeinen Rechtsverkehrs wird indes verkannt, dass den Bezugspunkt des § 137 BGB auch die übrigen Gesellschafter als schutzbedürftige Dritte bilden können. Eine „dinglich" wirkende Stimmbindung – wie sie der Treuhand innewohnt – stellte dann eine Verfügungsbeschränkung über das Stimmrecht, nicht über den Gesellschaftsanteil als ganzes, dar. Indes ist Voraussetzung für eine derartige Anwendung von § 137 BGB, dass das gesellschaftsrechtliche Stimmrecht ein veräußerliches Recht im Sinne der Vorschrift darstellt und die Ausübung des Stimmrechts eine Verfügung hierüber. Sicherlich besitzt das Stimmrecht nicht Verkehrsfähigkeit im Sinne einer generellen Veräußerungsfähigkeit. Mit Blick auf die hinter dem gesellschaftsrechtlichen Abspaltungsverbot stehenden Wertungen bleibt die Übertragbarkeit des Stimmrechts auf Ausnahmen beschränkt. Sinn und Zweck des Verbots verfügungsbeschränkender Vereinbarungen in § 137 BGB ist jedoch in erster Linie der Verkehrsschutz. Im Zusammenspiel mit der entsprechenden Anwendung der Grundsätze zum Missbrauch der Vertretungsmacht wird für Verfügungen eines Berechtigten unabhängig von der Art des Verfügungsgegenstandes ein umfassender Gutglaubensschutz garantiert. Als veräußerliches Recht im Sinne von § 137 BGB ist daher neben den rechtsgeschäftlich übertragbaren Rechten auch jedes Recht zu verstehen, dessen Ausübung Dritte mit verfügender Wirkung tangiert. Betrachtet man die unmittelbare Gestaltungswirkung, die das gesellschaftliche Stimmrecht entfaltet, kann kein Zweifel bestehen, dass die Veräußerlichkeit im Sinne der Ausübungsbefugnis über das Stimmrecht zu verstehen ist. § 137 BGB ist demgemäß auf die Stimmrechtsausübung in der Gesellschaft entsprechend anzuwenden.[190]

c. Abstimmung auf Sinn und Zweck des § 137 BGB

Durch § 137 BGB wird die Möglichkeit zur dinglich wirkenden Einschränkung einer Verfügungsbefugnis genommen, die schuldrechtliche Einschränkung

---

[189] *Weber*, Privatautonomie, S. 233 f.

[190] Anders *Erman*, FS Nipperdey, Band I, S. 277, 282: Die Vertragsfreiheit und das System der Mehrheitsbeschlüsse im Innenverhältnis sollen einer Anwendung von § 137 BGB entgegenstehen. Seine Argumentation ist geprägt von der Betrachtung einer Stimmrechtsabspaltung. Der Gesichtpunkt des Verkehrsschutzes unter Gutglaubensgesichtspunkten tritt hier nicht in gleicher Schärfe hervor.

hingegen für zulässig gehalten. Die Norm des § 137 BGB dient dem Verkehrsschutz. Das Vertrauen auf die Verfügungsbefugnis eines Berechtigten soll geschützt werden. Ähnliche Wirkung entfaltet aber auch eine entsprechende Anwendung der Regeln zum Missbrauch der Vertretungsmacht (und auch die Bedingungslösung). Die Überschreitung der internen Bindung bei einem Verfügungsgeschäft führt zur Unwirksamkeit des selbigen. Die interne Bindung entfaltet hier dingliche Wirkung. Freilich ist diese Wirkung durch das Evidenzmerkmal eingeschränkt, so dass allenfalls von einer begrenzten Einschränkung der Verfügungsbefugnis gesprochen werden kann. Es fällt auf, dass das Evidenzmerkmal funktional dem Kriterium der Gutgläubigkeit beim Erwerb dinglicher Rechte entspricht. Nur der Gutgläubige, also derjenige, der keine Kenntnis der Nichtberechtigung hat und dessen Unkenntnis zudem nicht auf grober Fahrlässigkeit beruht, kann vom Nichtberechtigten ein dingliches Recht erwerben und den wirklich Berechtigten verdrängen. Hielte man eine dingliche Verfügungsbeschränkung entgegen § 137 BGB für zulässig, würde der in der Verfügungsbefugnis beschränkte als Nichtberechtigter verfügen. Ein gutgläubiger Erwerb wäre damit nach wie vor möglich. Eine Lücke bliebe jedoch für die Fälle, in denen die scheinbare Rechtsträgerschaft keinen gutgläubigen Erwerb ermöglicht. Hier würde die dingliche Verfügungsbeschränkung schlechthin den Rechtserwerb hindern. Insofern könnte trotz der Stellung des Verfügenden als Berechtigter auch der (gutgläubige) Erwerber durch die Verfügungsbeschränkung nicht erwerben. Während sich die Versagung eines Erwerbs des Bösgläubigen auch beim Erwerb vom intern beschränkt Berechtigten wertungsmäßig rechtfertigen lässt, widerspräche es dem Schutz des Rechtsverkehrs, denjenigen, der vom Berechtigten erwirbt und von einer Beschränkung nichts weiß, der also gutgläubig ist, den Erwerb zu versagen. Der Unterscheidung zwischen Verfügung eines Berechtigten und eines Nichtberechtigten trägt das Zusammenspiel zwischen dem Verbot einer dinglichen Verfügungsbeschränkung in § 137 BGB und einer entsprechenden Anwendung der Regeln über den Missbrauch der Vertretungsmacht Rechnung. Im Rahmen des Evidenzkriteriums beim Missbrauch der Vertretungsmacht werden nämlich auch derartige Rechtsgeschäfte erfasst, bei denen die tatsächliche Rechtsträgerschaft im Falle der Nichtberechtigung keinen für einen gutgläubigen Erwerb ausreichenden Rechtsschein begründet. Sinn und Zweck der Regelung des § 137 BGB werden mithin durch eine entsprechende Anwendung dieser Grundsätze auf Fälle mittelbarer Stellvertretung nicht beeinträchtigt.

Zudem lässt sich § 137 BGB ein weiterer Zweck zuordnen, der der Vorschrift bei Anwendung der Grundsätze über den Missbrauch der Vertretungsmacht auf die mittelbare Stellvertretung auch für den Bereich, in dem ein gutgläubiger Erwerb möglich ist, eigenständige Bedeutung belässt. § 137 BGB lässt sich nämlich zumindest in dem Sinne verstehen, dass eine Einschränkung der Verfügungsbefugnis nicht derart möglich ist, dass auch ein gutgläubiger Erwerb (soweit vorgesehen) ausgeschlossen ist. Die Verfügungsobjekte lassen sich also nicht schlechthin dem Rechtsverkehr entziehen. Es ist allenfalls möglich, den Erwerb durch einen Bösgläubigen zu vermeiden.

4. Zwischenergebnis

Der Treugeber ist für den Fall, dass sich seine Einwirkungsrechte auf den Weg über das Weisungsrecht gegenüber dem Treuhänder beschränken, nur in engen Grenzen gegen einen Missbrauch des Rechtsüberschusses des Treuhänders geschützt. Der Weisungsverstoß hat bei offener wie bei einverständlicher Treuhand, mithin bei positiver Kenntnis der Treuhandbindung, und einer hinzutretenden Evidenz des konkreten Verstoßes für die übrigen Gesellschafter die Unwirksamkeit der Stimmabgabe durch den Treuhänder zur Folge. Darüber hinaus erfolgt ein Schutz nur über §§ 134, 138 BGB. Auch ist die Durchsetzung der weisungsgemäßen Stimmrechtsausübung über § 894 ZPO möglich. Die Wahrscheinlichkeit eines evidenten Pflichtverstoßes kann der Treugeber dadurch erhöhen, dass er selbst die übrigen Gesellschafter über die von ihm erteilten Weisungen an den Treuhänder informiert.

II. Unmittelbare Einwirkung des Treugebers

Um dem Treugeber unmittelbaren Einfluss in der Gesellschaft zuzugestehen, ist es erforderlich, die Anwendung der Grundsätze der mittelbaren Stellvertretung zu durchbrechen. Als Ansatzpunkt bietet sich einerseits die Treuhandvereinbarung zwischen Treugeber und Treuhänder an. Andererseits sind jedoch auch ergänzende Absprachen zwischen Treugeber, Treuhänder und den übrigen Gesellschaftern zu berücksichtigen.[191] Welcher Weg gangbar ist, hängt maßgeblich von der dogmatischen Einstufung der Treugeberstellung ab und soll daher zunächst offen bleiben. Unabhängig davon setzt die Durchbrechung der Trennung zwischen Treuhand und Gesellschaftsverhältnis ein Rechtsverhältnis zwischen dem Treugeber und der Gesellschaft beziehungsweise ihren Mitgliedern voraus. Dieses Rechtsverhältnis kann entweder schuldrechtlicher oder gesellschaftsrechtlicher Natur sein.[192]

---

[191] In BGH, Urt. v. 23.6.2003, II ZR 46/02 = WM 2003, 1614, 1614 f. wird eine Überlagerung der Treuhandbeziehung durch das Gesellschaftsverhältnis aus Vereinbarungen im Treuhandvertrag und der tatsächlichen Praxis, Zahlungen der Gesellschaft unmittelbar an den Treugeber zu erbringen, abgeleitet.

[192] Vgl. Tebben, S. 88 ff.

A. Unmittelbare schuldrechtliche Einwirkung

Als schuldrechtliche Rechte des Treugebers in der Gesellschaft sind sowohl Informationsrechte als auch eine Beteiligung am Stimmrecht denkbar.[193] Im Gegensatz zu gesellschaftsrechtlichen (korporativen) Rechten treten bei Missachtung der Rechte nicht die besonderen gesellschaftsrechtlichen Folgen ein und stehen nicht die typisch gesellschaftsrechtlichen Durchsetzungsmöglichkeiten zur Verfügung. Der Treugeber ist vielmehr auf die allgemein bestehenden Rechtsinstitute verwiesen. Ein weiter Nachteil liegt in der begrenzten Wirkung gegenüber neu eintretenden Gesellschaftern.[194] Zwar können flankierende schuldrechtliche Absprachen derart mit der Gesellschaftsbeziehung verknüpft werden, dass die Eintretenden Gesellschafter zugleich auch der rein schuldrechtlichen Vereinbarung beitreten. Das Erfordernis einer Vertragsübernahme durch Neugesellschafter gefährdet nicht nur die Position des Treugebers, es erscheint im Vergleich zur Wirkung der Zuerkennung korporativer Rechte an den Treugeber auch äußerst umständlich.

1. Informationsrecht

Ein Informationsrecht über Gesellschaftsangelegenheiten direkt gegenüber der Gesellschaft ermöglicht dem Treugeber die Kontrolle des Treuhänders. Die gesellschaftsrechtlichen Informationsrechte stehen im Grundsatz dem Treuhänder als Gesellschafter zu. Soweit die gesellschaftsrechtliche Treuepflicht des Treuhänders dies zulässt, besitzt der Treugeber einen Anspruch auf Weitergabe der Informationen beziehungsweise auf Information über die Durchführung der Geschäftsbesorgung (§§ 675 Abs. 1, 666 BGB), die dann auch eine Auskunft über die Gesellschaftsbelange enthält. Der Treugeber läuft jedoch Gefahr, wenn er sich allein vom Treuhänder Rechenschaft ablegen lässt, von einer weisungswidrigen Verwaltung des Treugutes und damit einem Missbrauch der Rechtsstellung des Treuhänders nichts zu erfahren. Der Treugeber wird den Treuhänder kaum über sein eigenes Fehlverhalten aufklären, zumal wenn dieses bewusst und planmäßig erfolgte. Kann der Treugeber demgegenüber unmittelbar von der Gesellschaft Auskünfte über die Gesellschaftsangelegenheiten und über die Ausübung des Stimmrechts durch seinen Treuhänder erhalten, kann er das Risiko eines Missbrauchs durch den Treuhänder zumindest verringern. Erst durch die Informationen über die Gesellschaftsangelegenheiten wird es dem Treugeber möglich, sachgerechte Weisungen zu erteilen und das Verhalten des Treuhänders zu beurteilen. Durch die Auskunft über die Stimmrechtsausübung kann eine unmittelbare Überwachung der Ausführung der Weisungen erfolgen.

[193] Vgl. *Henssler*, AcP 196 (1996), 37, 80 ff.
[194] *Tebben*, S. 90.

Die Interessen des Treugebers können mithin durch die Einräumung schuldrechtlicher Einsichts- und Kontrollrechte erheblich gestärkt werden.[195] Der Umfang kann dabei von der Gestaltung entsprechender gesetzlicher Rechte abweichen. Erforderlich ist zur Begründung schuldrechtlicher Einsichts- und Kontrollrechte ein Vertrag zwischen dem Treugeber und der Gesellschaft. Im Unterschied zu einem gesetzlichen Kontrollrecht kann das schuldrechtliche Kontrollrecht dem Treugeber jederzeit aus wichtigem Grund entzogen werden. [196] Nicht geschützt ist der Treugeber schließlich auch bei Zuerkennung von Informationsrechten bei einem Zusammenwirken des Treuhänders mit den übrigen Gesellschaftern. Insbesondere, wenn diese wirtschaftlich auf einer Seite stehen, wie oftmals bei der Publikums-KG, bedarf es zusätzlichen Schutzes (bei der Publikums-KG des Anlegerschutzes).

2. Stimmrecht

a. Wirkung des schuldrechtlichen Stimmrechts

Die Konstruktion einer unmittelbaren Einwirkung des Treugebers auf die Abstimmungen in der Gesellschaft bereitet größere Schwierigkeiten. Zunächst ist die lediglich schuldrechtliche Einwirkung von der Einräumung eines gesellschaftsrechtlichen Stimmrechts in der Gesellschaft für den Treugeber zu unterscheiden.[197] Die schuldrechtliche Einwirkung kann nicht zu einer unmittelbaren Berücksichtigung der Meinungskundgabe des Treugebers bei der Abstimmung führen. Auch bei einer Missachtung der Äußerung des Treugebers bei der Abstimmung treten nicht die gesellschaftsrechtlichen Konsequenzen einer Nichtigkeit oder Anfechtbarkeit der Abstimmung ein. Vielmehr ist der Treugeber zur Durchsetzung auf die allgemeinen Klagemöglichkeiten angewiesen. Ein unmittelbares schuldrechtliches Stimmrecht des Treugebers in der Gesellschaft bedeutet einen Anspruch des Treugebers auf Berücksichtigung seiner Meinungskundgabe bei der Entscheidungsfindung in der Gesellschaft. In jedem Fall ist damit ein Recht zur Beteiligung an der Abstimmung im Sinne eines Anwesenheitsrechts bei einer Gesellschafterversammlung beziehungsweise ein entsprechendes Recht bei einem schriftlichen Verfahren vorgesehen. Mit dem Recht auf Anwesenheit muss ein Recht auf Meinungsäußerung zu den Abstimmungsfragen verbunden sein. Nur auf diesem Wege ist eine Berücksichtigung des Willens des Treugebers möglich.

---

[195] *Beuthien*, ZGR 1974, 26, 51 f. (Personengesellschaftsrecht) anders als eine Abspaltung von Einsichts- und Kontrollrechten sei deren schuldrechtliche Begründung auch im Personengesellschaftsrecht zulässig, 81 f. (Kapitalgesellschaftsrecht).

[196] *Beuthien*, ZGR 1974, 26, 52.

[197] *Beuthien*, ZGR 1974, 26, 55 ff., 82 f. (allein schuldrechtliches Stimmrecht zulässig).

b. Bezugspunkt des schuldrechtlichen Stimmrechts

Im Einzelnen sind unterschiedliche Gestaltungsarten denkbar. Dem Treugeber kann etwa ein Vetorecht hinsichtlich bestimmter Fragen eingeräumt werden.[198] Die Gesellschafter können sich aber auch verpflichten, die Äußerung des Treugebers mit einem gewissen Gewicht bei der Abstimmung zu berücksichtigen. Dabei ist zu beachten, dass die schuldrechtliche Bindung in Einklang mit den formalisierten Abstimmungsverfahren stehen muss. Es muss jeweils im Rahmen der Dispositionsbefugnis des verpflichteten Rechtssubjekts stehen, die betreffende Bindung einzugehen. Insoweit erscheint es problematisch, den Treugeber auf schuldrechtlicher Basis mit einem bestimmten Stimmgewicht zu berücksichtigen. Das Gewicht der einzelnen Stimmen ist im Gesellschaftsvertrag beziehungsweise der Satzung geregelt. Auf schuldrechtlicher Basis kann davon nicht abgewichen werden. Wählt man die Bindung hinsichtlich der Stimmen eines Gesellschafters, so kann diese nur mit dem Gesellschafter selbst vereinbart werden. Der Bezug auf einzelne Stimmen stellt nichts anderes dar als eine Stimmbindung, die mit Einverständnis der übrigen Gesellschafter geschieht. Insofern dürfte mit Blick auf die Interessenlage nur eine Stimmbindung des Treuhänders in Betracht kommen. Das unmittelbare schuldrechtliche Stimmrecht des Treugebers bringt dann aber gegenüber einer mit Zustimmung der übrigen Gesellschafter geschlossenen Treuhandbindung keinen Vorteil, ist vielmehr mit ihr in der Wirkung identisch.[199]

Durch die Vereinbarung mit der Gesellschaft wird jedoch insofern eine Verbesserung der Lage des Treugebers erreicht, als er ein Recht erlangt, in der Gesellschafterversammlung anwesend zu sein und seine Meinung kund zu tun. Das Anwesenheitsrecht in der Gesellschafterversammlung in Verbindung mit dem Recht auf Meinungskundgabe erlangt für den Treugeber schon dadurch Bedeutung, dass durch seine Äußerung zugleich eine gegenüber den übrigen Gesellschaftern offenkundige Weisung an den Treuhänder ausgesprochen wird, mithin ein seinen Weisungen zuwiderlaufendes Abstimmungsverhalten in Parallele zu den Fällen des Missbrauchs der Vertretungsmacht die Unwirksamkeit der Stimmabgabe des Treuhänders herbeiführt.[200] Insoweit kann der

[198] Für schuldrechtliche Anhörungs- und Unterlassungsansprüche: *Beuthien*, ZGR 1974, 26, 57.

[199] *Beuthien*, ZGR 1974, 26, 56, der die Einräumung eines unmittelbaren nicht-mitgliedschaftlichen Stimmrechts für den Treugeber für entbehrlich und begrifflich verwirrend hält.

[200] Ähnlich *Tebben*, S. 203 f., der freilich noch weitergehend im Falle einer Einbindung des Treugebers in die Gesellschaft im Wege der qualifizierten Treuhand eine Verpflichtung der Mitgesellschafter annimmt, vor Verfügungen des Treuhänders die Zustimmung des Treugebers einzuholen. Da *Tebben* als qualifizierte Treuhand nicht nur die ergänzende Zuweisung von Rechten an den Treugeber, sondern bereits die einverständlich abgeschlossene Treuhandbindung versteht, kommt dieser Stärkung der Treugeberposition in seinem Konzept eine nicht zu unterschätzende Bedeutung zu. Indes dürfte eine Rückversicherungspflicht der Mitgesellschafter die Vereinfachungseffekte, die vielfach mit der Wahl der Treuhandkonstruktion bezweckt werden, über Gebühr beeinträchtigen.

Treugeber durch Einräumung des Anwesenheitsrechts eine weitgehende Absicherung erzielen.

Ein schuldrechtliches Berücksichtigungsrecht erlangt jedoch eigenständige Bedeutung, wenn es sich auf das gesamte Abstimmungsergebnis bezieht. Die Gesellschaft kann sich verpflichten, einen Beschluss, der bei pflichtgemäßer Abstimmung, also bei Übereinstimmung von Meinungskundgabe des Treugebers mit der des Treuhänders, nicht zu Stande gekommen wäre, nicht umzusetzen. Das geht über die bloße Nichtberücksichtigung der missbräuchlich verwendeten Stimmen des Treuhänders hinaus, da hier zugleich die fiktive Stimmabgabe mitberücksichtigt werden kann, während sonst lediglich Unwirksamkeit der Stimmabgabe eintritt.

B. Unmittelbare gesellschaftsrechtliche (dingliche) Einwirkung

Auch als gesellschaftsrechtliche Rechte des Treugebers sind sowohl ein Informations- als auch ein Stimmrecht möglich. Die korporative Ausgestaltung der Rechte besitzt gegenüber der lediglich schuldrechtlichen unmittelbaren Einwirkung den Vorteil, dass auch der Treugeber bei Missachtung seiner Rechte den typisch gesellschaftsrechtlichen Schutz genießt. Das zeigt sich in erster Linie daran, das korporative Rechte „dinglich" in der Gesellschaft wirken.[201] Wird etwa die Abgabe einer korporativen Stimme in der Gesellschafterversammlung missachtet, ist der Beschluss fehlerhaft, der Treugeber kann gegebenenfalls die gesellschaftsrechtlichen Anfechtungswege beschreiten.[202] Freilich unterliegt die Begründung unmittelbarer gesellschaftlicher Einwirkungsrechte des Treugebers ebenso wie ihre Änderung oder Aufhebung den entsprechenden gesellschaftsrechtlichen Vorschriften.

1. Informationsrecht

Zum Teil beschränken sich die gesellschaftsrechtlichen Vorschriften, die ein Informationsrecht der Gesellschafter statuieren, darauf, den Umfang des Informationsrechts zu bestimmen und den Anspruch auf Information als zwingenden Bestandteil der Gesellschafterstellung festzuschreiben (§§ 118, 166 HGB, 51 a GmbHG, 131 AktG). Es finden sich jedoch auch Regelungen die ein spezielles Erzwingungsverfahren vorsehen (§§ 51 b GmbHG, 132 AktG). Was Umfang und Ausgestaltung des Informationsanspruchs angeht, sind Gründe, die

[201] Vgl. *Wiedemann*, Mitgliedschaftsrechte, S. 291 f.

[202] *Tebben*, S. 89 f.: Tritt nicht unmittelbar Nichtigkeit des Beschlusses ein, stehen dem Treugeber als Stimmrechtsinhaber die gesellschaftsrechtlichen Anfechtungsmöglichkeiten zu.

eine Differenzierung zwischen schuldrechtlichen und gesellschaftsrechtlichen Ansprüchen rechtfertigten, nicht ersichtlich. Spezifisch gesellschaftsrechtlichen Gehalt besitzen demgegenüber die Auskunftserzwingungsverfahren. Neben einigen besonderen Regelungen zur Zuständigkeit und zum Verfahren enthält § 132 AktG, der über § 51 b GmbHG auch für die GmbH Anwendung findet, in seinem Abs. 2 vor allem Erschwerungen gegenüber den allgemeinen Regelungen. Damit dürfte die Vereinbarung eines gesellschaftsrechtlichen Informationsrechts im Bereich der Kapitalgesellschaften weniger im Interesse des Treugebers, als vielmehr im Interesse der Mitgesellschafter liegen. Andererseits aber dürfte der Zweck der §§ 51 b GmbHG, 132 AktG ohnehin die entsprechende Anwendung der dortigen Regelung auf ein Auskunftsrecht schuldrechtlicher Natur erfordern. Im Bereich der Informationsrechte erscheint eine Unterscheidung zwischen schuldrechtlichen und gesellschaftsrechtlichen Rechten daher als unergiebig und überflüssig.

2. Stimmrecht

a. Vorzüge des gesellschaftsrechtlichen Stimmrechts

Das gesellschaftsrechtliche Stimmrecht zeichnet sich dadurch aus, dass es eine Steuerung eines bestimmten Stimmanteils erlaubt und dabei weitergehende Wirkungen entfaltet als die schuldrechtliche Stimmbindung. Bei der schuldrechtlichen Bindung der Stimmen des Treuhänders durch den Treuhandvertrag entfaltet eine weisungswidrige Stimmausübung nur bei Offenkundigkeit für die übrigen Gesellschafter keine Wirkung. Durch ein Anwesenheits- und Äußerungsrecht in der Gesellschafterversammlung kann die Wahrscheinlichkeit eines offensichtlichen Missbrauchs deutlich erhöht werden.[203] Damit wird aber keine unmittelbare positive Wirkung der Stimmabgabe im Sinne der Weisung des Treugebers erzielt. Der Treugeber muss vielmehr den Weg des § 894 ZPO beschreiten, wenn er seinen Willen umgesetzt sehen will. Demgegenüber ermöglicht ein eigenes korporatives Stimmrecht dem Treugeber, unabhängig vom Verhalten des Treuhänders in den Abstimmungsvorgang einzugreifen. Er kann gegebenenfalls nicht nur eine Unwirksamkeit der weisungswidrigen Stimmabgabe des Treuhänders erreichen, sondern darüber hinaus eine gültige Stimmabgabe mit der seinem Willen entsprechenden Richtung herbeiführen. Wird das korporative Stimmrecht des Treugebers verletzt, stehen ihm die Schutzinstrumente des Gesellschaftsrechts zur Verfügung. Es kann also zur Unwirksamkeit der gesamten Abstimmung kommen, oder aber dem Treugeber steht ein gesellschaftsrechtliches Anfechtungsrecht hinsichtlich der Beschlussfassung zu.

---

[203] Vgl. *Tebben*, S. 204.

Die Vorzüge eines gesellschaftlichen Stimmrechts zeigen sich überdies im Vergleich zu einer bloßen Stimmrechtsvollmacht. Nur wenn dem Treugeber ein eigenes Stimmrecht zugewiesen ist, kann der Treuhänder auch im Falle der Abwesenheit des Treugebers verdrängt werden. Besondere Bedeutung erlangt dieser Gesichtspunkt, wenn mit Rücksicht auf Anwesenheitsquoren die Wirksamkeit der Abstimmung insgesamt in Frage gestellt ist.

Fall 4:

Sachverhalt: Dies verdeutlicht eine Entscheidung des OLG Koblenz vom 22.10.1987[204], der ein Streit über die Wirksamkeit eines Gesellschafterbeschlusses einer Publikums-KG zu Grunde lag. Fraglich war, ob die zur Beschlussfähigkeit der Mitgliederversammlung erforderliche Zahl an Mitgliedern vertreten war. Der Gesellschaftsvertrag sah vor, dass mindestens 50 % des Kommanditkapitals anwesend sein mussten. Die Beteiligung der Kapitalanleger an der KG war über einen Treuhänder organisiert. Hinsichtlich der Teilnahme an den Gesellschafterversammlungen und der Ausübung des Stimmrechts waren die Treugeber im Gesellschaftsvertrag unmittelbar beteiligten Gesellschaftern gleichgestellt. Auch der Treuhandvertrag sah ein eigenes Stimmrecht der Treugeber in der Gesellschaft vor. Zudem wurde die Möglichkeit, sich bei der Ausübung des Stimmrechts durch den Treuhänder vertreten zu lassen, vorgesehen. Der Gesellschaftsvertrag wie auch die Treuhandvereinbarung fordern hierzu die Vorlage einer schriftlichen Vollmacht durch den Treuhänder. In einer Gesellschafterversammlung war die erforderliche Quote des Kommanditkapitals zumindest nicht durch die unmittelbar stimmberechtigten Treugeber vertreten. Auch fehlte es an ausdrücklichen Vollmachten an den Treuhänder in ausreichendem Umfang. Gleichwohl wurden im Rahmen der Beschlussfassung die Stimmen der Anleger, die weder anwesend waren noch ausdrücklich den Treuhänder zur Stimmrechtsausübung bevollmächtigt hatten, als durch den Treuhänder repräsentiert angesehen. Die Versammlung wurde demnach von der Versammlungsleitung als beschlussfähig eingestuft.

Problemstellung: Zu klären ist, welche Folgen das Fernbleiben von der Gesellschafterversammlung und die Nichtausübung des Stimmrechts durch die Treugeber nach sich zieht. In Betracht kommt einerseits, die den abwesenden Treugebern zugewiesenen Stimmanteile als nicht vertreten zu werten. Andererseits ist ein automatisches Zurückfallen der jeweiligen Stimmrechte an den Treuhänder oder eine konkludente Bevollmächtigung des Treuhänders zu erwägen.

Lösung des OLG Koblenz: Aus der im Innenverhältnis einem Kommanditisten gleich stehenden Stellung der Treugeber folgert das Gericht, das Stimmrecht der Treugeber könne nicht automatisch an die Treuhänder zurückfallen. Vielmehr bedürfe es einer schriftlichen Vollmacht, die im konkreten Fall jedoch nicht vorgelegen habe. Die Gesellschafterversammlung sei demnach nicht beschlussfähig, die gefassten Beschlüsse seien nichtig.

[204] OLG Koblenz, Urt. v. 22.10.1987, 6 U 777/86 = WM 1989, 260.

b. Konstruktionsvarianten

Es stehen verschiedene Konstruktionsmöglichkeiten zur Zuweisung eines unmittelbaren gesellschaftsrechtlichen Stimmrechts an den Treugeber zur Verfügung. Die Gestaltungsvarianten unterscheiden sich sowohl hinsichtlich der Art der Entstehung als auch mit Blick auf ihr Verhältnis zu den Rechten des Treuhänders.

(1) Abspaltung von Rechten des Treuhänders

Gesellschaftsrechtliche Rechte des Treugebers können vorbehaltlich der Vereinbarkeit mit gesellschaftsrechtlichen Prinzipien durch Abspaltung von Rechten des Treuhänders als Gesellschafter begründet werden.[205] Der Treuhänder, der Gesellschafter ist, tritt seine Rechte in der Gesellschaft an den Treugeber ab. Unter Umständen muss die Zustimmung der übrigen Gesellschafter hinzukommen. Die Abspaltung von Rechten des Treuhänders ist zwangsläufig verdrängender Natur. Durch die Abtretung verliert der Treuhänder seine Rechte.

(2) Neubegründung in der Person des Treugebers

Als Alternative bietet sich eine Neubegründung von Rechten für den Treugeber an. Die Gesellschafter vereinbaren vertraglich mit dem Treugeber, dass dieser eigene Gesellschafterrechte in der Gesellschaft besitzen soll. Es entstehen dann durch die privatautonome Gestaltung der Parteien neue Rechte, die originär dem Treugeber zustehen. Aus einer Auslegung der Verträge muss sich ergeben, ob durch die Neubegründung von Rechten für den Treugeber der Treuhänder verdrängt werden soll, oder ob die Rechte des Treugebers neben die des Treuhänders treten.

(3) Verdrängende Wirkung

Sollen die Rechte verdrängende Wirkung entfalten, besteht im Ergebnis kein Unterschied zur Abspaltung von Rechten des Treuhänders.[206] Hier wie dort

[205] *Beuthien*, ZGR 1974, 26, 53 ff. (gegen Zulässigkeit).

[206] Teilweise wird indes der rechtstechnische Unterscheid zwischen der Abtretung und Neubegründung betont: *Markwardt*, S. 103 ff.; *Tebben*, S. 138.

erlangt der Treugeber eine Rechtsposition, durch die der Treuhänder die seinige verliert. Ein Unterschied liegt allenfalls darin, dass bei dem Weg der Abspaltung durch Abtretung der Rechte Einwendungen, die in der Person des Treuhänders ihre Ursache haben, auch dem Treugeber entgegengehalten werden können. Demgegenüber unterliegt die Rechtsposition des Treugebers bei originärer Begründung für diesen keiner solchen Einschränkung. Indes liegt damit nur scheinbar ein Unterschied vor. Vergleicht man die Neubegründung, die zwangsläufig eine Zustimmung der übrigen Gesellschafter voraussetzt, mit einer einverständlich durchgeführten Abtretung von Rechten des Treuhänders an den Treugeber, bestehen keine Abweichungen mehr. Bei der Neubegründung steht es den Parteien frei, die Rechtsposition des Treugebers durch dieselben Einschränkungen zu begrenzen, denen auch der Treuhänder unterworfen ist. Andererseits können die Gesellschafter bei der Abtretung der Rechte durch den Treuhänder darauf verzichten, ihre Einwendungen diesem gegenüber auch gegen den Treugeber zu erheben. Ob eine Aufrechterhaltung der Einwendungen gewollt ist, ist jeweils Auslegungsfrage.

Es lässt sich damit festhalten, dass die Neubegründung von gesellschaftsrechtlichen Rechten für den Treugeber mit verdrängender Wirkung gegenüber dem Treuhänder funktional der Abspaltung von Rechten des Treuhänders zugunsten des Treugebers gleichsteht.[207]

(4) Ergänzende Wirkung

Eine gesellschaftsrechtliche Position des Treugebers kann auch als Ergänzung zur Stellung des Treuhänders beabsichtigt sein.[208] Die Beteiligten können das Ziel verfolgen, dem Treugeber ein Stimmrecht neben dem Treuhänder einzuräumen. Ein solches ergänzendes Stimmrecht kann derart gestaltet sein, dass Treugeber und Treuhänder an der Abstimmung teilnehmen können und beiden ein unabhängiges Stimmkontingent zukommt. Es ist allerdings auch möglich, zwar grundsätzlich Treuhänder und Treugeber als Stimmberechtigte vorzusehen, jedoch das Stimmgewicht nicht zu vergrößern, sondern entweder die Stimmen einer der beiden als vorrangig anzusehen oder nur eine einheitliche

[207] Den Unterschied zwischen derivativen mitgliedschaftlichen Rechten des Treugebers und originären, in seiner Person geschaffenen, betont demgegenüber *Tebben*, S. 104 ff. Für ihn wird die Differenzierung zur konstruktiven Schaltstelle zwischen einer dinglichen Mitberechtigung und einer eigenständigen, statuarisch zu begründenden mitgliedschaftlichen Stellung des Treugebers (vgl. S. 106, insbesondere dort FN 97). Der Sinn der Unterscheidung zwischen derivativen und originär statuarischen Rechten des mittelbar Beteiligten liegt, anders als *Tebben* meint, nicht auf rechtskonstruktiver Ebene, sondern ergibt sich aus dem Schutzbedürfnis der Mitgesellschafter (und des Rechtsverkehrs). Die Wahl der Konstruktionsvariante kann nicht ausschlaggebend sein, da das Ergebnis funktional übereinstimmt.

[208] *Breuer*, MittRhNotK, 1988, 79, 83.

Abstimmung zuzulassen. Ein ergänzendes Stimmrecht im Sinne eines nebeneinander bestehenden Stimmrechts für Treuhänder und Treugeber liegt in aller Regel nicht im Interesse der übrigen Gesellschafter. Es käme zu einer Verschiebung der Stimmgewichte und damit des Einflusses der Gesellschafter, wenn die Stimmen von Treuhänder und Treugeber auch dann beide wirksam sind, wenn sie übereinstimmen. Auf eine derartige Gestaltung werden sich die übrigen Gesellschafter, deren Mitwirkung erforderlich ist, nicht einlassen.

Wählen die Beteiligten dagegen den Weg, entweder der Stimmabgabe des Treuhänders oder des Treugebers den Vorrang einzuräumen, so dass nur dessen Stimme letztlich zählt, liegt kein echtes ergänzendes Stimmrecht mehr vor. Derjenige, der durch den anderen überstimmt werden kann, erlangt in der Wirkung kein eigenes Stimmrecht. Er steht funktional einem Stimmrechtsbevollmächtigten gleich, dessen Stimmabgabe ebenfalls hinfällig wird, wenn der Vollmachtsgeber sein Stimmrecht selbst ausübt.

Es bleibt schließlich die Möglichkeit, die Stimmen von Treugeber und Treuhänder in ihrer Gesamtgewichtung unverändert zu lassen und die Stimmabgabe nur für wirksam zu halten, wenn keine widersprechende Stimmabgabe vorliegt. Treugeber und Treuhänder könnten sich dann jeweils gegenseitig blockieren. Indes erlangt hier die Stimmabgabe des Treugebers stets auf Grund der Offensichtlichkeit des Weisungsverstoßes des Treuhänders den Vorrang. Die Stimmabgabe des Treuhänders wird, wenn er anders als der Treugeber abstimmt, in Parallele zu den Grundsätzen über den Missbrauch der Vertretungsmacht unwirksam. Es liegt dann also nur eine Stimmabgabe durch den Treugeber vor, die mithin die Richtung des vollen Stimmgewichts bestimmt. Auch hier steht die Konstruktion eines ergänzenden Stimmrechts in ihrer Wirkung einem verdrängenden Stimmrecht für den Treugeber gekoppelt mit einer Stimmrechtsvollmacht an den Treuhänder gleich. Der eben dargestellten Variante stünde eine Gestaltung nahe, die das ursprüngliche Stimmgewicht des Treuhänders in gleiche Teile an Treuhänder und Treugeber aufteilt. Stimmen beide übereinstimmend ab, entfaltet sich das volle Stimmgewicht. Erfolgt demgegenüber ein abweichendes Stimmverhalten, heben sich die entgegengesetzten Stimmen in ihrer Wirkung auf. Ein Unterschied besteht insoweit, als hier durch die Offensichtlichkeit des weisungswidrigen Verhaltens die Stimmabgabe des Treuhänders zwar unwirksam wird, aber nur die Stimmabgabe des Treugebers gezählt werden kann, so dass dann nur das halbe Stimmgewicht wirkt. Die letzte Gestaltungsvariante liegt daher nicht im Interesse der Parteien, insbesondere des Treugebers.

III. Funktionale Gesamtbetrachtung

A. Zweistufigkeit des Treugeberschutzes

Eine funktionale Betrachtungsweise ermöglicht es, die auf den ersten Blick unübersehbare Vielfalt von Gestaltungsmöglichkeiten überschaubar und interessenorientiert zu gliedern. Leitlinie ist dabei, dass die Parteien eine bestimmte Verteilung der Rechte zwischen Treugeber und Treuhänder verfolgen. Die hierzu eingeschlagenen Wege unterscheiden sich zwar oftmals scheinbar durch ihr äußeres Erscheinungsbild, stimmen jedoch in der erzeugten Wirkung vielfach überein.

Im Grundmuster ist der Treuhänder als Gesellschafter Inhaber eines Stimmrechts in der Gesellschaft, während der Treugeber auf sein Weisungsrecht gegenüber dem Treuhänder aus dem Treuhandvertrag angewiesen ist. Gegen eine weisungswidrige Stimmrechtsausübung kann ein Schutz auf zwei Stufen erfolgen. Auf der ersten Stufe ist die weisungswidrige Stimmabgabe unwirksam. An die Stelle der weisungswidrigen Stimme tritt aber nicht automatisch eine dem Willen des Treugebers entsprechende Stimmabgabe. Der Treugeber ist dann bei der Abstimmung überhaupt nicht repräsentiert. Auf der zweiten Stufe tritt neben die Wirkungslosigkeit der weisungswidrigen Stimmabgabe des Treuhänders die Wirkung der Willenskundgabe des Treugebers als Stimmabgabe. Hier ist der Treugeber also bei der Stimmabgabe seinem Willen entsprechend repräsentiert.

B. Abstufungen

Die verschiedenen Konstruktionen einer unmittelbaren Einwirkung des Treugebers lassen sich auf diese beiden Wirkungsstufen zurückführen. Ist überhaupt keine Zuweisung eines schuldrechtlichen oder korporativen Stimmrechts an den Treugeber gegeben, ist die erste Stufe in Reinform erfüllt. Daran ändert sich nichts durch die Vereinbarung eines unmittelbaren schuldrechtlichen Stimmrechts des Treugebers. Dieses kann sich als bloßes Recht auf Teilnahme und Äußerung bei der Abstimmung darstellen. Dann wird die Möglichkeit, Offenkundigkeit eines Weisungsverstoßes des Treuhänders zu schaffen, herbeigeführt. Der Schutz auf der ersten Stufe wird insofern intensiviert. Handelt es sich bei dem schuldrechtlichen Stimmrecht um ein Vetorecht mit Blick auf die gesamte Abstimmung, tritt neben den Schutz über die Offenkundigkeit des Missbrauchs die Möglichkeit, eine neue Abstimmung zu erzwingen und in dieser auf dem Wege über § 894 ZPO für ein weisungsgemäßes Abstimmungsverhalten des Treuhänders zu sorgen. Insoweit wird der Schutz auf der ersten Stufe dem der zweiten angenähert, da auch hier im Endeffekt eine positive Beeinflussung des Abstimmungsergebnisses möglich ist. Indes bestehen die Umständlichkeiten des Weges über eine erneute Abstimmung und § 894 ZPO. Zudem ist auch die Beachtung des Vetorechts durch die Gesellschafter nur auf dem allgemeinen Rechtsweg zu erzwingen. Die Besonderheiten der gesellschaftsrechtlichen Nichtigkeit oder Anfechtbarkeit greifen nicht. Das unmittelbare korporative Stimmrecht des Gesellschafters besitzt dagegen diese Vorzüge, sofern es verdrängend ausgestaltet ist. Ein ergänzendes gesellschaftsrechtliches Stimmrecht stellt sich bei funktionaler Betrachtung – die nicht interessengerechten Gestaltungen außer Acht gelassen – als verdrängendes Stimmrecht mit Bevollmächtigung des Treuhänders dar. Zudem besteht funktional zwischen der Zuweisung durch Stimmrechtsabtretung und Neubegründung, mithin zwischen derivativem und originärem Erwerb, kein Unterschied. Will man eine Zuordnung nach Wirkungsstufen vornehmen, so kann man die schuldrechtlichen Stimmrechte zur ersten Stufe, die gesellschaftsrechtlichen zur zweiten Stufe zählen. Darüber hinausgehende Differenzierungen erscheinen überflüssig.

IV. Zusammenfassung

Einwirkungsmöglichkeiten des Treugebers auf die Gesellschaft können zunächst mittelbar über den Treuhänder bestehen. Der Treuhänder unterliegt einer Weisungs- und Interessenbindung aus dem mit dem Treugeber abgeschlossenen Geschäftsbesorgungsvertrag. Der Treugeber kann also das Verhalten des Treuhänders, insbesondere dessen Abstimmungsverhalten in der Gesellschaft, durch seine Weisungen bestimmen. Nach § 894 ZPO sind diese auch durchsetzbar. Eine dingliche Wirkung der Stimmbindung kann dagegen nicht vereinbart werden. Die aus der Treuhand resultierende schuldrechtliche Stimmbindung ist demgegenüber sogar ohne ausdrückliche Zustimmung der Mitgesellschafter zulässig. Sie ist zwingendes Element jeder Treuhand, mithin bereits von einer gegebenenfalls zur Treuhandbegründung erforderlichen Zustimmung gedeckt. Die Durchsetzbarkeit von Weisungen, die zu einem gegen die gesellschaftsrechtliche Treuepflicht verstoßenden Verhalten anhalten, ist umstritten. Der Treuhänder gerät hier in einen Konflikt zwischen seiner gesellschaftlichen Treuepflicht und der Weisungsbindung aus der Treuhandbeziehung. Als Lösungsansätze werden ein pauschaler Vorrang des Gesellschaftsverhältnisses oder eine Auslegung des Treuhandvertrages vorgeschlagen. Man könne den Treuhandvertrag nur so verstehen, dass ein treupflichtwidriges Verhalten vom Treugeber nicht gefordert werden dürfe. Die Unterwerfung des Treuhänders unter die Weisungen des Treugebers bezweckt, den Treugeber einem Gesellschafter möglichst gleichzustellen. Als Gesellschafter könnte dieser sich selbst aber treupflichtwidrig verhalten und dadurch gegen den Gesellschaftsvertrag verstoßen. Grundsätzlich ist der Treuhänder deshalb in den Grenzen der §§ 138,

242 BGB auch an Weisungen des Treugebers gebunden, die auf ein gesellschaftsrechtlich treuwidriges Verhalten abzielen. Die Interessen der Mitgesellschafter werden hierdurch nicht über Gebühr beeinträchtigt. Sie können sich der allgemeinen Schutzinstrumente gegen treupflichtwidriges Verhalten bedienen. Der Treuhänder ist seinerseits über den geschäftsbesorgungsrechtlichen Aufwendungsersatzanspruch hinreichend geschützt (§§ 675, 670 BGB).

Der Treugeber ist bei einem weisungswidrigen Verhalten des Treuhänders über die §§ 134, 138 BGB nur unzureichend geschützt. Ergänzende vertragliche Vereinbarungen mit der Gesellschaft, zum Beispiel ein Abtretungsverbot oder eine Rückfallklausel, sind möglich, werden aber praktisch selten gewählt. Von zentraler Bedeutung ist daher der Schutz des Treugebers über eine entsprechende Anwendung der Grundsätze zum Missbrauch der Vertretungsmacht. Die Rechtsprechung und ein Teil der Lehre lehnen diese Analogie ab. Sie verweisen auf die Unterschiede zwischen Handeln in eigenem und in fremdem Namen und die freie Wahl der Beteiligten für die Form der mittelbaren Stellvertretung. Entscheidend für eine Übertragung spricht jedoch die übereinstimmende Interessenlage. Nicht das Auftreten im fremden Namen ist für die Grundsätze zum Missbrauch der Vertretungsmacht ausschlaggebend, sondern die im Außenverhältnis erfolgende Abweichung von einer internen Bindung, von der die Gegenseite Kenntnis oder jedenfalls grobfahrlässige Unkenntnis besitzt. Bei der Treuhand am Gesellschaftsanteil muss im einzelnen positive Kenntnis der treuhänderischen Bindung des Gesellschafters, nicht aber ein Einverständnis der Mitgesellschafter hiermit vorliegen. Hinsichtlich des konkreten Weisungsverstoßes genügt es, dass sich dieser der anderen Seite geradezu aufdrängen musste (Evidenz).

Ein Verstoß gegen § 137 BGB kann in der Übertragung der Grundsätze zum Missbrauch der Vertretungsmacht auf die mittelbare Stellvertretung und speziell auf die Treuhand am Gesellschaftsanteil nicht gesehen werden. Auch im Gesellschaftsrecht beansprucht § 137 BGB grundsätzlich Gültigkeit. Der Gesellschaftsanteil stellt ein veräußerliches Recht im Sinne der Vorschrift dar. Gesellschaftsinterne Verwaltungsakte erweisen sich zwar mit Blick auf den allgemeinen Rechtsverkehr nicht als Verfügungen über den Gesellschaftsanteil. Die Stimmrechtsausübung wird aber wegen ihrer Auswirkung auf die Mitgesellschafter vom Schutzzweck des § 137 BGB umfasst. Der Zweck der Norm liegt in erster Linie im Verkehrsschutz. Durch das Evidenzkriterium hinsichtlich der Kenntnis der Gegenseite vom konkreten Missbrauch wird dem hinreichend Rechnung getragen. § 137 BGB wird durch die Übertragung der Grundsätze zum Missbrauch der Vertretungsmacht nicht seiner Funktion beraubt. Der gutgläubige Erwerb von einem nach außen voll berechtigten, intern aber in seiner Verfügungsbefugnis beschränkten Verfügenden bleibt möglich. Es besteht insoweit eine Parallele zum gutgläubigen Erwerb von einem Nichtberechtigten. Der gute Glaube wird beim Erwerb von einem Berechtigten über §

137 BGB freilich auch dort geschützt, wo es beim Erwerb von einem Nichtberechtigten an einem Anknüpfungspunkt für einen gesetzlich geschützten Rechtsschein gerade fehlen würde.

Unmittelbare Einwirkungsrechte des Treugebers in der Gesellschaft können sowohl in schuldrechtlicher als auch in gesellschaftsrechtlicher Form bestehen. Zu denken ist jeweils vor allem an Informations- und Stimmrechte. Eine schuldrechtliche Stimmrechtsvereinbarung kann dabei mit Bezug auf das Stimmverhalten nur des Treuhänders, aber auch als Pflicht der ganzen Gesellschaft zur Berücksichtigung bei der Abstimmung vereinbart werden. Werden korporative Rechte des Treugebers geschaffen, sind für die Begründung und Durchsetzung die entsprechenden gesellschaftsrechtlichen Regelungen zu beachten. Ein korporatives Stimmrecht besitzt den Vorteil, dass es dem Treugeber über die Unwirksamkeit einer weisungswidrigen Stimmabgabe des Treuhänders hinaus zu einer positiven Berücksichtigung seines Abstimmungsverhaltens verhilft. Als Konstruktionsalternativen bieten sich den Treuhänder verdrängende oder ergänzende Stimmrechte des Treugebers an. Ob ein verdrängendes Stimmrecht von der Rechtsposition des Treuhänders abgespalten oder neu begründet wird, ist gleichgültig. Beide Alternativen sind im Ergebnis gleichwertig.

2. Kapitel: Grundlegende Konzeption zur Stellung des Treugebers

Zur rechtlichen Erfassung der Stellung des Treugebers gegenüber der Gesellschaft bieten sich grundlegend verschiedene Modelle an, die sich anhand des Grades der angenommenen Einbeziehung des Treugebers ins gesellschaftliche Organisationsgefüge unterteilen lassen. Dabei schwanken die Auffassungen zwischen den Extremen der völligen Ablehnung bis zur Anerkennung einer wirtschaftlichen und formellen Gesellschafterstellung des Treugebers.

§ 4 Treugeber als Nichtgesellschafter

I. Grundlagen

A. Orientierung an formaler Rechtslage

Bei der echten Treuhand wird von den Parteien die Stellung des Treuhänders als Gesellschafter angestrebt. In der Grundkonstellation beschränkt sich die Einflussmöglichkeit des Treugebers auf ein Recht zur Weisungserteilung gegenüber dem Treuhänder. Ist die Trennung zwischen Gesellschaftsverhältnis einerseits und Treuhandbeziehung andererseits derart klar vollzogen, wird allgemein entsprechend dem Parteiwillen allein der Treuhänder als Gesellschafter angesehen.[209] Bezüglich einer gesellschaftlichen Stellung des Treugebers bleibt die Argumentation zumeist einer streng formalen Betrachtungsweise verhaftet.[210] Der Erwerb der Gesellschafterstellung durch den Treuhänder soll eine parallele Gesellschafterposition des Treugebers offenbar ausschließen. Eine argumentative Unterfütterung erfolgt allenfalls durch einen pauschalen Verweis auf den Willen der Parteien des Treuhandgeschäfts, die beabsichtigten, die Gesellschafterstellung ausschließlich dem Treuhänder zuzuweisen.

[209] *Ballerstedt*, JZ 1960, 513, 513; *Blaurock*, S. 124; *Henssler*, AcP 196 (1996), 37, 84 bezeichnet die Aufwertung des Treugebers zum Gesellschafter als gesetzeswidrig; *Markwardt*, S. 77 ff.; *Roth/Thöni*, FS 100 Jahre GmbH-Gesetz, S. 245, S. 250; MünchKomm/*K. Schmidt*, Vor § 230 HGB, Rdnr. 42 spricht von „Abstufungen hinsichtlich der organisationsrechtlichen Auswirkungen der Treuhand auf die Gesellschaft; *Sojka*, S. 16 verweist zur Ablehnung einer zwischen Treugeber und Treuhänder aufgeteilten Gesellschafterstellung pauschal auf die Vollrechtstellung des Treuhänders.

[210] Vgl. etwa bei *Maulbetsch*, S. 153 f.; oder *Gieseke*, DB 1984, 970, 970 f. die schlichte Festestellung, den Treugebern fehle es an eine Gesellschafterstellung als argumentative Basis zur Ablehnung unmittelbarer Rechte der Treugeber in der Gesellschaft.

B. Außeneinfluss und qualifizierte Treuhand

Von den Befürwortern einer gesellschaftsexternen Stellung des Treugebers wird freilich diskutiert, ob eine Stärkung der Einwirkungsmacht des Treugebers möglich ist. Als Lösungsalternativen bieten sich sowohl eine originäre Begründung unmittelbarer schuldrechtlicher oder gesellschaftsrechtlicher Rechte des Treugebers gegenüber der Gesellschaft als auch eine Abspaltung von Rechten des Treuhänders an.[211] Während für derartige Fälle einer qualifizierten Treuhand von weiten Teilen der Literatur zumindest eine Einbeziehung des Treugebers ins gesellschaftliche Innenverhältnis angenommen wird, spalten sich die Vertreter einer strikt außergesellschaftlichen Treugeberposition in zwei Lager. Eine streng formalrechtliche Sichtweise hält auch mit Blick auf die qualifizierte Treuhand an der Trennung des Treugebers von der Gesellschaft fest. Nicht die Konsequenzen einer Stärkung der Treugeberposition stehen danach im Mittelpunkt. Es stellt sich vielmehr die Frage, in welchem Maße eine Zuweisung unmittelbarer Mitwirkungsrechte an den Treugeber überhaupt zulässig ist. Vor allem ältere Literaturstimmen ziehen die Vereinbarkeit der qualifizierten Treuhand mit gesellschaftsrechtlichen und allgemein zivilrechtlichen Prinzipien grundsätzlich in Zweifel.

Mit der Fortentwicklung des Gesellschaftsrechts von einer engen Orientierung an den gesetzlich vorgegebenen Typen hin zu einem weitgehend flexiblen und disponiblen Regelungssystem wurde die Ausprägung der qualifizierten Treuhand geradezu selbstverständlich als zulässig anerkannt. Es liegt in der Konsequenz dieser Entwicklung, dass sich sogar die Opponenten einer Gesellschafterstellung des Treugebers genötigt sehen, bei der qualifizierten Treuhand die Person des Treugebers zumindest in einzelnen Sachzusammenhängen zu berücksichtigen und den Treugeber bestimmten gesellschaftlichen Rechtsfolgen zu unterwerfen. Die Problematik der Zulässigkeit einer Zuweisung unmittelbarer Rechte des Treugebers gegenüber der Gesellschaft verliert bei einem derartigen Vorgehen beträchtlich an Schärfe. Die Möglichkeit, den Treugeber – obgleich er außerhalb der Gesellschaft steht – gesellschaftsrechtlichen Pflichten zu unterwerfen, besitzt einerseits den Vorzug, die Einwirkungsmacht des Treugebers in die Nähe des gesellschaftsrechtlichen Inneneinflusses zu rücken. Andererseits liegt gerade hierin die Gefahr, das gesellschaftsrechtliche Regelungsprogramm in einzelne Wirkzusammenhänge aufzulösen. Die Abgrenzung zwischen gesellschaftsrechtlichem Innen- und Außeneinfluss, die aus dem Verständnis der Gesellschaft als einheitlichem Regelungsgefüge, bestehend aus einem ganzen Bündel von Rechten und Pflichten, beruht, wird letztlich preisgegeben.

[211] *Blaurock*, S. 124.

II. Vollständige Trennung des Treugebers von der Gesellschaft

Die strikt formale Sicht einer ausschließlichen Gesellschafterstellung des Treuhänders wird in der älteren Literatur in erster Linie von *Beuthien* und *Bälz* repräsentiert. Während sich *Beuthien* umfassend mit der Verwaltungstreuhand im Personen- und Kapitalgesellschaftsrecht auseinandersetzt[212], beleuchtet *Bälz* die Problematik ausschließlich aus dem Blickwinkel der Publikums-KG[213]. In neuerer Zeit ist vor allem die Sichtweise *Hensslers* von Interesse, die sich durch die Ablehnung einer verdinglichten Stellung und eine primär normzeckorientierte Lösung der Treuhandproblematik auszeichnet.

A. Parallele zur unechten Treuhand

1. Spezifische Probleme der Publikums-KG

Beispielhaft zeigt sich die streng formalrechtlich orientierte Sichtweise an der Gegenüberstellung von kupierter und integrierter Publikums-KG, die *Bälz* vornimmt.[214] Dabei legt *Bälz* den Schwerpunkt seiner Betrachtung auf die Risiken, die aus der Organisationsstruktur der kupierten Publikums-KG resultieren. Während die Initiatoren der KG in aller Regel den Komplementär stellen und zudem oftmals auch in Beziehungen zum Treuhänder-Kommanditisten stehen, können die einzelnen Anleger nur über ihr Weisungsrecht gegenüber dem Treuhänder Einfluss ausüben. Als Gegengewicht zur dominanten Stellung der Initiatoren ist diese Einflussmöglichkeit für die Kapitalgeber von besonderer Bedeutung. Zugleich läuft der Weisungseinfluss jedoch durch die breite Streuung jeweils relativ kleiner Beteiligungsanteile Gefahr, an Effektivität zu verlieren. Zur Sicherung der Anlegerinteressen bedarf es daher insbesondere einer Möglichkeit zur Koordinierung des Weisungsverhaltens der einzelnen Treugeber-Kommanditisten.[215] Auch ein Minderheitenschutz lässt sich nur durch die Einrichtung einer Institution erreichen, die einer Gesellschafterversammlung zumindest ähnelt. Zwar werden vielfach ergänzende Rechte der Treugeber in der Gesellschaft auch bei der Publikums-KG vorgesehen.[216] Zudem finden sich auch Treugebergremien, die der wirkungsvollen Durchsetzung der Treugeberinteressen dienen sollen.[217] Ein derartiger vertragli-

---

[212] *Beuthien*, ZGR 1974, 26.
[213] *Bälz*, ZGR 1980, 1.
[214] *Bälz*, ZGR 1980, 1.
[215] *Bälz*, ZGR 1980, 1, 91 f.; vgl. zur Bedeutung einer Treugeberversammlung auch *Maulbetsch*, S. 147 ff.
[216] Zu Recht weist *Bälz*, ZGR 1980, 1, 96 darauf hin, dass hierdurch die angestrebte Entlastung der Gesellschaft von einer Auseinandersetzung mit der Vielzahl von Treugebern zumindest teilweise verfehlt werde.
[217] Anders sieht das aber: *Bälz*, ZGR 1980, 1, 91/92.

cher Schutz ist jedoch auf der Basis einer Stellung des Treugebers außerhalb der Gesellschaftsorganisation keineswegs zwingend.

2. Umwandlung der echten in eine unechte Treuhand

All diese Probleme stellen sich gerade, weil es an einer Gesellschafterstellung des Treugebers fehlen soll. Bei der integrierten Publikums-KG, bei der die Treugeber selbst Gesellschafter sind und der Treuhänder lediglich durch eine Vollmacht zur Verwaltung befugt wird, zeigt sich ein fundamental anderes Bild.[218] Auf Grund ihrer Gesellschafterstellung kommt den Anlegern jedenfalls ein Minimum unentziehbarer Mitwirkungsrechte zu.[219] Die Treugeber können durch ihr Recht, an den Versammlungen der Gesellschafter teilzunehmen, ihre Interessen selbst wahrnehmen und in der Gesellschaft durchsetzen. Mit Blick auf die regelmäßig untergeordnete Bedeutung der Komplementäre in derartigen Versammlungen sieht *Bälz* bei der kupierten Publikums-KG eine Fortentwicklung der Gesellschafterversammlung zur Treugeberversammlung.[220] Der Treuhänder werde dadurch zum Organ auch der Anleger.[221] In Parallele zur integrierten Publikums-KG hält *Bälz* auch für die kupierte Publikums-KG eine Ausgestaltung für erforderlich, die den Treugebern die Möglichkeit zu einer Durchsetzung ihrer Interessen bietet. Zur Zulässigkeit einer kupierten Publikums-KG sei es erforderlich, in den Vertragswerken eine Regelung vorzusehen, die es den Anlegern gestatte, die Übertragung des treuhänderisch gehaltenen Anteils an sich selbst zu fordern.[222] Die Verwaltung der Anteile solle danach weiterhin dem Treuhänder obliegen, nunmehr allerdings in der Form der unechten Treuhand am Gesellschaftsanteil.[223]

Die Risiken, die für die Kapitalanleger aus ihrer gesellschaftsexternen Stellung resultieren, versucht *Bälz* durch eine Art Umwandlung in eine Gesellschafter-

---

[218] *Bälz*, ZGR 1980, 1, 34 ff.

[219] Das sieht *Hofmann*, S. 20 f. als entscheidenden Vorteil der integrierten Publikums-KG.

[220] *Bälz*, ZGR 1980, 1, 76 f.; für *Grundmann*, S. 493, ist im Bereich der Publikums-KG sogar das Gesamtgesellschaftsinteresse mit dem Gesamtanlegerinteresse identisch. Es bestünden daher keine berechtigten Interessen des Komplementärs, die bei der Bestimmung der Verwaltungspflichten zu berücksichtigen seien. Das Verhältnis der Anleger zum Komplementär sei einem Treuhandverhältnis angenähert (S. 490 ff., 491). Die Kernbereichslehre gelte für den Komplementär bei der Publikums-KG nicht, weil dieser nicht an der „Poolung des Investments“ teilnehme (S. 493). Sein Beitrag erschöpfe sich regelmäßig im bloßen Haftungseinsatz (GmbH als Komplementär), der eigentliche Beitrag liege hingegen in seiner Dienstleistung als Geschäftsführer (S. 491).

[221] *Bälz*, ZGR 1980, 1, 58/59.

[222] Gegen eine Umwandlungsklausel, wie *Bälz*, ZGR 11980, 1, 86 ff. sie fordert, wendet sich insbesondere *Hofmann*, S. 28 f. Sie sei lediglich von geringem praktischen Nutzen. Bereits eine bloße Nichtigkeitsdrohung entfaltet hinreichend abschreckende Wirkung. Schließlich laufe die Umstellung auf eine unechte Treuhand gerade dem beabsichtigten Regelungsziel, die Anleger von der Mitwirkung auszuschalten, entgegen.

[223] *Bälz*, ZGR 1980, 1, 96 ff.

stellung abzumildern. Die Treugeberkommanditisten sollen die Möglichkeit besitzen, von der echten Treuhand in die Konstruktionsvariante der unechten Treuhand zu wechseln. Es fragt sich, ob sich die von *Bälz* ausgemachte Differenz zwischen vermögensrechtlicher Koordination und personenrechtlicher Organisation[224] auch im Rahmen einer echten Treuhand lösen lässt, wenn man den Treugeber neben dem Treuhänder als Gesellschafter versteht. Da die für *Bälz* maßgeblichen Gesichtspunkte – gesellschaftsrechtliche Willensbildung, unmittelbarer Einfluss in der Gesellschaft und Minderheitenschutz – allesamt gesellschaftsspezifischen Ursprungs sind, ist das durchaus naheliegend.

3. Bedeutung

Zu beachten ist allerdings, dass sich die Ausführungen von *Bälz* auf die spezielle Anlegerschutzsituation bei der Publikums-KG beziehen und daher nicht ohne weiteres verallgemeinert werden können. Liegt keine Publikumsgesellschaft vor, sieht die Lage des Treugebers unter einigen Gesichtspunkten weniger bedenklich aus. Anders als bei der Publikums-KG besteht keine Vielzahl von Anlegern, so dass sich das Problem einer brauchbaren Plattform zur gemeinsamen Willensbildung der Treugeber nicht stellt. Auch die Bedenken hinsichtlich des Minderheitenschutzes entfallen. Zudem kann bei Vereinbarung einer einzelnen Treuhandbeziehung der Treugeber auf die Ausgestaltung des Vertrages typischerweise in weiterem Umfang Einfluss nehmen als bei einer Publikums-KG, bei der das Vertragswerk durch die Initiatoren der Gesellschaft nahezu vollständig vorgegeben ist. Dagegen bestehen auch bei der einzelnen Treuhand die Schwierigkeiten, dass der Treuhänder sich den Weisungen des Treugebers widersetzen kann. Anders als bei der Publikums-KG lässt sich dem jedoch durch die Einräumung unmittelbarer Rechte in der Gesellschaft beikommen, da bei einer einzelnen Treuhandbeziehung kein Vereinfachungseffekt auf Seiten der Gesellschaft vereitelt werden kann.

B. Korporative Stärkung der Treugeberstellung

Während *Bälz* zur Stärkung der Treugeberposition im Bereich der Publikums-KG die Parallele zur unechten Treuhand bemüht, steht im Übrigen die Zuweisung unmittelbarer Rechte in der Gesellschaft an den Treugeber völlig im Mittelpunkt. Die Missbrauchsgefahr soll dadurch entschärft werden, dass der Treugeber die Möglichkeit erhält, sich ohne den Umweg über den Treuhänder

---

[224] Vgl. *Bälz*, ZGR 1980, 1, 100.

über die Gesellschaftsangelegenheiten zu informieren und an der Entscheidungsfindung mitzuwirken.

1. Untrennbarer Zusammenhang zwischen Mitgliedschaft und Mitgliedschaftsrechten

Teils wird in diesem Zusammenhang allein eine Bevollmächtigung des Treugebers – allerdings hinsichtlich eines Stimmrechts nur mit Zustimmung der übrigen Gesellschafter[225] – oder die Zuerkennung schuldrechtlicher Rechte an ihn für zulässig erachtet.[226] Der Treugeber sei nicht Gesellschafter, so dass ihm auch keine einzelnen gesellschaftsrechtlichen Positionen eingeräumt werden könnten.[227] Es könne kein Mitgliedschaftsrecht ohne Mitgliedschaft geben.[228] Dagegen soll sich auch nicht aus der im gesellschaftlichen Innenverhältnis herrschenden Gestaltungsfreiheit der Gesellschafter argumentieren lassen. Die Gestaltungsfreiheit könne die Einräumung von Rechten an den Treugeber nicht rechtfertigen, da ihm eine Gesellschafterstellung gerade fehle, das Innenverhältnis also überhaupt nicht betroffen sei.[229] Im Falle einer offenen (besser: einverständlichen) Treuhand entstehe zwar ein „verbandsexterner Drittbezug" der Mitwirkungsrechte des Treuhänders. Die aus einer einverständlich eingegangenen Treuhand dem Treugeber erwachsenden Rechte sollen jedoch lediglich schuldrechtlicher Natur sein. Ein korporativer Charakter scheide aus, da es sich mit Blick auf den Treugeber um eine Vereinbarung mit einem außenstehenden Dritten handele.[230] Eng verknüpft ist diese Sichtweise mit dem Verständnis des gesellschaftsrechtlichen Abspaltungsverbots als zwingender Schranke privatautonomer Gestaltungsfreiheit.

2. Abspaltungsverbot

Das gesellschaftsrechtliche Abspaltungsverbot besagt, dass spezifisch gesellschaftsrechtliche – also korporative Rechte – nicht von der Mitgliedschaft getrennt werden dürfen.[231] Während man zunächst dazu neigte, das Abspal-

---

[225] *Beuthien*, ZGR 1974, 26, 53: Da das Stimmrecht an die formelle Gesellschafterstellung anknüpfe, könne auch im Hinblick auf die wirtschaftliche Stellung des Treugebers keine Ausnahme vom Zustimmungserfordernis angenommen werden.
[226] *Beuthien*, ZGR 1974, 26, 49 ff.
[227] *Beuthien*, ZGR 1974, 26, 57 (für das Stimmrecht).
[228] *Beuthien*, ZGR 1974, 26, 52.
[229] *Beuthien*, ZGR 1974, 26, 52.
[230] *Henssler*, AcP 196 (1996), 37, 81.
[231] BGH, Urt. v. 10.11.1951, II ZR 111/50 = BGHZ 3, 354, 357; BGH, Urt. v. 14.5.1956, II ZR 229/54 = BGHZ 20, 363, 364; RG, Urt. v. 31.3.1931, II 222/30 = RGZ 132, 149, 159; *Wiedemann*, Mitgliedschaftsrechte, S. 276 ff.; *H.P. Westermann*, Vertragsfreiheit, S. 394 ff; *Habersack*, Mitgliedschaft, S. 78 ff; *K. Schmidt*, Gesellschaftsrecht § 19 III 4, S. 560 f.; *Flume*, Die Personenge-

tungsverbot als rechtstechnisches Hindernis für jegliche Trennung mitgliedschaftlicher Mitwirkungsrechte von einer Gesellschafterstellung zu verstehen, besinnt man sich heute ganz überwiegend auf die hinter dem Prinzip stehenden Wertungsgesichtspunkte und die verfolgten rechtspolitischen Ziele.[232] Als tragender Gerechtigkeitsgesichtspunkt wird dabei sowohl der Schutz der Gesellschafter als auch der Schutz Dritter, insbesondere der Gesellschaftsgläubiger, angeführt.

a. Rechtstechnischer Aspekt

Der rechtstechnische Aspekt des Abspaltungsverbots basiert auf dem korporativen Ursprung jedes gesellschaftlichen Mitwirkungsrechts. Die einzelnen einem Gesellschafter zukommenden Rechtspositionen erklären sich danach allein aus seiner mitgliedschaftlichen Stellung. Zwar können vermögensrechtliche Ansprüche eines Gesellschafters auch an Nichtgesellschafter abgetreten werden. Damit wird indes lediglich der Eigenart der Vermögensrechte, allgemein Umlauffähigkeit im Rechtsverkehr zu besitzen, Rechnung getragen. Die Verwurzelung der Mitwirkungsrechte in der Mitgliedschaft erweist sich demgegenüber als tiefergehend. Sie sind eingebunden in das Gesamtgefüge der gesellschaftsrechtlichen Entscheidungsfindung, besitzen mithin nicht die „Neutralität", die schlichten Vermögensrechten zu eigen ist. Eine Abtretung korporativer Rechte – insbesondere des gesellschaftlichen Stimmrechts – soll daher schon daran scheitern, dass eine Trennung der Befugnis vom Stammrecht, mithin der Mitgliedschaft, unzulässig sei.[233]

Eine rein rechtstechnisch ausgerichtete Argumentation muss sich vorwerfen lassen, sie bleibe auf formaler Ebene stehen und übertreibe damit die Ausrichtung des Gesellschaftsrechts an dogmatisch vorgegebenen Prinzipien. Das Anliegen des Gesellschaftsrechts, die privatautonome Gestaltungsfreiheit der Gesellschafter mit dem Schutz aller Beteiligten, auch der Gesellschaftsgläubiger, in Einklang zu bringen, erfordert vielmehr eine teleologische Hinterfragung des gesellschaftsrechtlichen Abspaltungsverbots.

---

sellschaft, § 14 IV, S. 220 f.; *Reuter*, Privatrechtliche Schranken der Perpetuierung von Unternehmen, S. 154 ff.; *ders.*, ZGR 1978, 633, 638 ff. ; *Staub/Ulmer*, § 109, Rdnr. 26 ff.; *Weber*, Privatautonomie, S. 62 ff.; *Jaeniche*, Die Dritteinflussnahme bei Personengesellschaften, S. 252 f., vertritt demgegenüber die Auffassung, das Abspaltungsverbot sei obsolet geworden, da der BGH zwar noch formal, nicht jedoch der Sache nach an ihm festhalte; gegen das Abspaltungsverbot bereits: *Erman*, FS Nipperdey, Band I, S. 277, 281 ff., 286.

[232] Vgl. *Kübler*, Gesellschaftsrecht, § 20 II 3. b), S. 288/289.

[233] *Beuthien*, ZGR 1974, 26, 55; *Sojka*, S. 71; *Tebben*, S. 129; für eine Verwandtschaft der Mitgliedschaftsrechte mit den Gestaltungsrechten auch: *Larenz/Wolf*, Allgemeiner Teil des Bürgerlichen Rechts, § 15, Rdnr. 115, S. 314 f.; *Habersack*, Mitgliedschaft, S. 81; *v. Thur*, Der Allgemeine Teil des Bürgerlichen Rechts, Erster Band, § 38, S. 551.

b. Schutz der Mitgesellschafter

Zu berücksichtigen sind bei der Suche nach Wertungsgesichtspunkten, die einer Trennung korporativer Rechte von der Mitgliedschaft entgegenstehen, zunächst die Interessen der übrigen Gesellschafter. Die Mitwirkungsrechte eines jeden Gesellschafters betreffen die Interessen der Mitgesellschafter auf dem Umweg über die Steuerung der Gesellschaftsbelange. Den Gesellschaftern muss daran liegen, dass nur gesellschaftsintern stehende Personen korporativen Einfluss auf die Gesellschaft erlangen. Nur bei Personen, die selbst ein Interesse am Schicksal der Gesellschaft besitzen, scheint gewährleistet, dass die Gesellschafterrechte im Sinne der Gesellschaft wahrgenommen werden. Zwar lässt sich schon aus den §§ 398 ff. BGB ableiten, dass auch ein Außenstehender, soweit es um die Ausübung eines Mitwirkungsrechts geht, einer immanenten Einschränkung durch die gesellschaftsrechtliche Treuepflicht unterliegt. Andernfalls stünde der Abtretungsempfänger besser als der vorherige Rechtsinhaber (vgl. § 404 BGB). Es bleibt jedoch ein Bereich jenseits der Treuepflicht, in dem ein Gesellschafter bei der Ausübung seiner Rechte nach eigenem Ermessen handeln und entscheiden kann. Gerade bezüglich dieses Spielraums kann es im Interesse der Gesellschafter liegen, korporativen Außeneinfluss zu vermeiden. Indes lässt sich hieraus allenfalls ableiten, dass zur Abtrennung einzelner Verwaltungsrechte von einem Gesellschaftsanteil die Zustimmung der übrigen Gesellschafter erforderlich ist.[234]

Eine weitergehende generelle Unzulässigkeit der Abspaltung von Gesellschafterrechten lässt sich aus dem Schutzinteresse der Gesellschafter hingegen nicht rechtfertigen. Insbesondere liegt durch die Übertragung von korporativen Mitwirkungsrechten an außenstehende Dritte noch keine Beeinträchtigung der Privatautonomie der Gesellschafter vor.[235] Zwar ist eine dauerhafte Unterwerfung unter den Einfluss einer anderen Person jedenfalls auf dinglicher Ebene unzulässig. Das gilt jedoch nur soweit, als dieser Einfluss unwiderruflich ist. Besteht demgegenüber eine Koppelung an ein Gesellschaftsmitglied wenigstens auf der Basis einer Widerruflichkeit aus wichtigem Grund, ist der Aspekt der Privatautonomie nicht beeinträchtigt. Folge des Schutzes der Privatautonomie der Gesellschafter ist daher, dass von einer Mitgliedschaft abgetrennte Mitwirkungsrechte stets als aus wichtigem Grund widerruflich einzustufen sind. In aller Regel folgt dieses Widerrufsrecht bereits aus dem zu Grunde liegenden schuldrechtlichen Rechtsgeschäft, im Falle der Abtretung an einen Treugeber

[234] Tebben, S. 115 ff., 119.

[235] Vgl. *Weber*, Privatautonomie, S. 252 ff., der allerdings in Parallele zur Erteilung einer unwiderruflichen Stimmrechtsvollmacht für die Zulässigkeit der Abspaltung die Koppelung an ein Grundverhältnis fordert (vgl. für den Bereich des Vertretungsrechts § 168 BGB). Dies werde erreicht, indem man vertraglich mittels einer auflösenden Bedingung bei Beendigung der Grundbeziehung einen automatischen, dinglichen Rückfall des Stimmrechts an den Gesellschafter annehme. Ein lediglich schuldrechtlicher Rückübertragungsanspruch sei hingegen nicht ausreichend (S. 254 f.).

also aus der Treuhandbeziehung. Ein Bedürfnis, mit Blick auf den Schutz der Privatautonomie der Gesellschafter die gesamte Abspaltung für unwirksam zu erachten, besteht mithin nicht.

c. Schutz des Rechtsverkehrs

Als weiterer Gesichtspunkt zur Rechtfertigung des Abspaltungsverbots ist der Schutz des Rechtsverkehrs insbesondere der Gesellschaftsgläubiger zu untersuchen. Ein Schutzbedürfnis der Gesellschaftsgläubiger ergibt sich zunächst daraus, dass den Gläubigern der Gesellschaft eine dem jeweiligen Gesellschaftstyp entsprechende Haftung der Gesellschafter gewährleistet sein muss. Die Haftung der Gesellschafter, die einzelne Verwaltungsrechte an Dritte abtreten, bleibt von dieser Abtretung unberührt. Die Gläubiger verlieren mithin keine haftenden Gesellschafter.

Darüber hinaus werden die Interessen der Gesellschaftsgläubiger gefährdet, wenn durch die Ausübung von Außeneinfluss die Gefahr einer Schmälerung des Gesellschaftsvermögens erhöht wird. Die Solvenz der Gesellschaft als Schuldnerin ist nur gesichert, wenn diese in einer Weise geleitet wird, die auf den wirtschaftlichen Erfolg des Verbandes abzielt. Die Gesellschaftsgläubiger besitzen daher ein Interesse an einer wirtschaftlich vernünftigen Führung der Gesellschaft. Das Verhalten der Gesellschafter wird maßgeblich durch ihre eigenen vermögensmäßigen Interessen am Fortkommen der Gesellschaft repräsentiert. Gesellschaftsfremder Einfluss begegnet daher aus Perspektive des Verkehrsschutzes besonderen Bedenken, soweit es an einem entsprechenden Eigeninteresse an der Gesellschaft fehlt. Das Eigeninteresse resultiert dabei nicht nur aus den vermögensrechtlichen Teilhaberechten der Gesellschafter, sondern auch aus deren Finanzierungs- und Haftungsverantwortung. Zwar besteht nur im Personengesellschaftsrecht, und auch dort nur mit Ausnahme der Kommanditisten, eine persönliche und akzessorische Haftung der Gesellschafter. Auch im Bereich der Kapitalgesellschaften und für die Kommanditisten einer KG droht jedoch ein Rückgriff der Gläubiger, wenn die Gesellschafter ihre Pflichten zur ordnungsgemäßen Aufbringung und Erhaltung des Gesellschaftskapitals verletzen. Die Sicherheit, die das Eigeninteresse der Gesellschafter an den Gesellschaftsbelangen hinsichtlich der Ausübung der Verwaltungsrechte gewährt, wird durch die Haftung der Inhaber der Verwaltungsrechte zusätzlich zu ihrem ohnehin bestehenden wirtschaftlichen Interesse nochmals verstärkt. Dem liegt der Gedanke zu Grunde, dass die Gesellschafter nur solche Entscheidungen treffen werden, die der Gesellschaft und damit ihren eigenen wirtschaftlichen und haftungsmäßigen Interessen nützlich sind. Gleichsam reflexartig wird hierdurch die Erhaltung des Kapitals der Gesellschaft als haftendes Vermögen für die Gläubiger gewährleistet.

3. Besonderheiten bei der Treuhand am Gesellschaftsanteil

Als Konsequenz der Bedeutung des Eigeninteresses der Gesellschafter und ihrer Haftung kommt es in Frage, entweder eine Abspaltung der Verwaltungsrechte an Nichtgesellschafter zu untersagen, oder aber die nach einer Abspaltung aus den Verwaltungsrechten berechtigten Dritten gleichfalls einer gesellschaftsrechtlichen Haftung zu unterwerfen. Das kann freilich nur insoweit gelten, als die entscheidenden Faktoren eines vermögensmäßigen Eigeninteresses und insbesondere einer gesellschaftsrechtlichen Haftung des Außenstehenden tatsächlich nicht vorliegen. Demgemäß wird die Abspaltung von Gesellschafterrechten überwiegend zwar allgemein abgelehnt, im Rahmen der Treuhand am Gesellschaftsanteil aber für zulässig gehalten.[236] Das wirtschaftliche Eigeninteresse des Treugebers sowie dessen mittelbare Haftung genügten den Anforderungen, die an den Gläubigerschutz aus Perspektive des Abspaltungsverbots zu stellen seien.

Die über den Treuhänder vermittelte Haftung des Treugebers ist indes zum Schutz der Gesellschaftsgläubiger nur dann ausreichend, wenn man allein auf die Steuerungsfunktion der Haftung hinsichtlich des Verhaltens des Treugebers abstellt. Unabhängig davon, ob der Treugeber unmittelbar von der Gesellschaft oder deren Gläubigern in Anspruch genommen werden kann oder dem Treuhänder seine Aufwendungen erstatten muss, droht dem Treugeber stets ein wirtschaftlicher Nachteil. Der Einfluss des Treugebers in der Gesellschaft wird dadurch in die gewünschten gesellschaftsfördernden Bahnen gelenkt. In Verbindung mit dem wirtschaftlichen Interesse des Treugebers trägt die mittelbare Haftung dazu bei, die gewissenhafte Ausübung der Verwaltungsrechte durch den Treugeber zu garantieren. Die größere Beschwerlichkeit eines mittelbaren Haftungszugriffs für die Gesellschaftsgläubiger spielt im Rahmen des Abspaltungsverbots mithin keine Rolle.

Zu beachten sind hingegen die Risiken, die sich bei der mittelbaren Haftung durch Einwendungen des Treugebers gegen den Erstattungsanspruch des Treuhänders sowie in einer Insolvenz des Treuhänders ergeben. Es fragt sich, ob

[236] A.A.: *Tebben*, S. 130, der eine Trennung der Mitwirkungsrechte von der Mitgliedschaft allgemein, ohne Rücksicht auf eine besondere wirtschaftliche Stellung des Dritten, für unzulässig hält. *Tebben* legt zur Bestätigung dieser Ansicht sowohl die Hinweise der Rechtsprechung (S. 130 ff.), eine Gleichstellung des Treugebers mit einem Gesellschafter sei im Innenverhältnis zulässig, als auch die Stellungnahmen der Literatur (S. 132 ff.), die auf eine Teilung oder Abspaltung von Mitgliedschaftsrechten hindeuten, ganz in seinem Sinne aus. Es erscheint indes äußerst fragwürdig, den zumeist im Wortlaut wenig eindeutigen Stellungnahmen Hinweise auf die Bevorzugung einer bestimmten Konstruktionsvariante zu entnehmen. Zumeist liegt es doch näher, die Äußerungen im Sinne der klassischen Lehre auf eine Abspaltung ausgerichtet zu verstehen (vgl. etwa das Verständnis der Stellungnahme des BGH, Urt. v. 11.10.1976, II ZR 119/75 = WM 1976, 1247 ff. bei *Reuter*, ZGR 1978, 633 ff.) und nicht, wie *Tebben* dies will, als Hinweis auf eine originäre Begründung mitgliedschaftlicher Rechte.

das Abspaltungsverbot im Lichte einer möglicherweise bestehenden Korrelation zwischen Einwirkungsmacht und Haftung die Abtretung korporativer Mitwirkungsrechte an den Treugeber verbietet. Man könnte meinen, einer mittelbaren Einwirkungsmacht entspreche zwar die mittelbare Treugeberhaftung. Erstarke die Position des Treugebers jedoch durch Abtretung von Rechten des Treuhänders zum unmittelbaren Einfluss, sei dies allenfalls in Verbindung mit einer unmittelbaren Haftung zulässig. Zu beachten ist, dass als unmittelbare Haftung in diesem Zusammenhang eine Anwendung der jeweiligen gesetzlichen Haftungsnormen auf den Treugeber zu verstehen ist. Ziel ist es, die Zwischenstation des Treugebers auszuschalten. Eine unmittelbare Haftung des Treugebers im Sinne einer unbegrenzten akzessorischen Haftung ist damit allein im Bereich des Personengesellschaftsrechts, nicht jedoch für Treugeber-Kommanditisten sowie die Fälle einer Treuhand am Kapitalgesellschaftsanteil verbunden.

Verneint man eine strenge Korrelation zwischen Einwirkungsmacht und Haftung im Gesellschaftsrecht, steht einer Abspaltung korporativer Mitwirkungsrechte an den Treugeber nichts entgegen. Die mittelbare Haftung kann dann als ausreichend angesehen werden. Nimmt man demgegenüber einen Zusammenhang zwischen dem jeweiligen Grad an Einwirkungsmacht und einer entsprechenden Haftung an, ist eine Unzulässigkeit der Abspaltung gleichwohl nicht zwingende Konsequenz. Es kommt vielmehr ebenso in Betracht, den Treugeber, der Inhaber korporativer Rechte werden soll, einer unmittelbaren gesellschaftsrechtlichen Haftung zu unterwerfen. Die flankierende Haftungserstreckung auf den Treugeber würde auf diesem Wege neben der Zustimmung der übrigen Gesellschafter zum Zulässigkeitserfordernis einer Abtretung gesellschaftlicher Mitwirkungsrechte an den Treugeber.

4. Abspaltungsverbot und Gesellschafterstellung des Treugebers

a. Originäre und derivative Mitwirkungsrechte

Die Stärkung der Treugeberposition bei der qualifizierten Treuhand kann sich rechtstechnisch auf unterschiedliche Weise vollziehen. Einerseits können dem Treugeber Mitwirkungsrechte des Treuhänders abgetreten werden, andererseits können derartige Rechte originär in der Person des Treugebers – unter gleichzeitigem Ausschluss entsprechender Rechte des Treuhänders – begründet werden. Beide Verfahrensweisen differieren hinsichtlich des konstruktiven Ursprungs der in der Person des Treugebers begründeten Rechte. Die abgetretenen Rechte ergeben sich derivativ aus der Mitgliedschaft des Treuhänders, während die neu begründeten Rechte originär für den Treugeber geschaffen werden, mithin scheinbar von der Gesellschafterstellung des Treuhänders getrennt existieren.[237] Berücksichtigt man jedoch die im Ergebnis bestehenden Übereinstimmungen, müssen derivative und originäre Mitwirkungsrechte in ihrer dogmatischen Behandlung gleichstehen. Abtretung und Begründung korporativer Rechte bewirken gleichermaßen, dass ein Nichtgesellschafter zu gesellschaftsinternen Rechten gelangt.[238]Andernfalls könnten die Parteien das Abspaltungsverbot auf dem Wege einer Begründung eigener Rechte für den Treugeber unter korrespondierendem Ausschluss der entsprechenden Rechte des Treuhänders umgehen.

b. Dinglicher und schuldrechtlicher Einfluss

Das Abspaltungsverbot betont den Unterschied zwischen einer rein schuldrechtlichen Bindung gegenüber einem Außenstehenden und einer dinglichen – im Bereich des Gesellschaftsrechts also korporativen – Stärkung seiner Position. Berücksichtigt man, dass auch eine schuldrechtliche Bindung durchsetzbar ist, erscheint die Differenzierung zwischen einfacher schuldrechtlicher und qualifizierter dinglicher Einwirkungsmacht als zweifelhaft. Das hinter dem Abspaltungsverbot stehende Ziel eines Schutzes der Mitgesellschafter, und vor allem der Gesellschaftsgläubiger, besteht gleichermaßen für den Bereich einer schuldrechtlichen wie einer dinglichen Einflussnahme des Treugebers. Während das Abspaltungsverbot nach herkömmlichem Verständnis auch bei einer Betonung des teleologischen Hintergrundes immer noch an den rechtstechnischen Aspekt der Abtrennung korporativer Rechte von einem Gesellschaftsanteil anknüpft, ermöglicht es die Sicht als innergesellschaftliche Gestaltungsgrenze, die Wertungsgesichtspunkte auch im Rahmen einer einfachen Treuhand zu berücksichtigen.

c. Abspaltungsverbot als Schranke innergesellschaftlicher Gestaltungsfreiheit

Eine gegenüber dem dargestellten Bild grundlegend veränderte Perspektive ergibt sich, wenn man den Treugeber – wie es dem hier vorzustellenden Ansatz entspricht – als Gesellschafter ansieht. Es fehlt bei dieser Betrachtungsweise von vornherein an einer Abspaltung von Gesellschafterrechten an einen Nichtgesellschafter.[239] Das Abspaltungsverbot scheint kein Problem darzustellen. Indes

---

[237] Das hebt vor allem *Tebben*, S. 135 ff., hervor und leitet daraus seine Theorie einer statuarischen Begründung mitgliedschaftlicher Rechte des Treugebers ab.

[238] *Beuthien*, ZGR 1974, 26, 55 (für das Stimmrecht); 57 (für das Geschäftsführungsrecht); *Sojka*, S. 76, sieht für eine statuarische Vereinbarung von Mitwirkungsrechten des Treugebers das Abspaltungsverbot in seinem rechtstechnischen Aspekt betroffen .

[239] Ähnlich *Tebben*, S. 135 ff., 138, 143.

kehren die Wertungsgesichtspunkte, die den teleologischen Gehalt des Abspaltungsverbots ausmachen, im Zusammenhang der Ausgestaltung der Gesellschafterposition des Treugebers wieder.[240] Die maßgeblichen Schutzinteressen tauchen in diesem Konzept nicht im Rahmen der Zulässigkeit des Außeneinflusses auf, sondern im Kontext der Begrenzung der gesellschaftsrechtlichen Gestaltungsfreiheit im Innenverhältnis.[241] Auch wenn es nicht um die Verlagerung von Verwaltungsrechten auf außenstehende Dritte geht, ist gleichwohl den Gesichtspunkten des Selbst- und Drittschutzes Rechnung zu tragen.

Die These, es könne keine mitgliedschaftlichen Rechte ohne Mitgliedschaft geben[242], führt mithin nicht zwingend zu der Konsequenz, eine Zuerkennung mitgliedschaftlicher Rechte an den Treugeber abzulehnen. Vielmehr ließe sich ebenso folgern, dann müsse in der Zuweisung mitgliedschaftlicher Rechte zugleich die Begründung einer Mitgliedschaft für den Treugeber liegen.[243] Auch dadurch wäre der Widerspruch eines mitgliedschaftlichen Rechts ohne Mitgliedschaft aufgehoben. Auf diesem Wege erübrigte sich auch das weitere Argument, die gesellschaftsrechtliche Gestaltungsfreiheit im Innenverhältnis sei nicht maßgebend. Versteht man den Treugeber auf Grund der Zuweisung mitgliedschaftlicher Rechte als Gesellschafter, hängt die Möglichkeit, den Umfang seiner Rechte und Pflichten zu variieren, gerade hiervon ab.

C. Schuldrechtliche Nebenabreden

1. Begründung eigener Rechte des Treugebers

Die Stärkung der Treugeberposition kann sich, wenn man korporative Rechte für untrennbar mit einer mitgliedschaftlichen Stellung verbunden hält und zudem eine gesellschaftsinterne Position des Treugebers ablehnt, nur im Wege schuldrechtlicher Nebenabreden vollziehen. Bei derartigen, den Treuhandvertrag flankierenden Absprachen ist mit Rücksicht darauf, dass sich die schuldrechtlich zu begründenden Mitwirkungsrechte auf die Gesellschaft beziehen, diese beim Zustandekommen der Vereinbarung mit einzubeziehen.[244] Auf dem Weg einer ergänzenden schuldrechtlichen Absprache zwischen Treugeber und Gesellschaft – der Treuhänder kann, muss aber nicht beteiligt sein, da er als Gesellschafter von dieser mit repräsentiert wird – können etwa schuldrechtliche Informations-

[240] Vgl. *Tebben*, S. 147: Sowohl bei der echten Abspaltung als auch bei der Einräumung von Entscheidungsbefugnissen an Personen, die in den Gesellschaftsverband integriert sind, gehe es letztlich allein um die „Verteilung von Entscheidungsmacht".
[241] Vgl. *Kübler*, Gesellschaftsrecht, § 20 II 3. c), S. 290.
[242] *Beuthien*, ZGR 1974, 26, 55.
[243] Das erwägt – im Ergebnis freilich ablehnend – etwa: *Wiesner*, FS P. Ulmer, S. 673, 678 f.
[244] *Henssler*, AcP 196 (1996), 37, 81.

ansprüche des Treugebers gegenüber der Gesellschaft vorgesehen werden. Die Übertragung originär mitgliedschaftlicher Informationsrechte scheitert hingegen ebenso wie eine Stimmrechtsabtretung am Abspaltungsverbot.[245]

2. Bevollmächtigung des Treugebers

Die weitere Möglichkeit einer Bevollmächtigung des Treugebers durch den Treuhänder zur Ausübung der mitgliedschaftlichen Rechte gewährt dem Treugeber zwar nicht den gleichen Schutz wie eigene Mitwirkungsrechte. Auch hier wird jedoch der Umweg über den Treuhänder und das damit verbundene Missbrauchsrisiko weitgehend ausgeschaltet. Allein für den Fall, dass der Treuhänder die Vollmacht widerruft, bleiben die Interessen des Treugebers gefährdet. Aus dogmatischer Perspektive scheint sich die Zulassung einer Bevollmächtigung des Treugebers auf den ersten Blick in Widerspruch zu der These „keine mitgliedschaftlichen Rechte ohne Mitgliedschaft" zu setzen. Indes ist stets nur eine widerrufliche Vollmacht zulässig[246], so dass sich die einzelnen Rechte durch die Bevollmächtigung nicht gegenüber der Mitgliedschaft des Treuhänders verselbstständigen. Durch die Möglichkeit der Beendigung der Vollmacht besteht die Rückkoppelung an die Gesellschafterposition fort.[247] Nur dadurch bleibt auch die Ablehnung einer unmittelbaren gesellschaftsrechtlichen Haftung des Treugebers gegenüber der Gesellschaft beziehungsweise ihren Gläubigern in diesem Konzept schlüssig. Ausgehend von dem Grundsatz, einer mittelbaren Einflussnahme entspreche eine mittelbare Haftung, kann eine unmittelbare gesellschaftsrechtliche Haftung des Treugebers abgelehnt werden, da die Möglichkeit einer unmittelbaren gesellschaftsrechtlichen Einflussnahme gleichfalls für unzulässig gehalten wird. Die lediglich mittelbare Haftung passt beim bevollmächtigten Treugeber freilich nur, wenn seine Einflussnahme tatsächlich als mittelbar einzustufen ist. Das lässt sich mit Rücksicht auf die Widerruflichkeit der Vollmacht durchaus vertreten. Die Abhängigkeit des Treugebers vom Treuhänder hinsichtlich der Rechtsausübung in der Gesellschaft wird durch die vollmachtsrechtliche Koppelung an die Gesellschafterstellung des Treuhänders, wenn auch in eingeschränktem Umfang, aufrecht erhalten.

---

[245] *Henssler*, AcP 196 (1996), 37, 81.

[246] *Beuthien*, ZGR 1974, 26, 53.

[247] Vgl. auch *Weber*, Privatautonomie, S. 238 ff.; und S. 252 ff., für die entsprechende Lösung im Bereich der Stimmrechtsabspaltung.

D. Zwischenergebnis

Die Konzeption einer gesellschaftsexternen Position des Treugebers in Verbindung mit lediglich schuldrechtlichen Qualifizierungsmöglichkeiten, die *Beuthien* und *Henssler* vertreten, ist im Zusammenspiel zwischen Einwirkungsmacht, Haftung und verbandsrechtlicher Stellung zwar in sich schlüssig. Ihre Begründung basiert jedoch auf der axiomatischen Annahme, der Treugeber könne kein Gesellschafter sein. Stellt man diesen Grundsatz jedoch in Frage, kann der Argumentationsgang, gesellschaftlicher Einfluss sei stets nur als Inneneinfluss zulässig, ebenso als Indiz für eine umfassende Integration des Treugebers in die Gesellschaft gewertet werden. In diese Richtung deutet auch die Behandlung des Anlegerschutzes bei der Publikums-KG durch *Bälz*. Die kupierte Publikums-KG soll nur in Verbindung mit einem Recht des Treugebers, die Umwandlung der mittelbaren in eine unmittelbare Beteiligung zu verlangen, zulässig sein. Lehnt man eine Gesellschafterstellung des Treugebers bei der echten Treuhand indes nicht von vornherein ab, erscheint ein Umwandlungsrecht überflüssig. Ein umfassender Anlegerschutz lässt sich dann bereits auf der Ebene der echten Treuhand verwirklichen.

III. Berücksichtigung der Treuhand hinsichtlich einzelner gesellschaftsrechtlicher Folgen

Auch in der neueren Literatur wird überwiegend angenommen, der Treugeber habe ohne ergänzende Vereinbarung mit der Gesellschaft keine unmittelbaren Einwirkungsmöglichkeiten. Allerdings hat sich nunmehr die Ansicht durchgesetzt, eine Stärkung der Stellung des Treugebers gegenüber der Gesellschaft durch Einräumung unmittelbarer Rechte sei grundsätzlich zulässig. Danach ist insbesondere die Zuweisung korporativer Rechte möglich. Ins Zentrum des Interesses rückt damit die Frage, welche Konsequenzen sich aus der vertraglichen Vereinbarung einer derartigen qualifizierten Treuhand ergeben. In Betracht kommt, eine mitgliedschaftliche Stellung des Treugebers zwar abzulehnen, seine Einflussmöglichkeiten und sein wirtschaftliches Interesse jedoch zu berücksichtigen, um zu einem angemessenen Interessenausgleich zwischen Gesellschaft, Treuhänder und Treugeber zu gelangen. Auf diese Weise ist es möglich, den mittelbaren Einwirkungsmöglichkeiten des Treugebers im Falle der einfachen Treuhand ebenso wie einer gestärkten Treugeberstellung bei der qualifizierten Treuhand hinsichtlich der den Treugeber treffenden Pflichten Rechnung zu tragen.

A. Korrelationsgedanke

Armbrüster will je nach Art und Umfang der dem Treugeber einzeln vertraglich oder gesetzlich zugewiesenen Rechte diese, sofern Wertungsgesichtspunkte es erfordern, durch entsprechende Pflichten ergänzen. Er bezeichnet dieses Verfahren als System der erweiterten Einzelzuweisung. Eine Zuweisung einzelner, auch gesellschaftsrechtlicher Rechtspositionen unmittelbar gegenüber der Gesellschaft an den Treugeber soll umfassend zulässig sein.[248] Den Interessen der Beteiligten werde auf dem Wege einer Ergänzung der einzelnen Rechte durch Pflichten des Treugebers genügt. *Armbrüster* überprüft hierzu in einem ersten Schritt, ob generell zwischen bestimmten gesellschaftsrechtlichen Rechten und Pflichten Zusammenhänge bestehen.[249] Eine allgemeine Korrelation zwischen Einwirkungsmacht[250] beziehungsweise wirtschaftlichem Interesse[251] einerseits und Haftung andererseits lehnt er ab. Korrelationen bestehen nach *Armbrüsters* Ansicht demgegenüber zwischen Einwirkungsmacht und gesellschaftsrechtlicher Treuepflicht[252] sowie Haftung und Informationszugang.[253] Sodann werden im nächsten Schritt die dem Treugeber zugewiesenen Rechte an Hand der ermittelten Korrelationen und der zu berücksichtigenden Wertungsgesichtspunkte ergänzt.[254] Besonderen Wert legt *Armbrüster* dabei auf einen Ausgleich der Interessen der einzelnen Beteiligten im Sinne einer praktischen Konkordanz.[255]

B. Korrelation und Mitgliedschaft

1. Gleichrangigkeit von Treuhänder und Treugeber

Armbrüster lehnt eine Einbeziehung des Treugebers in den Gesellschafterverband ausdrücklich ab.[256] Seine Argumentation ist dadurch geprägt, dass er eine parallele Gesellschafterstellung von Treuhänder und Treugeber nur auf gleichrangiger Basis für denkbar hält. Voraussetzung dafür sei, dass die beiden Mitberechtigten qualitativ hinsichtlich der Teilnahme an gesellschaftsrechtlichen

[248] *Armbrüster*, S. 275 ff.
[249] *Armbrüster*, S. 198 ff. Zu ähnlichen Ergebnissen gelangt man, wenn man wie *Tebben*, S. 214 f., einzelne Normen, die an eine Gesellschaftereigenschaft anknüpfen, durch eine teleologisch extensive Auslegung auch auf den Treugeber anwenden will.
[250] *Armbrüster*, S. 203/204 (für das Personengesellschaftsrecht), 204-206 (für das Kapitalgesellschaftsrecht).
[251] *Armbrüster*, S. 210/211.
[252] *Armbrüster*, S. 206.
[253] *Armbrüster*, S. 211/212.
[254] *Armbrüster*, S. 214.
[255] *Armbrüster*, S. 217 ff. Der Begriff der praktischen Konkordanz ist aus dem öffentlichen Recht entlehnt: *Hesse*, Grundzüge des Verfassungsrechts der Bundesrepublik Deutschland, Rdnr. 317 ff.
[256] *Armbrüster*, S. 215 f. , 433.

Rechten und Pflichten auf einer Stufe stünden. *Armbrüster* geht pauschal davon aus, der Treugeber habe eine lediglich untergeordnete Position inne. Er erlange allenfalls im Falle der qualifizierten Treuhand einzelne korporative Rechte. Eine derartige Zuweisung einzelner mitgliedschaftlicher Rechte könne jedoch keine Mitgliedschaft begründen.[257] Einzuwenden ist dagegen zunächst, dass die Zuweisung von Rechten an den Treugeber regelmäßig durchaus zentrale mitgliedschaftliche Rechte, insbesondere das Stimmrecht, umfasst. Die gegebenenfalls kumulative Zuweisung von Informations- und Mitwirkungsrechten sowie vermögensrechtlichen Beteiligungsansprüchen lässt eine Einordnung der Treugeberposition als qualitativ allgemein der Stellung des Treuhänders unterlegen nicht zu. Unterstrichen wird die zumindest gleichrangige Stellung des Treugebers zudem durch die treuhänderische Weisungs- und Interessenbindung des Treuhänders. Der Treugeber ist es, der von missbräuchlichem Verhalten des Treuhänders abgesehen, das Auftreten in der Gesellschaft bestimmt.

Ebenso wenig lässt sich aus der fehlenden ausdrücklichen Zuweisung gesellschaftsrechtlicher Pflichten eine Nachrangigkeit des Treugebers ableiten. Die Zuordnung der Pflichten ergibt sich gerade erst im Rahmen der Ergänzung der zugewiesenen Rechte, für die eine Mitgliedschaft des Treugebers jedoch zu berücksichtigen wäre. Auch der Hinweis, der Gesetzgeber habe keine „Mitgliedschaft minderen Rechts“, die durch Zuweisung einzelner Rechte entstehe, vorgesehen[258], verfängt nicht. Dabei wird übersehen, dass durch die Zuerkennung einzelner Rechte konkludent eine Vollmitgliedschaft begründet werden kann, die im Rahmen der gesellschaftsrechtlichen Gestaltungsfreiheit auf ein Mindestmaß reduzierbar ist. Zudem wird verkannt, dass sich eine mitgliedschaftliche Stellung des Treugebers auch schon ohne Zuweisung unmittelbarer Rechte in der Gesellschaft aus seiner rechtsstrukturellen Stellung ergeben kann.

2. Gesetzliche Formen einer Mitberechtigung an Gesellschaftsanteilen

Armbrüster stellt fest, der Gesetzgeber habe neben der Form der gleichartigen Berechtigung keine weitere Möglichkeit einer parallelen Gesellschafterstellung mehrerer Personen vorgesehen.[259] Es könne daher keine auf der Zuordnung einzelner Rechte beruhende „Mitgliedschaft minderen Rechts“ geben. Dem stünden neben der gesetzgeberischen Grundentscheidung vor allem Ordnungsinteressen sowie das Gebot der Rechtssicherheit entgegen.[260] Die Herausbildung einer neuartigen, vom Gesetzgeber nicht vorgesehenen Mitgliedschaft ist jedoch

---

[257] *Armbrüster*, S. 215.

[258] *Armbrüster*, S. 216.

[259] *Armbrüster*, S. 215/216; auch *Tebben*, S. 103 f., hält die gesetzlich vorgesehenen Formen einer Rechtsgemeinschaft für ungeeignet.

[260] *Armbrüster*, S. 216.

keineswegs zwangsläufig die Folge einer gesellschaftsinternen Stellung des Treugebers. Für eine parallele Gesellschafterstellung von Treugeber und Treuhänder bietet sich vielmehr eine Kombination gesetzlich vorgesehener vertragstypologischer Gestaltungsmittel an. Insbesondere ist an eine Ausdehnung des Gesellschaftsverhältnisses durch eine Verknüpfung mit der geschäftsbesorgungsrechtlichen Treuhandbeziehung zu denken. Eine Gesellschafterstellung des Treugebers lässt sich mithin durchaus in den vertrauten Bahnen gesellschafts- und zivilrechtlicher Dogmatik bewältigen. Auch Ordnungsinteressen und Rechtssicherheit werden folglich durch eine Gesellschafterstellung des Treugebers nicht ohne weiteres betroffen. Im Gegenteil bietet der Ansatz, den Treugeber als Gesellschafter zu sehen, auf Grund seiner Orientierung an einem klaren gesetzlichen Reglungsprogramm sogar die Grundlage zur Schaffung von mehr Rechtssicherheit und Ordnung im Bereich der Treuhand am Gesellschaftsanteil.

3. Einzelzuweisung und gesellschaftsrechtliches Regelungsprogramm

a. Zuordnungs- und Zurechnungseinheit

Unter dem Stichwort der Zuordnungs- und Zurechnungseinheit setzt sich *Armbrüster* vertieft mit einer Konzeption auseinander, die einer Gesellschafterstellung des Treugebers im Ergebnis weitgehend gleichkommt.[261] Als Zuordnungs- und Zurechnungseinheit ist eine Erstreckung sämtlicher an eine Gesellschaftereigenschaft anknüpfenden Rechtsfolgen sowohl auf den Treuhänder als auch auf den Treugeber zu verstehen. Der Treugeber soll auf diesem Wege zwar nicht vollwertiger Gesellschafter werden. *Armbrüster* meint aber, nach dem Modell der Zuordnungs- und Zurechnungseinheit wäre „der Treugeber vollständig in die gesellschaftsrechtliche Rechtsstellung eingebunden, ohne den Treuhänder daraus zu verdrängen."[262] Als dogmatisch-konstruktives Fundament zieht er die Wege einer vertraglichen Vereinbarung mit den Mitgesellschaftern[263], eines umfassenden Organisationsverhältnisses[264] und einer Prinzipienbildung aus Einzelregelungen[265] in Betracht. Im Ergebnis erachtet er freilich den Ansatz der Zuordnungs- und Zurechnungseinheit als dogmatisch verfehlt und unter Wertungsgesichtspunkten nicht geboten.

[261] *Armbrüster*, S. 188 ff.
[262] *Armbrüster*, S. 189.
[263] *Armbrüster*, S. 190-192.
[264] *Armbrüster*, S. 192/193.
[265] *Armbrüster*, S. 193-197.

b. Vereinbarungen der Parteien

Den in den Vertragswerken üblichen Vereinbarungen zwischen dem Treugeber und den übrigen Gesellschaftern lässt sich nach *Armbrüsters* Ansicht nicht der Wille zur Begründung einer Zuordnungs- und Zurechnungseinheit entnehmen. Die Vereinbarung einer umfassenden Gleichstellung des Treugebers mit einem Gesellschafter im Innenverhältnis solle keine wechselseitige Zurechnung der Erfüllung von Tatbestandsmerkmalen beinhalten.[266] Die Zuweisung einzelner Rechte an den Treugeber bringe gerade durch die Beschränkung auf diese Positionen zum Ausdruck, dass eine umfassende Zuordnungs- und Zurechnungseinheit nicht beabsichtigt sei.[267] Auch der Zustimmung der übrigen Gesellschafter zur Beteiligung in Treuhandform sei regelmäßig nicht der Wille zur Schaffung einer derartigen Einheit zu entnehmen.[268]

Armbrüster versperrt sich den Weg zur Begründung einer Gesellschafterstellung des Treugebers beziehungsweise zu dessen „vollständiger Einbindung in die gesellschaftsrechtliche Rechtsstellung" durch seine Auslegung der Regelungen des Treuhand- wie auch des Gesellschaftsvertrages. Gewiss beabsichtigen die Parteien nicht, den Treugeber in den Gesellschaftsverband einzubeziehen. Gleichwohl ist damit noch nicht abschließend über die Möglichkeit entschieden, aus den Parteivereinbarungen eine entsprechende Wirkung abzuleiten. Man muss sich hierzu von dem durch die Parteien zum Ausdruck gebrachten Willen, allein den Treuhänder als Gesellschafter einzustufen, lösen. In Betracht zu ziehen ist vielmehr ebenso, dass das gesetzliche Regelungsprogramm möglicherweise einer vollständigen Mediatisierung einer Gesellschafterstellung auf dem Wege der Treuhand nicht zugänglich ist. Als Konsequenz böte sich an, den Parteiwillen, soweit es die gesetzlichen Vorgaben zulassen, zur Durchsetzung zu verhelfen, sich im übrigen aber an den gesetzlichen Vorgaben zu orientieren. Die gesetzlich zwingend mit der Treuhandgestaltung verbundenen Rechtsfolgen sind dann aber ebenso Ausfluss des Willens der Parteien, eine Treuhand zu vereinbaren, wie die unmittelbar beabsichtigten Rechtsfolgen. Die Einwände Armbrüsters gegen eine dogmatisch-konstruktive Herleitung einer Gesellschafterstellung des Treugebers aus den Parteivereinbarungen verfangen daher nicht, wenn die Gesellschafterstellung des Treugebers als gesetzlich zwingend vorgegeben eingestuft werden kann und dadurch das Anliegen der fremdnützigen Treuhand, eine Vereinfachung, Verbergung oder Umgehung zu erreichen, nicht grundsätzlich in Frage gestellt wird.

---

[266] *Armbrüster*, S. 190/191.
[267] *Armbrüster*, S. 191.
[268] *Armbrüster*, S. 191.

c. Umfassendes Organisationsverhältnis

Als weiteren Begründungsweg für eine Zuordnungs- und Zurechnungseinheit zieht *Armbrüster* die Integration des Treugebers in ein umfassendes Organisationsverhältnis in Betracht. Das Konstrukt eines umfassenden Organisationsverhältnisses werde jedoch nur zur Herleitung bestimmter Einzellösungen herangezogen. Es sei daher als Basis für ein umfassendes Konzept nicht tauglich.[269] Darüber hinaus dürfte es schon zur Herleitung eines derartigen Gesamtgefüges einer dogmatischen Absicherung bedürfen, so dass das Problem lediglich ins Vorfeld verlagert würde. Das umfassende Organisationsmodell ist nicht Basis für eine Einbeziehung des Treugebers in die Gesellschaft, sondern selbst das Ergebnis der besonderen Stellung des Treugebers gegenüber dem Verband.

d. Prinzipienbildung aus Einzelregelungen

Als dritte Möglichkeit zur Begründung einer Einbindung des Treugebers in die gesellschaftsrechtliche Stellung des Treuhänders sieht *Armbrüster* eine Zusammenfassung einzelner Reglungen, die den Treugeber im Zusammenhang gesellschaftsrechtlicher Rechtsfolgen berücksichtigen, zu einem übergeordneten Prinzip. Bei der Auseinandersetzung mit dem Weg einer Prinzipienbildung aus Einzelregelungen macht *Armbrüster* zwar wirtschaftliches Interesse und Einwirkungsmacht des Treugebers als verbindendes Element der verschiedenen Treuhandgestaltungen aus, will aber daraus nicht auf eine Zurechnungs- und Zuordnungseinheit schließen. Die Relativität schuldvertraglich begründeter Rechtsbeziehungen gebiete es, nur ausnahmsweise einen Außenstehenden auf Grund einer aus einzelnen Regelungen hergeleiteten Einheit in diese Rechtsbeziehung einzubinden. Personen, die Einwirkungsmacht und wirtschaftliches Interesse hinsichtlich eines bestimmten Rechtsverhältnisses besäßen, seien – zumal im Gesellschaftsrecht keine allgemeine Korrelation zwischen Einwirkungsmacht und Haftung bestehe – vor einer Einbeziehung in dieses Rechtsverhältnis zu schützen. Ein hinreichender Grund, der eine Ausnahme vom Prinzip der Relativität der schuldvertraglichen Rechtsbeziehungen rechtfertige, sei nicht ersichtlich. Eine generelle Zuordnungs- und Zurechnungseinheit sei damit, anders als einzelne Folgerungen für die Rechtsstellung des Treugebers, nicht anzunehmen.[270]

Grundsätzliche Zweifel hinsichtlich des Verfahrens der Prinzipienbildung aus Einzelregelungen bestehen vor allem insofern, als die erstrebte Rechtsfolge

---

[269] *Armbrüster*, S. 192/193.
[270] *Armbrüster*, S. 196/197.

hierdurch scheinbar losgelöst vom Parteiwillen aus der Übertragung gesetzlicher Wertungen abgeleitet wird. Auch die Erstreckung einzelner gesellschaftsrechtlicher Rechtsfolgen auf den Treugeber basiert jedoch letztlich auf dem Willen der Parteien, dem Treugeber den Gesellschaftsanteil treuhänderisch zuzuweisen. Die privatautonome Ausgestaltung der Rechtsbeziehungen spiegelt sich gerade in der Einwirkungsmacht und dem wirtschaftlichen Interesse eines jeden Treugebers wider. Gleichwohl besitzt der Ansatz einer Prinzipienbildung aus Einzelregelungen, und hier insbesondere der Einwirkungsmacht und des wirtschaftlichen Interesses, einen zutreffenden Kern. Das alle Treuhandgestaltungen verbindende Element ist von Bedeutung, weil es für die Treuhand am Gesellschaftsanteil typusprägend ist, mithin als Auslegungshilfe, aber auch als Grenze der Gestaltungsfreiheit der Beteiligten dienen kann. Die von Armbrüster ausgemachten Elemente des wirtschaftlichen Interesses und der Einwirkungsmacht des Treugebers rechtfertigen zwar isoliert betrachtet nicht die Begründung einer Gesellschafterstellung des Treugebers. Sie sind jedoch im Lichte der rechtsgeschäftlichen Vereinbarungen des Treuhandvertrages zu betrachten und mögen im Rahmen der Bewertung des Treuhandvertrages als Vereinbarung einer Gesellschafterstellung auch des Treugebers Bedeutung erlangen.

Zutreffenderweise ist auch die Problematik der Relativität der Schuldverhältnisse im Umfeld der rechtlichen Korrektur der von den Parteien getroffenen Treuhandabrede anzusiedeln. Zwar steht es grundsätzlich jedermann frei, sich des Instituts der mittelbaren Stellvertretung, das letztlich auf dem Prinzip der Relativität der Schuldverhältnisse basiert, zu bedienen. Ob das jedoch auch für den Bereich gesellschaftsrechtlicher Beteiligungen uneingeschränkt zu gelten hat, ist gerade an der Eigenart einer treuhänderischen Gesellschaftsbeteiligung, die sich aus den alle Gestaltungsformen verbindenden Elementen ergibt, zu ermitteln. Das Prinzip der Relativität kann daher gegebenenfalls hinter den rechtsstrukturellen Gegebenheiten der Treuhand am Gesellschaftsanteil zurückstehen müssen. Die Einschränkung des Einsatzes der mittelbaren Stellvertretung, mithin auch der Relativität der Schuldverhältnisse, ist Teil der Ermittlung eines gesetzlich korrigierten Parteiwillens.

C. Zwischenergebnis

Die Berücksichtigung des Treuhänders hinsichtlich einzelner gesellschaftsrechtlicher Konsequenzen basiert gleichfalls auf einer strikten Ablehnung einer Gesellschafterstellung des Treugebers. Einzelne Sachzusammenhänge zwischen Rechten und Pflichten sollen der spezifisch treuhänderischen Interessenlage Rechnung tragen. Die Ablehnung einer mitgliedschaftlichen Stellung wird damit begründet, es fehle sowohl an einem rechtsgeschäftlichen Begründungstatbestand als auch an hinreichenden Anhaltspunkten, um aus den alle Treuhandgestaltungen verbindenden Elementen ein übergeordnetes Prinzip einer Integration des Treugebers in die Gesellschaft herzuleiten. Dabei wird indes übersehen, dass gerade die Schaffung dieser durchgängig treuhandtypischen Interessenlage Ausfluss der privatautonomen Gestaltung der Rechtsbeziehungen durch die Beteiligten ist. Es geht insofern weniger um den unmittelbar zum Ausdruck kommenden Willen der Parteien, den Treugeber als Gesellschafter einzustufen – der in der Tat nicht vorliegt – als vielmehr um eine rechtliche Korrektur dieses Willens. Treugeber, Treuhänder und Mitgesellschafter steht es nur im Rahmen der allgemeinzivilrechtlichen und gesellschaftsrechtlichen Strukturprinzipien frei, über die Gesellschafterposition des Treugebers zu bestimmen.

IV. Zusammenfassung

Die Einstufung des Treugebers als Nichtgesellschafter leitet sich in erster Linie aus einer streng formalen Betrachtung der Rechtslage ab. Der Treuhänder ist danach Inhaber des Gesellschaftsanteils. Für eine Gesellschafterstellung des Treugebers ist kein Raum. Ganz überwiegend wird es jedoch für möglich gehalten, die Stellung des Treugebers durch die Vereinbarung einer qualifizierten Treuhand zu stärken. Hierbei erhält der Treugeber einzelne Rechte in der Gesellschaft zugewiesen. Unter Umständen ist damit auch eine Erstreckung gesellschaftsrechtlicher Pflichten auf ihn verbunden.

Die Schwächen einer rein formalrechtlichen Betrachtungsweise zeigen sich bei einer Gegenüberstellung der kupierten und der integrierten Publikums-KG. Beides sind Organisationsformen, die zur Gestaltung von Anlagegesellschaften verwendet werden. Während bei der kupierten Publikums-KG die Anleger einheitlich durch einen Treuhänder, der seinerseits Gesellschafter ist, vertreten werden, sind sie bei der integrierten Publikums-KG selbst Gesellschafter. Die typischen Gefahren einer Anlagegesellschaft, kein wirksames Instrument zur Durchsetzung der Interessen der einzelnen Anleger zu besitzen, sind durch eine Gesellschafterstellung der Anleger erheblich gemindert.

Vor allem in der älteren Literatur wird aus der formalen Sicht des Treugebers als Nichtgesellschafter abgeleitet, dieser könne auch nicht Inhaber einzelner Gesellschafterrechte sein. Grundlage dieser Auffassung ist das gesellschaftsrechtliche Abspaltungsverbot. Gesellschaftliche Rechte sollen nicht von der Mitgliedschaft getrennt werden können. Es gibt danach keine Gesellschafterrechte ohne eine damit einhergehende Mitgliedschaft des Berechtigten. Mittlerweile steht dabei weniger der rechtstechnische Aspekt des Abspaltungsverbots als die tragenden Wertungsgesichtspunkte im Mittelpunkt: Einerseits der Schutz der Mitgesellschafter, andererseits der Schutz des Rechtsverkehrs, insbesondere der Gesellschaftsgläubiger. Indes lässt sich aus dem Schutzbedürfnis der Mitgesellschafter allenfalls ein Zustimmungsbedürfnis zur Abspaltung, nicht aber deren generelle Unzulässigkeit rechtfertigen. Dem Schutzbedürfnis des Rechtsverkehrs ist insoweit genügt, als derjenige, der korporative Rechte in der Gesellschaft ausübt, auch ein eigenes wirtschaftliches Interesse an der Gesellschaft besitzt. Die wirtschaftlich vernünftige Führung der Gesellschaft ist hierdurch gewährleistet, eine Schmälerung des haftenden Kapitals nicht zu befürchten. Allgemein wird daher in einer Zuweisung von Gesellschafterrechten an den Treugeber kein Verstoß gegen das Abspaltungsverbot erblickt.

Eine unterschiedliche Behandlung, je nachdem, ob die Rechte in der Person des Treugebers neu begründet werden oder aber Rechte des Treuhänders an ihn abgetreten werden, ist nicht zu rechtfertigen. Funktional stehen beide Alternativen auf einer Stufe. Die Durchsetzbarkeit schuldrechtlichen mittelbaren Einflusses in der Gesellschaft legt es nahe, auch diesen am Abspaltungsverbot zu messen. Mit Blick auf den Zweck, die Mitgesellschafter und den Rechtsverkehr zu schützen, erweist sich das Abspaltungsverbot nicht mehr als rechtstechnische Schranke einer Abspaltung von Gesellschafterrechten, sondern als Maßstab zur inneren Ausgestaltung der Gesellschaftsorganisation. Damit ist es ebenso im Rahmen eines mitgliedschaftlichen Konzepts, das auch den Treugeber als Gesellschafter sieht, zu berücksichtigen. Die These, es könne keine Mitgliedschaftsrechte ohne Mitgliedschaft geben, lässt sich dann ebenso als Indiz für eine umfassende Einbindung des Treugebers in die Gesellschaft verstehen.

Sieht man das Abspaltungsverbot als Hindernis, dem Treugeber korporative Rechte zuzuerkennen, bleibt nur die Möglichkeit, schuldrechtliche Einwirkungsrechte mit der Gesellschaft zu vereinbaren. Eine Alternative liegt darin, den Treugeber zur Ausübung der dem Treuhänder zustehenden Mitgliedschaftsrechte zu bevollmächtigen. Die neuere Literatur meint hingegen ganz überwiegend, das Abspaltungsverbot stehe einer Zuweisung korporativer Rechte an den Treugeber nicht entgegen. Eine Gesellschafterstellung des Treugebers wird zwar nach wie vor abgelehnt. Man versucht aber, der Einflussmacht des Treugebers durch eine ergänzende Zuweisung gesellschaftsrechtlicher Pflichten gerecht zu werden. Eine parallel bestehende Gesellschafterstellung von Treuhänder und Treugeber wird unter Verweis auf das Fehlen einer gleichrangigen Position von Treuhänder und Treugeber nicht für möglich gehalten. Neben der gleichrangigen Berechtigung erlaube das Gesetz keine weiteren Formen einer gemeinsamen Berechtigung. Dabei wird übersehen, dass gerade in der geschäftsbesorgungsrechtlich abgestuften Interessenverteilung die Möglichkeit liegt, ein Modell zu einer gemeinsamen Berechtigung zu entwickeln, das nicht durch eine Gleichrangigkeit der Berechtigten geprägt ist.

Als weiteres Hindernis für eine Einstufung des Treugebers als Gesellschafter wird vor allem der Wille der Parteien, allein den Treuhänder zum Gesellschafter zu machen, sowie das Prinzip der Relativität der Schuldverhältnisse erachtet. Jedoch ist zu berücksichtigen, dass die treuhandtypische Interessenlage gerade durch den Parteiwillen geschaffen wird. Ergibt sich hieraus eine Gesellschafterstellung des Treugebers, steht das durchaus in Einklang mit dem Parteiwillen. Nur soweit kein Spielraum besteht, die Prinzipien der mittelbaren Stellvertretung und damit auch der Relativität der Schuldverhältnisse bei der Treuhand am Gesellschaftsanteil ungebrochen anzuwenden, wird der Parteiwille durch die Einstufung des Treugebers als Gesellschafter korrigiert.

§ 5 Treugeber im Organisationsgefüge

I. Grundlagen

Weite Teile der Literatur und die Rechtsprechung akzeptieren sowohl die Zulässigkeit der Treuhand und ihrer qualifizierten Varianten als auch die Relevanz der gestärkten Treugeberposition zur Bestimmung seiner Pflichten. Es liegt dann nahe, auch auf organisatorischer Ebene der besonderen Stellung des Treugebers gegenüber der Gesellschaft Rechnung zu tragen. Dabei finden sich Sichtweisen, die zwar nicht eine Mitgliedschaft des Treugebers im herkömmlichen Sinne annehmen, den Treugeber aber doch partiell, beschränkt auf das Innenverhältnis oder unter wirtschaftlichen Gesichtspunkten, als Gesellschafter verstehen. Darüber hinaus wird vorgeschlagen, den Treugeber im Sinne einer lockeren Integration ins Gesellschaftsgefüge einzubinden. Genau besehen handelt es sich auch hierbei lediglich um eine interne Einbeziehung ins Gesellschaftsgefüge. Die Bildung eines umfassenden Organisationsverhältnisses stellt mithin einen Unterfall der Ausgestaltung des gesellschaftlichen Innenverhältnisses dar.
Die Einbeziehung ins gesellschaftsrechtliche Innenverhältnis dient dazu, die Zuweisung unmittelbarer Rechte in der Gesellschaft an den Treugeber dogmatisch zu untermauern und durch eine Erstreckung auch der innergesellschaftlichen Pflichten auf ihn zu ergänzen. Demgegenüber verfolgt der Ansatz einer wirtschaftlichen Gesellschafterstellung des Treugebers das Ziel, den Treugeber im Außenverhältnis, soweit es seine besondere Position rechtfertigt, einem Gesellschafter gleichzustellen. Bemerkenswert ist, dass die wirtschaftliche Position weitgehend unabhängig von der Qualifizierung der Treuhand berücksichtigt werden soll.

II. Unterscheidung zwischen Innen- und Außenverhältnis

A. Gestaltungsfreiheit im Innenverhältnis

Schon in seiner ersten Entscheidung zur Treuhand am Gesellschaftsanteil hatte der BGH betont, allein der Treuhänder, nicht aber der Treugeber, sei Gesellschafter.[271] Weder eine Offenlegung der Treuhand noch die Zuweisung ergänzender Rechte in der Gesellschaft ändere etwas an dieser Grundkonstellation.[272] Im Innenverhältnis könne der Treugeber einem Gesellschafter gleichge-

[271] BGH, Urt. v. 13.5.1953, II ZR 157/52 = BGHZ 10, 44, 48; dieser Grundsatz wurde auch zuletzt in BGH, Urt. v. 23.6.2003, II ZR 46/02 = WM 2003, 1614, 1614 f. aufrechterhalten. Die Überlagerung der Treuhandbeziehung durch das Gesellschaftsverhältnis ändert nichts an der formalen Position des Treugebers als Nichtgesellschafter.
[272] BGH, Urt. v. 13.5.1953, II ZR 157/52 = BGHZ 10, 44, 49.

stellt werden. Eine derartige Anpassung an die wirkliche Sachlage sei als freie Ausgestaltung der internen Rechtsbeziehungen zulässig.[273]

Eine Bestätigung hat diese Sichtweise durch das Urteil des BGH vom 30.3.1987[274] erhalten, in dem der BGH den Gedanken der Einbeziehung des Treugebers in das gesellschaftliche Innenverhältnis für einen Anspruch eines Treugeber-Kommanditisten gegen einen Gesellschafter der KG aus culpa in contrahendo fruchtbar macht.

Fall 5:

Sachverhalt: *(nach BGH, Urt. v. 30.3.1987, II ZR 163/86 = WM 1987, 811)* Der Kläger beteiligte sich als Treugeber an einer Publikums-KG, deren Zweck die Errichtung von Ferienanlagen auf einer Urlaubsinsel war. Gründer der Publikums-KG war neben dem persönlich haftenden Gesellschafter und dem Treuhänder-Kommanditisten auch ein weiterer Kommanditist. Die Kapitalanleger, auf deren Investitionen das Projekt abzielte, wurden treuhänderisch über den Treuhandkommanditisten beteiligt. Mit den übrigen Gesellschaftern schlossen die Treugeber keine Verträge ab. Der Gesellschaftsvertrag sah allerdings vor, dass die Treugeber im Innenverhältnis entsprechend dem von ihnen aufgebrachten Kapital direkt an der Gesellschaft beteiligt sein sollten. Der klagende Treugeber ist auf Grund eines Prospektes über das Ferienanlagen-Projekt die treuhänderische Beteiligung eingegangen. Dieser Prospekt enthielt unrichtige Angaben über die wirtschaftlichen Erfolgsaussichten des Projekts. Der Treugeber verlangte nunmehr nach Eintritt der Insolvenz der Publikums-KG die von ihm an den Treuhänder geleistete Einlage-Zahlung sowie die angefallenen Gebühren (Agio) als Schadensersatz von dem neben dem Treuhänder beteiligten weiteren Kommanditisten, der zugleich Gründungsgesellschafter der KG war.

Problemstellung: Da Ansprüche aus Prospekthaftung[275] gegen die neben dem Treuhänder beteiligten Gründungsgesellschafter verjährt waren, kam es auf etwaige Ansprüche aus einem Verschulden bei Vertragsverhandlungen an. Hierzu ist zu klären, ob der Anleger als Treugeber auch zu den Gesellschaftern der Anlagegesellschaft, die nicht am Treuhandvertrag beteiligt sind, in vertraglichen Beziehungen steht.

Der BGH unterstreicht in diesem Zusammenhang nochmals, dass der Treugeber nicht selbst Kommanditist sei. Im gesellschaftlichen Innenverhältnis könne indes eine weitgehende Gleichstellung des Treugebers mit unmittelbar beteiligten Gesellschaftern angenommen werden. Das ergebe sich aus der Ausrichtung des Gesellschaftsvertrages der Publikums-KG auf die Anwerbung von Kapitalanlegern als Treugeber. Insbesondere die Regelung bestimmter Rechte und Pflichten der Anleger im Gesellschaftsvertrag spreche für eine Verzahnung von Gesellschafts- und Treuhandverhältnis. Die Anleger könnten aus den ihre Beteiligung betreffenden Regelungen des Gesellschaftsvertrages schließen, dass der Treuhänder-Kommanditist insoweit konkludent von der

---

[273] BGH, Urt. v. 13.5.1953, II ZR 157/52 = BGHZ 10, 44, 49 f.
[274] BGH, Urt. v. 30.3. 1987, II ZR 163/86 = WM 1987, 811
[275] Vgl. zum Gesichtspunkt der Prospekthaftung in Treuhandkonstellationen: *Grundmann*, S. 494 ff.

Gesellschaft bevollmächtigt sei, ihnen durch den Abschluss des Treuhandvertrages eine interne Gesellschafterstellung zu verschaffen.[276] Der BGH meint, durch die Beitrittserklärung erkenne der Anleger die Geltung sowohl des Treuhand- als auch des Gesellschaftsvertrages für seine Beteiligung an. Es entstehe auf diesem Wege eine vertragliche Beziehung nicht nur zwischen Treuhänder und Treugeber, sondern auch zwischen Treugeber und Gesellschaft.

Im zu entscheidenden Fall folge daraus, dass auch der vom Treugeber in Anspruch genommene Kommanditist dessen Vertragspartner sei. Als Gründungsgesellschaft sei der Kommanditist für die Anwerbung der Anleger über § 278 BGB verantwortlich. Dem stehe nicht entgegen, dass der beklagte Gesellschafter als Kommanditist lediglich eingeschränkte Verantwortung für die Gesellschaft trage. Im konkreten Fall reiche das Interesse des in Anspruch genommenen Kommanditisten über das eines bloßen Kapitalanlegers weit hinaus. Eine Einschränkung der Verantwortlichkeit für die Anwerbung von Anlegern sei jedoch nur dann gerechtfertigt, wenn ein Gesellschafter erst nach der Gründung zur Gesellschaft hinzugestoßen sei, die Beteiligung für ihn lediglich als Kapitalanlage von Interesse sei, und er keinen Einfluss auf die Anwerbung weiterer Gesellschafter habe. So liege es bei dem in Anspruch genommenen Kommanditisten indes nicht.[277] Der Treugeber besitze daher gegen den Kommanditisten einen Anspruch auf Schadensersatz aus Verschulden bei Vertragsverhandlungen.

B. Umfassendes Organisationsverhältnis

1. Verknüpfung von Treuhand- und Gesellschaftsbeziehung

Noch weitergehend als eine Gleichstellung mit einem Gesellschafter im Innenverhältnis scheint die Integrierung des Treugebers in ein umfassendes Organisationsverhältnis den Treugeber einer vollgültigen Gesellschafterstellung anzunähern. Die Erwägung eines umfassenden Organisationsverhältnisses geht auf *Karsten Schmidt* zurück.[278] Er versteht darunter eine „Verknüpfung des Gesellschaftsverhältnisses mit dem Treuhand-Innenverhältnis".[279] Insbesondere im Bereich der Publikums-Treuhandgesellschaft zieht er ein derartiges umfassendes Organisationsverhältnis in Betracht. Dort sei für den Fall, dass die Anleger (Treugeber) gemeinsam mit ihrem Treuhänder zu einer Innengesellschaft organisatorisch zusammengefasst seien, der Treuhänder als geschäftsführender Gesellschafter der Innengesellschaft, mithin als deren Organ anzusehen. Der Treuhänder stehe dann sowohl gegenüber der Hauptgesellschaft als auch gegenüber der Anlage-Innengesellschaft in gesellschaftsrechtlichen Beziehungen. Als Organ auch der Hauptgesellschaft könne man den Treuhänder indes nur

---

[276] BGH, Urt. v. 30.3.1987, II ZR 163/86 = WM 1987, 811, 811.
[277] BGH, Urt. v. 30.3.1987, II ZR 163/86 = WM 1987, 811, 812.
[278] *Schlegelberger/K. Schmidt*, Vorbem. § 335, Rdnr. 69 f.
[279] *Schlegelberger/K. Schmidt*, Vorbem. § 335, Rdnr. 70.

verstehen, wenn man bereit sei, die Treugeber als materielle Mitgesellschafter in der Hauptgesellschaft zu verstehen.[280]

2. Organstellung des Treuhänders bei einer Publikums-KG

Das umfassende Organisationsverhältnis ist – entgegen einiger Deutungen in der Literatur[281] – nach *Karsten Schmidt* also nicht im Sinne einer Einbeziehung aller Beteiligten in die jeweilige Gesellschaft in Form einer Mitgliedschaft im traditionellen Sinne zu verstehen. Die Verknüpfung der beiden Rechtsverhältnisse deutet vielmehr allein auf die Möglichkeiten der Parteien hin, dem Treugeber gegenüber der Gesellschaft eine Position einzuräumen, die unmittelbare Rechte und Pflichten enthalten kann.

Das umfassende Organisationsverhältnis bezieht sich bei *Karsten Schmidt* vor allem auf die Publikumsgesellschaften. Sind dort die Anleger mit dem Treuhänder in einer weiteren Gesellschaft organisiert und besteht zudem eine Verbindung mit dem Hauptgesellschaftsverhältnis, legt es die Verschachtelung der einzelnen Rechtsverhältnisse nahe, das Gesamtkonstrukt als einheitliche Organisation zu verstehen. In diesem Zusammenhang wird von *Karsten Schmidt* eine Einstufung des Treugebers als materieller Gesellschafter erwogen. Indes steht diese Überlegung nicht mit Konsequenzen für die Rechte und Pflichten des Treugebers gegenüber der Hauptgesellschaft in Verbindung. *Karsten Schmidt* zielt mit seinen Ausführungen vielmehr allein auf die Stellung des Treuhänders als Organ der Hauptgesellschaft, nicht aber auf die Rechtsstellung der Treugeber ab.[282]

3. Inneneinfluss und virtuelle KG

Seit neuerem stellt *Karsten Schmidt* das Konstruktionsmodell der virtuellen KG für die atypisch ausgestaltete GmbH & Still sowie die Unterbeteiligung vor.[283] Eine Übertragung der Gedanken auf die Treuhand, insbesondere die Publikums-

[280] *Schlegelberger/K. Schmidt*, Vorbem. § 335, Rdnr. 70, erwähnt den Begriff des umfassenden Organisationsverhältnisses, der sich in der Diskussion inzwischen großer Beliebtheit erfreut, zunächst lediglich in der Überschrift seiner Kommentierung, zudem mit einem Fragezeichen versehen. In der Folge spricht er nur noch von einer Verknüpfung zwischen Gesellschaftsverhältnis und Treuhandverhältnis. Vgl. auch *Bälz*, ZGR 1980, 1, 58 ff., zur Organstellung des Treuhänders bei der integrierten Publikums-KG und S. 91 ff. zur Möglichkeit der Übertragung auf die kupierte Publikums-KG.
[281] Zumindest missverständlich: *Schiemann*, FS Zöllner, S. 503, 510.
[282] *Armbrüster*, S. 192.
[283] Vgl. *K. Schmidt*, Gesellschaftsrecht, *ders.* FS Bezzenberger, S. 401; *Groh*, FS Kruse, S. 417: Die atypische Gesellschaft als fiktive Gesamthandgesellschaft.

KG, wird von ihm nicht ausdrücklich vorgenommen, erscheint jedoch aufgrund funktionaler Parallelen der unterschiedlichen Gestaltungsvarianten gleichwohl naheliegend.[284] Die virtuelle KG bezweckt die Bewältigung der Probleme, die sich bei den in Form der GmbH & Still und der atypischen Unterbeteiligung ausgestalteten Anlagegesellschaften stellen. Während in diesen Konstellationen formal-rechtlich eine GmbH in Kombination mit zahlreichen stillen Beteiligungen beziehungsweise eine Gesellschaftsform mit einer Vielzahl von Unterbeteiligten besteht, soll wirtschaftlich-funktional die Konstruktion der Interessenlage bei einer KG entsprechen. Diese „virtuelle“ KG bestehe nicht auf primär rechtlicher Ebene sondern vielmehr als von der äußeren Gestaltung abweichender realer Hintergrund des gesellschaftlichen Gefüges. Zur Findung interessengerechter und angemessener Ergebnisse seien daher im Innenverhältnis gegebenenfalls die gesetzlichen Regeln zur KG anzuwenden. Es erfolgt nach diesem Konzept mithin eine Aufspaltung zwischen äußerem rechtlichem Erscheinungsbild der Gesellschaft und innerer Organisation.

Die Einordnung der Binnenstruktur der atypischen GmbH & Still sowie atypischer Unterbeteiligungsverhältnisse als virtuelle KG zeugt von dem Bestreben, scheinbar lediglich mittelbar an einer Gesellschaft Beteiligten eine gestärkte Position zukommen zu lassen. Der hierzu beschrittene Weg arbeitet mit einer Differenzierung zwischen äußerer Rechtslage und innerer Ausgestaltung.[285] Hinter der Bezeichnung als virtuelle (*Karsten Schmidt*) oder fiktive (*Groh*) Gesellschaft verbirgt sich letztlich nichts anderes, als eine vom formalen Erscheinungsbild der Konstruktion losgelöste, an den Interessen der Parteien orientierte Betrachtung. Eine Übereinstimmung zwischen äußerer und innerer Ausgestaltung der gesellschaftlichen Beziehungen wird für entbehrlich gehalten. Voraussetzung einer derartigen Konzeption ist, dass das äußere Erscheinungsbild der Gesellschaft nicht zwangsläufig als Abbild der inneren Gestaltung zu begreifen ist.

Dem Gedanken der virtuellen KG lässt sich ein weiterer Anhaltspunkt für eine Entwicklung hin zu einer Einbindung des Treugebers in das gesellschaftliche Organisationsgefüge entnehmen. Wird nach dieser Konzeption die Hauptbeteiligte GmbH im Innenverhältnis als Komplementär einer KG angesehen und die stillen Gesellschafter beziehungsweise Unterbeteiligten als deren Kommanditisten, muss jedenfalls für die Binnenorganisation der Publikums-KG Entsprechendes gelten. Auch hier nehmen die über eine Mittelsperson beteiligten Personen funktional die Stellung von Kommanditisten ein.

---

[284] Vgl. oben: 1. Kapitel, § 2, IV.C, S. 38.

[285] Mit Bezug auf die GmbH & Still stehen die Überlegungen zur virtuellen KG der Rechtsprechung des BGH, der seinerseits die Trennung der einzelnen schuldrechtlichen Beziehungen betont, entgegen. Vgl. die Nachweise bei *K. Schmidt*, FS Bezzenberger, S. 401, 404/405.

4. Ausblick

Die Verknüpfung der Rechtsverhältnisse und das umfassende Organisationsverhältnis *Karsten Schmidts* lassen sich insgesamt als Hinweis auf Wechselwirkungen zwischen Gesellschafts- und Treuhandverhältnis und gegen eine isolierte Betrachtung eines der beiden Verhältnisse verstehen. Man könnte sogar so weit gehen, darin Ansätze eines lockeren strukturellen Gebildes zu erblicken, das in der Lage ist, die einzelnen Rechtsbeziehungen zu beinhalten und dabei auch die Zuerkennung gesellschaftsrechtlicher Positionen an den Treugeber konstruktiv zu ermöglichen. Nicht gemeint ist damit jedoch eine auch formelle im Außenverhältnis Wirkungen entfaltende Mitgliedschaft des Treugebers in der Gesellschaft. Ein umfassendes Programm von gesellschaftlichen Rechten und Pflichten des Treugebers ist nicht zwangsläufige Folge der Annahme eines derart auf das Innenverhältnis beschränkten umfassenden Organisationsverhältnisses.

C. Qualifizierte Treuhand als Inneneinfluss

1. Statuarische Vereinbarung und rechtskonstruktive Verknüpfung mit der Mitgliedschaft

Eine Differenzierung zwischen der Einbeziehung ins Organisationsverhältnis der Gesellschaft im Innenverhältnis und der Stellung als Gesellschafter im Außenverhältnis nimmt für den Bereich der qualifizierten Treuhand auch *Tebben* an.[286] Auf dem Wege einer statuarischen Vereinbarung könne eine gesellschafterähnliche Position des Treugebers geschaffen werden, die über eine einfache Beteiligung im Sinne bloßer schuldrechtlicher Rechtsbeziehungen hinausgehe. Als statuarisch versteht *Tebben* eine im Gesellschaftsvertrag mit Zustimmung sämtlicher Gesellschafter getroffene Regelung.[287] Die statuarische Vereinbarung müsse nicht zwangsläufig zugleich eine Zuweisung unmittelbarer Rechte in der Gesellschaft an den Treugeber beinhalten. Sie erschöpfe sich zunächst in der Wirkung, den Treugeber ins gesellschaftliche Innenverhältnis einzubeziehen.[288] Er werde mithin einer gesellschaftlichen Zweckförderungspflicht unterworfen.[289] Gleichermaßen soll durch die statuarische Vereinbarung aber auch die Gesellschaft zur Beachtung der Interessen des Treugebers verpflichtet werden. Das Handeln des Treugebers erweise sich auf Grund der

---

286 *Tebben*, S. 135 ff.; ZGR 2001, 586, 612 (für das Personengesellschaftsrecht).

287 Die statuarisch geschaffene Position des Treugebers soll daher auch nur nach den entsprechenden gesellschaftsrechtlichen Regeln geändert oder aufgehoben werden können: *Tebben*, S. 89.

288 Regelmäßig erfolgt zwar eine derartige Zuweisung. *Tebben*, S. 136, will jedoch die „Anerkennung des mittelbaren Beteiligungsverhältnisses" durch die statuarische Abrede konstruktiv hiervon trennen.

289 *Tebben*, S. 136; ZGR 2001, 586, 606 (für das Personengesellschaftsrecht).

Einbindung in den Gesellschafterverband als Element der internen Willensbildung. Es liege nicht unzulässige Dritteinflussnahme, sondern durch die „Mediatisierungs- und Majorisierungsvorschriften" des Gesellschaftsrechts gerechtfertigter Inneneinfluss vor.[290] Den Begriff einer Teilmitgliedschaft hierfür hält *Tebben* allerdings für missverständlich, weil sich die Stellung des qualifiziert Beteiligten nicht nach den Regeln für die Mitgliedschaft, sondern allein nach der statuarischen Vereinbarung richte.[291]

2. Mitgliedschaft als Stammrecht

Gewiss darf eine Einstufung der Treugeberstellung als Mitgliedschaft nicht zu voreiligen Schlüssen hinsichtlich seiner Rechts- und Pflichtenstellung verleiten. Stets bedarf es einer zusätzlichen wertungsmäßigen Untermauerung der erzielten Ergebnisse. Gleichwohl bietet der Begriff der Mitgliedschaft eine Leitlinie, an der man sich bei der Konkretisierung der Treugeberstellung orientieren kann. Soweit das Gesellschaftsrecht für die Ausgestaltung einer gesellschaftsinternen Stellung zwingende Grenzen setzt, sind diese im Rahmen einer mitgliedschaftlichen Konzeption auch für den Treugeber zu beachten.

Die konstruktiven Vorzüge eines derartigen Modells zeigen sich etwa, wenn man *Tebbens* Behandlung der qualifizierten Treuhand einer Überprüfung unterzieht. Während *Tebben* die qualifizierte mittelbare Beteiligung auf dem Wege einer Begründung originärer Rechte in der Person des Treugebers für zulässig hält, lehnt er eine Stärkung seiner Position durch eine Abspaltung von Mitgliedschaftsrechten aus rechtskonstruktiven Gründen ab. Zwar wirkten auch die statuarisch für den Treugeber geschaffenen Rechte verdrängend. Eine Abspaltung scheitere jedoch unabhängig davon, ob eine Unzulässigkeit aus den §§ 399, 413 BGB beziehungsweise § 137 BGB herzuleiten sei, bereits an formellen Erwägungen.[292] Das Mitgliedschaftsrecht sei mit den Gestaltungsrechten verwandt. Wie dort sei eine Abtretung rechtstechnisch ausgeschlossen, weil das zur Trennung des Einwirkungsrechts vom „Stammrecht" führe. Die Abtretung des Stimmrechts etwa sei nur bei gleichzeitiger Übertragung mindestens des Anwesenheitsrechts in der Gesellschafterversammlung und des Informationsrechts möglich. Das würde letztlich aber zur Verdoppelung der Befugnisse führen und damit keine echte Abtretung mehr darstellen.[293] Das

---

[290] *Tebben*, ZGR 2001, 586, 606 (für das Personengesellschaftsrecht); mit Rücksicht auf die Einstufung als Inneneinfluss liegt auch kein Verstoß gegen das von *Tebben* rein rechtstechnisch verstandene Abspaltungsverbot vor, *Tebben*, S. 138; vgl. auch zur Argumentation mit der Einbeziehung des Treugebers in den Verband im Zusammenhang mit der Zulässigkeit gesellschaftsrechtlichen Dritteinflusses: S. 143, 145, 160.

[291] *Tebben*. S. 217.

[292] Vgl. *Tebben*, S. 127 ff.

[293] *Tebben*, S. 129; für eine Verwandtschaft der Mitgliedschaftsrechte mit den Gestaltungsrechten

Abspaltungsverbot stehe daher einer Abtretung von Mitgliedschaftsrechten an den einfach mittelbar Beteiligten entgegen.

Es erscheint ungereimt, dass *Tebben* einerseits die Abspaltung von Mitgliedschaftsrechten aus rechtskonstruktiven Gründen ablehnt, andererseits aber die Begründung zumindest mitgliedschaftlich wirkender Rechte durch statuarische Vereinbarung für zulässig erachtet. Auch die originäre Begründung derartiger Rechte führt zu einer Rechtsposition, der kein „Stammrecht" zu Grunde liegt.[294] Das liegt nur anders, wenn man die qualifizierte Stellung des mittelbar Beteiligten als atypisch ausgestaltete Mitgliedschaft versteht. Auf diesem Wege ließe sich der rechtskonstruktive Widerspruch auflösen. Konsequenz wäre dann allerdings, die Rechte und Pflichten des Treugebers zwar in erster Linie aus der statuarischen Vereinbarung zu bestimmen. Diese wäre jedoch im Lichte der mitgliedschaftlichen Stellung des Treugebers auszulegen und gegebenenfalls zu korrigieren. Gerade diese Konsequenz will *Tebben* indes nicht ziehen. Zwar sieht er den Treugeber durch die statuarische Vereinbarung in den Gesellschaftsverband integriert, stuft ihn mithin in gewisser Weise als Gesellschafter ein. *Tebben* lehnt es aber kategorisch ab, die Rechts- und Pflichtenstellung des Treugebers an Hand des mitgliedschaftlichen Regelungsprogramms als Leitlinie zu bestimmen. Es drohe eine „petitio principii", wenn man aus der Mitgliedschaft Rückschlüsse auf die Stellung des Treugebers ziehen wolle.[295] Ausschließlich die statuarische Vereinbarung könne für die Position des Treugebers bestimmend sein.

3. Verdoppelung der Mitgliedschaftsrechte

Die Forderung nach einer statuarischen Form der Einbeziehung des Treugebers steht in engem Zusammenhang mit der Auswirkung der zuerkannten Rechte auf die Gesellschaft. Sieht man durch die Zuweisung unmittelbarer Rechte an den Treugeber insgesamt eine Vermehrung der Gesellschafterrechte und damit zugleich eine Variierung der Gesellschaftsorganisation, bedarf es in der Tat einer Vereinbarung im Gesellschaftsvertrag oder in der Satzung. Eine derartige statuarische Regelung kann aber nur erforderlich sein, soweit es sich um eine qualitative Veränderung der Gesellschaftsstruktur handelt. Werden also nicht verdrängende, sondern zusätzliche korporative Rechte des Treugebers geschaffen, kann eine bloße Zustimmung der Mitgesellschafter nicht genügen. Indes

auch: *Larenz/Wolf*, Allgemeiner Teil des Bürgerglichen Rechts, § 15, Rdnr. 115, S. 314; *Habersack*, Mitgliedschaft, S. 81; *v. Thur*, Der Allgemeine Teil des Bürgerlichen Rechts, Erster Band, § 38, S. 551.

[294] *Tebben*, S. 102, will das indes nicht als Problem einer Abspaltung, sondern lediglich der Dritteinflussnahme auf die Gesellschaft, und damit letztlich des Prinzips der Verbandssouveränität, sehen.

[295] *Tebben*. S. 217.

dürfte eine derartige Regelung kaum einmal dem Willen der Beteiligten entsprechen. Ziel der qualifizierten Treuhand ist es, die Stellung des Treugebers der eines unmittelbar Beteiligten anzunähern, mithin die Gefahren, die aus der Einschaltung des Treuhänders resultieren, zu minimieren. Eine Stärkung des Treugebers, die über den Einfluss hinausgeht, den der treuhänderische Anteil vermittelt, ist dagegen nicht bezweckt. Es lässt sich allerdings nicht leugnen, dass auch wenn man dem Stimmrecht des Treugebers verdrängende Wirkung zuerkennt, zumindest weitere, freilich weniger einschneidende mitgliedschaftliche Rechte durch die Anerkennung mitgliedschaftlicher Rechtspositionen des Treugebers multipliziert werden. Zu denken ist insbesondere an die korporativen Informations- und Anwesenheitsrechte.

Unterzieht man diese mitgliedschaftlichen Rechte einer genaueren Betrachtung, zeigt sich jedoch, dass durch die Zuweisung sowohl an den Treuhänder als auch an den Treugeber keine echte, sich qualitativ auf die Organisationsstruktur der Gesellschaft auswirkende Vermehrung gesellschaftlicher Einflusspositionen und korrespondierender Pflichtenstellungen der Gesellschaft entsteht. Zunächst ist offensichtlich, dass die Position der übrigen Gesellschafter im Verhältnis zu Treuhänder und Treugeber nicht geschwächt wird. Die anteilsmäßige Einwirkungsmacht wird nicht verändert. Es bleibt die größere Beschwerlichkeit für die Gesellschaft, sich mit zwei Berechtigten hinsichtlich eines Anteils auseinander zu setzen. Ähnlich läge es aber auch, wenn ein Gesellschafter sich lediglich eines Bevollmächtigten zur Ausübung seiner Rechte bediente. Auch hier kann dem Hintermann eine gegebenenfalls erforderliche ergänzende Kontrollinformation nicht verwehrt werden. Schließlich ist zu bedenken, dass auch die vollständige Übertragung eines Gesellschaftsanteils Informations- und Anwesenheitsrechte multiplizieren kann, ohne dass es hierzu einer statuarischen Regelung bedürfte. Die Zustimmung der Mitgesellschafter ist je nach Gesellschaftsform erforderlich, zugleich aber auch ausreichend. Entsprechendes hat für die Begründung einer qualifizierten Treuhand zu gelten. Mit Blick auf das Fehlen einer Umgestaltung der Gesellschaftsorganisation ist eine statuarische Vereinbarung entgegen *Tebbens* Ansicht entbehrlich. Eine im konkreten Fall erklärte oder allgemein antizipierte[296] Zustimmung der Mitgesellschafter ist mit Blick auf den Schutz ihrer Interessen ausreichend.

[296] Noch nicht geklärt ist damit allerdings, ob die vorweggenommene Zustimmung sich konkret auf eine Treuhandbegründung beziehen muss, oder ob es genügt, wenn allgemein einer Übertragung des Gesellschaftsanteils auf Dritte zugestimmt wird (vgl. ausführlich zum Zustimmungserfordernis unten, Teil 3). *Tebben*, S. 119, meint, die Treugeber würden durch eine Abspaltung von Mitgliedschaftsrechten an den Treugeber über das Interesse „unter sich zu bleiben" hinaus gefährdet, es sei daher eine spezifisch auf die Treuhand bezogene Zustimmung der Mitgesellschafter erforderlich.

4. Parteiwille und gesellschaftsrechtliches Haftungssystem

Tebben betont mit Blick auf die Haftung des mittelbar Beteiligten, dass es sich bei der qualifizierten Beteiligung lediglich um eine Gesellschafterstellung im Innenverhältnis handele. Das entspreche dem vertraglich angestrebten Ergebnis.[297] Damit sei verbunden, dass eine unmittelbare Haftung des Treugebers im Außenverhältnis nicht bestehe. *Tebben* versteht das als lediglich verwaltungs-, nicht aber vermögensrechtliche Einbeziehung des mittelbar Beteiligten in die Hauptgesellschaft. Das zeige sich auch an der dinglichen Berechtigung an Vermögensgegenständen als absolute Rechtsbeziehung. Die Gesamthandberechtigung der Gesellschafter sei in ihrer Funktion als Vermögenszuordnungsprinzip dem Außenverhältnis zuzuordnen, so dass dem Treugeber keine gesamthänderische Beteiligung am Gesellschaftsvermögen zukomme.[298] Bei der Einräumung bloßer schuldrechtlicher Einwirkungsmöglichkeiten an den Treugeber folge eine Ablehnung der Haftung im Außenverhältnis bereits aus dem Prinzip der Trennung zwischen Gesellschafts- und Treuhandverhältnis.

Die Frage einer Haftung des Treugebers wird damit von vornherein auf die Fälle der qualifizierten Treuhand beschränkt. Anders als etwa bei *Armbrüster* wird weniger die Problematik einzelner Zusammenhänge zwischen gesellschaftlichen Rechten und Pflichten betont. Ins Zentrum des Interesses rückt vielmehr, ob die angenommene Einbeziehung des Treugebers ins gesellschaftliche Innenverhältnis ohne eine entsprechende Gesellschafterstellung nach außen angenommen werden kann. *Tebben* kann sich für diese Haftungsbeschränkung zwar auf den Willen der Parteien berufen.[299] Problematisch ist indes, ob der Parteiwille mit Blick auf die gesellschaftsrechtlichen Haftungsmechanismen ungebrochene Wirksamkeit erlangen kann. Sowohl für das Kapital-, als auch für das Personengesellschaftsrecht ist aus der rechtsstrukturellen Position des Treugebers eine Verantwortung für die ordnungsgemäße Kapitalisierung beziehungsweise Führung der Gesellschaft abzuleiten. Da diese Verantwortung von einem Hervortreten im allgemeinen Rechtsverkehr unabhängig ist, lässt sich eine Differenzierung zwischen gesellschaftlichem Innen- und Außenverhältnis nicht rechtfertigen.

---

[297] *Tebben*, ZGR 2001, 586, 612 (für das Personengesellschaftsrecht).
[298] *Tebben*, ZGR 2001, 586, 613 (für das Personengesellschaftsrecht).
[299] *Tebben*, ZGR 2001, 586, 612/613 (für das Personengesellschaftsrecht).

III. Unterscheidung zwischen formaler und wirtschaftlicher Gesellschafterstellung

A. Überblick

Eine Unterscheidung zwischen formaler und wirtschaftlicher Gesellschafterstellung wird vor allem von der Rechtsprechung vorgenommen. Sie ähnelt dem Konzept der Beachtung der wirtschaftlichen Stellung des Treugebers zur Begründung von Einzelergebnissen. Der maßgebliche Unterschied liegt in der Verwendung des Begriffs der wirtschaftlichen Gesellschafterstellung zur Herleitung und Rechtfertigung einzelner Ergebnisse. Im Ausgangspunkt geht freilich auch die Rechtsprechung davon aus, dass nur der Treuhänder bei der echten Treuhand am Gesellschaftsanteil Gesellschafter ist. Neben dieser formalen Gesellschafterstellung wird in Zusammenhang mit der Haftung des Treugebers die wirtschaftliche Gesellschafterstellung entwickelt.

Die Rechtsprechung hatte sich nach einer anfänglichen Klärung der grundlegenden Struktur der Treuhand am Gesellschaftsanteil vor allem mit der Frage einer gesellschaftsrechtlichen Haftung des Treugebers gegenüber der Gesellschaft und deren Gläubigern zu befassen. Es verwundert nicht, dass die von der Rechtsprechung entwickelte Konzeption insbesondere hierauf ausgerichtet ist. In neuerer Zeit sind darüber hinaus Entscheidungen des BGH zur Haftung eines Gesellschafters einer KG gegenüber den Treugeberkommanditisten aus culpa in contrahendo[300] und im Zusammenhang mit dem Widerruf von an der Haustür abgeschlossenen Treuhandverträgen von Interesse.

B. Haftungsproblematik

1. Kapitalerhaltung in der GmbH

a. Passive Gleichstellung des Treugebers mit einem Gesellschafter

Im Urteil vom 14.12.1959[301] hatte sich der BGH mit einem Fall zu befassen, bei dem eine GmbH durch zwei Gesellschafter gegründet wurde, die beide ihre Anteile für einen gemeinsamen Treugeber hielten.

Fall 6:

a) **Sachverhalt**: *(nach: BGH, Urt. v. 14.12.1959, II ZR 187/57 = WM 1960, 41)* Zweck der GmbH war die Veranstaltung von Flügen. Die beiden Gründungsgesellschafter traten dabei im Auftrage eines Hintermannes auf, mit dem sie jeweils Treuhandverträge

[300] Vgl. oben Fall 5, S. 104 f.
[301] BGH, Urt. v. 14.12.1959, II ZR 187/57 = BGHZ 31, 258 = WM 1960, 41.

über die ihnen zustehenden Gesellschaftsanteile abschlossen. Der Treugeber, der sich nicht selbst im Fluggewerbe betätigen durfte (die Gründung erfolgte 1953, zu dieser Zeit war deutschen Staatsbürgern diese Gewerbeform verschlossen), überließ der Gesellschaft nach Verbrauch des Stammkapitals umfangreiche Geldmittel, die der Treugeber als kurzfristige Darlehen verstanden wissen wollte. Nach Konkurs der GmbH verlangte der Konkursverwalter die zwischenzeitlich an den Treugeber zurückgezahlten Beträge heraus. Er berief sich darauf, die vom Treugeber an die Gesellschaft geflossenen Mittel seien als Eigenkapital aufzufassen.

Problemstellung: Der Fall wirft zunächst das allgemeine haftungsrechtliche Problem der Behandlung von Gesellschafterdarlehen auf. Im Mittelpunkt des treuhandrechtlichen Problemkreises steht indes die Frage, ob der Treugeber, der sich zur Gründung einer GmbH eines oder mehrerer Strohmänner bedient, den GmbH-rechtlichen Kapitalerhaltungsregeln zu unterwerfen ist. Es bedarf hier vor allem einer Klärung, ob der Treugeber Gesellschafter ist oder doch zumindest einem solchen haftungsrechtlich gleichgestellt werden muss. Überdies ist eine Abstimmung auf die übrigen haftungsrechtlichen Vorschriften des GmbH-Gesetzes und insbesondere des Aktien-Gesetzes geboten.

Lösung des BGH: Der BGH entschied, dass die von einem Gesellschafter zur Abwendung der Konkursantragspflicht zur Verfügung gestellten Darlehen wie haftendes Kapital zu behandeln seien, solange der Sanierungszweck noch nicht nachhaltig erreicht sei. Es war daher zu klären, ob neben dem Treuhänder auch der Treugeber als Gesellschafter angesehen werden konnte.

Die Entscheidung des BGH ist geprägt durch die Einstufung des Treugebers als wirtschaftlicher Gesellschafter. Das Gericht betont, die formelle Gesellschafterstellung des Treuhänders werde durch dessen Tätigkeit auf fremde Rechnung nicht in Frage gestellt. Der Treugeber seinerseits sei formell nie Gesellschafter gewesen. Allerdings sei er von Anfang an als alleiniger wirtschaftlicher Gesellschafter aufzufassen. Das wirkliche (wirtschaftliche) Erscheinungsbild werde von der äußeren (formellen) Rechtsgestaltung verdeckt. Das Gericht leitet daraus eine zumindest passive vermögensrechtliche – im zu entscheidenden Fall haftungsrechtliche – Behandlung des Treugebers als Gesellschafter ab. Der Sache nach wird dadurch eine strikte Trennung zwischen gesellschaftlichem Außen- und Innenverhältnis abgelehnt. Die Parteien besitzen zwar die Freiheit, ihre Verhältnisse im Innenverhältnis weitgehend frei zu ordnen. Sie müssen jedoch gegebenenfalls im Außenverhältnis die daraus abzuleitenden Konsequenzen tragen.

Während das Bedürfnis des Rechtsverkehrs nach Klarheit eine Haftung des Treuhänders als nach außen auftretendem Gesellschafter erfordere, gebiete der Schutz der GmbH und ihrer Gläubiger, auch den Treugeber als wirtschaftlichen Gesellschafter gesellschaftsrechtlich haften zu lassen. Die §§ 30, 31 GmbHG sollten die Erhaltung des Stammkapitals umfassend gewährleisten. Eine Haftung des Hintermannes aus § 826 BGB und auf dem Wege einer Pfändung der Ersatzansprüche des Treuhänders gegen seinen Treugeber genügt nach Ansicht des BGH deren Schutzinteresse nicht. Zwar seien die Vorschriften der §§ 30, 31, 19 Abs. 2 und § 24 GmbHG[302] nach ihrem Wortlaut nicht

[302] Heute gilt für zurückgezahlte Gesellschafterdarlehen der im Jahre 1980 eingefügte § 32b GmbHG,

anwendbar, da allein der Treuhänder durch Erwerb eines Gesellschaftsanteils Gesellschafter werde. Eine Anwendung auch auf die Hintermänner rechtfertige sich jedoch aus deren wirtschaftlicher Position. Dafür spreche auch, dass die Vorteile der gesetzlichen Haftungsbeschränkung durch die Rechtsform der GmbH letztlich dem Treugeber zu Gute kämen.[303] Zudem sei der Grundgedanke aus § 39 Abs. 5 AktG (heute § 46 Abs. 5 AktG) auch für die GmbH zu übernehmen. Die Haftung des Hintermannes bei der Gründung durch einen Strohmann sei im GmbH-Recht nicht weniger erforderlich als im Aktienrecht.[304]

b. Wirtschaftliche Gesellschafterstellung als Analogiebasis

Der BGH will den Treuhänder als formalen Gesellschafter vollumfänglich als Gesellschafter behandeln. Das Fehlen des wirtschaftlichen Elementes wirkt sich für ihn folglich rechtlich nicht aus. Der Treugeber als wirtschaftlicher Gesellschafter wird hingegen nur partiell, nämlich hinsichtlich seiner Haftung für die Kapitalaufbringung und -erhaltung, als Gesellschafter gesehen. Der BGH nennt das eine lediglich vermögensrechtliche Gesellschafterstellung oder Verbandszugehörigkeit. Aus der Bezeichnung als wirtschaftlicher Gesellschafter ergeben sich für den Treugeber also insbesondere keine ihm nicht ausdrücklich zugewiesenen unmittelbaren Einwirkungsrechte in der Gesellschaft.

Formale Mitgliedschaft meint demnach eine umfassende Gesellschafterstellung, während die wirtschaftliche Mitgliedschaft nur als Mittel herangezogen wird, um einzelne Haftungstatbestände, die nach der gesetzlichen Regelung eine Gesellschafterstellung voraussetzen, auf den Treugeber anzuwenden. Berücksichtigt man, dass der Gesetzgeber mit der Verwendung des Gesellschafterbegriffs allein den gesetzlich vorgesehenen formellen Gesellschafter gemeint haben kann, stellt sich die Bezeichnung als wirtschaftlicher Gesellschafter als eine dem Gesetzgeber fremde Bezeichnung dar, die im Gebrauch des BGH dazu dient, eine besonders starke Position eines (formalen) Nichtgesellschafters zu umschreiben.[305] Letztlich handelt es sich bei der Anwendung der auf Gesellschafter bezogenen Normen auf den wirtschaftlichen Gesellschafter nach dem Ansatz des BGH rechtstechnisch schlicht um eine Analogie.[306]

---

der jedoch hinsichtlich der Gesellschaftereigenschaft die gleiche Problematik aufweist.

[303] BGH, Urt. v. 14.12.1959, II ZR 187/57 = WM 1960, 41, 43.

[304] BGH, Urt. v. 14.12.1959, II ZR 187/57 = WM 1960, 41, 44.

[305] Zu Recht wird daher der Begriff des wirtschaftlichen Gesellschafters in der Literatur zumindest für unglücklich gehalten, *Weipert*, ZHR 157 (1993), 513, 515.

[306] Ebenso: *Ulmer*, ZHR 156 (1992), 377, 382/383, der seinerseits im Rahmen eines mitgliedschaftlichen Konzepts eine direkte Anwendung der Haftungsnormen befürwortet.

2. Kapitalaufbringung in der GmbH

a. Finanzierungsverantwortung

Mit Blick auf die Kapitalaufbringung übernimmt der BGH in einem neueren Urteil vom 13.4.1992[307] seine Lösung zur Kapitalerhaltung in der GmbH. Die Argumentation weist nunmehr jedoch einige hinzutretende Akzente auf, die das Bild zur Stellung des Treugebers leicht, aber nicht unerheblich, verschieben. Der BGH bezieht sich weniger pauschal als zuvor auf die wirtschaftliche Position des Treugebers, sondern leitet eine eigene Finanzierungsverantwortung des Treugebers aus seiner Einwirkungsmacht in der Gesellschaft her. Die Gesellschafterstellung soll nach wirtschaftlichen und funktionalen Gesichtspunkten zu bestimmen sein. Bemerkenswert erscheint zudem, dass eine Verfehlung der von den Parteien beabsichtigen Wirkungen der mittelbaren Stellvertretung ausdrücklich in Kauf genommen wird. Der in der Gestaltung des Innenverhältnisses zum Ausdruck kommende Parteiwille wird mithin im Außenverhältnis einer Korrektur unterworfen.

Fall 7:

Sachverhalt: *(vereinfacht nach: BGH, Urt. v. 13.4.1992, II ZR 225/91)* Das Stammkapital der GmbH von 50 000, - DM wurde bei der Gründung von einem Gesellschafter in Höhe von 1000,- DM und einem zweiten Gesellschafter in Höhe von 49 000, - DM übernommen. Letzterer wurde zugleich in einem Treuhandvertrag zwischen den Gesellschaftern als Treuhänder des ersteren ausgewiesen. Die vermögensmäßigen Vorteile sollten ganz überwiegend und die Weisungsrechte aus dem Treuhandverhältnis ausschließlich einem nicht an der GmbH beteiligten Dritten zustehen. Der Treuhänder wurde verpflichtet, den Gesellschaftsanteil formell in eigenem Namen zu halten. Er sollte die gesellschaftsrechtlichen Verwaltungsrechte nach Weisung des Begünstigten ausführen, bis die Verbindlichkeiten des Treugebers gegenüber dem Begünstigten erloschen seien. In Zusammenhang damit hatte der Treuhänder die aus der Beteiligung folgenden Gewinne zur Tilgung der Schulden des Treugebers gegenüber dem Begünstigten zu verwenden.

Hintergrund der geschilderten Gestaltung war der Vertrieb der im Betrieb der Begünstigten anfallender Kompensationsware durch den Treugeber. Der Begünstigte war eine im Anlagenbau tätige Gesellschaft, die aus einigen ihrer Geschäfte Bettwäsche (Kompensationsware) als Bezahlung erhielt. Um im Geschäftsverkehr nicht mit dem Vertrieb der Kompensationsware und den daraus resultierenden Verlusten in Verbindung gebracht zu werden, erfolgte die Abwicklung dieser Geschäfte über den Treugeber (ein einzelkaufmännisches Unternehmen). Der Begünstigten standen gegen den Treugeber aus diesen Geschäften Forderungen in Millionenhöhe zu. Der GmbH wurde bei ihrer Gründung über den Treuhänder ein Darlehen in Höhe der ausstehenden Forderungen der Begünstigten gegen den Treugeber zugewendet. Den empfangenen Betrag leitete die GmbH weisungsgemäß an die Begünstigte zur Tilgung der Schulden des Treugebers weiter.

---

[307] BGH II ZR 225/91 = WM 1992, 1233.

Die GmbH ging zwischenzeitlich in Konkurs. Die Einzahlung des Stammkapitals war bislang ausgeblieben. Der Konkursverwalter verlangte von der als Initiator aufgetretenen Gesellschaft (Begünstigte) unter dem Gesichtspunkt der Gründerhaftung die Zahlung des Einlagebetrages an die Gemeinschuldnerin.

Problemstellung: Das entscheidende Problem liegt in der Anwendung der GmbH-rechtlichen Kapitalaufbringungsvorschriften auf den Hintermann bei einer Strohmanngründung durch einen Treuhänder. Zu beachten sind dabei insbesondere die Parallelen zum Aktienrecht sowie zur Kapitalerhaltung im GmbH-Recht.

Der BGH erachtet den Hintermann, der an einer GmbH durch einen Strohmann beteiligt ist, nicht nur hinsichtlich der Kapitalerhaltung, sondern auch bezüglich der Aufbringung des Kapitals als einem Gesellschafter gleichgestellt. Verstehe man den Treugeber im Zusammenhang der Kapitalerhaltung bei der GmbH als wirtschaftlichen Gesellschafter und wende daher die entsprechenden Vorschriften des GmbH-Gesetzes auf ihn an, könne man bei der Kapitalaufbringung nicht anders entscheiden. Auch im Rahmen der erstmaligen Aufbringung des Stammkapitals stehe der mittelbare Gesellschafter auf Grund seiner Einwirkungsmacht über den Treuhänder in einer besonderen Beziehung zur Gesellschaft, die es rechtfertige, ihn der Finanzierungsverantwortung zu unterwerfen.[308] Zwar werde der Hintermann als verbandsfremde Person nicht zum vollgültigen Gesellschafter, in Einzelfällen sei das Tatbestandsmerkmal der Gesellschafterstellung jedoch nach wirtschaftlichen Kriterien zu bestimmen.[309] Der Begriff des wirtschaftlichen Gesellschafters wird damit dahingehend präzisiert, dass nicht allein die vermögensrechtliche, sondern auch die mitwirkungsrechtliche Stellung des Treugebers zu berücksichtigen ist.

Der BGH verweist auf die Verdoppelung der Prozesse und Zwangsvollstreckungen und die damit verbundenen Risiken, die der Weg über eine mittelbare Haftung des Hintermannes mit sich bringe.[310] Diese Risiken müssten von demjenigen getragen werden, der sie veranlasst habe, mithin vom Hintermann als Initiator der Konstruktion, nicht aber vom Gesellschaftsgläubiger. Das Erfordernis eines wirksamen Kapitalaufbringungs- und Kapitalerhaltungssystems als Ausgleich für das Haftungsprivileg im Bereich des Kapitalgesellschaftsrechts rechtfertige auch die Einbeziehung der wirtschaftlichen Gesellschafter in das Haftungskonzept.[311]

Die Anwendung der Vorschriften des GmbHG bricht nach Auffassung des BGH nicht mit dem Grundsatz, dass das Gesetz die Verantwortlichkeit für die Kapitalaufbringung und Kapitalerhaltung ausschließlich den Verbandsmitgliedern auferlege. Auf Grund der besonderen Sachlage könne die Gesellschafterstellung in diesem Zusammenhang nicht nach rein formalrechtlichen Gesichtspunkten bestimmt werden. Vielmehr seien ausnahmsweise wirtschaftliche und

[308] BGH, Urt. v. 13.4.1992, II ZR 225/91 = WM 1992, 1233, 1235/1236.
[309] BGH, Urt. v. 13.4.1992, II ZR 225/91 = WM 1992, 1233, 1235.
[310] BGH, Urt. v. 13.4.1992, II ZR 225/91 = WM 1992, 1233, 1234.
[311] BGH, Urt. v. 13.4.1992, II ZR 225/91 = WM 1992, 1233, 1234/1235.

funktionale Kriterien heranzuziehen. Dem stehe auch nicht entgegen, dass dadurch Folgerungen aus dem Tatbestand der mittelbaren Stellvertretung unter Umständen nicht zur Geltung kämen. Dieses vom Gesetzgeber ohnehin nur vereinzelt geregelte Institut habe hinter den Interessen des Gläubigerschutzes im Kapitalgesellschaftsrecht zurückzustehen.[312] Der Wille der Beteiligten wird vom BGH damit als gegenüber dem Verkehrsschutz nachrangig eingestuft. Die Ausgestaltung der Stellung des Treugebers durch die Parteien wird von der Rechtsprechung mit Rücksicht auf die gesetzlichen Wertungen der GmbH-rechtlichen Kapitalaufbringung und -erhaltung korrigiert.

Die Einfügung des auf bestimmte deliktsähnliche Tatbestände beschränkten § 9 Abs. 4 GmbHG soll einer Haftung des Treugebers nicht entgegenstehen. Zum einen sei es gerade Zweck der Ergänzung gewesen, den Schutz der Gesellschaftsgläubiger auszudehnen. Zum anderen sei dem Gesetzgeber auch die schon zuvor bestehende BGH-Rechtsprechung zur Kapitalaufbringung bekannt gewesen. Da der Gesetzgeber eine gegenläufige Regelung unterlassen habe, bestätige sich durch die Ergänzung die Auffassung des BGH.[313] Schließlich gebiete auch die Parallele zur Kapitalerhaltung, bei der eine Einbeziehung des Hintermannes anerkannt sei, bei der Kapitalaufbringung entsprechend zu entscheiden.[314]

b. Wirtschaftliche Gesellschafterstellung und Qualifizierung der Treuhand

Bemerkenswert ist an der Sichtweise der Rechtsprechung, dass sie den Treugeber generell und nicht nur im Fall der qualifizierten Treuhand unter wirtschaftlichen Gesichtspunkten berücksichtigen will. Es wird damit neben der Einbeziehung des Treugebers im gesellschaftlichen Innenverhältnis durch die Zuweisung ergänzender Rechte eine weitere Kategorie geschaffen, in der der Treugeber in die Nähe der Gesellschaft gerückt wird. Dem Treugeber wird aufgrund seiner strukturellen Position unabhängig von der konkreten Ausgestaltung seiner Rechte eine Finanzierungsverantwortung auferlegt. Die Vorteile dieser Sichtweise zeigen sich insbesondere daran, dass Möglichkeiten zur Stärkung der Treugeberstellung sich in einem Kontinuum von der Durchsetzung seiner mittelbaren Einwirkungsrechte bis zur Zuerkennung unmittelbarer korporativer Befugnisse bewegen. Die Übergänge verfließen dabei. Verbindendes Element aber bleiben – wie der BGH zutreffend erkennt – die Weiterleitung der wirtschaftlichen Konsequenzen der Beteiligung an den Treugeber und dessen, in welcher Form auch immer, gegebene Möglichkeit, die Gesellschaftsbelange zu beeinflussen.

---

[312] BGH, Urt. v. 13.4.1992, II ZR 225/91 = WM 1992, 1233, 1235.
[313] Kritisch hierzu: *Ulmer*, ZHR 156 (1992), 377, 381 ff.
[314] BGH, Urt. v. 13.4.1992, II ZR 225/91 = WM 1992, 1233, 1235/1236.

3. Haftung in der Kommanditgesellschaft

a. Differenzierung zwischen Kapital- und Personengesellschaftsrecht

Das OLG Düsseldorf setzte sich in einer Entscheidung vom 28.3.1991[315] mit der Haftung eines Treugeber-Kommanditisten gegenüber seiner Publikums-KG auseinander. Es hebt dabei die Unterschiede zwischen kapital- und personengesellschaftsrechtlichem Haftungssystem hervor. Die vom BGH herausgearbeitete wirtschaftliche Gesellschafterstellung des Treugebers, die mit einer funktionalen Stellung und einer eigenen Finanzierungsverantwortung einhergeht, soll nach Auffassung des OLG Düsseldorf im Bereich des Personengesellschaftsrechts nicht zum Tragen kommen. Der Einwendungsausschluss zu Lasten des Treugebers, den das Gericht freilich befürwortet, lässt sich indes allein unter diesen Gesichtpunkten rechtfertigen.

Fall 8:

Sachverhalt: *(nach OLG Düsseldorf, Urt. v. 28.3.1991, 6 U 163/90 =DB 1991, 1274)* Der Konkursverwalter einer Publikums-KG wollte die Treugeber-Kommanditisten aus eigenem Recht der KG (§ 171 Abs. 2 HGB) auf Erbringung einer noch ausstehenden Einlage in Anspruch nehmen. Darüber hinaus machte er auch Ansprüche aus abgetretenem Recht des Treuhänders (§§ 675, 670 BGB) auf Erstattung der vom Treuhänder als Gesellschafter zu erbringenden Einlage geltend. Der Treugeber wollte hingegen mit einem ihm gegen den Treuhänder zustehenden Anspruch aufrechnen.

Problemstellung: Zu unterscheiden ist zwischen eigenen (unmittelbaren) Ansprüchen der Gesellschaft gegen den Treugeber-Kommanditisten und (mittelbaren) Ansprüchen aus abgetretenem Recht des Treuhänders gegen den Treugeber. Während die Schwierigkeit bei den eigenen Ansprüchen vor allem in deren Bestehen liegt, ist hinsichtlich der abgetretenen Ansprüche allein problematisch, ob der Treugeber Einwendungen aus dem Verhältnis zum Treuhänder gegenüber der Gesellschaft geltend machen kann, und ob er mit Ansprüchen gegen den Treuhänder auch in dieser Beziehung aufrechnen kann.

Das OLG Düsseldorf hält Ansprüche der KG gegen den Treugeber aus eigenem Recht für nicht gegeben. Es fehle an einer unmittelbaren gesellschaftsrechtlichen oder vertraglichen Beziehung zwischen der Gesellschaft und dem Treugeber. Der Treugeber werde durch die treuhänderische Beteiligung nicht zum Gesellschafter der Publikumsgesellschaft. Die Gleichstellung des Treugebers mit einem Kommanditisten im Innenverhältnis könne nach der Rechtsprechung des BGH im Rahmen des Konstruktionsgefüges einer Publikums-KG zwar zu einer Haftung aus culpa in contrahendo führen.[316] Auf die Erbringung der Einlageforderungen sei dieser Gedanke jedoch nicht zu übertragen. Vielmehr sei insofern allein die formalrechtliche Gestaltung der Vertragsbeziehungen durch die Beteiligten ausschlaggebend. Gleiches gelte für einen Anspruch aus § 171

[315] OLG Düsseldorf, 6 U 163/90 = DB 1991, 1274 (vgl. *Fleck*, EwiR 1991, 801).
[316] Vgl. hierzu oben Fall 5, S. 104 f.

Abs. 1 HGB, der grundsätzlich wahlweise zur Einlageforderung zur Verfügung stehe.

Die Ablehnung eines Haftungsdurchgriffs stützt sich damit letztlich auf die Erkenntnis, allein der Treuhänder sei als Kommanditist rechtlicher Gesellschafter. Eine Inanspruchnahme des Treugebers käme allenfalls unter dem Gesichtspunkt einer wirtschaftlichen Gesellschafterstellung in Betracht. So erstreckt etwa der BGH im Bereich des Kapitalgesellschaftsrechts die Verantwortlichkeit für Kapitalaufbringung und -erhaltung auch auf den wirtschaftlichen Gesellschafter. Ein entsprechendes Vorgehen bei der Kommanditgesellschaft lehnt das OLG Düsseldorf jedoch ab. Die Sicherung der Gläubiger sei im Kapitalgesellschaftsrecht grundlegend anders als im Personengesellschaftsrecht geregelt. Während es im Kapitalgesellschaftsrecht auf die Sicherung einer bestimmten Haftsumme ankomme, stehe im Personengesellschaftsrecht, und damit auch bei der Publikums-KG, die grundsätzlich unbeschränkte persönliche Haftung der Gesellschafter im Mittelpunkt. Dem Gläubigerinteresse sei daher hier genügt, wenn die eingetragenen Gesellschafter entsprechend der gesetzlichen Regelung persönlich hafteten. Der Konkursverwalter konnte demgemäß im zu entscheidenden Fall nur aus abgetretenen Ansprüchen des Treuhänders gegen den Treugeber vorgehen.

Gegen diesen Anspruch versagte das OLG Düsseldorf dem Treugeber allerdings die Aufrechnung mit Schadensersatz- und Prospekthaftungsansprüchen. Dem System der Kapitalaufbringung in der Publikums-KG entspreche es, wenn der Treugeber als Geldgeber die Risiken aus der Einschaltung des Treuhänders zu tragen habe.

Ein Aufrechnungsverbot mit Forderungen ergebe sich nach richtiger – wenn auch umstrittener Auffassung – bereits aus § 406 BGB, der auch auf Vorausabtretungen Anwendung finde. Darüber hinaus stützt das OLG den Aufrechnungsausschluss auf § 242 BGB. Der Zweck der von den Anlegern geschuldeten Leistung schließe eine Erfüllung im Wege der Aufrechnung aus. Dies leite sich aus dem System der Kapitalaufbringung in der KG her. Im Konkurs der Gesellschaft könne der Kommanditist bezüglich seiner Einlage nicht mit Forderungen gegen die Gesellschaft aufrechnen. Eine derartige Aufrechnung würde eine unzulässige Einlagerückgewähr darstellen, da das Gesellschaftsvermögen primär den Gesellschaftsgläubigern (nicht den Gesellschaftern zur Erfüllung gesellschaftsrechtlicher Ansprüche) zur Verfügung stehen müsse. Dieser Grundsatz, der in seinem unmittelbaren Anwendungsbereich für die Kommanditisten als unmittelbar beteiligte Gesellschafter gelte, sei auf die über einen Treuhänder-Kommanditisten beteiligten Anleger bei einer Publikums-KG zu übertragen. Den Treugebern solle durch die Einschaltung des Treuhänders keine rechtliche Besserstellung zu Teil werden. Vielmehr sei eine weitest gehende Gleichstellung mit den unmittelbaren Kommanditisten angestrebt. Da den Treugebern gegenüber der aus abgetretenem Recht vorgehenden Gesellschaft die Aufrechnung mit Forderungen gegen den Treuhänder versagt sei, greife der Anspruch der Gesellschaft im Ergebnis durch.

b. Parallelen zwischen Kapital- und Personengesellschaftsrecht

Zweifel bestehen bezüglich der unterschiedlichen Entscheidungen zur Haftung des Treugebers im Personen- (KG) und Kapitalgesellschaftsrecht (GmbH). Das OLG Düsseldorf meint, aufgrund des Haftungssystems im Personengesellschaftsrecht könne eine unmittelbare gesellschaftsrechtliche Haftung des Treugebers bei der KG nicht gerechtfertigt werden. Damit bezieht das OLG sich auf die grundsätzlich unbeschränkte persönliche Haftung im Personengesellschaftsrecht einerseits und die Sicherung des satzungsmäßig vorgesehenen Stammkapitals im Kapitalgesellschaftsrecht andererseits.

Jedoch besteht trotz der grundlegend verschiedenen Haftungskonzepte auch im Kapitalgesellschaftsrecht eine persönliche Haftung der verantwortlichen Personen, wenn das System zur Sicherung des Stammkapitals versagt. Insofern bestehen Parallelen zum Personengesellschaftsrecht. Zwar stützt sich im Personengesellschaftsrecht das Vertrauen der Geschäftspartner auf die persönliche Haftung der im Handelsregister eingetragenen Personen, doch liegt der entscheidende Gesichtspunkt bei der Haftung des Hintermannes in seiner wirtschaftlichen Gesellschafterstellung und dem Vorschieben eines Strohmannes. Insoweit unterscheidet sich das Personengesellschaftsrecht nicht maßgeblich vom Kapitalgesellschaftsrecht. Besonders deutlich werden die entgegen der Ansicht der Rechtsprechung bestehenden Gemeinsamkeiten bei einer Betrachtung der KG. Der Kommanditist haftet nur persönlich, sofern seine Einlage nicht erbracht ist. Ähnlich verhält es sich bei der GmbH, bei der der Gesellschafter im Rahmen des nicht aufgebrachten oder zurückgewährten Stammkapitals einstehen muss. In beiden Fällen ist diese haftende Person bei der Treuhand am Gesellschaftsanteil vom wirtschaftlichen Gesellschafter im Sinne der Rechtsprechung verschieden. Zumindest im Bereich der Kommanditgesellschaft, insbesondere der Publikums-KG, lässt sich das Ergebnis einer Haftung des wirtschaftlichen Gesellschafters auch für das Personengesellschaftsrecht durch eine Analogie zum Aktiengesetz begründen.

C. Verbraucherschutz und Vertragsbeziehungen

1. Bedeutung der wirtschaftlichen Gesellschafterstellung jenseits von Haftungsfragen

Dass sich die Frage nach einer Gesellschafterstellung des Treugebers im Außenverhältnis nicht auf die Haftungsproblematik reduzieren lässt, zeigt sich an einer Entscheidung des BGH vom 2.7.2001[317] zum Widerrufsrecht eines Treugebers beim Abschluss eines Treuhandvertrages als Haustürgeschäft.

Fall 9:

Sachverhalt: *(nach BGH, Urt. v. 2.7.2001, II ZR 304/00)*[318] Eine Fondsgesellschaft (geschlossener Immobilienfonds) warb durch einen unangemeldeten Besuch eines Vermittlers in einer Privatwohnung einen Anleger an. Die Fondsgesellschaft war als Gesellschaft bürgerlichen Rechts ausgestaltet. Einer der Gesellschafter war eine Treuhandgesellschaft, deren Aufgabe darin lag, ihren Anteil an der Fondsgesellschaft für die Kapitalanleger zu halten. Der in unserem Fall angeworbene Anleger schloss in seiner Wohnung einen Treuhandvertrag mit der Treuhandgesellschaft ab. Die als Beteiligung zu erbringenden Zahlungen sollten in Raten direkt durch den Anleger auf ein Treuhandsonderkonto der Fondsgesellschaft eingezahlt werden. Als Ansprechpartner für Fragen des Treuhänders sowie als Adressat eines etwaigen Widerrufs wurde der Geschäftsführer der Fondsgesellschaft angegeben. Der Anleger widerrief noch vor vollständiger Erbringung der Ratenzahlungen seinen Beteiligungsantrag sowohl gegenüber der Fondsgesellschaft als auch gegenüber der Treuhandgesellschaft. Er verlangte von der Fondsgesellschaft Rückzahlung der von ihm bereits geleisteten Zahlungen.

Problemstellung: Als Vorfrage ist zunächst die Anwendbarkeit des HaustürWG beziehungsweise der nunmehr im BGB befindlichen entsprechenden Regelungen zu klären. Im Schwerpunkt geht es darum, wer beim Abschluss einer Treuhandbeteiligung im Rahmen eines Haustürgeschäftes als „anderer Teil“, gegen den sich der Rückgewähranspruch richtet und an den eine Widerrufserklärung nach §§ 312, 355 BGB (§ 3 Abs. 1 HaustürWG a.F.) zu richten ist, anzusehen ist.

Lösung des BGH: Der BGH stuft den Treuhandvertrag als Vertrag über eine entgeltliche Leistung ein. Durch die treuhänderische Beteiligung verpflichte sich der Anleger zur Leistung des Entgelts für den auf seine Rechnung durch den Treuhänder zu erwerbenden Gesellschaftsanteil. Die Voraussetzungen für die Anwendung des HaustürWG seien damit gegeben.[319]

„Anderer Teil“, an den die Widerrufserklärung des Anlegers zu richten sei und der die empfangenen Leistungen zu erstatten habe, ist nach Auffassung des BGH die Fondsgesellschaft, an der sich der Treugeber mittelbar beteiligt hatte.[320] Zwar sei im Regelfall allein der Vertragspartner als „anderer Teil“ anzusehen. Das gelte jedoch nicht uneingeschränkt, wenn rechtlicher und wirtschaftlicher Vertragspartner nicht personengleich seien. Die rechtliche Konstruktion sehe eine Einschaltung der Treuhandgesellschaft als Mittlerin zwischen Anleger und Fondsgesellschaft vor. Vertragliche Beziehungen bestünden insofern nur zwischen Fonds- und Anlagegesellschaft einerseits sowie Anlagegesellschaft und Anleger andererseits. Der Anleger werde nicht zum

[317] BGH, Urt. v. 2.7.2001, II ZR 304/00 = BGHZ 148, 201 = WM 2001, 1464.
[318] BGH, Urt. v. 2.7.2001, II ZR 304/00 = BGHZ 148, 202.
[319] BGH, Urt. v. 2.7.2001, II ZR 304/00 = BGHZ 148, 203.
[320] BGH, Urt. v. 2.7.2001, II ZR 304/00 = BGHZ 148, 204 ff.

Gesellschafter in der Fondsgesellschaft. Er werde jedoch über den Treuhänder wirtschaftlich an der Fondsgesellschaft beteiligt. In Übereinstimmung hiermit sei der Anleger auch als wirtschaftlicher Vertragspartner der Fondsgesellschaft anzusehen.

Das ergebe sich insbesondere aus den im Vertrag vorgesehenen Detailregelungen[321]: Der Anleger habe alle Leistungen auf ein Treuhandsonderkonto des Fonds einzuzahlen. Auch werde die Gegenleistung an den Anleger unmittelbar von der Fondsgesellschaft erbracht. Anfragen, Erklärungen und auch der Widerruf sollten sich nach dem Vertragswerk an die Geschäftsführerin des Fonds richten. Obwohl keine unmittelbaren rechtlichen Beziehungen zwischen Anleger und Fondsgesellschaft bestünden, gebiete es mithin die Stellung der Fondsgesellschaft als wirtschaftlicher Vertragspartner, diese als „anderen Teil" im Sinne des HaustürWG aufzufassen. Der sich aus dem Widerruf ergebende Rückgewähranspruch richte sich daher gegen die Fondsgesellschaft.

2. Wirtschaftliche Stellung und Vertragsbeziehungen

Die Lösung des BGH ist von dem Bestreben geprägt, dem Verbraucher (Anleger) einen möglichst effektiven Schutz zukommen zu lassen. Er setzt sich dafür über die rechtliche Konstruktion der Rechtsbeziehungen hinweg und nimmt zur Begründung seines Ergebnisses Zuflucht zu einer Art „wirtschaftlichem" Vertragsverhältnis.[322] Das scheint auf den ersten Blick auf einer Linie mit der Behandlung der Haftungsproblematik in den Fällen treuhänderischer Beteiligung an Gesellschaften zu liegen. Auch dort argumentiert der BGH im Kapitalgesellschaftsrecht mit der wirtschaftlichen Gesellschafterstellung des Treugebers. Während es dort indes um das Interesse und die tatsächliche Einflussnahme auf die Gesellschaft geht, kommt es im Rahmen des Widerrufs eines Haustürgeschäftes darauf an, wer Vertragspartei des Verbrauchers ist. Der pauschale Verweis auf eine wirtschaftliche Stellung vermag hier noch weniger zu überzeugen als im Bereich der GmbH-rechtlichen Kapitalsicherung. Es geht hier nicht um Verantwortlichkeit im Sinne von Haftung, sondern um die Lösung von einer Rechtsbeziehung und die daraus resultierenden Rückgewährpflichten. Der vom BGH propagierte Durchgriff des Treugebers auf die Gesellschaft, an der doch nach seiner Auffassung nur der Treuhänder beteiligt ist, stellt mithin eine Durchbrechung der Relativität der schuldrechtlichen Beziehungen dar.

---

[321] BGH, Urt. v. 2.7.2001, II ZR 304/00 = BGHZ 148, 205.

[322] Freilich geht er dabei, wie auch *Schäfer*, JZ 2002, 249, 251, erkennt, über die ansonsten von ihm aus der Einstufung des Treugebers als wirtschaftlichem Gesellschafter abgeleiteten Konsequenzen hinaus.

3. Vertragsbeziehungen beim mitgliedschaftlichen Modell

Folgt man einem mitgliedschaftlichen Modell zur Stellung des Treugebers, ist dieser selbst Gesellschafter der Anlagegesellschaft. Der Treugeber steht durch seinen Beitritt nicht nur zum Treuhänder, sondern auch zur Gesellschaft und den Mitgesellschaftern in rechtsgeschäftlicher Beziehung. Diese entsteht entweder durch die ausdrückliche oder vorweggenommene Zustimmung der übrigen Gesellschafter zur Aufnahme des Anlegers. Es ergibt sich daraus, dass in der Haustürsituation zwei Verträge abgeschlossen wurden. Zum einen der Vertrag zwischen dem Anleger und den Gesellschaftern der Anlagegesellschaft – in dieser Eigenschaft auch mit dem Treuhänder – auf Beteiligung an dem Gesellschaftsverhältnis. Zum anderen der Treuhandvertrag zwischen Anleger und Treuhänder, der ausschließlich die treuhänderische Verwaltung des dem Anleger zuzuordnenden Anteils an der Gesellschaft betrifft. Konsequenz dieser doppelten vertraglichen Bindung des Anlegers wäre an sich eine Differenzierung hinsichtlich seines Widerrufs- und Rückgewährrechts. Indes sind die Beteiligung an der Anlagegesellschaft und deren treuhänderische Natur von vornherein derart miteinander verknüpft, dass sich das aus der „Überrumpelung“ des Anlegers herleitende Widerrufsrecht nur auf beide Vertragsbeziehungen zugleich beziehen kann. Es wäre widersprüchlich, sich mit Blick auf die Überraschung zwar vom Treuhänder zu lösen, die Beteiligung aber aufrecht erhalten zu wollen. Ein Widerruf bringt daher zwangsläufig beide Vertragsbeziehungen zugleich zu Fall. Das Widerrufsrecht muss gegenüber beiden Seiten erfolgen, soweit die Erklärungen an Gesellschaft oder Treuhänder nicht wechselseitig zuzurechnen sind. Der Rückgewähranspruch hat sich gegen den Beteiligten zu richten, an den die Leistung erbracht wurde, also an den Treuhänder, oder denjenigen, der sie letztlich erhalten hat, also die Gesellschaft. Im Ergebnis ist der Entscheidung des BGH zwar zuzustimmen, sie bleibt eine dogmatisch befriedigende Begründung jedoch schuldig.

IV. Zusammenfassung

Eine Einordnung des Treugebers ins Organisationsgefüge der Gesellschaft wird in unterschiedlicher Weise vorgenommen. Die Rechtsprechung versteht den Treugeber als wirtschaftlichen Gesellschafter. Im Gegensatz zur formellen Gesellschafterstellung ist damit eine lediglich passive Position gemeint, die primär dazu dient, eine (analoge) Anwendung von Haftungsvorschriften auf den formellen Nichtgesellschafter zu begründen. Bemerkenswert ist, dass die wirtschaftliche Gesellschafterstellung generell angenommen wird, also nicht von einer qualifizierten Rechtsstellung des Treugebers abhängt. Eine gesellschaftsrechtliche Haftung des Treugebers leitet die Rechtsprechung daraus allerdings nur für den Bereich des Kapitalgesellschaftsrechts ab. Das Haftungssystem des Personengesellschaftsrechts rechtfertige keine Erstreckung der Haftung auf Hintermänner, die allein wirtschaftlich als Gesellschafter einzustufen seien. Im Personengesellschaftsrecht sei lediglich ein Einwendungsausschluss für den Fall, dass Gesellschaftsgläubiger mittelbar gegen den Treugeber vorgehen, anzunehmen. Dem Ausgangspunkt der Rechtsprechung, den Treugeber wegen seiner wirtschaftlichen Stellung und des Vorschiebens eines Mittelsmannes unter Haftungsgesichtspunkten als Gesellschafter zu behandeln, wird die Differenzierung zwischen Personen- und Kapitalgesellschaftsrecht nicht gerecht. Hier wie dort ergibt sich eine Haftungsverantwortung aus der besonderen wirtschaftlichen und rechtsstrukturellen Position des Treugebers gegenüber der Gesellschaft.

Über Haftungsfragen hinausweisend wird von der Rechtsprechung aus der wirtschaftlichen Stellung des Gesellschafters in neuerer Zeit ausnahmsweise auch das Bestehen vertraglicher Beziehungen zwischen den Treugebern und den Gesellschaftern einer Anlagegesellschaft angenommen. So sollen dem Treugeber im Rahmen einer „culpa in contrahendo" nicht nur der Treuhänder, sondern auch die übrigen Gesellschafter der Hauptgesellschaft haften. Entsprechend richtet sich das Recht auf Widerruf und Erstattung im Fall einer als Haustürgeschäft begründeten mittelbaren Beteiligung nicht allein gegen den Treuhänder. „Anderer Teil" im Sinne der verbraucherschützenden Vorschriften soll ebenfalls die Anlagegesellschaft selbst sein.

In der Literatur wird eine Einbeziehung ins Organisationsgefüge in Form einer statuarischen Einbindung allein im Innenverhältnis (*Tebben*) sowie im Sinne eines umfassenden Organisationsverhältnisses (*K. Schmidt*) vorgeschlagen.

Die statuarische Vereinbarung zwischen Treugeber und Gesellschaft soll nicht zwangsläufig zu einer Begründung von Rechten für den Treugeber führen. Zunächst werde nur eine Einbindung ins gesellschaftliche Innenverhältnis bewirkt. Eine Begründung von Mitgliedschaftsrechten werde hierdurch erst ermöglicht. Rechtstechnisch habe die statuarische Vereinbarung als Änderung des Gesellschaftsvertrages oder der Satzung zu erfolgen. Eine bloße Abspaltung von Rechten des Treuhänders scheitere am Abspaltungsverbot. Es bedürfe einer Begründung eigener Rechte für den Treugeber. *Tebben* setzt dabei voraus, dass durch die Zuweisung mitgliedschaftlicher Rechte an den Treugeber die Gesellschaftsorganisation derart verändert werde, dass eine Beteiligung der Mitgesellschafter geboten sei. Indes liegt, soweit es sich um Einwirkungsrechte des Treugebers handelt, die den Treuhänder insoweit aus seiner Position verdrängen, keine erhebliche Schlechterstellung der übrigen Gesellschafter vor. Eine qualitative Veränderung der Gesellschaftsorganisation, die eine Anpassung des Gesellschaftsvertrags beziehungsweise der Satzung erforderlich machen würde, ist entgegen *Tebben* nicht gegeben.

Die Differenzierung zwischen Innen- und Außenverhältnis in *Tebbens* Konzept dient offenbar vor allem dazu, die angestrebte Ablehnung einer unmittelbaren Haftung des Treugebers gegenüber den Gesellschaftsgläubigern dogmatisch begründen zu können. Es soll sich um eine verwaltungsrechtliche Einbeziehung handeln. Eine vermögensrechtliche Integration wird demgegenüber als mit der Beschränkung auf das Innenverhältnis unvereinbar angesehen. Indes vermag bereits die Begrenzung der Gesellschafterstellung des Treugebers auf das Innenverhältnis mit Blick auf die Haftungsverantwortung, die sich aus seiner strukturellen und wirtschaftlichen Stellung ergibt, nicht zu überzeugen.

Die Anregung eines umfassenden Organisationsverhältnisses durch *Karsten Schmidt* steht vor allem in Zusammenhang mit der Publikums-KG und der Stellung des Treuhänders gegenüber Gesellschaft und Anlegern. Die Idee ist daher als allgemeiner Ansatz nur bedingt fruchtbar zu machen. Zumindest Ansätze, die auf ein strukturelles Gefüge hindeuten, das Gesellschaft, Treuhänder und Treugeber umfasst, lassen sich hier jedoch erkennen. Gleiches gilt auch für das Konstruktionsmodell der virtuellen KG. Die Gleichstellung der Anleger mit den Kommanditisten einer KG spricht jedenfalls für das gesellschaftliche Innenverhältnis für eine Gesellschafterstellung der Treugeber einer Publikums-KG.

§ 6 Treugeber als Gesellschafter

I. Zweck des gesellschaftsrechtlichen Ansatzes

Die an sich naheliegendste Möglichkeit, die Einbeziehung des Treugebers ins Organisationsgefüge der Gesellschaft rechtlich zu erfassen, besteht darin, ihn als Gesellschafter einzustufen. Von dieser Perspektive aus stellt sich die Frage nach der Zulässigkeit seiner Einflussnahme auf die Belange der Gesellschaft nicht als Problem des Außeneinflusses. Vielmehr geht es darum, ob der Treugeber als Gesellschafter nur Träger von Rechten sein kann, oder ob ihn zugleich auch die gesellschaftsrechtlichen Pflichten treffen. Das rechtliche Problem verlagert sich bei dieser Betrachtungsweise mithin in den Rahmen der gesellschaftsrechtlichen Gestaltungsfreiheit der Gesellschafter.

Es ließe sich entegegenhalten, der gesellschaftsrechtliche Ansatz unterscheide sich lediglich in der Benennung der Probleme von der Auffassung, die die wirtschaftliche Stellung des Gesellschafters beachten will und eine Ergänzung der eingeräumten Rechte durch korrelierende Pflichten vorschlägt. Indes eröffnet die Ansicht, der Treugeber sei selbst Gesellschafter, den vorzugswürdigen dogmatischen Ansatzpunkt. Nimmt man eine Ergänzung der Rechte des Treugebers allein an Hand von Korrelationserwägungen vor, lassen sich zwar entscheidende Wertungsgesichtspunkte berücksichtigen, jedoch entsteht der Eindruck, dass diese Herleitung sich von den gesetzlichen Vorgaben weitgehend löst. Die rechtlichen Wertungen werden lediglich im Rahmen der Korrelationserwägungen berücksichtigt, an einem festen Anknüpfungspunkt hingegen fehlt es. Dieser drängt sich in Gestalt der Mitgliedschaft indes geradezu auf.

Mitgliedschaft bedeutet Integration in das Rechtsgefüge des Verbandes in Form einer Teilhabe an Rechten und Pflichten. Insofern lässt sich Mitgliedschaft als ein Bündel von Rechten und Pflichten verstehen. Das bedeutet jedoch nicht zwangsläufig, dass die gesetzliche Ausgestaltung der einzelnen Gesellschaftstypen sich lediglich als eine Ausprägung des Programms von Rechten und Pflichten und der zwischen ihnen fakultativ oder zwingend bestehenden Zusammenhänge versteht. Es greift daher zu kurz, die Zusammenhänge zwischen Rechten und Pflichten von vornherein nur im Rahmen von Korrelationserwägungen unter allgemeinen Wertungsgesichtpunkten abzuhandeln. Die Auffassung, die nach diesem Verfahren einzelne dem Treugeber zugewiesene Rechte ergänzen will, verengt die Perspektive voreilig. Die Mitgliedschaft als Bündel von Rechten und Pflichten beinhaltet neben einzelnen Korrelationen auch eine Leitentscheidung des Gesetzgebers hinsichtlich der einzelnen Gesellschaftstypen und ihrer wesensmäßigen Bestandteile. Es ist das Anliegen der gesetlichen Regelung, eine klare Struktur für individuelle wirtschaftliche Entfaltung vorzugeben und damit einen Grundstein für Klarheit und Sicherheit im Rechtsverkehr zu legen.[323] Schließlich verändert sich die Perspektive hinsichtlich der Darlegungs- und Beweislast, wenn man die Mitgliedschaft als Ausgangspunkt wählt. Geht man von der Zuweisung einzelner Rechte aus und ergänzt diese unter Zuhilfenahme von Korrelationen um Pflichten des Treugebers, ist jede Zuweisung einer Pflicht begründungsbedürftig. [324] Demgegenüber bedarf, wenn man den Treugeber als Gesellschafter auffasst, jede Abweichung vom gesetzlichen Pflichtenprogramm einer Rechtfertigung.

II. Treugeber als Scheingesellschafter

Eine Stellung des Treugebers als formeller und wirtschaftlicher Gesellschafter findet sich in der Literatur bisher nur vereinzelt. *Schiemann* will den Treugeber als eine Art Scheingesellschafter insbesondere haftungsrechtlich einem Gesellschafter gleichstellen. Er beschränkt seine Ausführungen allerdings auf die Verwaltungstreuhand[325] und hierbei auf die spezielle Form der Publikums-KG. *Schiemann* betont dabei den Charakter der verwendeten Treuhandkonstruktion als offene Treuhand.[326] Anknüpfend an *Karsten Schmidts* Vorschlag eines umfassenden Organisationsverhältnisses will auch er die Treugeber einer Publikums-Kommanditgesellschaft materiell wie Gesellschafter stellen.[327] Gestützt sieht er seine Auffassung durch die Rechtsprechung des BGH, die sich offenbar dieser Position annähere.[328]

A. Gesellschaftsvertrag und schuldrechtliche Nebenverträge

1. Materielle Gesellschafterstellung des Treugebers

Grund für die Gleichstellung des Treugebers mit einem Gesellschafter ist in *Schiemanns* Konzeption vor allem die Verknüpfung des Gesellschaftsvertrags mit schuldrechtlichen „Nebenverträgen“.[329] Die Anerkennung der Zulässigkeit

[323] Vgl. *Fleck*, FS Fischer, S. 107, 110/111; *Schön*, ZHR 158 (1994), 229, 256 ff.; grundsätzlich zur Bedeutung eines institutionellen Rechtsdenkens: *Reuter*, FS Mestmäcker, S. 271, 272 ff.; gegen ein Bestehen zwingender Strukturprinzipien aber *Tebben*, S. 152 ff.

[324] Vgl. *Wiesner*, FS P. Ulmer, S. 673, 676, der auf der Basis einer Einstufung des Treugebers als Nichtgesellschafter meint, wer eine unmittelbare Außenhaftung des Treugebers befürworte, trage auch die Beweislast hierfür.

[325] *Schiemann*, FS Zöllner, S. 503, 506.

[326] *Schiemann*, FS Zöllner, S. 503, 511.

[327] *Schiemann*, FS Zöllner, S. 503, 510.

[328] *Schiemann*, FS Zöllner, S. 503, 510.

[329] *Schiemann*, FS Zöllner, S. 503, 510; zwar grundsätzlich ebenfalls für ein umfassendes Organisationsverhältnis, aber gegen einen Begründungsansatz über schuldrechtliche Nebenabreden für den Bereich der GmbH: *Ulmer*, ZHR 156 (1992), 377, 390, solche Nebenabreden seien zulässig, ließen das GmbH-Recht jedoch unberührt, sie führten lediglich zu „zusätzlichen, die Mitgliedschaft

neben der gesellschaftlichen Satzung stehender schuldrechtlicher Vereinbarungen zwischen den Gesellschaftern lege es nahe, die strikte Trennung zwischen „eigentlicher Gesellschaft" und „bloß schuldrechtlichen" Treuhandverhältnissen zumindest für die Publikumskommanditgesellschaften aufzugeben. Es ergebe sich dann ein umfassendes Organisationsverhältnis im Sinne *Karsten Schmidts*.[330] *Schiemann* sieht in der Rechtsprechung eine entsprechende Tendenz. So habe der BGH im Bereich der gesellschaftsrechtlichen Unterbeteiligung auch dem Unterbeteiligten unmittelbare Informationsrechte in der Gesellschaft zugesprochen.[331] Zudem lasse der BGH seit neuerem ein Nebeneinander von Unterbeteiligung und Treuhand zu.[332] Betrachte man die beiden Entscheidungen, seien sie in ihrem Zusammenspiel als Indiz für ein unmittelbares Informationsrecht auch des Treugebers zu werten. Leite man aber aus der Verknüpfung des Gesellschaftsvertrages mit der Treuhandabrede als flankierender schuldrechtlicher Absprache Informationsrechte der Treugeber-Kommanditisten ab, müsse man die Treugeber ebenfalls den Gesellschafterpflichten unterwerfen.[333] Im Ergebnis gelangt *Schiemann* so zu einer materiellen Gesellschafterstellung des Treugeber-Kommanditisten.

2. Dogmatisch-konstruktive Rechtfertigung der Treugeberrechte

Bereits die grundlegende These, eine strikte Trennung zwischen Gesellschaftsvertrag und parallelen schuldrechtlichen Absprachen sei wenig sinnvoll, bereitet Schwierigkeiten. Im GmbH-Recht, das *Schiemann* bei seiner Betrachtung freilich ausklammert, ist eine Verknüpfung einer formlosen Nebenabrede mit der Satzung aufgrund der geltenden Formerfordernisse schwerlich denkbar. Doch auch wenn man *Schiemann* zumindest für das Personengesellschaftsrecht noch folgt, könnte von Nebenabreden zwischen den Gesellschaftern nur die Rede sein, wenn die Partner der Vereinbarung losgelöst von der Einordnung der Nebenabrede schon Gesellschafter sind. Der Treugeber soll jedoch erst durch das Zusammenspiel von Gesellschaftsvertrag und schuldrechtlicher Nebenabrede zum Gesellschafter werden. Der Charakter der Treuhandabrede als Schuldvertrag erweist sich damit nicht als Kernprobelm. Die Schwierigkeit liegt vielmehr darin, zu entscheiden, ob der Treugeber durch den schuldrechtlichen Vertrag in den Gesellschaftsverband integriert wird. Dafür gibt der Gedanke der Verknüpfung von Gesellschaftsvertrag und Nebenabreden jedoch nichts her. Ein

---

überlagernden Bindungen zwischen den Partnern der Nebenabrede".

[330] *Schiemann*, FS Zöllner, S. 503, 510.

[331] *Schiemanns* (FS Zöllner, S. 503, 510 FN. 34) Verweis auf BGH, Urt. v. 11.7.1968, II ZR 179/66 = BGHZ 50, 316, 322 (vgl. auch schon den 2. Leitsatz auf S. 316) geht indes fehl, da der BGH dem Unterbeteiligten hier lediglich Informationsansprüche gegenüber dem Hauptgesellschafter, mithin gegenüber der Gesellschaft allenfalls mittelbar wirkende Ansprüche zuerkannt hat.

[332] BGH Urt. v. 13.6.1994, II ZR 259/92 = WM 1994, 1477, 1477.

[333] *Schiemann*, FS Zöllner, S. 503, 510/511.

Anhaltspunkt, warum der Treugeber entgegen dem eigentlichen Parteiwillen zum Gesellschafter aufgewertet werden soll, folgt allein aus der schuldvertraglichen Verknüpfung von Treuhand- und Gesellschaftsbeziehung noch nicht.
Auch *Schiemanns* Verweis auf die Rechtsprechung zu Unterbeteiligung und Treuhand enthält keine sachliche Rechtfertigung für die gesellschaftsinterne Stellung des Treugebers. Allenfalls der Gedanke der Verknüpfung von Gesellschaftsvertrag und schuldrechtlichen Nebenabreden lässt sich hierauf stützen. Die Feststellung, wenn man dem Treugeber korporative Rechte zuerkenne, müssten ihn auch die Pflichten eines Gesellschafters treffen, verweist offenbar auf einen Zusammenhang zwischen Einwirkungsmacht und Haftung. Allein, offen bleibt auch hier, woraus sich die gesellschaftsrechtliche Einwirkungsmacht konstruktiv rechtfertigen soll.

B. Rechtsschein aus Verbindung von Gesellschafts- und Treuhandvertrag

Nach *Schiemann* legt schließlich auch eine Parallele zu den Scheingesellschaftern die Gleichstellung des Treugebers mit einem Gesellschafter nahe. Betrachte man schuldrechtliche und gesellschaftsrechtliche Elemente bei der Treuhand am Gesellschaftsanteil zusammen, entstehe der Schein einer wirklichen (mittelbaren) Gesellschafterstellung.[334]

Bei der offengelegten qualifizierten Treuhand, um die es *Schiemann* im Rahmen der Publikums-KG allein geht, ist zwar die Einflussmöglichkeit des Treugebers auf die Belange der Gesellschaft nach außen erkennbar. Zugleich ist aber auch offenbar, dass nach der Vertragsgestaltung der Parteien allein der Treuhänder formeller Gesellschafter sein soll. Ein Rechtsschein kann insofern nicht entstehen.[335] Es geht nicht um eine Differenz zwischen nach außen hervortretender und tatsächlicher Lage, die für einen Scheintatbestand typisch ist. Bei der (auch Dritten gegenüber) offenen Treuhandgestaltung stimmen das Erscheinungsbild der Gesellschaft und ihre Organisation vielmehr überein. Zu klären ist demgegenüber, welche rechtliche Erfassung dieser Organisation gerecht wird. Der „erst-recht-Schluss" vom Scheingesellschafter auf den Treugeber könnte allenfalls eine Passivstellung des Treugebers begründen. Das Problem liegt damit nicht im Bereich des Rechtsscheins, sondern in der Frage, ob die Vereinbarungen der Parteien unter Umständen gegen ihren ausdrücklichen Wortlaut eine Gesellschafterstellung des Treugebers begründen.

[334] *Schiemann*, FS Zöllner, S. 503, 511.
[335] Vgl. *Beuthien*, ZGR 1974, 26, 48.

C. Zwischenergebnis

Insgesamt entbehrt *Schiemanns* Herleitung einer Gesellschafterstellung des Treugebers einer dogmatisch sauberen Begründung. Die schuldrechtliche Verknüpfung von Gesellschafts- und Treuhandbeziehung ist in der Lage, eine rechtsgeschäftliche Beziehung des Treugebers zur Gesellschaft zu begründen. Eine innere Rechtfertigung für die materielle Gleichstellung des Treugebers mit einem Gesellschafter liefert sie indes nicht. Auch der Begründungsweg über den Gesichtspunkt eines Rechtsscheins versagt, da die Interessenlage einem Scheintatbestand geradezu diametral entgegenläuft. Bei der Integration des Treugebers ins Gesellschaftsgefüge geht es um die Einbeziehung einer Person, die nach außen nicht als Gesellschafter hervortritt. Das Zusammenspiel der Vertragswerke kann einen derartigen Schein auch im Falle einer Offenlegung nicht erzeugen. Stets lässt sich den Verträgen entnehmen, dass der Treuhänder den Treugeber im Wege der mittelbaren Stellvertretung als Gesellschafter ersetzen soll, dass der Treugeber mithin nicht unmittelbarer Gesellschafter sein soll..

Selbst wenn man *Schiemanns* Begründung für tragfähig halten wollte, bliebe sie doch bei der Anerkennung der gesellschaftsrechtlichen Position des Treugebers auf halber Strecke stehen. Zwar erkennt *Schiemann* mit dem Hinweis auf die von der Rechtsordnung vorgegebene Verbindung von Rechten und Pflichten die Mitgliedschaft als den richtigen Ansatzpunkt und vollzieht damit den Wechsel aus der Perspektive des Außeneinflusses in die Perspektive der gesellschaftsrechtlichen Gestaltungsfreiheit der Gesellschafter. Indes spricht *Schiemann* von einer „materiellen“ und „mittelbaren“ Gesellschafterstellung und scheint damit eine vollständige Einbeziehung ins gesellschaftsrechtliche Organisationsgefüge im Sinne einer formellen Mitgliedschaft nicht zu befürworten. Zudem tangieren seine Ausführungen aufgrund der Beschränkung auf Publikumspersonengesellschaften lediglich einen Teilbereich der Anwendungsfälle der Treuhand am Gesellschaftsanteil. Nicht nur in der Begründung, sondern auch hinsichtlich der Konsequenzen erweist sich *Schiemanns* mitgliedschaftliche Konzeption mithin als unzureichend.

III. Mitberechtigung von Treuhänder und Treugeber

Am deutlichsten vertritt in der Literatur bislang *Ulmer* eine Gesellschafterstellung des Treugebers. Bei der qualifizierten (offenen) Treuhand sieht er den Treugeber im Personen- wie auch im Kapitalgesellschaftsrecht in die Gesellschaft einbezogen. Konsequent unterwirft er den Treugeber dem vollen gesellschaftsrechtlichen Pflichtenprogramm. Formvorschriften und Zustimmungserfordernisse zur Begründung einer Gesellschafterstellung im Kapitalgesellschaftsrecht sollen ebenso auf den Treugeber angewendet werden wie die Eintragungspflicht im Personengesellschaftsrecht.

A. Offene Treuhand als qualifizierte Treuhand

Für *Ulmer* ist die Differenzierung zwischen einfacher (verdeckter) und qualifizierter (offener) Treuhand das maßgebliche Kriterium zur Ermittlung der Gesellschafterstellung des Treugebers.[336] Der Gesichtspunkt der Qualifizierung (Offenheit) bezieht sich dabei auf die Zustimmung der übrigen Gesellschafter zur Treuhandvereinbarung. Der Sprachgebrauch weicht insoweit von der allgemein für die Beziehung zu Dritten gebrauchten Einstufung als einfache oder qualifizierte beziehungsweise offene oder verdeckte Treuhand ab. Qualifiziert ist die Treuhand nach *Ulmer*, wenn über die Offenlegung gegenüber den Mitgesellschaftern hinaus auch deren Zustimmung zur Treuhandkonstruktion vorliegt.[337] Diese Zustimmung muss nicht unbedingt in jedem Einzelfall erklärt werden, sondern kann auch allgemein im Gesellschaftsvertrag enthalten sein.[338]

Bei der einfachen Treuhand ist gemäß *Ulmer* grundsätzlich allein der Treuhänder als formaler Inhaber des Gesellschaftsanteils Träger der mitgliedschaftlichen Rechte und Pflichten.[339] Es bestehe kein unmittelbares Verhältnis des Treugebers zur Gesellschaft.[340] Vielmehr blieben die einzelnen Rechtskreise getrennt.[341] Die einfache Treuhand stelle ein rein zweiseitiges Rechtsverhältnis zwischen Treugeber und Treuhänder dar.[342] Eine Ausstrahlung des Gesellschaftsrechts auf den Treugeber erfolgt hier nach *Ulmer* nur ausnahmsweise auf der Basis besonderer rechtlicher Begründung.[343] Im Bereich der Treuhand an einem GmbH-Anteil könnten etwa die Haftung nach §§ 9a Abs. 4, 32 a Abs. 3 GmbHG oder die allgemeinen Durchgriffslehren als Grund für eine Erstreckung von GmbH-Recht auch auf den Treugeber dienen.[344]

[336] *Ulmer*, FS Odersky, S. 873, 888 (für die GmbH).
[337] *Ulmer*, ZHR 156 (1992), 377, 391 (für die GmbH); *ders.*, FS Odersky, S. 873, 878 (für die GmbH).
[338] *Staub/Ulmer*, 4. Aufl. 1989, § 105 HGB, Rdnr. 106 (für das Personengesellschaftsrecht); *Ulmer*, ZHR 156 (1992), 377, 388. (für die GmbH); *ders,*. FS Odersky, S. 873, 893/894 (für die GmbH).
[339] *Staub/Ulmer*, 4. Aufl. 1989, § 105 HGB, Rdnr. 102/103 (für das Personengesellschaftsrecht).; *Ulmer*, FS Odersky, S. 873, 891 (für die GmbH).
[340] *Staub/Ulmer*, 4. Aufl. 1989, § 105 HGB, Rdnr. 102/104 (für das Personengesellschaftsrecht).
[341] *Ulmer*, ZHR 156 (1992), 377, 388. (für die GmbH).
[342] *Ulmer*, FS Odersky, S. 873, 888/889 (für die GmbH).
[343] *Staub/Ulmer*, 4. Aufl. 1989, § 105 HGB, Rdnr. 102 (für das Personengesellschaftsrecht); *Ulmer*, FS Odersky, S. 873, 891 (für die GmbH).
[344] *Ulmer*, FS Odersky, S. 873, 889 und 891/892 (für die GmbH).

B. Doppelzuständigkeit bei qualifizierter Treuhand

Für die qualifizierte Treuhand soll demgegenüber eine Doppelzuständigkeit von Treuhänder und Treugeber entstehen.[345] Dabei handele es sich um eine Mitberechtigung von Treuhänder und Treugeber am gemeinsamen Gesellschaftsanteil.[346] Das Treuhandverhältnis gehe über eine rein obligatorische Beziehung hinaus. Es entstehe ein umfassendes, Gesellschaft, Treuhänder und Treugeber einschließendes Organisationsverhältnis.[347] Dadurch werde eine grundsätzlich freie Aufteilung der Mitgliedschaftsrechte zwischen Treugeber und Treuhänder ermöglicht.[348] Für die GmbH sei die Verteilung in Ermangelung einer abweichenden Regelung an § 18 Abs. 1 GmbHG zu orientieren. Die Einbeziehung des Treugebers in den Gesellschafterverband habe aber auch die Folge, dass mit den zugewiesenen Rechten die entsprechenden gesellschaftsrechtlichen Pflichten den Treugeber träfen.[349]

Die Doppelzuständigkeit von Treugeber und Treuhänder wird insbesondere von *Tebben* unter dem Gesichtspunkt einer Vereinbarkeit mit dem numerus clausus der dinglichen Rechte kritisiert.[350] Dieses Prinzip beschränke die Zuordnung dinglicher Rechte auf die gesetzlich vorgesehenen Typen. Hiergegen lässt sich nach *Tebbens* Auffassung nicht mit der Gestaltungsfreiheit der Gesellschafter im gesellschaftlichen Innenverhältnis argumentieren. Auch bei der Ausgestaltung im Innenverhältnis gehe es letztlich um die Zuordnung aus der Mitgliedschaft fließender Rechte.[351]

Tebbens Argumentation wird nur vor dem Hintergrund seiner Abgrenzung zwischen derivativer und originärer, statuarischer Begründung unmittelbarer Treugeberrechte verständlich. Durch statuarische Vereinbarung können nach *Tebben* unmittelbare korporative Rechte des Treugebers, gegebenenfalls einhergehend mit einem entsprechenden Ausschluss des Treugebers von eben diesen Rechten, vereinbart werden. [352] Der Sache nach entsteht auch auf diesem Wege nichts anderes als eine funktionale Doppelzuständigkeit von Treugeber und Treuhänder. Der Unterschied liegt allein in der rechtskonstruktiven Herleitung. Die derivative Doppelzuständigkeit – wie sie *Ulmer* befürwortet –

---

[345] *Ulmer*, FS Odersky, S. 873, 889 (für die GmbH).
[346] *Staub/Ulmer*, 4. Aufl. 1989, § 105 HGB, Rdnr. 106 (für das Personengesellschaftsrecht);*Ulmer*, ZHR 156 (1992), 377, 388 f. (für die GmbH); *Tebben*, S. 104 ff., versteht das als dingliche Berechtigung „sui generis“ (S. 108).
[347] *Staub/Ulmer*, 4. Aufl. 1989, § 105 HGB, Rdnr. 106 (für das Personengesellschaftsrecht); *Ulmer*, FS Odersky, S. 873, 889 (für die GmbH).
[348] *Ulmer*, FS Odersky, S. 873, 889/890 (für die GmbH).
[349] *Staub/Ulmer*, 4. Aufl. 1989, § 105 HGB, Rdnr. 106 (für das Personengesellschaftsrecht); *Ulmer*, FS Odersky, S. 873, 890 (für die GmbH); *ders.*, ZHR 156 (1992), 377, 390. (für die GmbH).
[350] *Tebben*, S. 104 ff.
[351] *Tebben*, S. 107 f.: Gestaltungsfreiheit und numerus clausus bezögen sich auf unterschiedliche Gegenstände.
[352] *Tebben*, S. 135 ff.

leitet sich vom Treugeber ab. Sie entsteht durch einen Bestellungsakt des Treugebers, der allenfalls Zustimmungserfordernissen der Mitgesellschafter unterliegt. Eine originäre „Doppelzuständigkeit" in *Tebbens* Sinne ergibt sich demgegenüber aus einer Vereinbarung im Gesellschaftsvertrag, an der regelmäßig alle Gesellschafter mitwirken müssen, und die zudem den entsprechenden Formerfordernissen unterliegt. Auch auf diesem Wege wird indes die innergesellschaftliche Zuordnung von Gesellschafterrechten geregelt.[353] Letztlich dient die Ablehnung der Doppelzuständigkeit von Treugeber und Treuhänder in *Tebbens* Konzept damit als Stütze für die Theorie einer statuarischen Einbeziehung des Treugebers. Betrachtet man jedoch den Zweck des numerus clausus dinglicher Rechte, zeigt sich, dass diesem Prinzip für die Begründung einer Doppelzuständigkeit ausschließlich auf derivativem oder originärem Wege nichts zu entnehmen ist. Die Begrenzung der Formen dinglicher Berechtigung wurzelt im Bestreben nach Orientierungssicherheit im Rechtsverkehr und dem damit einhergehenden Verkehrsschutz. Durch die Ausgestaltung einer Gesellschaftsbeziehung im Innenverhältnis wird dieser Zweck nicht beeinträchtigt. Es genügt dem Schutzbedürfnis der Mitgesellschafter, die Begründung einer Doppelzuständigkeit gegebenenfalls von ihrer Zustimmung abhängig zu machen. Die Betonung des rechtskonstruktiven Aspekts, auch die Verteilung innergesellschaftlicher Befugnisse bilde eine Zuordnungsfrage, dehnt das numerus clausus- Prinzip daher über Gebühr aus.

C. Qualifizierte Treuhand und Stimmbindung

Ulmers Konzept geht mit Blick auf die Einbindung des Treugebers in den Gesellschaftsverband am weitesten. Die Mitberechtigung von Treuhänder und Treugeber an einem Gesellschaftsanteil lässt beide zu grundsätzlich vollwertigen Gesellschaftern werden, die als solche haften und gegebenenfalls im Handelsregister einzutragen sind.[354] Kritisiert wird an *Ulmers* Vorschlag vor allem die Differenzierung zwischen einfacher und qualifizierter Treuhand. Als Problematisch wird dabei angesehen, dass gerade in den Fällen der einfachen, gegenüber den Mitgesellschaftern verborgenen Treuhand die Gesellschaft besonderen Schutzes bedürfe, *Ulmer* jedoch ausschließlich für die qualifizierte, offene Treuhand zu einer Pflichtenerstreckung auf den Treugeber gelangt.[355]

[353] *Tebben*, S. 111, sieht bei der Begründung durch seine statuarische Abrede das Prinzip des numerus clausus dinglicher Rechte nicht verletzt, weil hierin eine Gestaltung des gesellschaftlichen Innenverhältnisses, nicht aber eine Regelung der dinglichen Rechtszuordnung liege.

[354] Vgl. *Staub/Ulmer*, 4. Aufl. 1989, § 105 HGB, Rdnr. 102; § 106 HGB Rdnr. 17.

[355] *Armbrüster*, S. 353, spricht (im Zusammenhang einer Treuepflichterstreckung auf den Treugeber) von einem „Wertungswiderspruch" und bezeichnet die Differenzierung als „ungereimt", da auch bei der verdeckten Treuhand Einwirkungsmacht des Treugebers bestehe; vgl. auch S. 359, mit Blick auf eine von *Armbrüster* selbst für die verdeckte Treuhand hinsichtlich der selbstständigen Treuepflicht des Treugebers vorgenommene Einschränkung.

Um *Ulmers* Konzeption gerecht zu werden, muss man seine Sichtweise der Stimmbindung in der Gesellschaft mit berücksichtigen. *Ulmer* hält die Stimmbindung eines Gesellschafters allgemein nur mit Zustimmung der Mitgesellschafter für wirksam. Freilich ist eine derartige Bindung dann auch gerichtlich durchsetzbar.[356] Das gilt nach seiner Auffassung konsequenter Weise auch im Bereich der treuhandrechtlichen Weisungsbindung. Nur wenn eine Stimmbindung – beziehungsweise allgemeiner eine Weisungsbindung – zwischen Treuhänder und Treugeber vereinbart ist, kann der Treugeber seine Weisungen, mithin sein Interesse, in der Gesellschaft gerichtlich durchsetzen. Die Trennlinie zwischen verbandsinterner und verbandsexterner Stellung des Treugebers verläuft nach *Ulmer* also zwischen Durchsetzbarkeit und Undurchsetzbarkeit des Treugebereinflusses. Bei der qualifizierten Treuhand begründet das Einverständnis der Mitgesellschafter die Durchsetzbarkeit des Einflusses und integriert den Treugeber in die Gesellschaft. Bei der einfachen Treuhand hingegen fehlt es an der Zustimmung, so dass der über den Treuhänder gegebene Einfluss des Treugebers im Konfliktfall undurchsetzbar bleiben muss. Aus dieser unterschiedlichen Machtstellung des Treugebers rechtfertigt sich in *Ulmers* Konzept der stärkere Schutz der Gesellschaft in den Fällen der qualifizierten Treuhand. Liegt lediglich eine einfache Treuhand vor, so bedarf es einer Pflichtenerstreckung auf den Treugeber nicht, da es in Ermangelung einer Durchsetzbarkeit seines Einflusses an einem besonderen Schutzbedürfnis der Gesellschaft fehlt. Das gegen *Ulmer* vorgebrachte Argument, es sei widersinnig, die Gesellschaft gerade bei der verdeckten (einfachen) Treuhand in geringerem Umfang zu schützen als bei der offenen (qualifizierten) Treuhand, geht daher fehl. Zudem ist zu berücksichtigen, dass *Ulmer* für die Fälle eines qualifizierten Einflusses, bei dem die Einbindung des Treugebers in den Gesellschaftsverband an der Unwirksamkeit des Vertragswerkes (etwa wegen Formmängeln) scheitert, die Grundsätze zur fehlerhaften Gesellschaft anwenden will[357], so dass man auch hier zu einem weitgehenden Schutz der Gesellschaft und ihrer Mitglieder gelangt.

D. Verbandsexterne Stellung bei einfacher Treuhand

Gleichwohl weist *Ulmers* Konzept Schwächen auf. Die Durchsetzbarkeit der Einwirkungsmacht auf die Gesellschaft wird für ihn zum entscheidenden Abgrenzungsmerkmal zwischen Außeneinfluss und Gesellschafterstellung des Treugebers. Dadurch, dass die Begründung qualifizierten Einflusses – im Rahmen von *Ulmers* Konzept ist damit durchsetzbarer Einfluss gemeint – von der Zustimmung der Mitgesellschafter abhängig sein soll, wird die einfache

[356] Vgl. *Staub/Ulmer*, 4. Aufl. 1989, § 105 HGB, Rdnr. 106.
[357] *Ulmer*, FS Odersky, S. 873, 895; für die wirtschaftliche Einmann-GmbH: *ders.*, ZHR 156 (1992), 377, 391.

Treuhand nicht unzulässig, ihr wird lediglich die qualifizierte Wirkung versagt. Die Treuhand ist ohne Zustimmung der übrigen Gesellschafter nicht schlechthin, sondern nur als qualifizierte Treuhand unzulässig. Damit begibt man sich der Möglichkeit, den Treugeber auch für die Fälle der einfachen Treuhand als Verbandsmitglied zu erfassen. Das mag zwar weniger dringlich erscheinen – kann der Treugeber seine Einwirkungsbefugnisse doch nach *Ulmers* Auffassung offenbar nicht durchsetzen. Sein mittelbarer faktischer Einfluss über den Treuhänder kann jedoch an Intensität und Ausmaß durchaus dem Einfluss bei der qualifizierten Treuhand gleichkommen. Die Durchsetzbarkeit lässt nur dann Unterschiede entstehen, wenn es zu Unstimmigkeiten zwischen Treugeber und Treuhänder kommt. Unterscheidet man demgegenüber anders als *Ulmer* nicht nach dem Kriterium der Offenlegung der Treuhand im Sinne einer Zustimmung der Mitgesellschafter zur Wahl dieser Konstruktion, sondern nach strukturellen Gesichtspunkten, hängt allenfalls die Zulässigkeit der Treuhand insgesamt von einer Zustimmung der Mitgesellschafter ab. Wird einer Person ohne diese Zustimmung eine Treugeberstellung eingeräumt, ist die ganze Konstruktion unzulässig, die gleichwohl erfolgte Praktizierung muss dann jedoch, sieht man den Treugeber als Gesellschafter, die Anwendung der Grundsätze zur fehlerhaften Gesellschaft zur Folge haben. Die Gesellschaft wird hier also anders als in *Ulmers* Konzept auch vor mittelbarem faktischem Treugebereinfluss in den Fällen einer verdeckten Treuhand geschützt.

E. Interessenbindung des Treuhänders

Zu bedenken ist überdies, dass der Treuhänder auch von einer ausdrücklich vereinbarten Stimmbindung abgesehen, jedenfalls einer Orientierung an den Interessen des Treugebers unterliegt. Das ergibt sich aus dem Wesen der Treuhandbeziehung als Geschäftsbesorgungsvertrag. Mit Blick auf das geschäftsbesorgungsrechtliche Weisungsrecht des Treugebers (§§ 675, 665 BGB) erscheint fraglich, ob es überhaupt einer ausdrücklichen Vereinbarung einer Stimmbindung bedarf, ob nicht vielmehr sogar der Ausschluss einer weisungsrechtlichen Stimmbindung besonderer Begründung bedarf. Zumindest aber gibt der Geschäftsbesorgungsvertrag eine Pflicht des Treuhänders zur Verfolgung der Interessen des Treugebers als vertragswesentliches Element vor. Insofern muss eine Interessenbindung des Treuhänders auch bei der verdeckten Treuhand gegeben sein. Hieraus können für die Gesellschaft Gefahren erwachsen, die unter Umständen einer gesellschaftsrechtlichen Korrektur, etwa auf dem Wege einer Erstreckung der gesellschaftsrechtlichen Treuepflicht auf den Treugeber, bedürfen. Diese Möglichkeit schneidet sich *Ulmer* durch seine Differenzierung zwischen einfacher und qualifizierter Treuhand ab.

IV. Zusammenfassung

Bereits bei einer ersten Betrachtung zeigt sich, dass die Vorteile einer mitgliedschaftlichen Konzeption zur Treugeberstellung in den klar vorgegebenen gesetzlichen Regelungsprogrammen für die Rechte und Pflichten eines Gesellschafters liegen. Der Gesellschafterbegriff bildet den übergeordneten Anknüpfungspunkt für die Erstreckung gesetzlicher Einwirkungsrechte, Haftungsnormen und Formvorschriften. Betrachtet man hingegen isoliert die Zusammenhänge zwischen einzelnen Rechten und Pflichten eines Gesellschafters und versucht auf diesem Wege die Position des Treugebers rechtlich zu erfassen, wird man der Mitgliedschaft als Stellung einer Person in einem Verband mit allen daran anknüpfenden Folgen nicht gerecht.

Als Wege zur dogmatischen Begründung einer Gesellschafterstellung des Treugebers werden die schuldrechtliche Verknüpfung von Gesellschafts- und Treuhandverhältnis (*Schiemann*) sowie die Zustimmung der Mitgesellschafter im Rahmen der offenen Treuhand (*Ulmer*) vorgeschlagen. Beide Ansätze liefern eine tragfähige Grundlage für die Annahme einer direkten Rechtsbeziehung zwischen Treugeber und Gesellschaft. Der dogmatische Ansatzpunkt vermag jedoch nicht zu überzeugen. *Schiemanns* wertungsmäßige Unterfütterung, der Treugeber stehe einem Scheingesellschafter gleich, vermag nicht zu überzeugen. Der Treugeber erscheint nach außen gerade nicht als Gesellschafter. Ein Rechtsschein, aus dem sich eine Mitgliedschaft ableiten ließe, besteht mithin nicht. Schließlich entwickelt *Schiemann* auch kein umfassend anwendbares Konzept. Sein Lösungsvorschlag bleibt auf die Fälle der Verwaltungstreuhand, in erster Linie der Publikums-KG, beschränkt.

Knüpft man eine Gesellschafterstellung des Treugebers an die Zustimmung der Mitgesellschafter bei der offenen Treuhand an, kommt man zu einer Mitgliedschaft des Treugebers ebenfalls nur für einen Teilbereich der Anwendungsfälle der Treuhand am Gesellschaftsanteil. *Ulmer* sieht die Rechtfertigung für die gesellschaftsinterne Stellung des Treugebers bei der offenen Treuhand offenbar in der gesteigerten Einwirkungsmacht, die mit der Möglichkeit zur Durchsetzung seines Weisungsrechtes einhergeht. Während der Treuhänder bei der verdeckten (einfachen) Treuhand außerhalb der Gesellschaft stehe, erwachse aus seiner gestärkten Position bei der offenen (qualifizierten) Treuhand eine Doppelzuständigkeit von Treuhänder und Treugeber an dem treuhänderisch gehaltenen Gesellschaftsanteil. Der numerus clausus der Gesellschaftsrechte steht einer derartigen Sichtweise nicht entgegen. Angestrebt wird lediglich eine Verteilung der innergesellschaftlichen Befugnisse zwischen Treuhänder und Treugeber. Der allgemeine Rechtsverkehr ist dadurch nicht betroffen.

Die Grenzziehung zwischen offener und verdeckter Treuhand und davon abhängiger Durchsetzbarkeit der Weisungsbefugnis des Treugebers erscheint freilich fragwürdig. Der Treuhänder unterliegt einer Bindung an die Interessen des Treugebers, die als Wesenselement der Treuhandbeziehung auch nicht ausgeschlossen werden kann. Es kommt daher allenfalls in Frage, die Treuhand generell von einer Zustimmung der Mitgesellschafter abhängig zu machen. Die Durchsetzbarkeit des Treugebereinflusses bedarf jedoch nach zutreffender Auffassung keiner separaten Zustimmung. Unabhängig davon, ob man *Ulmers* Differenzierung zwischen einfacher und qualifizierter Treuhand folgt, ist mit der Einwirkungsmacht des Treugebers jedenfalls ein wesentliches Kriterium zur Beurteilung der Treugeberstellung ausgemacht.

3. Kapitel: Mitgliedschaftliches Konzept

Die Auseinandersetzung mit den bestehenden Ansätzen zur dogmatischen Erfassung der Treugeberstellung hat gezeigt, dass es an einem überzeugenden Gesamtkonzept für den Bereich der Treuhand am Gesellschaftsanteil bislang fehlt. Wird eine Gesellschafterstellung des Treugebers in der Literatur befürwortet, bleibt es doch bei bruchstückhaften, in Herleitung und Begründung oberflächlichen Lösungen. Einerseits wird mit dem Bestreben, zwischen einfacher und qualifizierter Treuhand zu differenzieren, die einheitliche Grundstruktur der Treuhandbeziehung verdeckt, werden die eher geringfügigen Unterschiede letztlich überbetont. Andererseits wird der Gesichtspunkt der rechtsgeschäftlichen Begründung einer Gesellschafterstellung des Treugebers vernachlässigt. Insbesondere wird nicht hinreichend bedacht, ob und unter welchen Voraussetzungen es gegebenenfalls erforderlich sein kann, den Treugeber auch gegen den Willen der Beteiligten als Gesellschafter einzustufen. Den Blick hierfür kann nur eine Betrachtung der strukturellen Gegebenheiten der Gesellschafts- wie auch der Treuhandbeziehung öffnen. Soweit versucht wird, losgelöst von einer Anknüpfung an den Gesellschafterbegriff die einzelnen Sachprobleme zu bewältigen, besteht um so mehr die Gefahr, sich eines Orientierungspunktes zur Findung interessengerechter Ergebnisse zu begeben. Zwar wird mit der Annahme einer Gesellschafterstellung des Treugebers noch nicht abschließend über die anzuwendenden gesetzlichen Regelungen entschieden. Der mitgliedschaftliche Ansatz bietet jedoch eine Rechtssicherheit ausstrahlende Alternative, die anders als ein auf Einzellösungen beschränktes Konzept Billigkeitserwägungen nicht frei in den Raum stellt, sondern in einen dogmatisch-konstruktiv gesicherten Rahmen einbindet.

Im folgenden soll daher versucht werden, eine mitgliedschaftliche Lösung für die Stellung des Treugebers zu entwickeln. Ziel muss es sein, die Mitgliedschaft in einer Gesellschaft als Leitlinie zur Bewältigung der aus der treuhänderischen Beteiligung entstehenden Probleme und Konflikte fruchtbar zu machen. Im Mittelpunkt der Untersuchung steht dabei, wie eine Einbindung des Treugebers in den Gesellschaftsverband konstruktiv zu bewältigen ist. Zentrale Gesichtspunkte sind die Entstehung einer Gesellschafterstellung des Treugebers sowie die Aufteilung der mitgliedschaftlichen Rechte und Pflichten zwischen Treugeber und Treuhänder. Stets sind sowohl die von den Parteien mit der Treuhandkonstruktion verfolgten Motive als auch die Interessen der übrigen Gesellschafter und außenstehender Dritter, insbesondere der Gesellschaftsgläubiger, zu berücksichtigen. Im Blick zu behalten ist schließlich die Vereinbarkeit des entwickelten Ansatzes mit allgemein zivilrechtlichen und speziell gesellschaftsrechtlichen Prinzipien.

§ 7 Konkludente Begründung einer Gesellschafterstellung

Um zu klären, ob der Treugeber eine mitgliedschaftliche Position innehat, muss ermittelt werden, was überhaupt Mitgliedschaft ist, welche Bedeutung ihr zukommt, sowie welche Prinzipien und Elemente für sie prägend sind.

I. Überblick

Mitgliedschaft bedeutet die Stellung einer Person in einem Verband.[358] Das Mitglied tritt durch seine Integration in den Verband in Rechtsbeziehungen zu den übrigen Mitgliedern ebenso wie zum Verband. Kennzeichnend ist die typische strukturelle Prägung der Rechtsbeziehung der Mitglieder untereinander. Die mitgliedschaftliche Rechtsbeziehung lässt sich auf diesem Wege in ein Gesamtkonzept einordnen, das rechtliche Verknüpfungen anhand ihrer rechtsstrukturellen Eigenarten gliedert. Die Grundtypen persönlicher Verkettung bilden dabei neben dem mitgliedschaftlichen Kooperationsverhältnis die Formen der Koordinations- sowie der Subordinationsbeziehung. Durch die Berücksichtigung der strukturellen Prägung der Mitgliedschaft wird es möglich, sie von anders gearteten Rechtsbeziehungen abzugrenzen. So steht im Gegensatz zur Einflussnahme auf den Verband durch ein Mitglied die Dritteinflussnahme durch außerhalb des Verbandes befindliche Personen. Die Grenze, an der die Dritteinflussnahme durch den Treugeber zu einer Einbindung in das gesellschaftsrechtliche Organisationsgefüge umschlägt, macht zugleich die Schaltstelle aus, ab der der Treugeber dem gesellschaftsrechtlichen Regelungsprogramm unterworfen ist.

Mitgliedschaft lässt sich demgemäß auch als Gefüge von Rechten und Pflichten verstehen. Untergliedert in die einzelnen Gesellschaftstypen kommen jeder Gesellschaftsform spezifisch mitgliedschaftliche Regelungen zu. Die Frage nach der Mitgliedschaft einer Person beinhaltet neben der rechtstrukturellen Perspektive der rechtlichen Beziehung zu anderen Personen vor allem die Rechtsstellungsperspektive der eigenen Rechte und Pflichten. Von praktischer Bedeutung ist bei einer mitgliedschaftlichen Betrachtung der Treuhand am Gesellschaftsanteil, welche Rechte und Pflichten den Treugeber treffen, und inwieweit der Umfang seiner Rechte und Pflichten durch Parteivereinbarung beeinflusst werden kann. Insofern geht es um den Rechtsstellungsaspekt der Mitgliedschaft. Die Lösung der praktischen Probleme der Treuhand am Gesellschaftsanteil lässt sich an diesen Gesichtspunkt der Mitgliedschaft als Leitlinie anknüpfen.

---

[358] Vgl. *Bälz*, ZGR 1980, 1, 42 f.; *K. Schmidt*, JZ 1991, 157, 158.

Wird der Treugeber seiner strukturellen Stellung entsprechend als Gesellschafter eingeordnet, fragt sich, welche Auswirkungen das auf die Position des Treuhänders als Gesellschafter hat. Verliert dieser unweigerlich seine Gesellschafterstellung, oder ist eine parallele Verbandsmitgliedschaft von Treugeber und Treuhänder denkbar? Damit verbunden ist das Problem, wie sich eine Gesellschafterstellung von Treugeber und Treuhänder konstruktiv, vor allem hinsichtlich der vermögensmäßigen Beteiligung und einer Aufspaltung korporativer Rechte und Pflichten, bewältigen lässt.

II. Allgemeine Bedeutung gesetzlicher Typisierung

Die Einordnung einer Rechtsbeziehung zu einem Rechtsstrukturtyp dient auf einer höheren Abstraktionsstufe ähnlichen Zwecken wie die Zuordnung zu einem bestimmten Vertragstyp. Ziel ist eine Überprüfung und Ergänzung der von den Parteien getroffenen Regelungen. Der gesetzlich normierte Typ wird entweder als dispositives Recht bei der Lückenfüllung als Hilfe herangezogen oder begrenzt als zwingendes Recht die Gestaltungsfreiheit der Beteiligten. Die Zuordnung zu einem bestimmten Typ kann sich aus einer ausdrücklichen Vereinbarung ergeben. Die Parteien bringen dann schon durch den Wortlaut zum Ausdruck, sich dem bezeichneten Regelungsprogramm unterwerfen zu wollen.

Ebenso kann sich die Zugehörigkeit zu einem Vertragstyp aber auch lediglich schlüssig (konkludent) aus den Absprachen der Parteien herleiten. Die Einordnung des Rechtsverhältnisses erfolgt dann, wenn die Sachregelungen und die Interessenlage erkennen lassen, dass der betroffene Sachverhalt zum Regelungsbereich der gesetzlichen Vorschriften gehört. Dazu müssen die rechtsgeschäftlich vereinbarten und gesetzlich vorgesehenen Regelungen nicht in allen Punkten übereinstimmen. Es ist gerade Sinn der gesetzlichen Typisierung, soweit sie zwingende Wirkung entfaltet, sich auch gegen anders lautende Parteivereinbarungen durchzusetzen. Es müssen sich mithin nicht in allen Punkten Übereinstimmungen ergeben, wohl aber hinsichtlich so vieler Gesichtspunkte, dass von einer Sachlage ausgegangen werden kann, die vom gesetzlichen Regelungsmuster umfasst sein soll. Man kann in diesem Zusammenhang einerseits von notwendigen Elementen sprechen, deren Fehlen eine Zuordnung zum entsprechenden Vertragstyp versperrt. Anderseits müssen auch hinreichende Elemente benannt werden, die einen Vertragstyp derart prägen, dass ihr Vorliegen zur Zuordnung zu diesem Typ genügt.

III. Das Gesellschaftsverhältnis als Vertragstyp/Rechtsstrukturtyp

Im Bereich des Gesellschaftsrechts bestehen die einzelnen Gesellschaftsarten als Vertragstypen. Der Gesetzgeber hat damit die Gestaltungsmöglichkeiten zur Bildung einer Gesellschaft in bestimmte Bahnen gelenkt. Weitergehend lässt sich jedoch in einem übergeordneten Sinn eine jede gesellschaftsrechtliche Beziehung dem rechtsstrukturellen Typ des Kooperationsverhältnisses zuordnen. Die einzelnen Gesellschaftsarten stellen sich als Ausprägungen dieses Rechtsstrukturtyps dar.

Die Rechtsbeziehungen zwischen mehreren Personen lassen sich nach ihrer Interessenausrichtung in die drei Grundformen des Interessengegensatzes (Koordinationsverhältnisse), der Interessengleichrichtung (Kooperations- oder Koalitionsverhältnisse) und der Interessenunterordnung (Subordinationsverhältnisse) gliedern.[359] Diese Differenzierung dient dazu, die strukturellen Unterschiede, die die jeweiligen Rechtsverhältnisse und die dort auftretenden Konflikte prägen, zutreffend zu erfassen und eine dogmatische Grundlage für interessengerechte Lösungen zu bieten.[360]

A. Kooperationsverhältnisse

Das jeder Verbandsorganisation zu Grunde liegende Rechtsverhältnis versteht sich als Kooperationsverhältnis.[361] Die Beteiligten wirken hier mit Blick auf einen gemeinsamen Zweck zusammen.[362] Ihre Interessen laufen insoweit parallel. Es besteht anders als beim Koordinationsvertrag kein grundsätzlicher Interessengegensatz, dessen Ausgleich das Vertragswerk dient.[363] Freilich sind auch im Verband Interessengegensätze und Unstimmigkeiten denkbar und sogar

---

[359] Dazu ausführlich: *Staudinger/Martinek*, 13. Bearb. 1995, § 675 BGB, Rdnr. A 37 ff.; *Beyerle*, Die Treuhand im Grundriss des deutschen Privatrechts, S. 16 ff.; *Würdinger*, Gesellschaften, 1. Teil: Recht der Personengesellschaften, S. 9 ff.

[360] Vgl. *Beyerle*, Die Treuhand im Grundriss des deutschen Privatrechts, S. 20 ff.

[361] *Staudinger/Martinek*, 13. Bearb. 1995, § 675 BGB, Rdnr. A 41 differenziert terminologisch leicht abweichend zwischen Konföderations- und Koalitionsverhältnissen als Formen der Interessengleichrichtung. Dabei umschreibt der Begriff des Koalitionsverhältnisses die Interessengleichrichtung zwischen lediglich zwei Beteiligten (zweigliedriges Verhältnis), als Konföderationsverhältnis wird hingegen ein Rechtsverhältnis mit entsprechender Interessenstruktur zwischen mehr als zwei Beteiligten benannt (mehrgliedriges Verhältnis). Im Zusammenhang der Stellung des Treugebers bei der Treuhand am Gesellschaftsanteil ist eine Unterscheidung zwischen Gesellschaften mit zwei und mehr Beteiligten Personen wenig sinnvoll. Koalitions- und Konföderationsverhältnisse werden daher hier unter dem Oberbegriff der Kooperationsverhältnisse zusammengefasst.

[362] *Würdinger*, Gesellschaften, 1. Teil: Recht der Personengesellschaften, S. 11: „gemeinschaftliche Interessen"; *Beyerle*, Die Treuhand im Grundriss des deutschen Privatrechts, S. 17 f.: „ Gesamthand".

[363] Vgl. *Müller-Erzbach*, AcP 154 (1955), S. 299, 316 ff.

die Regel.[364] Entscheidend ist jedoch, dass diese Interessengegensätze in einzelnen Punkten nicht prägend für die gesamte Rechtsbeziehung sind. Auch wenn hinsichtlich bestimmter Einzelfragen keine Einigkeit besteht, ändert das doch nichts an der den Verband tragenden Grundübereinkunft, einen bestimmten gemeinsamen Zweck zu verfolgen.

Das Organisationsgefüge des Verbandes dient dazu, die Unstimmigkeiten in Detailfragen auszuräumen, für deren Klärung feste Institutionen und Abläufe vorzusehen. Damit gewährt es die Funktionsfähigkeit des Gesamtapparates und nimmt bewusst das Zurücktreten von Sonderinteressen Einzelner hinter dem alle verbindenden Gesamtzweck in Kauf. Verknüpft ist damit zwangsläufig eine Unterwerfung der Mitglieder unter den Fremdeinfluss der übrigen Mitglieder. Die Koordinierung des Zusammenwirkens bringt es mit sich, dass sich je nach der Ausgestaltung im Einzelnen die Minderheit der Mehrheitsentscheidung oder aber die Mehrheit wegen fehlender Einstimmigkeit der Minderheit zu beugen hat. Die Unterordnung unter die kooperationsrechtlich bedingten Regelungsmechanismen bildet folglich ein notwendiges Element der mitgliedschaftlichen Integration in einen Verband.

Teils wird der Begriff des Kooperationsverhältnisses auch in einem weiteren, untechnischen Sinne gebraucht. Er umschreibt dann ebenfalls das Zusammenwirken mehrerer Personen mit Blick auf ein gemeinsames Ziel, sagt jedoch nichts über die rechtliche Struktur dieser Beziehung aus. Ein Kooperationsverhältnis im weiteren Sinne kann daher durchaus koordinations-, subordinations- oder aber kooperationsrechtlich im engeren Sinne ausgestaltet sein. Beim Kooperationsverhältnis im weiteren Sinne liegt nicht eine strikte Übereinstimmung der Interessen als vorgegebener Vertragszweck vor. Die grundlegende Übereinstimmung hinsichtlich eines gemeinsamen Zieles liegt vielmehr allenfalls auf Motivebene vor. Zur Umsetzung dieser Motive bedienen die Parteien sich im Einzelnen unterschiedlicher Gestaltungsmöglichkeiten, die sämtlichen Rechtsstrukturtypen entstammen können. Im Folgenden wird der Begriff des Kooperationsverhältnisses stets im engeren Sinne einer Kennzeichnung des Rechtsstrukturtyps der Interessengleichrichtung verstanden.

B. Koordinationsverhältnisse

Der Charakter der mitgliedschaftlichen Rechtsbeziehung als Kooperationsverhältnis steht in fundamentalem Gegensatz zum Konzept der Koordinationsverträge. Ist dort der gemeinsame Zweck prägend, steht hier der Interessengegen-

---

364 *Müller-Erzbach*, Das private Recht der Mitgliedschaft als Prüfstein eines kausalen Rechtsdenkens, S. 30 ff.

satz im Mittelpunkt.[365] Jeder verfolgt primär seine eigenen Interessen. Zwar wird auch bei den Kooperationsverhältnissen jeder Beteiligte bestrebt sein, für ihn günstige Ergebnisse zu erzielen. Indes besteht dort die Übereinkunft, dass das für jeden Günstige nur durch ein gemeinsames Vorgehen, durch eine Bündelung der Kräfte, erreicht werden kann. Jeder Einzelne strebt das Wohl der Gesamtheit an, weil es zugleich ihm selbst nützt. Demgegenüber wird die Verfolgung eigener Interessen im Rahmen der Koordinationsverhältnisse zum Geschäftsgegenstand selbst. Der Vorteil des einen Beteiligten führt zu einem Nachteil des anderen. Durch den Vertrag werden Vorteile und Nachteile in einen Ausgleich gebracht, der für alle Beteiligten zu erträglichen Ergebnissen führt. Die Parteien kommen also nicht zusammen, um ihre Kräfte zu bündeln, sondern weil sie erkennen, dass sie ihre Ziele nur durch Zugeständnisse an die andere Seite erreichen können. Nur dadurch ist die gegenüberstehende Seite bereit, ihrerseits zum Vorteil des anderen eigene Nachteile hinzunehmen. Die Ausgleichsmechanismen müssen bei einer derartigen Koordination andere sein als bei der Kooperation. Es kommt nicht darauf an, den Grundkonsens dadurch zu fördern, dass einzelne Meinungsverschiedenheiten durch eine Regelung der Entscheidungsfindung geklärt werden. Vielmehr muss bei Koordinationsverhältnissen in erster Linie gewährleistet werden, dass jeder Einzelne seine eigenen Interessen tatsächlich wirksam zur Geltung bringen kann und nicht durch eine Abhängigkeit vom Gegenüber die Herbeiführung eines adäquaten Interessenausgleichs verhindert wird.

C. Subordinationsverhältnisse

Als dritter Rechtsstrukturtyp lassen sich die Subordinationsverhältnisse anführen. Typisch für Subordinationsverhältnisse ist die Unterordnung der Interessen der einen Partei unter die der anderen.[366] Die Beteiligten stehen sich nicht wie beim Kooperations- und auch beim Koordinationsverhältnis auf gleicher Ebene gegenüber. Die untergeordnete Seite verpflichtet sich, die Interessen der anderen Seite zu verfolgen. Zwar besitzt natürlich auch der Untergeordnete eigene Interessen. Diese liegen indes nicht in der Durchführung der ihm übertragenen Aufgabe, sondern allein in dem Entgelt, das er hierfür erhält.[367] Seine eigenen Interessen sind mithin auf anderer Ebene angesiedelt als die des Übergeordneten. Allein die Interessen der einen Seite werden Vertragsbestandteil, während die Interessen der anderen auf Motivebene verbleiben.

---

[365] *Würdinger*, Gesellschaften, 1. Teil: Recht der Personengesellschaften, S. 10 f.; *Beyerle*, Die Treuhand im Grundriss des deutschen Privatrechts, S. 17: „gegenseitiger Vertrag".

[366] *Würdinger*, Gesellschaften, 1. Teil: Recht der Personengesellschaften, S. 11; *Beyerle*, Die Treuhand im Grundriss des deutschen Privatrechts, S. 18 ff.: „Treuhand".

[367] Vgl. *Grundmann*, S. 212.

Mit den Kooperationsverhältnissen haben die Subordinationsverhältnisse zwar gemeinsam, dass die nach außen verfolgten Interessen übereinstimmen. Anders als bei der Form kooperativer rechtlicher Verknüpfung ist die Übereinstimmung jedoch nicht das Ergebnis einer inneren Interessenkongruenz. Die inneren Interessen der Parteien einer Subordinationsbeziehung weichen vielmehr – wenn auch auf verschiedenen Ebenen – voneinander ab. Die äußere Übereinstimmung wird lediglich dadurch erreicht, dass die eine Seite die Interessen der anderen zu ihren eigenen macht.

D. Ableitung einer Gesellschafterstellung aus der strukturellen Prägung einer Rechtsbeziehung

Von Bedeutung ist die strukturelle Prägung jeder gesellschaftsrechtlichen Verbindung für die Fälle, in denen die Begründung einer Gesellschafterposition fraglich ist und die Einordnung einer Rechtsbeziehung zu einem anderen Rechtsstrukturtyp zumindest denkbar erscheint. Auf die Interessenausrichtung der einzelnen Beteiligten kommt es daher nicht an, wenn die getroffenen Vereinbarungen völlig eindeutig – etwa schon aus ihrem Wortlaut – ergeben, dass ein gesellschaftsrechtliches Verhältnis begründet werden soll. Die bei den einzelnen Gesellschaftern vorliegenden Interessenlagen hindern dann, auch wenn sie voneinander abweichen, nicht das Bestehen einer Gesellschaft. Vielmehr gibt hier der Gesellschaftszweck als Ziel, an das sich die Beteiligten gebunden haben, die erforderliche Struktur vor. Die Interessengleichrichtung ist nicht als individuelles Erfordernis zu verstehen, sie wird durch den gewollten gesellschaftlichen Zusammenschluss unterstellt und bildet die Leitlinie für die Beiträge, Pflichten und die Rechtsausübung der Gesellschafter.[368]

Eine Stellung des Treugebers als Gesellschafter könnte sich zwar auch aus einer ausdrücklichen Vereinbarung ergeben. Mit Rücksicht auf die Motive der Beteiligten, denen es häufig gerade darauf ankommt, die Gesellschafterstellung des Treugebers zu vermeiden, ist diese Gestaltung jedoch nur theoretischer Natur. Vielfach anzutreffen ist dagegen die Formulierung, der Treugeber solle im Innenverhältnis gegenüber der Gesellschaft und dem Treuhänder wie ein Gesellschafter gestellt werden. Hierin lässt sich nicht etwa schon eine ausdrückliche Einräumung einer Gesellschafterposition erblicken. Aus der beabsichtigten Trennung von Innen- und Außenverhältnis ergibt sich vielmehr, dass es allein um eine Zuweisung von Rechten und gegebenenfalls auch Pflichten im Innenverhältnis geht. Die Gleichstellung des Treugebers mit einem Gesellschafter im Innenverhältnis ähnelt damit rechtstechnisch der Zuweisung einzelner

[368] Vgl. *K. Schmidt*, Gesellschaftsrecht, 4., § 4 I 2 b, S. 60: „Im Recht der Personenverbände wird der gemeinsame Zweck zum überindividuellen Verbandszweck und somit zum konstituierenden Element des Verbandes."

Rechte und Pflichten. Sie unterscheidet sich von der Abtretung einzelner Rechte lediglich insofern, als sämtliche aus dem Innenverhältnis erwachsenden Rechte umfasst sein sollen.

Die Interessengleichrichtung, die die gesellschaftsrechtliche Beziehung ausmacht, ist hingegen dann für das Bestehen einer gesellschaftlichen Rechtsbeziehung entscheidend, wenn es – wie bei der Treuhand hinsichtlich des Treugebers – um die konkludente Begründung einer Gesellschafterstellung geht.[369] Mitgliedschaft kann sowohl durch ausdrückliche Vereinbarung als auch durch eine Vereinbarung von Rechtsfolgen begründet werden, die eine mitgliedschaftliche Stellung zwingend voraussetzen. Es erscheint denkbar, jenseits einer ausdrücklichen Schaffung einer Gesellschafterstellung, schon in der Eingehung des Treuhandvertrages – vorbehaltlich etwaiger Zustimmungserfordernisse – die Begründung von Mitgliedschaft für den Treugeber zu erblicken. Grundlage dieses Gedankens ist, dass die Begründung der Mitgliedschaft sich am Parteiwillen orientieren muss. Es kommt darauf an, ob sich aus dem Abschluss des Treuhandvertrages schlüssig der Wille zur Zuordnung einer Gesellschafterstellung ergibt. Das ist der Fall, wenn die hierdurch dem Treugeber zukommenden Rechte so gestaltet sind, dass ihre Innehabung in Verbindung mit der gegebenen Interessenstruktur nur im Rahmen einer Mitgliedschaft möglich ist. Ein gegenläufiger, ausdrücklicher Ausschluss einer Gesellschafterposition des Treugebers durch die Vertragsparteien muss im Sinne einer „falsa demonstratio“ als unbeachtlich angesehen werden.[370] Zwar steht es den beteiligten Parteien offen, als Ausfluss ihrer Privatautonomie die Gestaltung der Rechtsbeziehungen im gesetzlich vorgegebenen Rahmen frei zu wählen. Die rechtliche Bewertung der von ihnen geschaffenen Sachlage steht jedoch nicht zu ihrer Disposition. Die Einstufung des Treugebers als Gesellschafter und die Ableitung daraus resultierender Konsequenzen stellt eine rechtliche Qualifizierung der von den Parteien geschaffenen Lage dar. Nur in Teilen verbirgt sich hinter der rechtlichen Einordnung durch die Parteien wiederum eine Gestaltung der Sachlage. Indem die Beteiligten zum Ausdruck bringen, den Treugeber nicht als Gesellschafter einstufen zu wollen, versuchen sie unter anderem, eine gesellschaftsrechtliche Haftung des Treugebers sowie dessen Eintragung ins Handelsregister zu vermeiden. Diesem Anliegen kann jedoch nur insoweit genügt werden, als die gleichzeitig erstrebte wirtschaftliche und strukturelle Gesellschafterstellung des Treugebers hierfür Raum lässt. Die gesetzlichen Wertungen, die mit der Einstufung des Treugebers als Gesellschafter eingreifen, können nicht dadurch umgangen werden, dass die Vertragsparteien es vermeiden, ihn ausdrücklich als Gesellschafter zu bezeichnen.

---

[369] Vgl. *Würdinger*, Gesellschaften, 1. Teil: Recht der Personengesellschaften, 2. Kapitel § 5, S. 23 ff.

[370] Anders *Armbrüster*, S. 196 f., der mit Blick auf die Privatautonomie eine Einstufung des Treugebers als Verbandsmitglied ablehnt.

Das Problem liegt mithin darin, zu ermitteln, ob Mitgliedschaft gewollt ist, die im Einzelnen angestrebten Rechtsfolgen also Priorität genießen, oder ob die Parteien dem Ziel der nicht-mitgliedschaftlichen Stellung des Treugebers den Vorrang vor den einzelnen Sachregelungen geben. Erst wenn eindeutig feststeht, dass die Parteien ausdrücklich oder konkludent eine Gesellschafterstellung schaffen wollten, kann das vertraglich vorgesehene Regelungsprogramm anhand der zwingenden gesetzlichen Vorschriften angepasst werden.

Es bietet sich an, zur Erfassung der Stellung des Treugebers nach übergeordneten Gesichtspunkten zu suchen, die eine Gesellschafterstellung – gleich welchen Typs – ausmacht. Ansatzpunkt hierfür ist, dass der Rechtsstrukturtyp des Kooperationsverhältnisses sich so wesentlich von den übrigen Rechtstrukturtypen unterscheidet, dass eine Differenzierung ohne Heranziehung der speziellen Eigenarten der einzelnen Gesellschaftsarten möglich ist.[371] Das private Verbandsrecht stellt sich insofern als Einheit dar, in dessen Rahmen die einzelnen gesetzlich ausgeprägten Formen modellhaften Charakter besitzen.[372] Um eine Zuordnung einer Rechtsbeziehung zum Rechtsstrukturtyp des Gesellschaftsverhältnisses zu ermöglichen, ist daher nach Elementen zu suchen, die nur bei dieser Form rechtstruktureller Verknüpfung vorliegen, zugleich aber allen speziellen Gesellschaftsarten gemeinsam sind.

IV. Gesellschaftsrechtlicher Inneneinfluss als Teilhabe an kooperativer Entscheidungsfindung

Eine Mitgliedschaft des Treugebers im Verband kann nur gegeben sein, wenn kooperationsrechtliche Beziehungen des Treugebers zu den übrigen Verbandsmitgliedern bestehen. Wesentliches Element einer mitgliedschaftlichen Stellung des Treugebers ist aus rechtsstruktureller Perspektive die hinsichtlich des Gesellschaftszwecks übereinstimmende Interessenausrichtung.[373] Nur wenn eine gemeinsame Zweckverfolgung des Treugebers und der übrigen Verbandsmitglieder besteht, lässt sich von einer Integration des Treugebers in das Organisationsgefüge der Gesellschaft sprechen. Existiert demgegenüber zwar eine Rechtsbeziehung zwischen dem Treugeber und einem oder mehreren Gesellschaftern, die jedoch von einem Interessengegensatz oder einer Interessenunterordnung geprägt ist, lässt sich eine Einbeziehung in den Verband nicht annehmen.[374] Die Frage nach der Gesellschafterstellung des Treugebers gestaltet sich dabei zugleich als Problem der Abgrenzung von Innen- und Außeneinfluss

---

[371] Vgl. zur Lehre von der einheitlichen Struktur der Mitgliedschaft: *K. Schmidt*, Gesellschaftsrecht, § 20 IV, S. 587 ff.
[372] *Lutter*, AcP 180 (1980), 84, 102, 107.
[373] *Lutter*, AcP 180 (1980), 84, 147/148.
[374] Vgl. *Müller-Erzbach*, AcP 154 (1955), S. 299, 316 ff.

im Gesellschaftsrecht. Während der intern Stehende dem gesellschaftsrechtlichen Regelungsprogramm unterworfen ist, unterliegt der Außenstehende hinsichtlich der Ausübung seiner Rechte und etwaiger Pflichten anderen Regelungsmechanismen. Will man gesellschaftlichen Innen- und Außeneinfluss unterscheiden, müssen Merkmale einer gesellschaftsinternen Position gefunden werden, die über die bloße Einflussnahme hinausgehen und sie von einer externen Position unterscheiden.

A. Gesellschaftsspezifischer Einfluss

1. System korporativer Meinungsfindung

Zur Entwicklung von Elementen, die für die Mitgliedschaft in einem Verband prägend sind, ist eine Besinnung auf die strukturelle Ausrichtung der Kooperationsverhältnisse erforderlich. Die Interessengleichrichtung der Mitglieder manifestiert sich in den gesellschaftsinternen Instrumenten zur Entscheidungsfindung. Das Zusammenwirken auf ein gemeinsames Ziel hin macht zur Bündelung der Kräfte ein gemeinsames, geschlossenes Auftreten erforderlich. Hierzu müssen im Detail bestehende Unstimmigkeiten der Gesellschafter beseitigt werden.

Das geschieht durch die gesellschaftsrechtlichen Mechanismen zur Meinungsfindung in der Gesellschaft.[375] Freilich bestehen im Einzelnen erhebliche Unterschiede. Ob Einstimmigkeit erforderlich ist, qualifizierte Mehrheitserfordernisse oder Minderheitsrechte bestehen, ist von der Gesellschaftsform und der Ausgestaltung des Gesellschaftsvertrags abhängig. Mit jedem Abstimmungssystem verbindet sich jedoch die Möglichkeit, durch das eigene Abstimmungsverhalten auf die Position der anderen Beteiligten einzuwirken. Spiegelbildlich dazu liegt es in der Konsequenz der eigenen Einwirkungsmacht jedes Mitglieds, zugleich auch dem Abstimmungsverhalten der Mitgesellschafter unterworfen zu sein, mithin in gewissem Maße einer Fremdbestimmung zu unterliegen:[376] Im Falle der Mehrheitsentscheidung die Minderheit gegenüber der die Entscheidung tragenden Mehrheit, im Falle der Einstimmigkeit die positiv abstimmenden Gesellschafter gegenüber den eine Entscheidung blockierenden Mitgliedern. Die jeder Gesellschaft innewohnende Fremdbestimmung der einzelnen Gesellschafter durch ihre jeweiligen Mitgesellschafter rechtfertigt sich mithin aus der Wechselseitigkeit der Beziehung.[377] Die Privatautonomie jedes Verbandsmit-

---

[375] *Wiedemann*, ZGR 1996, 286, 287.
[376] Vgl. mit Blick auf § 137 BGB: *Erman*, FS Nipperdey, Band 1, S. 277, 282.
[377] Vgl. *Müller-Erzbach*, AcP 154 (1955), S. 299, 314; *Brecher*, FS Hueck 1959, S. 233, 258; *Wiedemann*, Mitgliedschaftsrechte, S. 29; vgl. für die qualifizierte Treuhand im Bereich des Personengesellschaftsrechts: *Tebben*, ZGR 2001, 586, 606.

glieds wird durch die Einwirkungsmacht der übrigen Mitglieder eingeschränkt. Zu einem angemessenen Interessenausgleich kommt es dabei nur, wenn jede Einwirkungsmacht selbst im Kooperationsverhältnis rückgekoppelt ist. Es darf niemand Fremdbestimmung ausüben, der nicht selbst der dem System immanenten Fremdbestimmung unterworfen wäre. Es gibt keine aktive Mitwirkung im Entscheidungsfindungsverfahren, die nicht von einer passiven Beteiligung flankiert ist.

Gesellschaftsspezifischer Inneneinfluss ist demnach primär durch seine korporative Natur gekennzeichnet. Die Teilhabe an der wechselseitigen Fremdbestimmung im gesellschaftlichen Meinungsfindungsprozess ist notwendiges Element jeder Mitgliedschaft. Verdeutlicht wird dies durch die Unzulässigkeit eines völligen Ausschlusses korporativer Mitwirkungsrechte zu Lasten eines Gesellschafters.

2. Art und Umfang des Einflusses

Klärungsbedürftig erscheint, ob jegliche Art von Einflussnahme einer gesellschaftsrechtlichen Position entspricht, oder ob Art und Umfang der Rechte bestimmte Grenzen überschreiten müssen.[378] Zu beachten ist dabei, dass der innergesellschaftliche Gestaltungsspielraum grundsätzlich von einer umfassenden Mitwirkung eines Gesellschafters bis hin zu einer praktisch lediglich vermögensmäßigen Beteiligung reicht.[379] Insbesondere ist zu erwägen, ob zwischen mittelbarer und unmittelbarer Einwirkungsmacht in der Gesellschaft zu unterscheiden ist. Bei der Treuhand am Gesellschaftsanteil werden dem Treugeber allein in den Fällen der qualifizierten Treuhand unmittelbare korporative Rechte in der Gesellschaft zugewiesen. Die Begründung einer Gesellschafterstellung des Treugebers auch für die schlichte Treuhand ist folglich darauf angewiesen, die mittelbare Einwirkungsmacht des Treugebers auf ihre Tauglichkeit als gesellschaftsspezifischer Einfluss zu untersuchen.

Das Kriterium der Unmittelbarkeit des Einflusses in der Gesellschaft ist zunächst insoweit von Bedeutung, als es einen bestimmten Umfang an Einwirkungsmacht darstellt. Man könnte meinen, der mittelbare Einfluss sei stets auf die Umsetzung durch den Mittelsmann angewiesen, so dass letztlich keine Möglichkeit bestehe, den eigenen Einfluss durchzusetzen. Dem steht jedoch entgegen, dass auch eine Stimmbindung als schuldrechtliche Verpflichtung zwangsdurchgesetzt werden kann.[380] Die Unterschiede zwischen unmittelbarem, dinglichem Einfluss und mittelbarer, schuldrechtlicher – aber durchsetz-

[378] Vgl. *Armbrüster*, S. 193 ff.
[379] So etwa *Erman*, FS Nipperdey, Band I, S. 277, 283 f.
[380] Vgl. dazu eingehend oben: 1. Kapitel, § 3 I.B., S. 47.

barer – Einwirkungsmöglichkeit sind damit für die Bestimmung der Gesellschafterposition unerheblich.[381] Die lediglich über den Treuhänder vermittelte Einwirkungsmöglichkeit des Treugebers steht seiner Einstufung als Gesellschafter mithin nicht entgegen.

3. Mittelbare Stellvertretung und Relativität der Schuldverhältnisse

Gegen eine gesellschaftliche Stellung eines lediglich mittelbar gesellschaftliche Macht Ausübenden scheint überdies die Trennung der einzelnen Rechtsbeziehungen zu sprechen.[382] Der Gesellschafter, dem unmittelbare Rechte in der Gesellschaft zustehen und der sich gegenüber einem Dritten schuldrechtlich – etwa durch eine Stimmbindung oder einen Treuhandvertrag – bindet, steht in direkter Beziehung zur Gesellschaft. Demgegenüber befindet sich der Dritte offenbar allein in rechtsgeschäftlichen Beziehungen zu seinem Vertragspartner, bei der Treuhand also der Treugeber zum Treuhänder. Es geht also darum, ob eine Rechtsbeziehung des Dritten zur Gesellschaft auf der Basis seines Vertrages mit einem Gesellschafter als Mittelsperson zu konstruieren ist.[383] Zentrales Problem ist dabei, ob es mit dem Grundsatz der Relativität der Rechtsverhältnisse zu vereinbaren ist, der Treuhandbeziehung auch Einfluss auf das Gesellschaftsverhältnis zuzuerkennen.

Die Einstufung des Treugebers als Gesellschafter versagt den Beteiligten letztlich – zumindest in großen Teilen der sonst typischen Wirkung – den Einsatz des Rechtsinstituts der mittelbaren Stellvertretung und durchbricht damit scheinbar das Prinzip der Relativität der Schuldverhältnisse. Dieses Prinzip besagt, dass die Wirkungen eines Schuldverhältnisses nur zwischen den jeweils beteiligten Parteien eintreten. Der Grundsatz der Relativität der Rechtsverhältnisse bildet die Basis für Akte mittelbarer Stellvertretung, wie sie auch Element jeder Treuhandbeziehung sind. Der mittelbare Stellvertreter – im Falle der Treuhand der Treuhänder – handelt zwar ebenso wie der unmittelbare Stellvertreter für einen Interessenten. Er tritt hierbei jedoch in eigenem Namen auf. Verpflichtet und berechtigt wird dadurch lediglich der mittelbare Stellvertreter. Ein Übergreifen der Rechtsbeziehung aus dem Ausführungsgeschäft auf den Interessenten ist mit Rücksicht auf die lediglich relative Wirkung der schuldrechtlichen Beziehung abzulehnen.[384] Es fragt sich, ob die Entscheidung, bei der

---

[381] Vgl. *Fleck*, FS Fischer, S. 107, 117, für eine Unerheblichkeit der Unterscheidung zwischen Stimmbindung und Stimmrechtsabspaltung mit Blick auf die „rechtsgrundsätzliche Wertung".

[382] Unter diesem Gesichtspunkt meint *Sojka*, S. 8 ff., die Struktur der mittelbaren Beteiligung stehe einer Gesellschafterstellung des mittelbar Beteiligten, also auch eines Treugebers, entgegen.

[383] Allgemein für eine derartige Rechtsbeziehung: *Müller-Erzbach*, Die Grundsätze der mittelbaren Stellvertretung aus der Interessenlage entwickelt, S. 9, 29 ff.

[384] *Schmidt-Rimpler*, Das Kommissionsgeschäft, in Ehrenberg, Handbuch des Handelsrechts V 1, 2. Halbband, S. 477 f., 607 ff. hält – in Auseinandersetzung mit *Müller-Erzbach* – eine Durchbrechung der Rechtsbeziehungen zwar grundsätzlich für denkbar, aber allgemein durch die Billigkeit für nicht

Treuhand am Gesellschaftsanteil den Treugeber in den Gesellschafterverband einzubeziehen, mit diesen allgemeinen Grundsätzen vereinbar ist.

a. Doppeltes Außenverhältnis

Nach dem mitgliedschaftlichen Modell ist der Treugeber durch seine gesellschaftsinterne Stellung im Grundsatz ebenso Inhaber der gesellschaftlichen Rechte und Pflichten wie der Treuhänder. Er wird damit in eine Rechtsbeziehung zur Gesellschaft gesetzt, von der ihn die Einschaltung des Treuhänders gerade freihalten sollte. Die einheitliche Betrachtung von Treuhandbeziehung und Gesellschaftsverhältnis rechtfertigt sich indes aus den Besonderheiten, die aus der Eigenart des Gesellschaftsanteils als Treugut folgen.[385] Die Stellung in einem Verband ist auf Grund der typisch gesellschaftsrechtlichen Verknüpfung mit den übrigen Mitgliedern einer Mediatisierung im Wege der mittelbaren Stellvertretung nur bedingt zugänglich. Im Gegensatz zu den Fällen, in denen eine Sache das Treugut bildet, erschöpft sich die mittelbare Repräsentation des Hintermannes nicht auf den allgemeinen Rechtsverkehr als Außenbeziehung. Es tritt vielmehr das Gesellschaftsverhältnis als weitere Außenbeziehung hinzu. Das Gesellschaftsverhältnis nimmt jedoch insofern eine Sonderrolle ein, als es zugleich gegenüber dem allgemeinen Rechtsverkehr Innenverhältnis ist.[386] Es lässt sich daher zwischen zweierlei Akten mittelbarer Stellvertretung, die aus der Treuhand am Gesellschaftsanteil entstehen, unterscheiden: Einerseits Geschäfte, die sich auf den Gesellschaftsanteil als Ganzes, gegenüber außenstehenden Dritten, beziehen, andererseits auf gesellschaftsinterne Verwaltungsakte. In Relation zur Treuhandbeziehung spielen sich zwar beide Arten von Handlungen im Außenverhältnis ab. Das auf gesellschaftsinterne Akte beschränkte, „innere" Außenverhältnis zeichnet sich jedoch dadurch aus, dass es lediglich einen zahlenmäßig beschränkten Personenkreis umfasst. Die Erfordernisse eines Verkehrsschutzes stellen sich, soweit allein die Gesellschaft als treuhandrechtliches Außenverhältnis betroffen ist, nicht in gleicher Schärfe wie im allgemeinen „äußeren" Außenverhältnis.

---

geboten. Der Verweis *Schmidt-Rimplers* auf ein fehlendes Haftungsbedürfnis des Hintermannes berücksichtigt jedoch nicht die gesellschaftsrechtliche Besonderheit der Haftungsverantwortung, sondern bezieht sich allein auf eine Haftung im Sinne einer unmittelbaren Verpflichtung durch Willenserklärungen. Demgegenüber sieht *Hager*, AcP 180 (1980), 239, 241, die Möglichkeit zu einer Durchbrechung des Prinzips der mittelbaren Stellvertretung dort, „wo es einen unverdienten Schutz gewähren würde". *Armbrüster*, S. 196 f., betont die Gültigkeit des Prinzips der Relativität der Schuldverhältnisse demgegenüber auch speziell im Gesellschaftsrecht.

[385] *Ehlke*, DB 1985, 795, 797, deutet an, es könne bei der Treuhand am Gesellschaftsanteil ein „verbandsartiger Einschlag vorliegen, der nicht unbedingt den herkömmlichen zivilistischen Prinzipien folgen muß"; *Tebben*, S. 82 f. sieht als Ansatzpunkt die Negierung der „Aufteilung einer ursprünglich einheitlichen Rechtsbeziehung". Er will in Einzelfällen den Trennungsgrundsatz durch ein „Überwirken" der einzelnen Rechtskreise aufeinander durchbrechen.

[386] Das übersieht *Armbrüster*, S. 196 f.

b. Rechtsgeschäftlicher Ursprung des Treugutes und inneres Außenverhältnis

Eine weitere Besonderheit eines Gesellschaftsanteils als Treugut ergibt sich aus seinem rechtsgeschäftlichen Ursprung. Anders als Sachen, die als körperliche Gegenstände einer Treuhandbeziehung gleichsam von der Natur vorgegeben sind, erlangt der Gesellschaftsanteil als Gegenstand der Treuhand seine „Dinglichkeit" erst durch den Gesellschaftsvertrag beziehungsweise die Satzung. Unabhängig davon, ob der Ursprung einer Gesellschaft in einem Gesellschaftsvertrag oder einer Satzung liegt, ist der Gesellschaftsanteil jedenfalls Teil eines durch Rechtsgeschäft geschaffenen Organisationsgebildes.[387] Die rechtsgeschäftliche Begründung der Gesellschaft schafft damit die Basis für eine Ausweitung der Gesellschaftsorganisation durch Verknüpfung mit weiteren Rechtsgeschäften, insbesondere Treuhandverträgen. So wie im Falle einer Veräußerung eines Gesellschaftsanteils der Erwerber durch den rechtsgeschäftlichen Übertragungsakt Gesellschafter wird, erlangt auch der Treugeber durch Rechtsgeschäft mit einem Gesellschafter seine mitgliedschaftliche Position. Die Mitwirkung der übrigen Gesellschafter liegt bei einer Anteilsübertragung je nach Gesellschaftsart bereits im Abschluss des Gesellschaftsvertrags beziehungsweise der Satzung oder aber in der Zustimmung zum konkreten Übertragungsakt. Entsprechendes gilt für die Begründung der Treuhand am Gesellschaftsanteil.[388]

Ist ein Zustimmungserfordernis für die Anteilsübertragung vorgesehen, ist die Mitwirkung der Mitgesellschafter in jedem Einzelfall erforderlich. Sieht die Ausgestaltung der Gesellschaft demgegenüber eine freie Übertragbarkeit der Anteile vor, öffnen die Gesellschafter ihre untereinander bestehende Rechtsbeziehung für neue Gesellschafter. Es obliegt jedem einzelnen Gesellschafter, hinsichtlich seines eigenen Anteils durch Übertragung oder Mitberechtigung Dritte als Gesellschafter einzuführen. Die Relativität der Rechtsbeziehung des Treuhänders zum Treugeber einerseits und der Gesellschafter untereinander andererseits wird folglich stets durch die Mitwirkung der Mitgesellschafter, sei es in Form einer aktuellen Zustimmung, sei es in Gestalt der im Gesellschaftsvertrag gleichsam antizipierten Zustimmung zur Treuhandbegründung,

---

[387] Vgl. *Lutter*, AcP 180 (1980), 84, 93, der in der Differenzierung zwischen Vertragsgesellschaft und Satzungsgesellschaft zwar einen typologischen, nicht aber einen rechtsprinzipiellen Unterschied erblickt.

[388] Dabei kann zunächst noch offen bleiben, ob die konkrete oder vorweggenommene Zustimmung zu einer Anteilsübertragung ausreichend ist, oder ob es einer spezifisch auf eine treuhänderische Bindung bezogenen Zustimmung bedarf. Die rechtskonstruktive Bedeutung der Zustimmung ist für die allgemeine Herleitung der Verknüpfungsfähigkeit von Kooperations- und Subordinationsverhältnissen unabhängig von den Anforderungen, die an den Inhalt der Zustimmung im Einzelnen zu stellen sind. Vgl. zu der Frage nach einer spezifisch treuhandbezogenen Zustimmung unten: 4. Kapitel, § 13 IV.B., S. 225, sowie *Tebben*, S. 235 und für den Nießbrauch am Gesellschaftsanteil: *Schön*, ZHR 158 (1994), 229, 253 f.

aufgehoben.[389] Das im Verhältnis zur Treuhandbeziehung als Außenverhältnis erscheinende Gesellschaftsverhältnis wird hierdurch zugleich zur Innenbeziehung. Die Natur des Treugutes als Teilhabe an einem zweckorientierten Zusammenwirken mehrerer Personen erklärt mithin die Durchbrechung der die mittelbare Stellvertretung ansonsten beherrschenden Relativität der Schuldverhältnisse für den Bereich der Treuhand am Gesellschaftsanteil.

c. Gültigkeit im allgemeinen Außenverhältnis

(1) Einfache Treuhand

Wird mit Blick auf das Verhältnis der Treuhandbeziehung zur Gesellschaftsbeziehung das Außenverhältnis in gewisser Weise zugleich zum Innenverhältnis, behält demgegenüber der allgemeine Rechtsverkehr seine Charakterisierung als Außenverhältnis sowohl gegenüber der Gesellschaft als auch gegenüber der Treuhand.[390] Der von den Parteien des Treuhandverhältnisses beabsichtigten Trennung der wirtschaftlichen Position des Treugebers von einer formellen Gesellschafterstellung kann und muss hier weitergehend als gesellschaftsintern Rechnung getragen werden.[391] Das folgt nicht zuletzt aus den von den Beteiligten verfolgten Zwecken, die ganz überwiegend in der Einstufung als Gesellschafter im allgemeinen Rechtsverkehr verwurzelt sind. Ein Auftreten des Treugebers nach außen erfolgt nicht. Dementsprechend bleibt es hinsichtlich der Verfügungsbefugnis über den Gesellschaftsanteil im allgemeinen Außenverhältnis bei der Zuordnung zum Treuhänder.[392] Der Treuhänder stellt eine Art zulässigen Scheingesellschafter dar. Er wird nach außen als vollgültiger Gesellschafter eingesetzt. Der Vorwurf eines Scheingeschäftes im Sinne von § 117 BGB greift insoweit nicht. Die Verdeckung, Umgehung oder organisatorische Vereinfachung durch Einschaltung des Treuhänders soll durch die tatsächliche Gesellschafterstellung des Treuhänders erreicht werden. Die entsprechenden Rechtsfolgen in seiner Person sind durchaus gewollt. Der Treuhänder ist nur insofern Scheingesellschafter, als er kein eigenes Interesse an

---

[389] Letztlich rechtfertigt das fehlende Schutzbedürfnis der Mitgesellschafter als Dritter, die Aufhebung der Trennung zwischen Innen- und Außenbeziehung. Vgl. zum Schutzgesichtpunkt, *Hager*, AcP, 180 (1980), 239, 24.

[390] Vgl. allgemein zu Wechselwirkungen zwischen Innen- und Außenverhältnis im Bereich der Treuhand: *Henssler*, AcP 190 (1990), 37, 46 f.

[391] Andererseits ist freilich auch der aus dem Innenverhältnis abzuleitenden Interessenlage so weit als möglich im Außenverhältnis Geltung zu verschaffen: *Grundmann*, S. 508 f. (für die Publikums-KG).

[392] Die Kritik von *Tebben*, S. 114 f., der eine Verdinglichung der Treugeberstellung mit dem Prinzip des numerus clausus dinglicher Rechte für unvereinbar hält, geht daher ins Leere. Die Anerkennung einer mitgliedschaftlichen Stellung des Treugebers kann trotz der vielfältigen Gestaltungsmöglichkeiten den numerus-clausus-Grundsatz nicht beeinträchtigen, solange unbeteiligte Dritte im allgemeinen Rechtsverkehr hinreichend geschützt werden. Die Trennung hinsichtlich einer unterschiedlichen Wirkung der Treuhandbeziehung im inneren und äußeren Außenverhältnis trägt dem Rechnung.

der Gesellschaftsbeteiligung besitzt und vollständig der Steuerung durch die Weisungen und Interessen des Treugebers unterliegt. Mit Rücksicht auf Haftungsansprüche und damit zusammenhängende Eintragungspflichten kann zwar der Gesellschafterstellung auch des Treugebers eine Wirkung im Rechtsverkehr nicht generell abgesprochen werden. Jedoch ist nach Lösungen zu suchen, die den Interessen vor allem der Gesellschaftsgläubiger gerecht werden und dabei doch die Motive der Parteien und die Besonderheiten der subordinationsrechtlich geprägten Mitberechtigung von Treugeber und Treuhänder am Gesellschaftsanteil Rechung tragen (im einzelnen unten: § 9).

(2) Qualifizierte Treuhand

Problematisch erscheint indes, wie weit die Zuweisung von Rechten an den Treugeber im Rahmen der qualifizierten Treuhand gehen darf. Einerseits ist mit der Mitgliedschaft des Treugebers die Basis für eine korporative Stärkung seiner Position gegeben. Andererseits darf durch die Abweichung von der durch die Subordinationsbeziehung vorgegebenen Aufteilung des Gesellschaftsanteils nicht die parallel bestehende Gesellschafterstellung des Treuhänders in Frage gestellt werden. Die Verlagerung der primären Ausübungsbefugnis hinsichtlich der korporativen Rechte kann dabei so weit reichen wie das Weisungsrecht des Treugebers gegenüber dem Treuhänder. Der Treuhänder besitzt ohnehin kein unmittelbares Eigeninteresse an der Geschäftsführung. Er ist nur insoweit schutzbedürftig, als ihm auch die Subordinationsbeziehung die Möglichkeit zu weisungsungebundenem Verhalten gibt und in einem Mindestmaß geben muss. Von diesem engen Rahmen abgesehen, stellt die Zuweisung unmittelbarer Rechte in der Gesellschaft an den Treugeber die Konsequenz der Möglichkeit zur Durchsetzung seiner Weisungen dar. Das Treuhandgeschäft entpuppt sich gleichwohl nicht als Scheingeschäft im Sinne des § 117 BGB, da die Gesellschafterstellung des Treuhänders jedenfalls stets gewollt ist.

Fraglich ist vielmehr, ob nicht die tatsächlich gewollte Gesellschafterposition des Treuhänders durch die Verlagerung der korporativen Rechte auf den Treugeber zu einer leeren Hülse wird, die mit Blick auf die Gesellschafterstellung des Treugebers eine unzulässige Verdeckung bezweckt. Die Entscheidung kann hier nicht anders ausfallen als in den Fällen der schlichten Treuhand am Gesellschaftsanteil, bei der der Treugeber zwar keine primären korporativen Rechte innehat, wohl aber ein umfassendes Weisungsrecht sowie subsidiäre gesellschaftliche Einwirkungsrechte besitzt. Hält man die schlichte Form der Treuhand mit Blick auf Publizitätsgesichtspunkte für zulässig, muss Gleiches für die qualifizierte Treuhand gelten. Gleich welchen Umfang die Zuweisung der Rechte an den Treugeber hat, ist hier wie dort die Person, die letztlich die Entscheidungen trifft, der Treugeber. Die gestärkte Position des Treugebers ändert nichts an der grundlegenden Struktur der Verknüpfung von Gesellschafts- und Treuhandverhältnis.

B. Gesellschaftsspezifische Folgentragung

Neben der Aktivseite der gesellschaftsspezifischen Einwirkungsmacht steht der passive Aspekt der Unterwerfung unter den Einfluss der übrigen Gesellschafter. Die Passivseite kommt im vermögensrechtlichen Teil der Mitgliedschaft zum Ausdruck. Wertsteigerung oder Wertverlust sind ebenso wie der Umfang der auszuschüttenden Gewinne von der Steuerung der Gesellschaftsbelange abhängig. Es liegt daher in der Konsequenz der Beteiligung am gesellschaftlichen Meinungsfindungssystem, die Ergebnisse des eigenen Einflusses wie auch des der übrigen Gesellschafter auf vermögensrechtlicher Ebene zu tragen.

Gesellschafter kann nur sein, wer die Ausübung von Gesellschafterrechten eigenverantwortlich bestimmen kann und die daraus resultierenden Folgen über einen Gesellschaftsanteil zu spüren bekommt. Dadurch, dass er selbst, so wie die übrigen Gesellschafter, die wirtschaftlichen Vor- und Nachteile trägt, rechtfertigt sich das Maß an Fremdbestimmung, das er zwangsläufig auf die übrigen Gesellschafter ausübt. Er selbst unterliegt nämlich über den ihm zugeordneten Gesellschaftsanteil einer entsprechenden Fremdbestimmung durch die übrigen Gesellschafter.

1. Ausschluss von Verwaltungs- oder Vermögensrechten

Ein Zusammenspiel vermögensrechtlicher Beteiligungs- und verwaltungsrechtlicher (organisatorischer) Mitwirkungselemente als Voraussetzung einer konkludenten Aufnahme in den Gesellschafterverband lässt sich nur annehmen, wenn eine Gesellschafterstellung, die allein eine vermögensrechtliche oder einer verwaltungsrechtliche Seite besitzt lediglich eine atypische Ausnahme bildet.

Eine rein vermögensrechtliche Beteiligung würde bedeuten, dass der Gesellschafter zwar einen vermögensmäßigen Beitrag zu leisten hat, auch vermögensmäßige Ansprüche besitzt – etwa auf Gewinnausschüttung – aber keine Einflussmöglichkeit auf die Gesellschaftsbelange innehat. Eine derartige stimmrechtslose Beteiligung gibt es im Aktienrecht in Gestalt der stimmrechtslosen Aktie (Vorzugsaktie, §§ 12 Abs.1 S. 2, 139-141 AktG). Auch im Bereich der GmbH ist der Ausschluss einzelner Geschäftsanteile vom Stimmrecht zulässig. Indes verbleiben dem Gesellschafter stets bestimmte unabdingbare

Auskunfts- und Kontrollrechte sowie die Mitwirkung an Grundlagenentscheidungen.[393]

Eine rein verwaltungsrechtliche Beteiligung würde entsprechend zwar Mitwirkungsrechte des Gesellschafters beinhalten, aber keine vermögensmäßigen Rechte. Ein Fehlen vermögensrechtlicher Ansprüche gegen den Verband liegt im Bereich der nichtwirtschaftlichen Vereine vor. Ein allumfassender Grundsatz ist damit von vornherein nicht aufzustellen. Für den Bereich der bei der Treuhand am Gesellschaftsanteil interessierenden wirtschaftlichen Gesellschaftsformen lässt sich jedoch eine vermögensrechtlichen Beteiligung der Gesellschafter zumindest als typisches Element ausmachen.[394] Zwar wird mehr und mehr ein Ausschluss von gesellschaftlichen Vermögensrechten für zulässig erachtet. Es geht dabei aber lediglich um atypische Fälle, in denen ohnehin kein eigenes wirtschaftliches Interesse an einer Gesellschaftsbeteiligung besteht. Zu denken ist etwa an die Fälle eines Geschäftführers einer Personengesellschaft, der durch eine Einbeziehung als Gesellschafter einer zusätzlichen Bindung unterworfen werden soll.[395]

2. Hinreichende und notwendige Elemente der Mitgliedschaft

Zwar muss eine Mitgliedschaft keineswegs zwingend auch ein vermögensrechtliches Element besitzen.[396] Das kann aber nicht gelten, soweit es wie hier um die Ermittelung von Bestandteilen geht, die eine konkludente Begründung der Mitgliedschaft rechtfertigen. Es ist zwischen zwingenden Bestandteilen einer Mitgliedschaft auf Rechtsfolgen- und Voraussetzungsseite zu unterscheiden.[397] Elemente, die als Rechtsfolge der Verbandsmitgliedschaft fakultativ sind, können gleichwohl, wenn es um eine konkludente Begründung der Mitgliedschaft geht, zur Annahme einer verbandsinternen Position erforderlich sein. Es müssen nicht sämtliche Bestandteile der Mitgliedschaft, die zur Schaffung einer Gesellschafterstellung hinreichend sind, zugleich auch notwendiges Element jeder Mitgliedschaft sein. Der grundsätzliche Unterscheid zwischen einer ausdrücklichen und einer konkludenten Begründung von Mitgliedschaft spiegelt

[393] Vgl. *Kübler*, Gesellschaftsrecht, § 17 IV 3. b), S. 237/238 (für die GmbH).

[394] *Kübler*, Gesellschaftsrecht, § 17 IV 3. a), S. 236/237, hält etwa für die GmbH den Ausschluss entweder des Gewinnanspruchs oder des Anspruchs auf Anteil am Liquidationserlös hinsichtlich einzelner Geschäftsanteile für zulässig, nicht aber einen Ausschluss eines Gesellschafters sowohl vom Gewinn als auch von der Beteiligung am Auseinandersetzungserlös.

[395] *Tebben*, S. 155: Zweck dieser Konstruktion ist es letztlich, dem Prinzip der Selbstorganschaft zu genügen, das nach verbreiteter Ansicht im Bereich des Personengesellschaftsrechts die Geschäftsführung nur durch Gesellschafter zulässt.

[396] *Baumbach/Hopt*, HGB § 120, Rdnr. 23; *K. Schmidt*, GesR, § 47 III 1 a, S. 1381; *Huber*, Vermögensanteil, S. 289 ff.

[397] Vgl. *Lutter*, AcP 180 (1980), 84, 50 f.: Gegebenenfalls führt die Einschränkung von Rechten nicht zur Negation der Mitgliedschaft, sondern zur Unwirksamkeit der vorgenommenen Einschränkung.

sich in der Differenzierung zwischen hinreichenden und notwendigen Bestandteilen. Wird eine Gesellschafterstellung ausdrücklich geschaffen, treten sämtliche notwendige Rechtsfolgen ein. Im Rahmen der konkludenten Begründung müssen die hinreichenden Elemente vorliegen, um als Rechtsfolgen die notwendigen Konsequenzen der Mitgliedschaft herbeizuführen.

3. Art der Folgentragung

Insgesamt lässt sich damit eine Kombination vermögensrechtlicher und verwaltungsrechtlicher Rechte im Bereich der Mitgliedschaft in wirtschaftlich ausgerichteten Verbänden als regelmäßigen Mindestumfang einer mitgliedschaftlichen Beteiligung feststellen. Die Ebenen der personenrechtlichen Verknüpfung der Mitglieder und des vermögensrechtlichen Einlageverhältnisses stehen nicht isoliert nebeneinander, sondern sind miteinander verbunden. Die Mitwirkungsrechte sind ebenso an den jeweiligen Gesellschaftsanteil geknüpft wie die vermögensmäßigen Rechte und Pflichten. Zur konkludenten Begründung einer Gesellschafterstellung durch die Schaffung einer rechtsstrukturell kooperationsrechtlich geprägten Position muss folglich auch eine Unterwerfung unter das Gesellschaftsschicksal auf Vermögensebene vorliegen.

Mit der Erkenntnis, dass eine Mitgliedschaft des Treugebers auch die Übernahme der vermögensmäßigen Konsequenzen aus der gegebenen Einwirkungsmacht voraussetzt, ist noch nicht entschieden, in welcher Form die aus dem Gesellschaftsanteil resultierenden Vor- und Nachteile getragen werden müssen. Mit Blick auf den Zweck der Unterwerfung unter die wirtschaftlichen Konsequenzen eigenen und fremden Handelns wird man indes jede Form für ausreichend halten müssen, die die Vor- und Nachteile wirtschaftlich unverändert vermittelt. Für die Treuhand am Gesellschaftsanteil bedeutet dies, dass die Mittelung der wirtschaftlichen Folgen, die unmittelbar den Treuhänder treffen, über den Treuhandvertrag an den Treugeber genügt. Der Treuhänder stellt lediglich eine zwischengeschaltete Durchlaufstation dar. Er kann Aufwendungen vom Treugeber ersetzt verlangen (§§ 675, 670 BGB), muss aber auch das Erlangte weiterleiten (§§ 675, 667 BGB). Dabei genießt der Treugeber Schutz sowohl in einer Insolvenz des Treuhänders als auch gegenüber einer Einzelvollstreckung in wirtschaftlich ihm zustehendes Gut.[398] Die Mittelung durch den Treuhänder ändert die wirtschaftliche Qualität der zu tragenden Konsequenzen für den Treugeber folglich nicht.

---

[398] BGH, Urt. v. 7.4.1959, VIII ZR 219/57 = NJW 1959, 1223, 1225; *Beuthien*, ZGR 1974, 26, 65; *Coing*, Treuhand, S. 44; vgl. ausführlich: *Henssler*, AcP 196 (1996), 37, 50 ff.

C. Abgrenzung zwischen Innen- und Außeneinfluss

Anders liegt es beim gesellschaftsrechtlichen Außeneinfluss durch eine nicht in die gesellschaftsrechtliche Organisation integrierte Person. Die Problematik einer Abgrenzung von gesellschaftsinterner Einwirkungsmacht stellt sich, wenn der Einfluss spezifisch gesellschaftsrechtlicher Art ist, mithin ein Maß gesellschaftstypischer Fremdbestimmung beinhaltet. Die Zulässigkeit eines derartigen Außeneinflusses ist umstritten. Teilweise wird die Innehabung von Gesellschafterrechten durch gesellschaftsfremde Dritte mit Blick auf das Abspaltungsverbot generell abgelehnt, teils wird er zumindest für ausgewählte wirtschaftliche Konstellationen – wie etwa die Treuhand – ausnahmsweise für zulässig erachtet.

Für eine äußerst weitgehende Zulässigkeit tritt in jüngster Zeit insbesondere *Christoph Weber* ein.[399] Gesellschaftsrechtlicher Außeneinfluss ist nach seines Auffassung nur zulässig, wenn er über die Möglichkeit der Widerrufbarkeit an eine in die Gesellschaft integrierte Person rückgekoppelt ist. Das Widerrufserfordernis folgt dabei einerseits aus dem System gesellschaftsinterner Meinungsfindung, andererseits aus einer Parallele zum Vollmachtsrecht. Im Rahmen der gesellschaftlichen Abstimmungsverfahren unterliegt jeder Gesellschafter einer Fremdbestimmung durch die übrigen Gesellschafter. Allein durch die Anknüpfung der Einwirkungsmacht an eine in die Gesellschaft integrierte Person ist gewährleistet, dass mit der Bestimmung der eigenen Belange durch die übrigen Gesellschafter zugleich auch die Belange der übrigen Gesellschafter in gewissem Umfang durch einen selbst bestimmt werden. Dieses System wechselseitiger Fremdbestimmung droht durch die Übertragung gesellschaftlicher Mitwirkungsrechte auf Dritte durchbrochen zu werden.

Eine Fremdbestimmung durch andere Personen, losgelöst von dem für Gesellschaften typischen Wechselseitigkeitsprinzip, findet sich im Vollmachtsrecht.[400] Der Bevollmächtigte fällt Entscheidungen, die letztlich den Vollmachtsgeber binden. Die Fremdbestimmung durch einen Bevollmächtigten zeichnet sich jedoch dadurch aus, dass seine Macht von der des Vollmachtgebers abhängig ist. Sogar im Falle einer unwiderruflichen Vollmacht wird zumindest beim Vorliegen wichtiger Gründe eine Widerruflichkeit angenommen. Zumindest im Konfliktfall behält damit der Vollmachtgeber als Rechtsinhaber die Möglichkeit zur Steuerung der eigenen Belange nach Art eines Letztentscheidungsrechts. Entsprechendes hat nach *Christoph Weber* für den gesellschaftsrechtlichen Außeneinfluss zu gelten.[401] Auch hier hat ein Dritter in der Konstellation einer Abtretung oder Begründung von Einwirkungsrechten die

---

[399] *Weber*, Privatautonomie, 205 ff.
[400] Vgl. *Weber*, Privatautonomie, S. 215 ff.
[401] *Weber*, Privatautonomie, 215 ff.

grundsätzlich unwiderrufliche Möglichkeit zur Bestimmung fremder Belange. Wie bei der unwiderruflichen Vollmacht ist daher auch für den gesellschaftsrechtlichen Dritteinfluss zumindest eine Widerrufbarkeit aus wichtigem Grund anzunehmen. Auf diesem Wege wird die Verbindung zu einer gesellschaftsintern stehenden Person wieder hergestellt. Das System wechselseitiger Fremdbeeinflussung wird durch die Koppelung des Außeneinflusses an einen Gesellschafter gewahrt.

Das gesellschaftsrechtliche Meinungsfindungsverfahren ist demnach nicht offen für eine Einflussnahme, die nicht in das Gesamtgefüge eingebunden ist. Die Rücksicht auf den Schutz vor Fremdbestimmung gebietet es, jede gesellschaftsrechtliche Einwirkungsmacht einer gesellschaftsinternen Person zuzuordnen. Das ist bei gesellschaftsrechtlicher Einwirkungsmacht eines Außenstehenden nur dann gewährleistet, wenn diesem die korporativen Rechte nicht unwiderruflich zustehen. Abzuleiten ist daraus, dass die unwiderrufliche Übertragung gesellschaftsrechtlicher Mitwirkungsrechte an Nichtgesellschafter unzulässig ist, beziehungsweise auch entgegen einer anderslautenden Vereinbarung stets „widerruflich" ist.

Ebenso lässt sich dem Prinzip der Rückkoppelung von Inneneinfluss in der Gesellschaft eine Stütze für die gesellschaftsinterne Stellung des Treugebers entnehmen. Aus der Weisungs- und Interessenbindung des Treuhänders gegenüber dem Treugeber ergibt sich, dass nach dem Parteiwillen der Treugeber das Schicksal des von der Treuhand betroffenen Gesellschaftsanteils bestimmen soll. Damit ist das Letztentscheidungsrecht in den Gesellschaftsangelegenheiten dem Treugeber zugewiesen.[402] Als Außeneinfluss wäre seine Stellung folglich unzulässig. Um dem Parteiwillen Rechnung zu tragen, muss der Treugeber also als Gesellschafter betrachtet werden.

In Frage gestellt scheint hierdurch die Gesellschafterposition des Treuhänders, übt er doch Gesellschafterrechte aus, ohne ein entsprechendes Letztentscheidungsrecht zu besitzen. Indes läge es nicht im Sinne der mit Abgrenzung von Inneneinfluss und Außeneinfluss verfolgten Ziele, den Treuhänder als Nichtgesellschafter zu verstehen. Zum einen wird er ausdrücklich von den Beteiligten als Gesellschafter ausgewiesen. Schon unter Rechtsscheingesichtspunkten könnte er jedenfalls nach außen einer Erfassung als Gesellschafter nicht entgehen. Zum anderen repräsentiert der Treuhänder als mittelbarer Stellvertreter den Treugeber. Anders als in den Fällen, bei denen es auf eine Abgrenzung zum Außeneinfluss mit Rücksicht auf die Interessenlage ankommt, verfolgt der Treuhänder keine eigenen Interessen. Es ist daher durchaus sachgerecht, ihn trotz fehlender Letztentscheidungskompetenz als Gesellschafter zu verstehen.

---

[402] *Grundmann*, S. 220 ff.

V. Zusammenfassung

Eine Betrachtung der rechtstrukturellen Interessenausrichtung im Gesellschafts- und im Treuhandvertrag verdeutlicht, dass der Treugeber als Gesellschafter anzusehen ist. Er erlangt seine Gesellschafterstellung durch den treuhänderisch vermittelten Einfluss, den er auf die Gesellschaft ausübt. Die Mitgliedschaft in einer Gesellschaft kann grundsätzlich auf zwei verschiedenen Wegen begründet werden: Zum einen durch die ausdrückliche Zuweisung einer Gesellschafterstellung im Gesellschaftsvertrag oder durch die spätere Übertragung eines Gesellschaftsanteils, zum anderen konkludent durch die Schaffung einer wirtschaftlichen Position, die nur im Zusammenhang einer Mitgliedschaft ausgeübt werden kann. Im ersten Fall werden durch die ausdrückliche Zuweisung der mitgliedschaftlichen Position die notwendigen Bestandteile einer Mitgliedschaft beim Betroffenen geschaffen. Im zweiten Fall ist genau umgekehrt zu untersuchen, ob den Treugeber eine Kombination gesellschaftlicher Rechte und Pflichten, die ausreicht, um von einer mitgliedschaftlichen Position zu sprechen, trifft.

Besondere Bedeutung kommt in diesem Zusammenhang dem rechtsstrukturellen Charakter der mitgliedschaftlichen Beziehung zu. Gesellschaftsverhältnisse unterscheiden sich durch die Interessengleichrichtung ihrer Mitglieder von anderen Rechtsverhältnissen. Als Formen der rechtsgeschäftlichen Verknüpfung mehrerer Menschen bestehen neben den gesellschaftsrechtlichen Kooperationsverhältnissen, die Koordinationsverhältnisse sowie die Subordinationsverhältnisse. Diese drei Grundformen zeichnen sich durch die unterschiedliche Interessenausrichtung der Beteiligten aus. Die Koordinationsverhältnisse sind von einem Interessengegensatz geprägt, die Subordinationsverhältnisse von einer Interessenunterordnung.

Durch die typische strukturelle Prägung unterscheidet sich die gesellschaftsinterne Einflussnahme von der externen. Zur Ermittlung, ob eine Person allein aufgrund ihrer Machtposition ohne ausdrückliche Vereinbarung Gesellschafter ist, muss eine Interessenausrichtung vorliegen, die jener der Mitgesellschafter gleichgerichtet ist. Prägendes Merkmal hierfür ist zunächst die Teilhabe an den spezifisch gesellschaftsrechtlichen Mechanismen zur gesellschaftsinternen Meinungsfindung. Die Abstimmung einer Vielzahl von Beteiligten, die ein gemeinsames Ziel erstreben, beinhaltet stets ein Maß an Fremdbestimmung jedes einzelnen durch die übrigen Beteiligten. Das System einer korporativen Meinungsfindung ist darauf angewiesen, die Interessen einer überstimmten Minderheit oder gegebenenfalls auch einer Mehrheit, die durch eine qualifizierte Minderheit blockiert wird, zurückstehen zu lassen. Das hierin enthaltene Maß an Fremdbestimmung rechtfertigt sich letztlich daraus, dass die Ausübung der Fremdbestimmung wechselseitig ist. Am korporativen Meinungsfindungsverfahren hat nur Teil, wer ihm auch selbst unterworfen ist. Die Unterordnung unter die gefundenen Entscheidungen spiegelt sich im Tragen der Konsequenzen, die hieraus für die Gesellschaft folgen. Dies erfolgt durch die Teilhabe am wirtschaftlichen Schicksal der Gesellschaft, die durch die aus dem jeweiligen Gesellschaftsanteil fließenden wirtschaftlichen Vor- und Nachteile vermittelt wird. Der gesellschaftsrechtliche Inneneinfluss unterscheidet sich vom Außeneinfluss also dadurch, dass die Möglichkeiten, auf die Geschicke der Gesellschaft einzuwirken, einem bestimmten Gesellschaftsanteil zugeordnet werden.

Der Treugeber erlangt durch die Vermittlung über den Treuhänder mittelbaren Einfluss auf das gesellschaftsinterne Meinungsfindungsverfahren. Daneben trägt er – gleichfalls mittelbar – über den Treuhänder auch die wirtschaftlichen Vor- und Nachteile, die aus der Gesellschaftsbeteiligung entstehen. Die rechtsstrukturelle Betrachtung weist den Treugeber daher als Gesellschafter aus. Eine Untersuchung der Interessenverteilung bestätigt dieses Bild. Der Treuhänder ist unmittelbar in das gesellschaftliche Kooperationsverhältnis eingebunden. Im Verhältnis zum Treuhänder ist er dessen Interessen untergeordnet. Er verfolgt die Interessen des Treugebers im Rahmen des Treuhandvertrages als eigene. Zugleich wird dadurch die Interessengleichrichtung mit den übrigen Gesellschaftern an den Treugeber weitergeleitet. Auch zwischen dem Treugeber und den Gesellschaftern besteht mithin eine Interessengleichrichtung. Auf diesem Wege führt die rechtsstrukturelle Verknüpfung von Kooperationsverhältnis (Gesellschaftsvertrag) und Subordinationsvertrag (Treuhandvertrag) zur Integration des Treugebers ins gesellschaftsrechtliche Organisationsgefüge.

Dem steht nicht entgegen, dass der Treugeber nur mittelbar Einfluss auf die Gesellschaft besitzt und auch die wirtschaftlichen Vor- und Nachteile nur mittelbar zu spüren bekommt. Das Prinzip der Relativität der Schuldverhältnisse, das eine Trennung der einzelnen Rechtsverhältnisse gebietet, kann im Bereich des Gesellschaftsrechts nicht ungebrochen Gültigkeit beanspruchen. Bei der Treuhand am Gesellschaftsanteil entsteht in Relation zur Treuhandbeziehung ein doppeltes Außenverhältnis: Ein äußeres Außenverhältnis zum allgemeinen Rechtsverkehr sowie ein inneres Außenverhältnis zum Gesellschaftsverhältnis. Das innere, gesellschaftliche Außenverhältnis ist dabei durch den rechtsgeschäftlichen Ursprung jeder Gesellschaftsbeziehung gekennzeichnet. Das Gesellschaftsverhältnis ist damit offen für eine Ausdehnung durch weitere Rechtsgeschäfte, insbesondere durch Treuhandgeschäfte.

§ 8 Vorteile des mitgliedschaftlichen Ansatzes

I. Gesamtordnung der Rechtsstrukturformen

Die Vorzüge der mitgliedschaftlich orientierten Erfassung der Treugeberstellung liegen zunächst in einer stimmigen Einbindung in ein Gesamtgefüge aller rechtlich-strukturellen Verknüpfungsformen.[403] Ein Verständnis des gesellschaftsrechtlichen Regelungsprogramms, das sich auf die Suche nach zwingenden Zusammenhängen zwischen einzelnen Rechten und Pflichten beschränkt, ist nicht in der Lage, den grundsätzlichen strukturellen Eigenheiten der kooperationsrechtlichen Beziehungen Rechnung zu tragen. Die typische Interessenausrichtung und das darauf abgestimmte gesellschaftsrechtliche System lassen sich nur auf dem Wege einer Einordnung in das Schema der Rechtsstrukturtypen zutreffend erfassen. Zwar mag eine Betrachtung der einzelnen Zusammenhänge teilweise durchaus zu zutreffenden Detailergebnissen führen. Es fehlt jedoch der übergreifende Ansatzpunkt, der das Gesamtgefüge plastisch darstellt und zudem überschaubare Leitlinien zur Lösung der Einzelprobleme bietet. Der hier vertretene Ansatz, das Verhältnis des Treugebers zur Gesellschaft am Begriff der Mitgliedschaft zu bestimmen, besitzt demgegenüber den Vorzug, sich in ein sämtliche Vertragstypen strukturell gliederndes Konzept einzufügen. Damit ergibt sich zugleich der Weg einer Abgrenzung der mitgliedschaftlichen Treugeberstellung von anderen, nicht mitgliedschaftlichen Verknüpfungen mit der Gesellschaft. Es wird eine Trennung zwischen gesellschaftsrechtlichem Innen- und Außeneinfluss ermöglicht, die sich dadurch auszeichnet, dass beim Inneneinfluss grundsätzlich das volle gesellschaftsrechtliche Programm an Rechten und Pflichten anzuwenden ist, beim Außeneinfluss demgegenüber die Erstreckung gesellschaftsrechtlicher Rechtsfolgen auf den Außenstehenden besonderer Begründung bedarf.[404]

II. Zuordnung von Rechten und Pflichten

Die Mitgliedschaft erweist sich damit vor allem als Bezugspunkt für eine Zuordnung gesellschaftlicher Rechte und Pflichten.[405] Erst die Einbindung des Treugebers ins gesellschaftsrechtliche Organisationsgefüge ermöglicht es, ihm auch die Rechtspositionen zuzuweisen, die Ausfluss dieses Beziehungsgeflechts

403 Vgl. *Müller-Erzbach*, AcP 154 (1955), S. 299, 316 ff.; zu den wirtschaftlichen und sozialen Hintergründen: *Reuter*, FS Mestmäcker, S. 271, 272 ff.

404 Entgegengesetzt unterstellt etwa *Wiesner*, FS P. Ulmer, S. 673, 676, auf der Basis der formellen Annahme, der Treugeber sei kein Gesellschafter, wer glaube, ein Treugeber-Kommanditist hafte gesellschaftsrechtlich, sei hierfür beweispflichtig.

405 Vgl. *Armbrüster*, S. 215, *Lutter*, AcP 180 (1980), 84, 97 ff.; *Wiedemann*, Mitgliedschaftsrechte, S. 22 ff.

sind. Von besonderer Bedeutung ist dabei, dass die kooperative Organisationsform einige typisch gesellschaftsrechtliche Regelungsmechanismen, die bei anderen rechtsstrukturellen Verknüpfungen nicht auftauchen, mit sich bringt. So gehört die Existenz eines Abstimmungssystems zur gemeinsamen Meinungsfindung (vgl. §§ 709 BGB; 119 HGB; 47 ff. GmbHG; 118 ff. AktG) zu den Wesensmerkmalen jeder Gesellschaftsorganisation. Ebenso wie auf der Aktivseite die korporativen Rechte eines Gesellschafters in der mitgliedschaftlichen Stellung verwurzelt sind, erklären sich auf der Passivseite auch die Gesellschafterpflichten allein aus der Integration in den Verband. Neben dem Tragen der wirtschaftlichen Konsequenzen aus der Beteiligung rechtfertigt vor allem die Unterwerfung unter die Gesellschafterpflichten die Einbindung in das innergesellschaftliche Organisationsgefüge. Insbesondere die gesellschaftsrechtliche Treuepflicht erweist sich als Mittel zur Korrektur und Begrenzung der Einwirkung auf fremde Rechtspositionen. Sie setzt den jeweils bestehenden Rechten Schranken und verpflichtet überdies den Gesellschafter auch in seinem sonstigen Verhalten zur Rücksichtnahme auf die Gesellschaftsbelange. Die gesellschaftsrechtliche Treuepflicht ist folglich ebenso in der Gesellschafterstellung verwurzelt wie jedes interne korporative Recht.[406]

Korporative Rechte und Pflichten werden hingegen von ihrer rechtlichen und funktionalen Basis getrennt, wenn man sie isoliert von der Mitgliedschaft für begründbar erachtet. Die Zuweisung einzelner Gesellschafterrechte an den Treugeber als Nichtgesellschafter und die korrigierende ergänzende Zuordnung entsprechender Pflichten löst das gesellschaftsrechtliche Regelungskonzept in letzter Konsequenz in einzelne Zusammenhänge auf. Jedes Recht wäre begründbar, sofern nur zugleich auch die entsprechende Pflicht zugewiesen wird. Ein derartiges gesellschaftsrechtliches Korrelations-Konzept wird den bestehenden gesetzlichen Regelungen und der zu bewältigenden Sachlage nicht gerecht.[407] Die Systematik unseres Rechtssystems, Sachverhalte durch rechtliche Typisierung zu erfassen und auf diesem Wege die einschlägigen Rechtsfolgen zu bestimmen, würde aufgegeben. Zur Zuordnung zu einem bestimmten Typ bedarf es des Vorliegens eines Bündels von Merkmalen. Abgeleitet werden daraus dispositive, aber auch zwingende Rechtsfolgen. Dieses Verfahren unterscheidet sich fundamental von der Ermittlung bloßer Zusammenhänge zwischen Rechten und Pflichten, bei der zunächst nur Einzelzusammenhängen Rechnung getragen werden kann. Für eine Berücksichtigung des Vorliegens mehrerer, gegebenenfalls variabler Merkmale (hinreichender Voraussetzungen)

---

406 Vgl. *Müller-Erzbach*, Das private Recht der Mitgliedschaft als Prüfstein eines kausalen Rechtsdenkens, S. 34, 207, 210.

407 Vgl. *Reuter*, ZGR 1978, 633, 638 ff. zum Gesichtspunkt des gesellschaftsrechtlichen Abspaltungsverbotes als Instrument zur Erhaltung bestimmter „Wesenselemente" der einzelnen Gesellschaftsformen. *Reuter* sieht für den besonderen Fall der Treuhand am Gesellschaftsanteil keine Gefahr für die durch das Abspaltungsverbot verfolgten Ziele (S. 642).

ist im Korrelationskonzept kein Raum. Die Perspektive wird damit über Gebühr auf die Betrachtung einzelner, isolierter Zusammenhänge beschränkt.

Zudem ist der dogmatisch-konstruktive Anknüpfungspunkt für die ergänzende Zuweisung von Pflichten äußerst zweifelhaft. An den auch im Abtretungsrecht herrschenden Gedanken der Erhaltung von Einwendungen und Aufrechnungsmöglichkeiten gegenüber einem neuen Gläubiger (vgl. §§ 404, 406 BGB) lässt sich nur bedingt anknüpfen. Tragfähig ist eine Parallele nur für solche Pflichten, die sich von vornherein auf eine Einschränkung des übertragenen Rechts beziehen. Für darüber hinausgehende Pflichten lässt sich aus dem Abtretungsrecht nichts herleiten. Nimmt man im Bereich des Gesellschaftsrechts zur Rechtfertigung der ergänzenden Zuweisung von Pflichten wiederum Rückgriff auf einen mitgliedschaftlichen Bezug der zu ergänzenden Rechte[408], gibt man den eigenen Ansatz einer reinen Korrelationslösung letztlich selbst preis. Ebenso bereitet die originäre Begründung von Rechten beim Treugeber Schwierigkeiten. Begründen kann man die Zuweisung auch von Pflichten hier allenfalls mit der Konstruktion einer Art immanenter Pflichten. Dafür spräche vor allem, dass durch die originäre Schaffung von Rechten, die Regelungen des Abtretungsrechts nicht übergangen werden sollen. Auch insoweit gelangt man jedoch wiederum nur zur Begründung von Rechten, die geschaffene Pflichten einschränken, nicht jedoch zu darüber hinausgehenden, selbstständigen Pflichten.

III. Einheitliches Konzept für einfache und qualifizierte Treuhand

Die Überlegenheit des mitgliedschaftlichen Ansatzes zur Stellung des Treugebers zeigt sich nicht zuletzt an der Bewertung der qualifizierten Treuhand. Die Zulässigkeit der qualifizierten Treuhand, also die Stärkung des Treugebers durch Zuweisung schuldrechtlicher oder korporativer unmittelbarer Rechte in der Gesellschaft, wird meist nicht näher problematisiert, sondern ohne weiteres als selbstverständlich vorausgesetzt.[409] Nicht die Zulässigkeit der qualifizierten Treuhand wird angezweifelt, umstritten ist vielmehr, welche Folgen sich aus ihrer Zulässigkeit hinsichtlich der Pflichten des Treugebers ergeben. Insofern geht es um die Frage, ob die qualifizierte Treuhand ohne eine entsprechende Pflichtenerstreckung auf den Treugeber zulässig ist. Bei Ablehnung einer gesellschaftsrechtlichen Position des Treugebers muss es allerdings bei lediglich fragmentarischen Lösungen bleiben. Weder eine Unterwerfung des Treugebers unter einzelne gesellschaftliche Pflichten auf der Basis einzelner Analogien oder Korrelationserwägungen noch eine umfassende Einstufung des qualifizierten

[408] So verfährt *Armbrüster*, S. 355 f., hinsichtlich der gesellschaftsrechtlichen Treuepflicht des Treugebers. Vgl. hierzu unten: 4. Kapitel, § 12 II.D.2., S. 204 ff.
[409] Die Problematik erkennt dagegen *Beuthien*, ZGR 1974, 26.

Treugebers als Innengesellschafter vermögen die einheitliche Grundstruktur von einfacher und qualifizierter Treuhand aufzudecken. Die Gemeinsamkeiten der unterschiedlich stark ausgeprägten Einwirkungsmacht des Treugebers lassen sich nur zutreffend erfassen, wenn es gelingt, die Mitgliedschaft als Anknüpfungspunkt fruchtbar zu machen.

Die Einstufung des Treugebers als Gesellschafter bereits bei der einfachen Treuhand ermöglicht schließlich einen effektiven Schutz des Treugebers nicht nur vor dem Missbrauchsrisiko durch den Treuhänder, sondern auch vor den Gefahren, die aus der Organisation einer treuhänderisch strukturierten Anlagegesellschaft erwachsen. Als Gesellschafter muss dem Treugeber nämlich – unabhängig von einer ausdrücklichen Zuweisung – ein Mindestmaß gesellschaftlicher Rechte zukommen.[410] Zugleich erhält die gemeinsame Meinungsfindung der Anleger in der Gesellschafterversammlung eine konstruktive Basis. Auf Grund der untergeordneten Rolle, die der Komplementär im Rahmen der kupierten Publikums-KG spielt, wandelt sich die Gesellschafterversammlung zur reinen Anlegerversammlung.[411]

Eine effektive Ausübung der Treugeberrechte erfordert mit Blick auf die in kleine Teile zersplitterte Kapitalstückelung eine einheitliche Wahrnehmung des Weisungsrechts gegenüber dem Treuhänder.[412] Auch ein wirksamer Minderheitenschutz lässt sich bei Anerkennung einer mitgliedschaftlichen Stellung der Treugeber und den damit im Rahmen von Abstimmungen verbundenen Quoren umsetzen.[413] Ein Hindernis für den Minderheitenschutz liegt ansonsten in der einheitlichen Ausübung des Stimmrechts durch den Treugeber. Man kann dieser Gefahr freilich auch begegnen, indem man den Treuhänder berechtigt, beim Vorliegen unterschiedlicher Stimmrechtsweisungen durch die Treugeber uneinheitlich abzustimmen.[414] Sieht man indes allein den Treuhänder als Gesellschafter an, steht dem die Einheitlichkeit der Mitgliedschaft entgegen. Auch diese Problematik lässt sich dogmatisch-konstruktiv überzeugend durch die Anerkennung einer parallelen Gesellschafterstellung von Treuhänder und Treugeber lösen.[415]

[410] Vgl. *Hofmann*, S. 20 f.

[411] Siehe hierzu oben: 2. Kapitel, § 4 II A. S. 81 ff.; *Grundmann*, S. ; 493 ff. ; *Bälz*, ZGR 1980, 1, 76 f.

[412] Vgl. *Bälz*, ZGR 1980, 1, 91 ff.

[413] *Bälz*, ZGR 1980, 1, 94.

[414] Vgl. ausführlich: *Armbrüster*, S. 245 ff. (mwN.); *ders.* FS Bezzenberger, S. 3, 13 ff.; *Bippus*, AcP 195 (1995), 13, 22 ff., will zwischen einer mitgliedschaftlichen Ebene, auf der eine Einheitlichkeit der Gesellschafterstellung vorliege, und einer Beteiligungsebene, auf der sich eine gesellschaftliche Position in einzelnen Anteile aufspalten könne, unterscheiden.

[415] Nicht zu überzeugen vermag dagegen die Argumentation *Armbrüsters*, S. 260 ff., der davon ausgeht, der Sache nach Stelle die uneinheitliche Stimmabgabe nichts anderes als eine Teilenthaltung des Treuhänder-Gesellschafters dar. Eine Teilenthaltung müsse aber jedenfalls nach einem „argumentum a maiore ad minus" zulässig sein, da es dem Gesellschafter auch freistehe, sich völlig von der Stimmabgabe zu enthalten (S. 361). Die gespaltene Stimmabgabe sei als Beschränkung der Stimmkraft zu verstehen (S. 362; *ders.* FS Bezzenberger, S. 15). Die Basis für diese Sichtweise bildet

IV. Zusammenfasung

Der mitgliedschaftliche Ansatz zur Stellung des Treugebers hebt sich dadurch von anderen Lösungsvorschlägen ab, dass er die Treuhand am Gesellschaftsanteil in ein Schema unterschiedlicher Rechtsstrukturtypen einordnet. Nur auf diesem Wege gelingt es, den strukturellen Eigenheiten der Verknüpfung der Treuhandbeziehung mit dem Gesellschaftsverhältnis gerecht zu werden. In erster Linie dient die Mitgliedschaft des Treugebers dabei als Bezugspunkt für korporative Rechte und Pflichten. Es lässt sich ein Gesamtkonzept entwickeln, das über die Lösung einzelner Sachfragen hinausgreift. Nur durch die Verbindung mit einer gesellschaftsinternen Stellung behalten gesellschaftliche Rechte und Pflichten, die den Treugeber treffen, ihre rechtliche und funktionale Basis. Schließlich zeigen sich die Vorzüge des mitgliedschaftlichen Konzeptes auch daran, dass es auf diesem Wege gelingt, eine weitgehend einheitliche Lösung für die einfache und die qualifizierte Treuhand zu erreichen. Da der Treugeber bereits bei der einfachen Treuhand Gesellschafter ist, müssen ihm auch in dieser Form korporative Mindestrechte zukommen. Hierdurch lässt sich ein umfassender Schutz des Treugebers gegen einen Missbrauch der Gesellschafterstellung des Treuhänders sowie gegen eine Übervorteilung durch die Initiatoren einer Publikums-Anlagegesellschaft gewährleisten.

offenbar die Überlegung, dass sich bei einer gespaltenen Stimmabgabe zwangsläufig ein teils gegenläufiges Abstimmungsverhalten ergibt. Die sich widersprechenden Stimmanteile heben sich in ihrer Wirkung auf. Der Vorwurf der Perplexität soll daher nicht greifen (FS Bezzenbereg, S. 16 ff.) Funktional entsteht also eine Teilenthaltung. Im Umkehrschluss ergibt sich daraus aber auch, dass jede Teilenthaltung zugleich abstimmungsrelevante Wirkung entfaltet. Auch die Aufteilung eines einheitlichen Stimmrechts in einen positiv oder negativ votierenden und einen sich enthaltenden Teil stellt mithin eine Aufspaltung des Stimmrechts dar.

§ 9 Stellung von Treugeber und Treuhänder in der Gesellschaft

I. Stellung des Treuhänders

Mit der Eingliederung des Treugebers ins gesellschaftliche Organisationsgefüge ist die Frage nach der Position des Treuhänders verbunden. Ist dieser ebenfalls Mitglied, wie es dem scheinbaren Parteiwillen entspricht, oder verliert der Treuhänder seine Gesellschafterposition, wenn der Treugeber seinerseits Gesellschafter wird? Ist überhaupt eine gemeinsame Mitgliedschaft von Treuhänder und Treugeber denkbar, und wie muss sie gegebenenfalls ausgestaltet sein?

Der Treuhänder ist anders als der Treugeber nicht auf eine konkludente Begründung seiner Mitgliedschaft angewiesen. Seine Gesellschafterstellung ergibt sich für den Bereich der Vollrechtstreuhand eindeutig aus den Vertragswerken. Bei der Sicherungstreuhand muss der Treuhänder Gesellschafter sein, um mit der Verfügungsbefugnis die Sicherungsfunktion zu erreichen. Bei der Verwaltungstreuhand mit Vereinfachungszweck soll der Treuhänder – meist als einziger Kommanditist gegenüber dem Initiator als Komplementär – die Auseinandersetzung der Geschäftsführung mit einer Vielzahl von Anlegern erleichtern. Dafür muss der Treuhänder als Gesellschafter an Stelle der Anleger auftreten. Schließlich erfordert die Verwaltungstreuhand mit Verdeckungs- oder Umgehungsfunktion, dass die Position in der Gesellschaft, deren wirtschaftliche Steuerung der Treugeber verbergen will, von dem Treuhänder eingenommen wird. Ist die Gesellschafterstellung des Treuhänders den Parteien zwar vielfach eigentlich unerwünscht, so entspricht sie doch ihrem durch die Motivlage erzwungenen Willen.[416]

Je nach Entstehungsart der Treuhand erlangt der Treuhänder seine Gesellschafterposition durch Erwerb von dritter Seite (Vereinbarungs- /Erwerbstreuhand) oder vom Treugeber (Übertragungstreuhand). Im Falle der Übertragungstreuhand kann der Übergang der Gesellschafterstellung vom Treugeber auf den Treuhänder zwar in einem einheitlichen Vertrag mit der Treuhandabrede enthalten sein. Rechtstechnisch ist jedoch zu unterscheiden zwischen der Übertragung der Gesellschafterposition als Akt vermögensrechtlicher Zuordnung sowie der Begründung der Treuhandbeziehung.

Betrachtet man die für die Gesellschafterstellung des Treugebers als maßgeblich erachtete Interessenebene, ist auch für den Treuhänder eine Interessengleichrichtung mit seinen Mitgesellschaftern festzustellen. Anders als beim Treugeber liegt der Ursprung der Interessengleichrichtung jedoch nicht in den originär

[416] Vgl. *Henssler*, AcP 190 (1990), 37, 45.

eigenen Interessen des Treuhänders. Die Interessenübereinstimmung ergibt sich vielmehr aus der treuhandbedingten Übernahme der Interessen des Treugebers als abgeleitete eigene Interessen. Der Gesellschafterstellung des Treuhänders fehlt ein eigener Interessengehalt ebenso wie ein Letztentscheidungsrecht, das mit Blick auf die Weisungsbindung gegenüber dem Geschäftsherrn gleichfalls dem Treugeber zukommt. Gleichwohl steht diese Interessenlage der Gesellschafterstellung des Treuhänders nicht entgegen. Anders als bei der Begründung der Mitgliedschaft des Treugebers ergibt sich die Mitgliedschaft des Treuhänders nicht erst aus einer Betrachtung der Interessenstruktur, sondern bereits aus den unmittelbar von den Parteien verfolgten Zwecken. Die Einschränkung der Rechte und Pflichten des Treuhänders durch die treuhänderische Bindung kann folglich die Gesellschafterstellung des Treuhänders nicht in Frage stellen. Sie ist allenfalls insoweit für unwirksam zu erachten, als sie die Position des Treuhänders als Gesellschafter unter das zulässige Mindestmaß hinaus absenkt.[417]

II. Konstruktion der Gesellschaftsanteile

Eine gleichzeitige, parallele Mitgliedschaft von Treuhänder und Treugeber ist konstruktiv in zwei Arten vorstellbar. Zum einen erscheint es denkbar, Treugeber und Treuhänder jeweils einen eigenständigen Gesellschaftsanteil zuzuweisen. Zum anderen kann eine Mitberechtigung an einem einzigen Gesellschaftsanteil vorliegen.

A. Eigenständige Gesellschaftsanteile

1. Herkömmliche Mitgliedschaft

Die Konstruktion über zwei getrennte Gesellschaftsanteile geht von einer eigenständigen Mitgliedschaft des Treuhänders und des Treugebers aus. Beiden kommt grundsätzlich das volle Programm der Rechte und Pflichten eines Gesellschafters zu. Der Umfang der jeweiligen Rechtsstellung lässt sich nur im Rahmen der Gestaltungsfreiheit im Gesellschaftsrecht verändern. Insoweit besteht ein einigermaßen klares System. Problematisch erscheint demgegenüber die vermögensrechtliche Seite. Wie lassen sich mit diesem Modell der vom Treuhänder regelmäßig an den Treugeber abgetretene Gewinnbeteiligungsanspruch und die lediglich den Treuhänder treffende Einlagepflicht vereinbaren? Die scheinbar nur in Person des Treuhänders vorliegenden vermögensrechtlichen Aspekte der Mitgliedschaft stehen einem eigenständigen Gesellschaftsanteil des Treugebers offenbar entgegen. Ein Ausweg könnte jedoch darin liegen,

[417] *Lutter*, AcP 180 (1980), 84, 150/151.

den Treugeber als Gesellschafter ohne vermögensrechtlichen Gesellschaftsanteil anzusehen. Indes finden sich dafür im Gesetz bei der stillen Gesellschaft lediglich Regelungen, die eine interne Beteiligung gegenüber dem Gesellschafter vorsehen, nicht aber unmittelbare gesellschaftliche Beziehungen zur Gesellschaft beinhalten. Eine unmittelbare Gesellschafterstellung ohne vermögensrechtlichen Anteil widerspräche daher den gesetzlichen Vorgaben. Das ergibt sich für das Kapitalgesellschaftsrecht aus der für Gesellschafter vorgeschriebenen Mindesteinlage (§ 5 Abs. 1 GmbHG, § 8 Abs. 2, 3 AktG). Allerdings käme es hierauf überhaupt nur an, wenn dem Treugeber tatsächlich kein vermögensrechtlicher Gesellschaftsanteil zugeordnet werden kann. Mit Blick auf die Pflichtenseite muss eine Einlageleistung des Treugebers vorliegen.[418] Diese könnte darin erblickt werden, dass der Treugeber die vom Treuhänder hinsichtlich dessen Gesellschaftsanteil erbrachte Einlage der Gesellschaft belässt. Die Zuordnung an den Treugeber ergibt sich dabei aus der vertraglichen Bindung des Treuhänders gegenüber dem Treugeber, die es dem Treugeber ermöglichen würde, per Weisung die Gesellschafterstellung des Treuhänders zu beenden und damit mittelbar auch die Kapitaleinlage des Treuhänders aus der Gesellschaft abzuziehen. Insofern wird die vom Treuhänder erbrachte Einlage in doppelter Weise vermögensrechtlich zugerechnet. Schon eine derartige doppelte Zurechnung stößt jedoch auf erhebliche Bedenken. Die mehrfache Berücksichtigung einer Einlage stellt der Sache nach nichts anderes dar als einen einzigen Gesellschaftsanteil, so dass zu der gemeinsamen Berechtigung an einem Gesellschaftsanteil kein wirklicher Unterschied besteht. Mit Rücksicht auf den vermögensrechtlichen Teil jeder Gesellschafterstellung, die eine eigene Einlageleistung erfordert, ist der Weg zweier eigenständiger Gesellschaftsanteile für Treuhänder und Treugeber nicht gangbar.

2. Mitgliedschaft sui generis

Die Unvereinbarkeit einer getrennten Mitgliedschaft von Treugeber und Treuhänder mit dem herkömmlichen mitgliedschaftlichen Konzept besagt noch nichts über die Möglichkeit der Bildung eines eigenständigen Mitgliedschaftstyps für den Treugeber. Insofern wäre eine Art Mitgliedschaft sui generis vorstellbar, die den Treugeber ins Organisationsgefüge der Gesellschaft einbinden würde, dabei aber nicht an das starre Korsett der gesetzlichen Regelungen zur Mitgliedschaft gebunden wäre.[419] Für die Entwicklung von

[418] Vgl. für das Aktienrecht unter Bezugnahme auf § 12 Abs. 1 AktG: *Tebben*, S. 154 und *Sojka*, S. 27 ff., 35, der die Position von Treugeber und Treuhänder unter diesem Gesichtspunkt zusammengenommen als Vollgesellschafterstellung versteht.

[419] In diesem Sinne versteht *Tebben*, S. 104 ff., den Ansatz *Ulmers* als eine Doppelzuständigkeit von Treugeber und Treuhänder am Gesellschaftsanteil. Er begründet dies damit, die Sicht *Ulmers* bewege sich jenseits der gesetzlich vorgesehenen Formen einer dinglichen Zuordnung an mehrere Personen, insbesondere der Gemeinschaft, § 741 ff. BGB.

Rechtsformen eigener Art ist in den Bereichen Raum, in denen es an gesetzlich ausgeprägten Vertragstypen fehlt.[420] Ziel der Bildung einer Rechtsform sui generis ist es allgemein, jenseits gesetzlicher Regelungen ein Leitbild zu definieren, an dem sich die Vertragspraxis zu orientieren hat. Besondere Bedeutung kommt der Bildung von Vertragstypen „sui generis" im Bereich moderner Vertragstypen, die keinem der klassischen Typen zugeordnet werden können, zu. Um trotz des Fehlens eines gesetzlichen Leitbildes über einen Maßstab zur Kontrolle der Wirksamkeit von Vertragsklauseln zu verfügen, wird auf die in der Praxis verfestigte, übliche Ausgestaltung eines Vertrages gleicher Art zurückgegriffen.[421]

Für die Treuhand am Gesellschaftsanteil bedeutet dies, dass eine Auseinandersetzung mit den gesetzlich vorgegebenen Regelungsmechanismen und Prinzipien keinesfalls umgangen werden kann. Als gesetzlicher Orientierungspunkt sind die einzelnen Gesellschaftsarten einerseits und das Regelungsprogramm des Geschäftsbesorgungs- beziehungsweise Auftragsrechts andererseits heranzuziehen. Andernfalls würden die Vorteile, die aus der Qualifizierung des Treugebers als Gesellschafter folgen, leichtfertig wieder aufgegeben. Das gesetzliche Regelungsprogramm entfiele als Orientierungspunkt für interessengerechte, aufeinander abgestimmte und systemgerechte Lösungen. Begibt man sich durch eine Einstufung der Position des Treugebers als Mitgliedschaft „sui generis" wiederum in den Bereich der Ermittlung bloßer Zusammenhänge zwischen Rechten und Pflichten ohne den verbindenden Rahmen der klassischen Mitgliedschaft, stellt die Bezeichnung als Mitgliedschaft (sui generis) nur noch eine bloße Begriffsbildung dar, die ihres eigentlichen Gehaltes beraubt ist. Eine Mitgliedschaft „sui generis" ist deshalb nicht geeignet, im vorgestellten Konzept eine taugliche Konstruktion zur Begründung der Stellung des Treugebers darzustellen. Der pauschale Verweis auf eine Mitgliedschaft eigener Art des Treugebers hilft zur rechtlichen Erfassung der Treugeberstellung nicht weiter. Die Bezeichnung als Mitgliedschaft „sui generis" kann nicht darüber hinwegtäuschen, dass die Zulässigkeit der Treugeberposition und ihrer Ausgestaltung vom Verständnis gesellschaftsrechtlicher wie auch allgemein zivilrechtlicher Prinzipien und deren Anwendung auf die Treugeberposition abhängig ist. Der Hinweis auf eine eigene Art der Mitgliedschaft des Treugebers ließe sich insofern allenfalls als Hinweis auf eine atypische Ausprägung deuten. Ein eigenständiger Konstruktionstyp wird damit freilich nicht beschrieben.

[420] Die Verträge sui generis stellen daher auch im Bereich sich neu herausbildender Vertragsarten seltene Ausnahmefälle: *Martinek*, Moderne Vertragstypen, Band I, S. 22.

[421] Vgl. zur Problematik der Rechtsnatur- und Rechtsfolgenbestimmung als Entwicklungsprozess: *Martinek*, Moderne Vertragstypen, Band I, S. 29 ff.

B. Gemeinsamer Gesellschaftsanteil

Als weitere Konstruktionsmöglichkeit bietet sich die gemeinsame Innehabung eines Gesellschaftsanteils durch Treuhänder und Treugeber an. Ausgangspunkt hierfür ist, dass Treuhänder und Treugeber ein zusammengehörendes Paket von Rechten und Pflichten zusteht, das einem einheitlichen Gesellschaftsanteil zugeordnet wird. Intern findet dann eine Aufteilung hinsichtlich der einzelnen Rechtspositionen statt. Dem entspricht, dass auf vermögensrechtlicher Seite nur eine Einlage zu erbringen ist und nur ein vermögensmäßiger Beteiligungsanspruch besteht.

1. Zulässigkeit

Es fragt sich zunächst, ob die Aufspaltung eines Gesellschaftsanteils an mehrere Berechtigte überhaupt zulässig ist. Im Personengesellschaftsrecht bestehen hier wegen der dort herrschenden Gestaltungsfreiheit der Gesellschafter grundsätzlich keine Bedenken. Freilich sind etwaige Zustimmungserfordernisse der übrigen Gesellschafter zu beachten.

Nur scheinbar komplizierter liegt es im Kapitalgesellschaftsrecht. In diesem Bereich ist eine gemeinsame Innehabung eines Gesellschaftsanteils in §§ 18 Abs. 1, 17 Abs. 6 GmbHG[422] vorgesehen. § 17 Abs. 6 GmbHG sieht eine Teilung eines GmbH-Anteils nur zum Zwecke der Veräußerung sowie im Falle einer Erbschaft vor. Indes erscheint auch losgelöst von einem Veräußerungsakt die rechtsgeschäftliche Begründung einer gemeinsamen Innehabung eines GmbH-Anteils möglich. Der Wortlaut des § 17 Abs. 6 GmbHG ist insoweit teleologisch zu reduzieren. Die in § 17 Abs. 6 GmbHG genannte Teilung ist im quantitativen Sinne zu verstehen. Regelungsgegenstand ist die Aufspaltung eines Gesellschaftsanteils in der Weise, dass ein zusätzlicher, vollwertiger Gesellschaftsanteil entsteht, der bisherige Anteil zugleich in seinem Umfang reduziert wird. Einer derartigen quantitativen Teilung steht die Aufteilung eines Gesellschaftsanteils in qualitativer Weise gegenüber. Der Gesellschaftsanteil wird dabei nicht in seinem vollen Umfang aufgespaltet. Es entsteht mithin kein vollwertiger zusätzlicher Gesellschaftsanteil. Allein die aus dem bestehenden Gesellschaftsanteil resultierenden Rechte und Pflichten werden aufgeteilt. Die Gesellschaft wird dabei durch § 18 Abs. 1 GmbHG hinreichend geschützt. Der qualitativ aufgeteilte Gesellschaftsanteil muss gegenüber der Gesellschaft weiterhin einheitlich repräsentiert werden.

[422] Inhaltlich ähnliche Regelungen finden sich in § 69 Abs. 1 AktG und, § 77 I 3 GenG.

Typischer Fall einer derartigen qualitativen Aufteilung ist die Innehabung eines GmbH-Anteils durch eine Gemeinschaft nach § 741 BGB. Diese wird mit Blick auf § 17 Abs. 6 GmbHG allgemein für zulässig gehalten, da die Übertragung des Gesellschaftsanteils als Ganzes auf die Gemeinschaft keine vorherige Teilung voraussetze. Generell lässt sich sagen, dass als Instrument einer nach §§ 17, 18 GmbHG zulässigen qualitativen Aufteilung eines Gesellschaftsanteils alle Formen der gemeinsamen Innehabung einer Rechtsposition[423] denkbar sind, sofern weder ein vollwertiger neuer Gesellschaftsanteil entsteht noch eine uneinheitliche Repräsentierung gegenüber der Gesellschaft droht.

2. Art der gemeinschaftlichen Innehabung des Gesellschaftsanteils

In rechtskonstruktiver Hinsicht steht die Frage im Mittelpunkt, an welchem Muster sich die Aufteilung des einheitlichen Gesellschaftsanteils zwischen Treuhänder und Treugeber zu orientieren hat. In Betracht zu ziehen ist zunächst eine Innehabung der jeweiligen Beteiligung in Form einer Gemeinschaft gemäß §§ 741 ff. BGB. Zwar fordert eine gemeinschaftliche Beteiligung nicht schon eine generelle Gleichrangigkeit der solcherart Beteiligten. Wie sich aus § 742 BGB ergibt, ist eine Aufteilung in gleiche Anteile nur im Zweifel vorgesehen. Es besteht also durchaus Raum für ein abgestuftes Gewicht der einzelnen Beteiligten.[424] Die Innehabung einer Rechtsposition, bei der ein Teil den Weisungen des anderen unterliegt, ist allerdings nicht mit der Leitlinie der §§ 741 ff. BGB vereinbar. Die subordinative Struktur der Treuhandbeziehung läuft dem Konzept des Rechtsinstituts der Gemeinschaft zuwider.[425]

Ist mithin die Rechtsnatur der Treuhandbeziehung das maßgebliche Hindernis zur Anwendung des Rechts der Gemeinschaft, bietet es sich an, die Treuhandbeziehung selbst als Instrument zu verstehen, das die Gesellschafterstellung zwischen Treuhänder und Treugeber aufteilt. Hierfür spricht vor allem, dass die Gesellschafterstellung des Treugebers sich überhaupt erst aus der Treuhandbindung des Treuhänders ableitet. Zwar stellt der Treuhandvertrag als Geschäftsbesorgungsvertrag eine schuldrechtliche Beziehung dar. Mit Blick auf den rechtsgeschäftlichen Ursprung jedes Verbandes muss das indes einer auch dinglich wirkenden Aufteilung durch den Treuhandvertrag nicht entgegenstehen.[426] Der Geschäftsbesorgungsvertrag als Mittel zur Verwirklichung einer

---

[423] Eine GbR fällt nach neuerer Auffassung dagegen nicht unter § 18 Abs. 1 GmbHG, da die GbR die Fähigkeit besitzen soll, Trägerin von Rechten und Pflichten zu sein. Demgemäß wäre die GbR selbst, und nicht die einzelnen Gesellschafter, Inhaberin des Kapitalgesellschaftsanteils.

[424] Ebenso: *Tebben*, S. 104.

[425] Entgegen *Armbrüster*, S. 215, und *Tebben*, S. 104, erscheint jedoch nicht der Treuhänder, der nach dem Parteiwillen Gesellschafter sein soll, als schlechthin strukturell überlegen, sondern vielmehr der weisungsberechtigte Treugeber.

[426] Das Fehlen eines sachenrechtlichen Regelungsprogramms steht nicht entgegen, da die Gesell-

parallelen Gesellschafterstellung entfaltet insofern noch weitergehende Wirkung als die Gemeinschaft. Er bewirkt nicht nur eine interne Ausgestaltung der einzelnen Rechtspositionen, sondern auch im Außenverhältnis eine Aufspaltung der Mitgliedschaft des Treuhänders. Dem wird entgegengehalten, das Gesetz kenne lediglich die in der Gemeinschaft niedergelegte gleichartige Berechtigung an einer Gesellschaftsbeteiligung. Die Abspaltung eines Teils der Beteiligung nach Art einer „Mitgliedschaft minderen Rechts" sei mit Rücksicht auf Ordnungsinteressen sowie das Gebot der Rechtssicherheit unzulässig.[427] Besonders deutlich sei dies im Bereich der Personenhandelsgesellschaften. Dort stelle die formale Mitgliedschaft den einzigen Bezugspunkt für eine Haftung und die interne Rechtsausübungsbefugnis dar.[428]

Die Kritik verkennt dabei jedoch, dass die Gemeinschaft keineswegs die Stellung der gemeinschaftlich Berechtigten nach außen betrifft, sondern vielmehr auf eine Regelung des Innenverhältnisses beschränkt ist. Die gemeinschaftliche dingliche Berechtigung ist nicht Folge, sondern Voraussetzung der Anwendung der §§ 741 ff. BGB.[429] Auch der Verweis auf eine unzulässige „Mitgliedschaft minderen Rechts"[430] erweist sich als nicht stichhaltig, da die Interessen der Außenstehenden, also einerseits der übrigen Gesellschafter, andererseits des allgemeinen Rechtsverkehrs, bei der Ausgestaltung der parallelen Mitgliedschaft von Treuhänder und Treugeber berücksichtigt werden können. Aus Ordnungsinteressen und Rechtssicherheit hingegen die völlige Unzulässigkeit einer abgestuften Mitberechtigung am Gesellschaftsanteil abzuleiten, würde über das Ziel hinausschießen. Das wird umso deutlicher, wenn man berücksichtigt, dass der Schutz des Rechtsverkehrs sich gerade aus zahlreichen Regelungen ergibt, die sich erst aus der Einstufung des Treugebers als Gesellschafter ableiten. Insbesondere die gesellschaftsrechtliche Haftung hat ihre Wurzeln in der Integration des Treugebers in den Verband. Unter Verweis auf den Schutz Dritter eine Gesellschafterstellung des Treugebers und des

---

schaftsbeteiligung zwar dinglicher, nicht aber sachenrechtlicher Natur ist. Die schuldrechtliche Regelung der Treuhand in §§ 675, 662 ff. kann daher grundsätzlich angewendet werden. Als Hindernis sieht indes *Tebben*, S. 107 ff. (gegen *Ulmers* Ansatz der Doppelzuständigkeit bei der qualifizierten Treuhand), den numerus clausus dinglicher Rechte. Auch die Gestaltungsfreiheit im Innenverhältnis gestatte nicht eine Variierung der dinglichen Zuordnung der Mitgliedschaft. Der Ausweg liegt nach *Tebbens* Auffassung in der von ihm befürworteten Stärkung des Treugebers durch eine statuarische Vereinbarung.

[427] *Armbrüster*, S.216, meint, einer Abspaltung einzelner Mitgliedschaftsrechte stehe das freilich nicht generell entgegen.

[428] *Armbrüster*, S. 216; *Weipert* in Münchener Handbuch des Gesellschaftsrechts, KG, § 9 Rdnr. 56; vgl. auch BGH, Urt. v. 13.5.1953, II ZR 157/52 = BGHZ 10, 44, 48.

[429] Vgl. zum Zusammenhang mit den Regelungen zum Miteigentum (§§ 1008 ff.), der sich dahin kennzeichnen lässt, dass das Miteigentum lediglich einen – wenn auch den wichtigsten – Anwendungsfall der Bruchteilsgemeinschaft der §§ 741 ff. BGB bildet: *Staudinger/Gursky*, § 1008 BGB Rdnr. 6.

[430] *Armbrüster*, S.216.

Treuhänders jenseits einer Gemeinschaft abzulehnen, verkehrt die Interessenlage daher geradezu ins Gegenteil.

3. Verdinglichung der Treugeberstellung

Der Versuch, Treuhänder und Treugeber als gemeinsam Berechtigte am formal dem Treuhänder zustehenden Gesellschaftsanteil zu verstehen, muss sich mit der Problematik auseinandersetzen, inwieweit die Stellung des Treugebers als Gesellschafter sich als Verdinglichung einer schuldrechtlichen Position darstellt.[431] Es fragt sich insbesondere, ob die Aufspaltung der Gesellschafterstellung nach Maßgabe einer Orientierung an der geschäftsbesorgungsrechtlich geprägten Treuhandbeziehung mit der dinglichen Natur der Gesellschafterstellung vereinbar ist.[432] Zur Begründung der dinglichen Aufteilung einer Gesellschafterstellung bieten sich als Alternativen zur geschäftsbesorgungsvertraglichen Lösung die Modelle einer dinglichen Belastung der Mitgliedschaft des Treuhänders in Parallele zum Nießbrauch am Gesellschaftsanteil sowie die Konstruktion einer gesellschaftsrechtlichen Zurechnungs- und Zuordnungseinheit an.

a. Schaffung dinglicher Rechte durch Rechtsgeschäft

Der Begriff der dinglichen Wirkung der Treuhand am Gesellschaftsanteil sollte nicht zu Missverständnissen führen. Es geht keinesfalls um die Wirkungen, die allgemein bei der Treuhand als dinglich diskutiert werden, wie etwa den Schutz des Treugebers in der Insolvenz des Treuhänders und gegen Einzelvollstreckungen in das Treugut.[433] Gemeint ist vielmehr eine gesellschaftsinterne dingliche Wirkung hinsichtlich der gesellschaftsrechtlichen Verwaltungsrechte. Diese sind insofern dinglich, als sie speziellen organisatorischen Vorschriften unterliegen und sich hinsichtlich Durchsetzung und Wirksamkeit von schuldrechtlichen Positionen unterscheiden. Sie sind dinglich in einem organisatorischen Sinne. Es handelt sich um Rechte, die auf der kooperativen Verknüpfung der Gesellschafter beruhen, mithin einen rechtsgeschäftlichen Ursprung besitzen. Sie werden geschaffen durch den von den Gesellschaftern abgeschlossenen Gesellschaftsvertrag, ein rechtsgeschäftliches Kooperationsverhältnis. Die im organisatorischen Sinne dingliche Wirkung der Treuhand am Gesellschaftsanteil, damit letztlich des regelmäßig zu Grunde liegenden Geschäftsbesorgungsvertrags,

---

[431] Vgl. *Dulckeit*, Die Verdinglichung obligatorischer Rechte, S. 10; *Canaris*, FS Flume, S. 372 ff.
[432] Ablehnend: *Sojka*, S. 59 ff., der eine dingliche Aufspaltung im Bereich der mittelbaren Beteiligung allein für Nießbrauch und Verpfändung annimmt.
[433] Vgl hierzu: *Gernhuber*, JuS 1988, 355, 359 ff.

erklärt sich aus dem rechtsgeschäftlichen Ursprung der gesellschaftsrechtlichen Verwaltungsrechte. Die Verknüpfung der beiden Rechtsstrukturtypen des Kooperationsvertrages auf Gesellschaftsebene und des Subordinationsvertrages in der Treuhandbeziehung bringt die mittelbare Weiterleitung der Rechte mit sich, schafft zugleich aber auch ein rechtsgeschäftliches Gesamtgebilde als Basis für unmittelbare – wenn auch nur subsidiäre – gesellschaftsrechtliche Positionen. Die dingliche Wirkung der Treuhand am Gesellschaftsanteil steht damit weder zum Verbot der Verfügungsbeschränkung in Widerspruch noch zu sachenrechtlichen Prinzipien, da deren Anwendungsbereich von vornherein nicht tangiert ist. Es geht allein um eine Ausdehnung des Gesellschaftsverhältnisses auf rechtsgeschäftlicher Basis und die damit verbundenen konstruktiven und gesellschaftsrechtlich-prinzipiellen Probleme.

b. Dingliche Rechte und Außenverhältnis

Über die organisatorisch-dingliche Wirkung im Innenverhältnis hinaus ist die Bedeutung der parallelen Gesellschafterstellung des Treugebers im Außenverhältnis zu beachten. Zum Wesen der treuhänderischen Innehabung einer Rechtsposition gehört es, dass ausschließlich der Treuhänder nach außen zu Verfügungen über das Treugut befugt ist. Gleichwohl lässt sich nicht von einer reinen Innengesellschafterstellung des Treugebers ausgehen. Mögen einer Berechtigung des Treugebers am Gesellschaftsanteil im allgemeinen Rechtsverkehr auch Verkehrsschutzgesichtspunkte entgegenstehen, ist doch zu beachten, dass die gesellschaftsinternen Verwaltungsakte zumindest reflexartig ins Außenverhältnis hineinwirken. So muss mit Blick auf die gesellschaftsrechtlichen Pflichten auch im Außenverhältnis die Stellung des Treugebers im gesellschaftsrechtlichen Organisationsgefüge berücksichtigt werden.[434]

Entsteht mithin eine nicht nur auf das Innenverhältnis bezogene dingliche Stellung des Treugebers, scheint eine Parallele zum Nießbrauch (§§ 1030 ff. BGB) am Gesellschaftsanteil nahe zu liegen.[435] Der Nießbrauch, der auch in der Variante des Nießbrauchs am Gesellschaftsanteil in Erscheinung tritt, stellt eine dingliche Belastung dar, die gerade in ihrer Wirkung im Außenverhältnis ihre besondere Bedeutung entfaltet. Auf den ersten Blick scheint einer Parallele zum Nießbrauch die schuldrechtliche Rechtsnatur der Geschäftsbesorgung entgegenzustehen. Zu beachten ist jedoch der rechtsgeschäftliche Ursprung jeder Gesellschafterstellung, die den Gesellschaftsanteil im Gegenteil zu Sachenrechten zur dinglichen Aufspaltung durch den geschäftsbesorgungsrechtlich geprägten Treuhandvertrag öffnet.

434 Vgl. insbesondere zur gesellschaftsrechtliche Haftung unten: 4. Kapitel, § 15, S. 247 ff.
435 Siehe hierzu oben: 1. Kapitel, § 2 V., S. 39 ff.

Die Ähnlichkeit zwischen Treuhand und Nießbrauch am Gesellschaftsanteil tritt vollends zu Tage, wenn man auch beim Nießbrauch eine Gesellschafterstellung von Nießbraucher und Besteller annimmt.[436] Unterschiedliche Ansätze finden sich dort zur Aufteilung der Rechte zwischen den beiden Beteiligten. [437] Sieht man dabei wie *Schön* Nießbraucher und Besteller als „Untergruppe" im Verband, die im Wege einer „Vergemeinschaftung" die gesellschaftlichen Mitwirkungsrechte innehabe, entsteht in ähnlicher Weise wie bei der Treuhand hinsichtlich der im Einzelnen zugeordneten Rechte eine abgestufte Berechtigung der beiden Beteiligten.[438] Der Nießbrauch stellt sich hier weniger als dingliche Belastung eines Gegenstandes dar, sondern entwickelt sich zum Muster einer Mitberechtigung am Gesellschaftsanteil, die anders als die Gemeinschaft nicht eine gleichstufige Rechtsstellung der Beteiligten voraussetzt. Der Nießbrauch erweist sich bei diesem Verständnis nicht als Alternative zur Treuhand im Sinne einer dinglichen Belastung. Es offenbart sich vielmehr, dass Verdinglichung einer Rechtsstellung und abgestufte Mitberechtigung keine Gegensätze sind. Aus diesem Blickwinkel bildet der Nießbrauch am Gesellschaftsanteil eine Parallele zur geschäftsbesorgungsrechtlich aufgespalteten Berechtigung von Treugeber und Treuhänder. Die Übereinstimmung auf rechtskonstruktiver Ebene stützt die Tauglichkeit des Treuhandvertrages, als Subordinationsbeziehung selbst den Maßstab zur Aufteilung der Rechte und Pflichten zwischen Treugeber und Treuhänder zu liefern.

c. Zuordnungs- und Zurechnungseinheit

Ein Modell, das einer parallelen Gesellschafterstellung von Treuhänder und Treugeber nahe kommt, erwägt – im Ergebnis freilich ablehnend – auch *Armbrüster* unter dem Stichwort der Zuordnungs- und Zurechnungseinheit.[439] Er versteht hierunter eine einheitliche Betrachtung von Treuhänder und Treugeber in der Weise, dass jede Rechtsfolge, die an den Gesellschaftsanteil anknüpft, beide Seiten der Treuhandvereinbarung trifft. Bei diesem Modell müssten die Eigenschaften sowohl des Treuhänders als auch des Treugebers zur Bestimmung der gesellschaftsrechtlichen Folgen herangezogen werden.

Die Schwächen eines derartigen mitgliedschaftlichen Konzeptes liegen indes in der pauschalen Gleichstellung von Treugeber und Treuhänder hinsichtlich der aus der Gesellschafterstellung erwachsenden Rechtsfolgen. Auf diesem Wege wird der von der Treuhandbeziehung als Subordinationsverhältnis vorgezeichneten Interessenlage der Parteien nicht genügt. Es sollen nicht beide Seiten

[436] *Schön*, ZHR 158 (1994), 229, 237.
[437] Zu den einzelnen Lösungsvorschlägen: *Schön*, ZHR 158 (1994), 229, 248 ff.
[438] *Schön*, ZHR 158 (1994), 229, 255.
[439] *Armbrüster*, S. 188 ff.

gleichberechtigt als Gesellschafter handeln können und die entsprechenden Konsequenzen zu tragen haben. Vielmehr wird angestrebt, dass der Treugeber zwar letztlich die wirtschaftlichen Konsequenzen trägt und die maßgeblichen Entscheidungen bestimmt, im täglichen Geschäftsbereich aber der Treuhänder seine Stelle einnimmt. Das System der Zuordnungs- und Zurechnungseinheit stellt mithin keine Alternative zur geschäftsbesorgungsvertraglich orientierten abgestuften Mitgliedschaft von Treugeber und Treuhänder dar.

III. Ausgestaltung des gemeinsamen Gesellschaftsanteils

A. Der Treugeber als „subsidiärer" Gesellschafter

1. Unmittelbare gesellschaftsrechtliche Rechte des Treugebers ohne ausdrückliche Zuweisung im Vertragswerk

Die Ausgestaltung der mitgliedschaftlichen Stellung des Treugebers und des Treuhänders hat sich an der subordinativen Struktur der Treuhandbeziehung zu orientieren. Die Parteien des Treuhandvertrages streben an, allein den Treuhänder als Gesellschafter auftreten zu lassen, den Treugeber dagegen lediglich intern gegenüber dem Treuhänder in Bezug zur Gesellschaft zu setzen. Die strukturellen Eigenarten des Gesellschaftsrechts durchkreuzen diese Absichten. Die Treugeberposition führt zwangsläufig zu einer Integration des „Hintermannes" in den Gesellschaftsverband. Um den Interessen von Treugeber und Treuhänder gleichwohl weitestmöglich zu entsprechen, ist nach einer Verteilung der aus dem gemeinsamen Gesellschaftsanteil fließenden Rechte und Pflichten zu suchen, die der Innenbeziehung zwischen Treugeber und Treuhänder gerecht wird. Insbesondere ist zu berücksichtigen, dass einerseits der Treuhänder kein eigenes Interesse an der Beteiligung hat, andererseits der Treugeber jedoch – zumindest im Regelfall – auf den Umweg über den Treuhänder angewiesen sein soll.[440] Die eigenen gesellschaftsrechtlichen Rechte und Pflichten des Treugebers müssen sich mithin auf Ausnahmefälle beschränken.

Anders als bei einer gleichstufigen Mitberechtigung sind nicht die Interessen beider Beteiligten für die Ausübung der Rechte maßgeblich, sondern ausschließlich das Interesse des Treugebers als Geschäftsherrn. Der Absicht, den Treuhänder als Gesellschafter vorzuschieben, entspricht es, diesem die Ausübung der Gesellschafterrechte im Regelfall zu überlassen. Eines Schutzes des Treugebers bedarf es freilich für die Fälle eines Verstoßes des Treuhänders

---

[440] Vgl. *Grundmann*, S. 221 f., der aus der Letztentscheidungsbefugnis des Treugebers allerdings – mit Ausnahme der Ermächtigungstreuhand – keine dingliche Stärkung der Treugeberstellung ableitet. Seine Ausführungen sind insoweit jedoch allgemein gehalten, so dass sie den strukturellen Besonderheiten des Gesellschaftsrechts nicht Rechnung tragen.

gegen die Interessen oder gegen ausdrückliche Weisungen des Treugebers. Für diese Konstellationen muss dem Treugeber die Möglichkeit zukommen, sich selbst in die Ausübung der Gesellschafterrechte einzuschalten. Die mitgliedschaftliche Stellung des Treugebers kommt gerade in diesem unentziehbaren Mindestmaß korporativer Rechte zum Ausdruck. Den Treugeber völlig von der Verwaltung auszuschließen, wäre mit der gesellschaftsinternen Stellung unvereinbar. Die Gesellschafterrechte stehen in einer an der Interessenstruktur der Treuhandbeziehung orientierten Konzeption folglich primär dem Treuhänder zu, der sie für den Treugeber ausübt. Subsidiär ist indes auch der Treugeber Inhaber der korporativen Rechte. Der Treugeber ist jedoch auf eine Geltendmachung in Ausnahmefällen beschränkt.[441]

2. Pflichten des Treugebers und Subsidiarität seiner Gesellschafterstellung

Auf der Pflichtenseite ist zu berücksichtigen, dass der Treuhänder nach außen im Verhältnis zur Gesellschaft wie auch gegebenenfalls zu Dritten als Gesellschafter auftritt. Er muss daher einer gesellschaftsrechtlichen Pflichtenstellung vollumfänglich unterworfen werden. Ein Verweis auf die Maßgeblichkeit allein der Treugeberinteressen kann schon unter Berücksichtigung von Rechtsscheinsgesichtspunkten den Treuhänder von seiner Pflichtenstellung nicht befreien.

Fraglich erscheint daneben die Pflichtenstellung des Treugebers. Auch er ist Gesellschafter, unterliegt also im Grundsatz dem vollen gesellschaftsrechtlichen Pflichtenprogramm. Eine Variierung der Pflichtenstellung kommt nur insoweit in Frage, als unbeteiligten Dritten hieraus keine Nachteile entstehen. Denkbar erscheint es, die Gläubiger zunächst auf ein Vorgehen gegen den Treuhänder zu verweisen und einen Durchgriff auf den Treugeber nur zu gestatten, wenn die Durchsetzung der Ansprüche gegen den Treuhänder übermäßige Schwierigkeiten bereitet. Auch mit Blick auf die Pflichtenstellung ließe sich somit von einer subsidiären Gesellschafterstellung des Treugebers sprechen. Genügt den Interessen Dritter die Pflichtenstellung des Treuhänders, hätte es bei dessen primärer Gesellschafterstellung sein Bewenden. Bedürfte es hingegen auch einer Inpflichtnahme des Treugebers, entfaltete die subsidiäre Gesellschafterstellung des Treugebers ihre Wirkung und aktualisierte in dessen Person entsprechende Pflichten.

---

[441] Ganz ähnlich liegt bei einer funktionalen Betrachtung (vgl. oben 1. Kapitel, § 2 V.C., S. 40 f.) die Aufteilung der Rechte beim Nießbrauch am Gesellschaftsanteil. Dort wird aus den §§ 1036 Abs. 1, 1066 Abs. 1 BGB der Grundsatz abgeleitet, der Nießbraucher sei für die laufenden Angelegenheiten der Gesellschaft allein zuständig, der Besteller für außergewöhnliche Maßnahmen und Grundlagenentscheidungen.

Indes würde eine rechtliche Subsidiarität des Treugebers im Außenverhältnis den Drittgläubigern ohne weiteres die Zugriffsmöglichkeit auf einen der Gesellschafter verweigern. Es lässt sich jedoch kein Prinzip aufstellen, das es Dritten – soweit ihnen überhaupt Ansprüche gegen die Gesellschafter zustehen – auferlegt, zunächst gegen bestimmte Gesellschafter vorzugehen, andere aber zu verschonen. Die interne Aufteilung der zu tragenden Lasten geht die Außenstehenden grundsätzlich nichts an. Lässt sich demnach auf rein rechtlicher Ebene eine Nachrangigkeit der Haftung des Treugebers nicht verwirklichen, entsteht gleichwohl eine Art tatsächliche Subsidiarität. Dadurch, dass der Treuhänder nach außen regelmäßig nicht hervortritt, können die Gesellschaftsgläubiger auf ihn zunächst praktisch nicht zugreifen. Zwar besteht eine Pflicht der Gesellschaft und insbesondere des Treuhänders, gegebenenfalls die Gesellschaftsgläubiger über die Identität des Treugebers zu informieren. Diese Pflicht verliert jedoch an Bedeutung, sobald die Gläubiger vom Treuhänder Befriedigung erlangen. Der Treuhänder aber muss seinerseits gerade aus der treuhänderischen Innenbeziehung die Gesellschaftsgläubiger nach Möglichkeit vom Treugeber fernhalten, mithin deren berechtigte Ansprüche erfüllen. Lehnt man also eine Publizität des Treugebers nach außen, insbesondere seine Eintragungspflicht im Handelsregister im Bereich des Personenhandelsgesellschaftsrechts ab, entsteht eine faktische Subsidiarität der Treugeberhaftung. Anders als die Subsidiarität auf rechtlicher Ebene lässt sich die Nachrangigkeit auf tatsächlicher Ebene ebenso wie die fehlende Publizität des Treugebers mit der vollständigen Repräsentierung des Treugebers durch den Treuhänder rechtfertigen.[442]

Noch weitergehend lässt sich mit Blick auf die Pflichtenstellung des Treugebers gegenüber der Gesellschaft auch eine rechtliche Subsidiarität annehmen. Aus dem Gesellschaftsverhältnis lässt sich eine Pflicht der Gesellschaft zur Rücksichtnahme auf die Interessen ihrer Mitglieder ableiten. Dem Interesse des Treugebers entspricht es, dass zunächst der Treuhänder als primärer Gesellschafter von der Gesellschaft in Anspruch genommen wird. Nur wenn dieser Anspruch ins Leere geht oder seine Durchsetzung übermäßige Schwierigkeiten bereitet, kann die Gesellschaft direkt gegen den Treugeber vorgehen.

3. Eigenschaften des Treugebers als Tatbestandsmerkmale

Soweit es um die Berücksichtigung bestimmter Eigenschaften einer Person geht (etwa Gewerbeverbote, Wettbewerbsverbote), ist gleichfalls in jedem Fall auf den Treuhänder abzustellen, da dieser als Gesellschafter auftritt.[443] Auf die

[442] Vgl. hierzu unter dem Gesichtspunkt der Eintragung des Treugebers im Handelsregister unten: 4. Kapitel, § 16, S. 284 ff.

[443] Vgl. *Schmidt-Rimpler*, Das Kommissionsgeschäft, in Ehrenberg, Handbuch des Handelsrechts V 1, 2. Halbband, S. 477 f., 612 f.: Für eine Analogie zu § 166 BGB für die Fälle des Handelns im eigenen

Eigenschaften des Treugebers kommt es dagegen nur je nach Art der Regelung an. Es ist zu unterscheiden zwischen Konsequenzen, die sich aus der Interessenbindung und aus der Weisungsbindung des Treuhänders ergeben. Während die Interessenbindung als Wesensmerkmal einer Subordinationsbeziehung nicht abbedungen werden kann, ist es möglich, die Weisungsbindung (weitgehend) auszuschließen. Entsprechend liegen die von einer Weisungsbindung abhängenden weiteren Rechtsfolgen je nach Ausgestaltung der Treuhandbeziehung vor. Bedeutsam ist das für den Fall eines Umgehungszwecks der Treuhandkonstruktion. Umgangen werden können nur weisungsabhängige, nicht aber interessenabhängige Rechtsfolgen. Knüpft der Regelungsinhalt an die Interessenlage an, ist die Stellung des Treugebers ausschlaggebend. Denn stets besteht bei der Treuhand eine Interessenbindung des Treuhänders gegenüber dem Treugeber. Orientiert sich der Regelungsinhalt dagegen an konkreten Handlungen, ist die Reichweite der Weisungsbindung des Treuhänders gegenüber dem Treugeber maßgeblich. Schafft die Ausgestaltung des Treuhandvertrages dem Treuhänder hier eigenen Handlungsspielraum, kann es auf den Treugeber nicht ankommen.

B. Subsidiäre Gesellschafterstellung und unzulässige Verfügungsbeschränkung

Es fragt sich, ob die skizzierte Ausgestaltung der gemeinsamen Gesellschafterstellung von Treuhänder und Treugeber einer dogmatischen Überprüfung standhält. Die subsidiäre Berechtigung des Treugebers wirft die Frage nach einer Vereinbarkeit mit dem Verbot von Verfügungsbeschränkungen wie auch der Differenzierung zwischen Verpflichtung und Bindung auf. Dadurch, dass der Treugeber in die Lage versetzt wird, sich in die Wahrnehmung der Gesellschafterrechte einzumischen und eine seinen Interessen oder Weisungen zuwiderlaufende Ausübung zu verhindern, wird eine Art „Verdinglichung" der Treugeberstellung bewirkt. Dies bedarf ebenso einer kritischen Hinterfragung wie die Annäherung der Position des Treuhänders an die eines bloßen Scheingesellschafters.

1. Anwendbarkeit von § 137 BGB

Die dem Treuhänder zustehenden gesellschaftlichen Rechte stehen ihm bei der echten Treuhand als eigene Rechte zu. Im Unterschied zur unechten Treuhand ist er selbst Gesellschafter. Von sonstigen Fällen einer gemeinsamen Berechtigung an einem Gesellschafsanteil unterscheidet sich die treuhandrechtliche

Namen bei Handeln nach Weisungen. Der Billigkeitsgrund hierfür liegt darin, dass durch das Zwischenschieben eines Nichtwissenden kein Vorteil entstehen dürfe.

Aufteilung der korporativen Rechte dadurch, dass sie nicht den Berechtigten zu grundsätzlich gleichen Teilen zustehen. Die subordinative Struktur spiegelt sich vielmehr darin wider, dass die gleichen Rechte auf verschiedenen Ebenen Treuhänder und Treugeber zukommen. Der Treuhänder übt also ebenso eigene Rechte aus wie der Treugeber. Die Ausübungsbefugnis des Treuhänders beruht anders als etwa im Falle einer Gemeinschaft (§§ 741 ff. BGB) nicht auf einer Bevollmächtigung oder Ermächtigung, auch für den anderen Beteiligten tätig zu werden, sondern ergibt sich unmittelbar aus der besonderen Form der gemeinsamen Berechtigung. Insofern stellt sich die subsidiäre, letztlich verdrängende Stellung des Treugebers als Beschränkung der Verfügungsbefugnis des Treuhänders über seine Gesellschafterrechte dar. Es fragt sich, ob dies mit dem Verbot dinglich wirkender Verfügungsbeschränkungen nach § 137 S. 1 BGB vereinbar ist. Einer Anwendung von § 137 S. 1 BGB steht dabei nicht schon entgegen, dass die mitgliedschaftliche Stellung des Treuhänders von vornherein durch die subsidiäre Zuständigkeit des Treugebers beschränkt wäre. Die Entstehung der Treuhand beruht darauf, dass der Treuhänder sich hinsichtlich eines von ihm gehaltenen Gesellschaftsanteils bindet.[444] Auch wenn die Gründung der Gesellschaft und die Vereinbarung der Treuhand in einem einheitlichen Vorgang erfolgen, ist rechtstechnisch zu differenzieren. Zum einen wird der Gesellschaftsanteil, auf den sich die Treuhand bezieht, zur Entstehung gebracht und primär dem Treuhänder zugeordnet. Zum anderen wird der Treugeber durch den Treuhandvertrag in den Verband integriert. Seine subsidiäre Gesellschafterstellung entsteht jedoch nur in Abhängigkeit von der primären Beteiligung des Treuhänders. Die vom Treuhandvertrag in seiner Zusammenwirkung mit dem Gesellschaftsverhältnis entfaltete Organisationswirkung beschränkt folglich die ursprünglich dem Treuhänder vollständig zukommenden gesellschaftlichen Befugnisse gerade in der für das Verbot des § 137 S. 1 BGB typischen „dinglichen" Weise.

Die §§ 399, 413 BGB lassen sich in diesem Zusammenhang nicht für eine Zulässigkeit einer Verfügungsbeschränkung des Treuhänders fruchtbar machen. § 399 BGB erfasst nur Vereinbarungen zwischen Gläubiger und Schuldner, nicht aber Abreden mit Dritten. Das ist auch bei einer entsprechenden Anwendung über § 413 BGB zu beachten. Die einzuschränkenden Befugnisse bestehen jedoch im Verhältnis des Treuhänders zur Gesellschaft beziehungsweise zu Dritten im Rechtsverkehr. §§ 399, 413 BGB wären daher allenfalls auf Abreden zwischen dem Treuhänder und der Gesellschaft anzuwenden. Insoweit läge indes eine Ausgestaltung des Gesellschaftsverhältnisses vor, der § 137 S. 1 BGB nicht entgegenstünde.

---

[444] Vgl. zur Entstehung der Treuhand allgemein oben: 1. Kapitel, § 1, II., S. 8 f., sowie zu den Einzelproblemen unten: 4. Kapitel, § 13, S. 212 ff.; § 14 , S. 228 ff.

2. Funktionale Parallele zur unechten Treuhand

Als Ansatzpunkt, um die Durchbrechung des Verbots des § 137 S. 1 BGB zu rechtfertigen, liegt eine Betrachtung der unechten Treuhand nahe. Die unechte Treuhand stellt eine Gestaltungsalternative zur echten Treuhand dar. Hier wie dort wird eine als vertrauenswürdig erachtete Person in treuhänderischer Weise zur Wahrnehmung fremder Interessen eingeschaltet. Liegt somit auf der schuldrechtlichen Ebene zwischen Treugeber und Treuhänder durchaus eine Parallele hinsichtlich Interessenstruktur und Motiven vor, bestehen Unterschiede bezüglich der Rechtsstellung des Treuhänders. Während der Treuhänder bei der unechten Treuhand lediglich bevollmächtigt ist, ist er bei der echten Treuhand selbst Vollrechtsinhaber. Die Wahl dieser Konstruktionsvariante mit ihren typischen Risiken ergibt sich regelmäßig aus dem mit der Treuhand verfolgten Zweck. Verbergungs- wie auch Vereinfachungsfunktion der Treuhand am Gesellschaftsanteil sind durch eine bloße Bevollmächtigung nicht in gleicher Weise zu erreichen. Die funktionale Ähnlichkeit zwischen unechter und echter Treuhand gebietet es für den Bereich der Treuhand am Gesellschaftsanteil, die beiden Rechtsinstitute in ihrer rechtlichen Behandlung so weit anzunähern, als es mit Rücksicht auf die Differenzierung zwischen einer Stellung des Treuhänders als Bevollmächtigter einerseits und als Vollrechtsinhaber andererseits möglich erscheint. Im Falle einer Vollmachtstreuhand besteht für das Verbot einer Verfügungsbeschränkung nach § 137 S. 1 BGB von vornherein kein Bedürfnis. Der Treuhänder besitzt hier keine eigene Handlungsbefugnis. Die lediglich vom Treugeber abgeleitete Befugnis ist der Regelung des § 137 S. 1 BGB nicht unterworfen. Sie entsteht vielmehr gerade in dem Umfang, der durch die Vollmachtserteilung in der Innenbeziehung vorgegeben wird. Darüber hinaus wird die Handlungsbefugnis des Treuhänders für den Treugeber im Bereich der unechten Treuhand durch die Anwendung der Grundsätze zum Missbrauch der Vertretungsmacht begrenzt. Auch in dem ihm eigentlich zustehenden Rahmen an Vertretungsmacht entfalten die Handlungen des Treuhänders für den Treugeber keine Wirkung, wenn dem Dritten die Pflichtwidrigkeit der Handlung des Treuhänders bekannt ist oder er sie kennen muss. Hier liegt der Hauptansatzpunkt für eine Übertragung auf die Fälle der echten Treuhand.

C. Weiterentwicklung für die Treuhand am Gesellschaftsanteil - Besonderheit der Repräsentationsakte

Bereits oben[445] wurde die Übertragbarkeit der Grundsätze zum Missbrauch der Vertretungsmacht von der unmittelbaren auf die mittelbare Stellvertretung, und

---

[445] Vgl. 1. Kapitel, § 3, I.C.2., S. 54 ff.

damit auch auf die echte Treuhand, hergeleitet. Die entsprechende Anwendung befindet sich in Einklang mit Sinn und Zweck des Verbots in § 137 BGB und der in dieser Regelung zum Ausdruck kommenden Differenzierung zwischen Verpflichtung und Bindung. Die Zuerkennung subsidiärer gesellschaftlicher Einwirkungsrechte an den Treugeber geht in ihrer verfügungsbeschränkenden Wirkung indes weiter als die schlichte Übertragung der Grundsätze zum Missbrauch der Vertretungsmacht. Während bei der Stellvertretungskonstruktion der unechten Treuhand die Unwirksamkeit der Vertretungsbefugnis im Missbrauchsfall unmittelbar zur alleinigen Ausübungskompetenz des Treugebers als alleinigem Gesellschafter führt, bedarf die Zuständigkeit des Treugebers, an Stelle des Treuhänders in der Gesellschaft zu handeln, bei der echten Treuhand gesonderter Begründung.

1. Übertragung des Notgeschäftsführungsrechts

Die Regeln über den Missbrauch der Vertretungsmacht führen bei entsprechender Anwendung auf die weisungswidrigen Akte des Treuhänders bei der Treuhand am Gesellschaftsanteil zur Unwirksamkeit jener Akte. Damit bleiben die betroffenen Verwaltungsrechte zunächst unausgeübt. Handelt es sich um die Ausübung eines gesellschaftlichen Stimmrechts in einer Gesellschafterversammlung, ist dies auch später nicht mehr zu korrigieren. Man steht vor der Wahl, den Gesellschaftsanteil, auf den sich die Treuhand bezieht, als bei der Abstimmung nicht vertreten anzusehen – was beim Erfordernis bestimmter Anwesenheitsquoten Auswirkungen mit sich brächte – oder aber das Abstimmungsverhalten auf Grund des Widerspruchs zur Weisung des Treugebers als Enthaltung zu werten. Der Weg zu einer entgegengesetzten, der Weisung des Treugebers entsprechenden Wertung scheint jedoch versperrt. Die Befugnis des Treugebers, sich in Konfliktfällen aktiv in die Ausübung von Gesellschafterrechten einzuschalten, kann demgemäß nicht allein auf eine entsprechende Anwendung der Grundsätze zum Missbrauch der Vertretungsmacht gestützt werden. In Betracht kommt insoweit jedoch eine Parallele zum gesellschaftsrechtlichen Notgeschäftsführungsrecht. In Anlehnung an § 744 Abs. 2 BGB wird nicht geschäftsführungsbefugten Gesellschaftern auch über den Bereich des Personengesellschaftsrechts hinaus in Notsituationen das Recht zuerkannt, Geschäftsführungsmaßnahmen durchzuführen.[446] Motiv hierfür ist die Erhaltung der Handlungsfähigkeit der Gesellschaft. Versagt der Vertretungsapparat einer Gesellschaft, kann es in der Übergangszeit bis zu einer Neuregelung durch die Gesellschafterversammlung oder bis zu der gerichtlichen Bestellung eines Notgeschäftsführers (§

[446] MünchKomm/*Ulmer*, § 709 Rdnr. 21; MünchKomm/*K. Schmidt*, §§ 744, 745 Rdnr. 41; zu unterscheiden ist das Notgeschäftsführungsrecht der Gesellschafter von der gerichtlichen Bestellung eines Notgeschäftsführers analog § 29 BGB. Vgl. zu letzterem im Bereich der GmbH: *H. P. Westermann*, FS Kropff, S. 681 ff.

29 BGB) zu Situationen kommen, die unaufschiebbar ein Handeln der Gesellschaft erfordern. In diesen Fällen soll den Gesellschaftern unabhängig von der Geschäftsführungs- und Vertretungsverteilung in der Gesellschaft ausnahmsweise die Befugnis zukommen, für die Gesellschaft zu handeln. Auf diese Weise soll vermieden werden, dass der Gesellschaft und ihren Mitgliedern durch eine vorübergehende Handlungsunfähigkeit Schaden entsteht.

Ähnlich gestaltet sich die Lage bei der Treuhand am Gesellschaftsanteil, wenn das Handeln des Treuhänders als primärer Gesellschafter in entsprechender Anwendung der Grundsätze zum Missbrauch der Vertretungsmacht nichtig ist. Bei Repräsentationsakten in der Gesellschaft führt dies dazu, dass der Gesellschaftsanteil, auf den sich die Treuhandgestaltung bezieht, überhaupt nicht vertreten ist. Die Instrumente zur klageweisen Durchsetzung der Interessen des Treugebers können sich als zu langwierig und schwerfällig erweisen. In diesen Fällen ist der Gesellschaftsanteil in vergleichbarer Weise wie die Gesellschaft beim Notgeschäftsführungsrecht handlungsunfähig. Die interne Zuweisung der Rechte an den Treuhänder scheint den Treugeber an der Rechtsausübung zu hindern, die Rechtsausübung des Treuhänders hingegen ist nichtig. Der Gedanke des Notgeschäftsführungsrechts gestattet es in einer derartigen Lage, ausnahmsweise über die gesellschaftsinterne Zuständigkeitsordnung hinwegzusehen. Entsprechendes muss, sofern man die parallele Gesellschafterstellung von Treuhänder und Treugeber anerkennt, für die gemeinsame Innehabung eines Gesellschaftsanteils in Treuhandform gelten. Anhand der Treuhandbeziehung sind die Zuständigkeiten regelmäßig so verteilt, dass der Treuhänder die Verwaltung durchführt, er insofern die Geschäftsführung innehat. Der Treugeber ist demgegenüber auf den Weg der Weisung an den Treuhänder beziehungsweise auf dessen Bindung an seine Interessen angewiesen. Versagt dieses System, ist der Treugeber gegenüber dem Treunehmer ausnahmsweise selbst zu Verwaltungsmaßnahmen hinsichtlich des Treugutes berechtigt. Legt die Interessenlage bei der Treuhand am Gesellschaftsanteil mithin eine Übernahme des gesellschaftlichen Notgeschäftsführungsrechts nahe, bedarf es dogmatisch-konstruktiv einer weiteren Absicherung zur Übernahme dieses Prinzips. Die entsprechende Anwendung lässt sich nur rechtfertigen, wenn auch auf rechtstechnisch-funktionaler Ebene hinreichende Parallelen zwischen treuhänderischer und gesellschaftsrechtlicher Organisation bestehen.

2. Bezüge zu juristischer Person und Gesamthand

a. Funktionale Nähe und Interessenausrichtung

Die Übertragung der Grundsätze des gesellschaftsrechtlichen Notgeschäftsführungsrechts auf die Treuhand am Gesellschaftsanteil lässt sich auf eine funktionale Parallele zwischen der Mediatisierung durch eine Treuhandkonstruktion einerseits und durch Verwendung einer juristischen Person oder einer Gesamthandgesellschaft andererseits stützen.[447] Durch die Zwischenschaltung des Treuhänders soll allein dieser in Beziehung zum Treuhandgegenstand stehen, der Treugeber dagegen im Hintergrund verbleiben.[448] Ähnlich kann vor allem eine juristische Person (etwa eine Kapitalgesellschaft)[449] nach Anerkennung ihrer Rechtsfähigkeit, aber auch eine Gesamthandgesellschaft als eigenständiges Rechtssubjekt zwischengeschaltet werden. Darüber hinaus besteht eine Ähnlichkeit hinsichtlich der Interessenausrichtung der Beteiligten. Wie bei den Kooperationsverhältnissen liegt auch bei den Subordinationsbeziehungen eine Interessenübereinstimmung vor, die sich freilich nicht aus gemeinsamen eigenen Zielen der Beteiligten, sondern aus der völligen Unterordnung der Eigeninteressen des Geschäftsbesorgers ergibt.[450] Die Interessenstruktur unterscheidet sich mithin lediglich im Innenverhältnis. Nach außen hingegen verfolgen Treugeber und Treuhänder ebenso wie die Mitglieder einer Gesellschaft übereinstimmende Ziele. Diese Interessenlage wird widergespiegelt von einer im Außenverhältnis ähnlichen Funktion, einer im Innenverhältnis jedoch abweichenden Organisation. Die funktionale Nähe einer Mediatisierung durch Gesellschaftsgründung zur Treuhand zeigt sich dabei besonders an der Möglichkeit der Gründung und des dauerhaften Bestehens einer Einmann-Gesellschaft. Die Funktion der Gesellschaft, das Zusammenwirken mehrerer Personen auf ein gemeinsames Ziel hin zu organisieren, entfällt hier. Die Einmann-Gesellschaft verfolgt vielmehr den Zweck, auch einzelnen Personen die Haftungsprivilegien (Kapitalgesellschaftsrecht) und sonstigen organisatorischen Vorteile zukommen zu lassen.

---

[447] Der Verweis in § 713 BGB auf das Auftragsrecht verdeutlicht den Treuhandcharakter der Geschäftsführung in einer GbR, *Kübler*, Gesellschaftsrecht, § 6 III 1. d), S. 51).

[448] *Tebben*, S. 211 ff., behandelt die Parallele zwischen Treuhänder und juristischer Person als vorgeschobener Rechtsträger unter dem Gesichtspunkt eines Durchgriffs auf den Treugeber. Der Treugeber kann nach seiner Auffassung im Ergebnis freilich unter Durchgriffsgesichtspunkten nicht als Gesellschafter angesehen werden. Anders als bei einer Gesellschaft fehle ein hinter dem Treuhänder als vorgeschobenem Rechtssubjekt stehender Verband. Der Treuhänder setze sich nicht wie ein Verband aus Mitgliedern, auf die zurückgegriffen werden könne, zusammen (S. 212). *Tebbens* Sichtweise verkennt, dass sich die Treuhand als Institut der gemeinschaftlichen, subordinativen Berechtigung an einem Gesellschaftsanteil erweist. So wie hinter einem Verband die Mitglieder stehen, setzt sich die „treuhänderische Gemeinschaft" aus Treuhänder und Treugeber zusammen. Die Treuhand am Gesellschaftsanteil schafft damit eine Verbindung des Treugebers zur Gesellschaft, die gegebenenfalls als Basis für einen Durchgriff auf den Treugeber dienen kann.

[449] Vgl. zur funktionalen Vergleichbarkeit von Treuhandlösungen und Gründung abhängiger juristischer Personen: *Coing*, FS Winfried Werner, S. 101, 101 ff.

[450] Schon *Beyerle*, Die Treuhand im Grundriss des deutschen Privatrechts, S. 22, sieht eine Parallele zwischen Treuhand und „Gesamthand" hinsichtlich des erforderlichen „Zusammengehens" im Innenverhältnis, das im Einzelnen freilich unterschiedlichen Mechanismen folge. Auch *Grundmann*, S. 494, stellt im Kontext der Auseinandersetzung mit der Konstruktionsform der Publikums-KG fest, sowohl die Treuhandbeziehung als auch das Gesellschaftsverhältnis wiesen im Grundsatz eine „treuhänderische Natur" auf. Von einer Trennung von Gesellschafts- und Treuhandvertrag sei daher nicht auszugehen; *Lutter*, AcP 180 (1980), 84, 93.

b. Mediatisierung durch Gesellschaften

Die bei den Kapitalgesellschaften über die juristische Person erreichte strikte Trennung zwischen Rechtspositionen im Vermögen der Gesellschaft und der Gesellschafter rechtfertigt sich aus dem dort vorgesehenen System der Kapitalaufbringung und Kapitalsicherung, das die Liquidität der Kapitalgesellschaft gewährleistet und dieser damit einen Eigenwert im Rechtsverkehr verleiht, der in der Einstufung als juristische Person zum Ausdruck kommt. Anders liegt es bei den Personengesellschaften. Auch nach Anerkennung der Fähigkeit der Personengesellschaften (insbesondere auch der GbR), Träger von Rechten und Pflichten zu sein, besteht gleichwohl eine enge Verknüpfung zwischen der Vermögenszuordnung und der Stellung der Gesellschafter, die sich in deren akzessorischer Haftung widerspiegelt. Zudem wird vom BGH bei der Innehabung eines Personengesellschaftsanteils durch eine GbR (jetzt auch Gesetzesänderung in diesem Sinne für die Stellung einer GbR als Kommanditistin: § 161 Abs. 1 S. 2 HGB) die Eintragung der Gesellschafter der GbR ins Handelsregister gefordert. Dieses Gesamtbild legt es nahe, die Vermögensgegenstände einer Personengesellschaft – dem Gesamthandprinzip entsprechend – zugleich ihren Gesellschaftern zuzuordnen. Das Gesamthandprinzip und die Fähigkeit einer Personengesellschaft, Träger von Rechten und Pflichten zu sein, schließen sich folglich nicht aus. Die Lage gestaltet sich vielmehr derart, dass die betroffenen Vermögensgegenstände sowohl der Gesellschaft als Inhaberin als auch den Gesellschaftern als Gesamthändern (im Hintergrund) zugeordnet werden. Die interne Aufteilung ist dabei durch die Vorschriften zur Auseinandersetzung der Gesellschaft und zum Ausscheiden von Gesellschaftern geregelt. Erst mit der Auseinandersetzung der Gesellschaft gelangen die Gesellschafter in die Position eines unmittelbar Berechtigten an einzelnen Vermögensgegenständen. Zuvor ist ihre Vermögensposition durch die Gesellschaft mediatisiert. Über die Organisation der Gesellschaft können sie Einfluss nehmen. Zugleich erklären sich Notgeschäftsführungsrecht und actio pro socio bei diesem Verständnis als Ausfluss der vermögensmäßigen – wenn auch mediatisierten – Berechtigung der Gesellschafter am Gesellschaftsvermögen.

c. Mediatisierung durch Treuhand

Bezieht sich das Subordinationsverhältnis (also etwa eine Treuhand) auf die Innehabung einer Vermögensposition, verwaltet der Geschäftsbesorger (Treuhänder) diese aus eigenem Recht. So wie bei den unterschiedlichen Gesellschaftsformen jeweils die Gesellschaft zur Organisation der Verwaltung des Gesellschaftsvermögens eingeschaltet wird, nimmt hier der Geschäftsbesorger (Treuhänder) die Zwischenstellung zwischen Rechtsverkehr und wirtschaftlich Interessiertem ein, die dort die Gesellschaft erfüllt.

Ist die vollständige Zwischenschaltung des Geschäftsbesorgers (Treuhänders) in vergleichbarer Art wie die Verwendung einer Kapitalgesellschaften mit Blick auf die dort herrschenden Kapitalerhaltungsvorschriften nicht gangbar, so drängt sich die Parallele zu den Personengesellschaften geradezu auf. Das Subordinationsverhältnis erfüllt in dieser Konstellation die Funktion einer Einmann-Personengesellschaft. Der Personenverbund der Gesellschafter als Rechtsträger wird hier durch den Geschäftsbesorger (Treuhänder) ersetzt. Dieser ist primärer Inhaber des „(Gesellschafts-) Vermögens". Zugleich ist jedoch auch der Geschäftsherr (Treugeber) an den Vermögensgegenständen berechtigt. Seine Stellung ist allerdings durch den Geschäftsbesorger (Treuhänder) mediatisiert. Er kann nur ausnahmsweise in Notsituationen hinsichtlich der Vermögensgegenstände verfügend tätig werden. Zugleich bedarf auch der Geschäftsherr (Treugeber) zur Erlangung der alleinigen Vollberechtigung der Abwicklung des Rechtsverhältnisses zur zwischengeschalteten Instanz, hier dem Geschäftsbesorger (Treugeber). Eine Rechtsposition, die in diesem Konstruktionsgefüge im Rechtsverkehr dem Geschäftsbesorger (Treuhänder) zugewiesen werden soll, steht demnach Geschäftsherrn (Treugeber) und Geschäftsbesorger (Treuhänder) in gewisser Weise gemeinsam zu. Im allgemeinen Treuhandbereich zeigt sich dies am Schutz des Treugebers gegenüber einer Insolvenz des Treuhänders und einer Einzelvollstreckung in dessen Vermögen. Bei der Treuhand am Gesellschaftsanteil tritt aufgrund der strukturellen Besonderheit des Treugutes die subsidiäre Berechtigung des Treugebers zur Mitwirkung in der Gesellschaft hinzu. Wie im Gesellschaftsrecht das Notgeschäftsführungsrecht die Funktionsfähigkeit der Gesellschaft in Krisensituationen gewährleistet, sichert die subsidiäre Befugnis des Treugebers die Handlungsfähigkeit hinsichtlich des treuhänderisch gehaltenen Gutes.

d. Außenverhältnis

Zu beachten ist schließlich, dass Verwaltungsmaßnahmen in Form einer Repräsentation des Gesellschaftsanteils in der Gesellschafterversammlung stets auch die übrigen Gesellschafter, also im Verhältnis zur Treuhandbeziehung Außenstehende, betreffen. Das gesellschaftsrechtliche Notgeschäftsführungsrecht gewährt jedoch im Regelfall keine Vertretungsmacht nach außen. Dem stehen die schutzwürdigen Interessen unbeteiligter Dritter entgegen.[451] Jedoch kommen auch in diesem Zusammenhang die Besonderheiten, die den Gesellschaftsanteil als Treugut auszeichnen, zum Tragen. Während die Ausübung subsidiärer Notbefugnisse jenseits der Treuhand am Gesellschaftsanteil regelmäßig am Verkehrsschutz scheitern dürfte, weist das Gesellschaftsrecht einen breiten Raum interner Verwaltungsbefugnisse auf, die im Verhältnis zur

[451] Nicht schutzwürdig sind die Interessen eines Dritten jedoch dann, wenn er mit dem Geschäftsführer zusammenwirkt, vgl. *Kübler*, Gesellschaftsrecht, § 6 III 3. b) bb)), S. 53.

Treuhandbeziehung zwar im Außenverhältnis liegen. Anders als beim allgemeinen Außenverhältnis entfalten die gesellschaftlichen Verwaltungsmaßnahmen jedoch nur Wirkungen für einen eingeschränkten Personenkreis – nämlich den der übrigen Gesellschafter. Damit ist es in diesem inneren Außenverhältnis möglich, durch eine Offenlegung der Treuhandkonstruktion und der maßgeblichen Interessen dem Verkehrsschutz zu genügen und gleichzeitig die subsidiären Notbefugnisse des Treugebers zur Vermeidung von missbräuchlichem Verhalten des Treuhänders einzusetzen. Schon die entsprechende Anwendung der Grundsätze zum Missbrauch der Vertretungsmacht setzt die Kenntnis der Mitgesellschafter von der treuhänderischen Bindung des Treuhänders und Kennenmüssen bezüglich des konkreten Missbrauchsfalles voraus. Den Interessen der Gesellschafter als außenstehenden Dritten im Verhältnis zur Treuhandbeziehung wird dadurch hinreichend Rechnung getragen. Mithin ist für die Treuhand am Gesellschaftsanteil in Weiterentwicklung der Grundsätze zum Missbrauch der Vertretungsmacht und in Anlehnung an das gesellschaftsrechtliche Notgeschäftsführungsrecht anzunehmen, dass der Treugeber Akte des Treuhänders, die nach diesen Grundsätzen nichtig sind, stets selbst ersetzen kann.

IV. Zusammenfassung

Durch die Integration des Treugebers in die Gesellschaftsorganisation wird die Gesellschafterposition des Treuhänders nicht in Frage gestellt. Es kommt den Parteien gerade darauf an, den Treuhänder aus eigenem Recht in der Gesellschaft auftreten zu lassen. Ein mitgliedschaftliches Konzept zur Stellung des Treugebers muss daher eine Lösung für eine parallele Gesellschafterstellung des Treuhänders und des Treugebers finden.

Eine Zuweisung jeweils eigenständiger Gesellschaftsanteile ist mit Blick auf das vermögensrechtliche Element jeder Mitgliedschaft nicht möglich. Es fehlt bereits an einer eigenen Einlageleistung des Treugebers. Zwar hat er dem Treuhänder seine Aufwendungen zu ersetzen. Die vom Treuhänder zu erbringende Einlageleistung kann aber nur entweder dem Treuhänder oder dem Treugeber zugerechnet werden. Eine doppelte Berücksichtigung würde keine selbstständigen Gesellschaftsanteile mehr bedeuten. Auch die Entwicklung einer Mitgliedschaft eigener Art hilft nicht weiter. Das mitgliedschaftliche Konzept würde sich damit vom angestrebten Ergebnis, einen gesetzlichen Anknüpfungspunkt für die Zuordnung korporativer Rechte und Pflichten zu finden, entfernen.

Es bleibt die Möglichkeit, Treuhänder und Treugeber als gemeinsame Inhaber eines Gesellschaftsanteils aufzufassen. Grundsätzlich ist die gemeinsame Innehabung eines Gesellschaftsanteils sowohl im Personen- als auch im

Kapitalgesellschaftsrecht zulässig. § 17 Abs. 6 GmbHG steht dem nicht entgegen. Diese Norm verbietet – abgesehen von der dort vorgesehenen Ausnahme – lediglich die Teilung eines GmbH-Anteils, bei der ein neuer vollwertiger Anteil entsteht. Eine qualitative Teilung, wie sie bei der Treuhand vorliegt, verbietet § 17 Abs. 6 GmbHG indes nicht. Entscheidend ist dabei, dass durch die treuhänderische Aufteilung eine einheitliche Repräsentation des Anteils gleichwohl erhalten bleibt.

Eine parallele Gesellschafterstellung von Treuhänder und Treugeber lässt sich mithin allein auf dem Wege einer gemeinsamen Berechtigung an einem einheitlichen Gesellschaftsanteil verwirklichen. Instrument zur Aufteilung der Mitgliedschaft ist die subordinationsrechtliche Treuhandbeziehung. Nach Maßgabe der verfolgten Ziele wie auch der Interessenstruktur der Rechtsbeziehung ist der Treuhänder als primärer Gesellschafter zu verstehen, der die Gesellschafterrechte im alltäglichen Gesellschaftsleben ausübt und vollumfänglich den Gesellschafterpflichten unterliegt. Die Gesellschafterstellung des Treugebers stellt sich daneben als subsidiäre dar. Der Treugeber bestimmt zwar kraft seines Weisungsrechts und der Maßgeblichkeit seiner Interessen letztlich die Ausübung der Gesellschafterrechte. Unmittelbar in deren Ausübung eingreifen kann er jedoch nur im Konfliktfall. Seine Gesellschafterstellung ist insofern durch den Treuhänder mediatisiert. Sie beinhaltet jedoch einen Kernbereich der dem Gesellschaftsanteil zugeordneten Verwaltungsrechte, die in einem Mindestmaß auch einer Mittelung durch den Treuhänder entzogen sein und mithin dem Treugeber als Gesellschafter unmittelbar zustehen müssen. Man gelangt auf diesem Wege nicht zu einer Befugnis des Treugebers, sämtliche Rechte in der Gesellschaft an sich zu ziehen, wohl aber zu Möglichkeiten, dem Missbrauch der Vollrechtsstellung durch den Treuhänder zu begegnen.

Hinsichtlich der gesellschaftsrechtlichen Pflichten ist die Stellung des Treugebers nur gegenüber der Gesellschaft in gleichem Maße subsidiärer Natur. Gegenüber außenstehenden Dritten – in erster Linie also im Verhältnis zu Gesellschaftsgläubigern – lässt sich eine rechtliche Nachrangigkeit der Haftung des Treugebers hingegen nicht rechfertigen. Da der Treugeber jedoch regelmäßig im Geschäftsverkehr nicht in Erscheinung tritt, entsteht insoweit zumindest eine faktische Subsidiarität. Haben die Gläubiger Kenntnis von der Stellung des Treugebers erlangt, können sie jedoch gegen ihn ungehindert vorgehen.

Die Tatbestandsmerkmale gesetzlicher Normen, die an die Eigenschaft eines Gesellschafters anknüpfen, so zum Beispiel bestimmte Gewerbeverbote, sind jedenfalls auf den Treuhänder als primären Gesellschafter zu beziehen. Je nachdem, ob die Merkmale an eine Interessenlage oder lediglich an bestimmte persönliche Fähigkeiten anknüpfen, ist auch die Person des Treugebers ausschlaggebend. Grund hierfür ist, dass der Treuhänder stets an die Interessen des Treugebers gebunden ist. Nur wenn ausnahmsweise die Weisungsbindung eingeschränkt ist, ergibt sich Spielraum, in weiterem Umfang allein auf den Treuhänder abzustellen.

Als rechtskonstruktive Stütze für die subsidiäre Berechtigung des Treugebers bietet sich eine Weiterentwicklung der Grundsätze zum Missbrauch der Vertretungsmacht in Verbindung mit einer Parallele zum gesellschaftsrechtlichen Notgeschäftsführungsrecht an. Die unmodifizierte Anwendung der Grundsätze zum Missbrauch der Vertretungsmacht auf die Treuhand bewirkt zunächst lediglich, dass weisungswidrige Akte des Treuhänders in der Gesellschaft unwirksam sind, sofern die übrigen Gesellschafter Kenntnis oder grobfahrlässige Unkenntnis von der Treuwidrigkeit besitzen. Der treuhänderisch gehaltene Gesellschaftsanteil wäre dann bei einer Abstimmung überhaupt nicht vertreten. Erst eine Übertragung der Gedanken, die dem gesellschaftsrechtlichen Notgeschäftsführungsrecht zugrunde liegen, öffnet dem Treugeber den Weg zu einer direkten positiven Einwirkung auf das Abstimmungsergebnis. Im gesellschaftsrechtlichen Bereich wird allgemein in Notsituationen, in denen die vorgegebenen Geschäftsführungsinstitutionen versagen, auch Gesellschaftern, die hierzu ansonsten nicht berechtigt sind, ausnahmsweise das Recht zuerkannt, geschäftsführende Tätigkeiten wahrzunehmen. Es soll vermieden werden, dass der Gesellschaft aus einer vorübergehenden Handlungsunfähigkeit Nachteile erwachsen. Die Ähnlichkeit zur Treuhand ergibt sich aus der Mediatisierungsfunktion des Treuhänders. Auch die Gesellschaft erfüllt in gewisser Weise eine zwischen den Gesellschaftern und dem allgemeinen Rechtsverkehr mediatisierende Funktion. So wie den Gesellschaftern als subsidiär am Gesellschaftsvermögen Berechtigten eine Notgeschäftsführungsoption zukommt, muss auch der Treugeber kraft seiner subsidiären Position die Möglichkeit besitzen, im Konfliktfall mit dem Treuhänder ausnahmsweise direkt in der Gesellschaft tätig zu werden.

§ 10 Einzelne Rechte des Treugebers in der Gesellschaft

Die treuhänderische Aufteilung der mitgliedschaftlichen Rechte zwischen Treugeber und Treuhänder hat sich damit auseinander zu setzen, welche Rechte im Einzelnen dem Treuhänder, welche dem Treugeber entweder primär oder lediglich subsidiär zustehen. Zu unterscheiden ist zwischen Mitwirkungsrechten, die auf die Geschicke der Gesellschaft aktiv Einfluss nehmen, und solchen Rechten, die dem Zweck dienen, die Information der Gesellschafter zu gewährleisten.

I. Geschäftsführung

Bei der Gesellschaft bürgerlichen Rechts (§§ 705 ff. BGB) obliegt die Leitung der Gesellschaft den Gesellschaftern in Form der Gesamtgeschäftsführung, § 709 Abs. 1 BGB. Allerdings ist diese Regelung disponibel, so dass es ohne weiteres zulässig ist, einzelne Gesellschafter von der Geschäftsführung auszuschließen. Nimmt die von Treugeber und Treuhänder gemeinschaftlich gehaltene Gesellschaftsposition an der Geschäftsführung teil, muss das Geschäftsführungsrecht dem Treuhänder zustehen. Die Geschäftsführung regelt die alltägliche Verwaltung der Gesellschaft. Gerade hier soll der Treuhänder den Treugeber repräsentieren. Eine Zuständigkeit des Treugebers kann nur subsidiär bestehen. Zudem ist mit der Geschäftsführung regelmäßig die Vertretungsmacht im Außenverhältnis verbunden (§ 714 BGB). Der Treugeber soll hier nicht hervortreten. Mit der subsidiären Geschäftsführungsbefugnis des Treugebers kann eine Vertretungsmacht daher nicht einhergehen. Verdrängt der Treugeber kraft seiner Zuständigkeit den Treuhänder, folgt daraus, dass der Treuhänder auch seine Vertretungsmacht verliert. Allerdings tritt nicht der Treugeber an seine Stelle, die Vertretungsmacht erstreckt sich vielmehr auf die übrigen Gesellschafter, die hierzu berufen sind. War der Treuhänder allein vertretungsbefugt, lebt die Vertretungsbefugnis der übrigen Gesellschafter wieder auf.

II. Informations- und Auskunftsrechte

Aus der subsidiären Zuständigkeit des Treugebers für die Geschäftsführung folgt, dass ihm entsprechende Informations- und Auskunftsrechte zustehen müssen (vgl. § 716 BGB). Sie sind für den Treugeber mit Blick auf die Kontrolle des Treuhänders sogar von besonderem Interesse.[452] Die subsidiäre

[452] *Henssler*, AcP 196 (1996), 37, 80; für ein unmittelbares Informationsrecht nur auf der Basis einer ausdrücklichen Vereinbarung : *Roth/Thöni*, FS 100 Jahre GmbH-Gesetz, S. 245, 276.

Zuständigkeit des Treugebers kann sich im Bereich der Informations- und Auskunftsrechte jedoch nicht auf eine strikt nachrangige Befugnis beschränken. Das bedeutet, dass dem Treugeber Informations- und Auskunftsrechte nicht lediglich im Falle eines Missbauchsfalles durch den Treuhänder zustehen. Vielmehr bedarf es gerade zur Wahrnehmung der subsidiären Befugnisse, also zum „An-sich-ziehen" der Einwirkungsrechte der Kenntnis über die gesellschaftsinternen Vorgänge. Gleichwohl beschränkt sich die Möglichkeit des Treugebers zur Geltendmachung von Informations- und Auskunftsrechten auf Ausnahmefälle. Auch hier gilt, dass für den Regelfall der Treuhänder diese Befugnisse gegenüber der Gesellschaft wahrnimmt. Der Treugeber kann jedoch auch ohne einen Missbrauch des Treuhänders regelmäßig auf die Kontrollmöglichkeiten gegenüber der Gesellschaft zurückgreifen. Die Intensität der Rechtsausübung darf indes nicht die Verwaltung des Anteils durch den Treuhänder grundsätzlich in Frage stellen. Die stellenweise Verdoppelung der Informations- und Auskunftsrechte rechtfertigt sich gegenüber der Gesellschaft ohne weiteres aus der treuhänderischen Innehabung des Gesellschaftsanteils. Anders als durch die Verdoppelung eines Stimmrechts wird die Organisationsstruktur der Gesellschaft nicht beeinträchtigt. Zudem läge auch bei einer einfachen, nicht verdrängenden Vollmacht gegebenenfalls eine vergleichbare Verdoppelung der Informations- und Auskunftsrechte vor.

III. Grundlagengeschäfte

Von der Geschäftsführung zu unterscheiden sind die Grundlagengeschäfte, die nicht die alltäglichen Geschäfte, sondern Bestand und Zusammensetzung der Gesellschaft betreffen. Anders als von der Geschäftsführung können Gesellschafter von der Mitwirkung an den Grundlagengeschäften nicht ausgeschlossen werden. Die Grundlagengeschäfte berühren unmittelbar die Stellung jedes Gesellschafters. Ein völliger Ausschluss hiervon würde daher eine unzulässige Fremdbestimmung durch die Mitgesellschafter darstellen. Für die Treuhand am Gesellschaftsanteil bedeutet dies zunächst, dass Treugeber und Treuhänder in ihrer Gesamtheit an den Grundlagengeschäften beteiligt sein müssen. Darüber hinaus fragt sich jedoch, ob die Aufteilung in primäre und subsidiäre Rechte auch für die Grundlagengeschäfte möglich ist. Dabei spielt der Aspekt einer Fremdbestimmung sowohl des Treugebers, als auch des Treuhänders eine Rolle. Für den Treuhänder ergibt sich bereits aus der geschäftsbesorgungsrechtlichen Interessen- und Weisungsbindung eine Fremdbestimmung durch den Treugeber, die sich aus dem Fehlen eines eigenen Interesses ebenso wie aus der Weiterleitung der Konsequenzen an den Geschäftsherrn (§§ 669, 670 BGB) rechtfertigt. Die gesellschaftsrechtlichen Grundlagengeschäfte sind hiervon nicht ausgenommen. Mit Blick auf die Durchsetzbarkeit der Weisungs- und Interessenbindung auch in diesem Bereich erscheint es nur angemessen, die subsidiäre

Zuständigkeit des Treugebers auch auf die Grundlagengeschäfte zu erstrecken. Der Treugeber unterliegt seinerseits der Entscheidungsgewalt des Treuhänders insoweit, als der Treuhandvertrag diesem eigenen Entscheidungsspielraum einräumt. Auch hier bleibt jedoch die Schranke der Bindung des Treuhänders an die Interessen des Treugebers stets bestehen. Da der Treugeber seinen Anspruch auf ein interessengerechtes Verhalten des Treuhänders gegebenenfalls auch im Bereich der Grundlagengeschäfte durchsetzen kann, ist die Privatautonomie des Geschäftsherrn (Treugebers) auch bezüglich der Grundlagengeschäfte hinreichend gewahrt.

IV. Die einzelnen Gesellschaftsformen

Ein weitgehend entsprechendes Bild ergibt sich für die OHG. Abweichend von der Organisation der GbR gilt für die OHG im Regelfall das Prinzip der Einzelgeschäftsführung in Verbindung mit einem Widerspruchsrecht der übrigen Gesellschafter (vgl. §§ 114,115 HGB). Die Vertretungsmacht ist an die Geschäftsführung gekoppelt, § 125 Abs. 1 HGB. Wird ein Gesellschafter von der Geschäftsführung ausgeschlossen, stehen ihm die Krontrollrechte des § 118 Abs. 1 HGB zu. Das Recht zur Geschäftsführung samt korrespondierender Vertretungsmacht, das Widerspruchsrecht sowie das Recht zur Teilnahme an Gesellschafterbeschlüssen (§ 119 HGB) stehen dem Treuhänder zu. Die subsidiäre Zuständigkeit des Treugebers erstreckt sich mit Ausnahme der Vertretungsmacht gleichfalls auf diese Rechte. Für Kontrollrechte (§ 118 HGB) und Grundlagengeschäfte gilt das zur GbR Gesagte.

Für den Bereich einer KG ist zu unterscheiden. Bezieht sich die Treuhand auf den Anteil eines Komplementärs, entspricht die Verteilung der Treuhand am OHG-Anteil. Für die weitaus häufigere Treuhand am Kommanditanteil bestehen Abweichungen hinsichtlich der Art der Gesellschafterrechte. Ein Geschäftsführungsrecht des Kommanditisten besteht allein für Geschäfte, die nicht zum gewöhnlichen Geschäft des Handelsgewerbes der Gesellschaft gehören (§ 164 HGB). Stattdessen bestehen die unentziehbaren Kontrollrechte[453] des § 166 HGB. Auch die Zuständigkeit zur Mitwirkung an Grundlagengeschäften ist gegeben. Die Problematik der Vertretungsmacht stellt sich hingegen nicht. Für die Aufteilung zwischen Treuhänder und Treugeber ergeben sich keine Besonderheiten.

Für die Treuhand an einem GmbH-Anteil ist das Stimmrecht (vgl. §§ 45 ff. GmbHG) in alltäglichen Fragen wie auch für Grundlagengeschäfte nach Art der Treuhandbeziehung primär dem Treuhänder und subsidiär dem Treugeber

[453] Vgl. BGH, Urt. v. 14.4.1975, II ZR 147/73 = BGHZ 64, 238.

zugewiesen. Gleiches gilt für etwaige dem treuhänderisch gehaltenen Anteil zustehende Sonderrechte, für Beschlussanfechtungsrechte (§§ 241 ff. AktG analog)[454] sowie die actio pro socio. Einsichts- und Auskunftsrechte (§ 51 a GmbHG) müssen dagegen wie im Personengesellschaftsrecht auch ohne Verdrängung des Treuhänders dem Treugeber neben dem Treuhänder zustehen.

V. Zusammenfassung

Hinsichtlich der Verteilung der Gesellschafterrechte zwischen Treuhänder und Treugeber ist zwischen der Mitwirkung an der Geschäftsführung, Informations- und Auskunftsrechten und Grundlagengeschäften zu unterscheiden. Trotz der je nach Gesellschaftsart unterschiedlichen Ausgestaltung lassen sich einige übergreifende Gesichtspunkte festhalten.

Soweit der treuhänderisch gehaltene Gesellschaftsanteil ein Geschäftsführungsrecht vermittelt, steht dieses primär dem Treuhänder und subsidiär dem Treugeber zu. Ein damit verbundenes Recht zur Vertretung der Gesellschaft nach außen kann jedoch, da die Treuhand im äußeren Außenverhältnis nicht gleichermaßen wirkt, allein der Treuhänder wahrnehmen.

Auch Informations- und Auskunftsrechte stehen in erster Linie dem Treuhänder zu. Die Rechte des Treugebers sind hier jedoch weniger strikt subsidiär. Dem Treugeber muss, um den Treuhänder wirksam kontrollieren zu können, ein ergänzendes Informations- und Auskunftsrecht in der Gesellschaft zustehen, das nicht allein auf Missbrauchsfälle beschränkt ist. Der Treugeber kann also durchaus regelmäßig Informationen verlangen, jedoch nicht mit einer Intensität, die die primäre Zuständigkeit des Treuhänders für den alltäglichen Geschäftsbetrieb in Frage stellt.

Hinsichtlich der Grundlagengeschäfte liegt wiederum eine primäre Berechtigung des Treuhänders und eine subsidiäre, gegebenenfalls verdrängende Zuständigkeit des Treugebers vor.

[454] *Kübler*, Gesellschaftsrecht, § 17 V 3. d), S. 244.

§ 11 Zwischenergebnis

Die Analyse der Rechtsbeziehungen zwischen Gesellschaft, Treuhänder und Treugeber hat ergeben, dass der Interessenstruktur des Gesellschaftsverhältnisses in Verbindung mit der Treuhandbeziehung allein ein mitgliedschaftliches Konzept zur Stellung des Treugebers gerecht wird. Es bedarf hierfür eines Konstruktionsmodells, das es ermöglicht, Treugeber und Treuhänder parallel als Gesellschafter einzustufen. Dabei gilt es, einerseits der Ausgestaltung der Beziehung zwischen Treugeber und Treuhänder als Subordinationsverhältnis Rechnung zu tragen, andererseits aber auch die schutzwürdigen Interessen der Mitgesellschafter wie auch etwaiger Gesellschaftsgläubiger zu berücksichtigen. Als dogmatisch-konstruktiv tragfähige Lösung bietet sich eine Mitberechtigung von Treuhänder und Treugeber am Gesellschaftsanteil, auf den sich die Treuhand bezieht, an. Der subordinativen Prägung der Treuhandbeziehung kann hierbei dadurch genügt werden, dass die mitgliedschaftliche Stellung des Treugebers als allein maßgebliche, im täglichen Geschäft jedoch nachrangige, subsidiäre Gesellschafterstellung begriffen wird. Der Treugeber soll zwar letztlich die den Gesellschaftsanteil betreffenden Entscheidungen bestimmen, unmittelbar in die Verwaltung der Gesellschaft „einmischen" kann er sich jedoch nur, wenn die mittelbare Einflussnahme über den Treuhänder als seinen mittelbaren Stellvertreter versagt.

Insbesondere mit Blick auf eine Gesellschafterhaftung des Treugebers und eine Pflichtenerstreckung auf ihn wird durch die Einstufung des Treugebers als Gesellschafter den Absichten, die Treugeber und Treuhänder mit der Treuhandkonstruktion verfolgen, widersprochen. Angestrebt wird in aller Regel, die Rechtsbeziehung der Gesellschafter untereinander und zur Gesellschaft einerseits sowie zwischen Treuhänder und Treugeber andererseits vollständig auseinander zu halten. Eine derart strikte Trennung entspräche den an sich allgemein herrschenden Grundsätzen der Relativität der Schuldverhältnisse, die im bürgerlichen Recht zum Fundament der mittelbaren Stellvertretung und Treuhand zählen. Es läge in der Konsequenz dieses Prinzips, den Treugeber nur mittelbar über den Treuhänder haften zu lassen. Auch in die gesellschaftsrechtlichen Pflichten würde der Treugeber lediglich auf dem Wege einer Mittelung über den Treuhänder eingebunden. Indes weist das Gesellschaftsrecht rechtliche und strukturelle Besonderheiten auf, die bei der Treuhand am Gesellschaftsanteil gegen eine ungebrochene Anwendung des Prinzips der Relativität der Schuldverhältnisse sprechen. Zum einen wird jede Gesellschaft durch einen rechtsgeschäftlichen Akt der Gründungsgesellschafter zur Entstehung gebracht. Das öffnet die Mitgliedschaft als „dingliches Recht" für eine Erweiterung und Aufteilung durch weitere Rechtsgeschäfte. Demgemäß verknüpft sich die Treuhand als Subordinationsbeziehung mit dem kooperativen Gesellschaftsverhältnis und integriert auf diesem Wege den Treugeber ins gesellschaftliche

Organisationsgefüge. Zum anderen stellt die Gesellschaft als im Rechtsverkehr auftretendes Subjekt ein Strukturgefüge dar, das auch die Berücksichtigung lediglich mittelbarer Einflussnahme erforderlich macht. Einschränkend ist jedoch ein spezifisch mitgliedschaftlicher Bezug der Einwirkungsmacht zu verlangen. Derjenige, der Einfluss in der Gesellschaft ausübt und die daraus folgenden Konsequenzen über einen Gesellschaftsanteil vermittelt bekommt, muss auch im übrigen den gesellschaftsrechtlichen Regelungsmechanismen unterliegen. Die jeder Gesellschaft innewohnende Fremdbestimmung der Mitglieder durch die Mitgesellschafter erfordert mithin eine umfassende, auch den Treugeber integrierende, kooperationsrechtliche Bewältigung der entstehenden Konfliktlagen.

4. Kapitel: Lösung der einzelnen Probleme

§ 12 Treuepflichten

Stuft man bei der Treuhand am Gesellschaftsanteil den Treugeber dem hier vorgeschlagenen Ansatz entsprechend als Gesellschafter ein, trifft ihn eine gesellschaftsrechtliche Treuepflicht. Die Ausübung seiner korporativen Rechte in der Gesellschaft wird hierdurch gesteuert. Darüber hinaus verpflichtet die Treuepflicht den Treugeber, eine Beeinträchtigung der Gesellschaftsinteressen durch Handlungen gegenüber Dritten zu unterlassen. Lehnt man eine mitgliedschaftliche Lösung der Treugeberstellung hingegen ab, bedarf eine Erstreckung der gesellschaftlichen Treuepflicht auf den Treugeber besonderer Begründung.

I. Herleitung der gesellschaftsrechtlichen Treuepflicht[455]

A. Grundlagen

Die gesellschaftsrechtliche Treuepflicht umschreibt die Pflichtenbindung einerseits der Gesellschafter gegenüber dem Verband sowie gegenüber den übrigen Gesellschaftern, andererseits auch die Pflichtenbindung des Verbandes gegenüber seinen Mitgliedern.[456] Dabei ist jeweils zu differenzieren zwischen verbandsinternen Konflikten, bei denen die Treuepflicht als Schranke der korporativen Rechte funktioniert, und sonstigen Konflikten, die sich dadurch auszeichnen, dass das Verhalten eines Gesellschafters außerhalb des Verbandes gleichwohl die Interessen des Verbandes oder der Mitgesellschafter betrifft.[457] Man kann insofern auch zwischen unselbstständigen und selbstständigen Pflichten des Gesellschafters unterscheiden. Während die unselbstständigen Pflichten bestehende Rechte des Gesellschafters gegenüber der Gesellschaft eingrenzen, stellen die selbstständigen Pflichten eigenständige Verhaltensregeln auf, die den Gesellschafter auch jenseits seiner gesellschaftsinternen Rechte beeinflussen.[458]

Begreift man den Treugeber als Gesellschafter, unterliegt er im Grundsatz der gesellschaftsrechtlichen Treuepflicht. Zu untersuchen ist, ob nicht ausnahmsweise die doppelte Gesellschafterstellung von Treuhänder und Treugeber eine

---

[455] Zu Ansätzen der Begründung und Herleitung einer Treuepflicht vgl. *Grundmann*, S. 135 ff., der selbst, S. 166 ff., zwischen einer Treuepflicht im engeren und weiteren Sinne differenziert.

[456] *Lutter*, AcP 180 (1980), 84, 108 ff. für aktive Förderpflichten. 110 ff. für passive Förderpflichten, 122 f. für Pflichten des Verbandes gegenüber den Mitgliedern, 123 ff. für Pflichten der Mitglieder untereinander.

[457] *Lutter*, AcP 180 (1980), 84, 111 ff. nach außen getragener Konflikt, 113 ff. Binnenkonflikt, 124 f. Verhalten der Mitglieder mit Verbandsbezug, 125 ff. Verhalten der Mitglieder ohne Verbandsbezug.

[458] Vgl. *Armbrüster*, S. 338 ff.

eigene Treuepflicht des Treugebers entbehrlich erscheinen lässt. Stuft man dagegen mit der herrschenden Meinung den Treugeber als Nichtgesellschafter ein, bedarf es einer gesonderten Begründung, ihn gleichwohl der gesellschaftsrechtlichen Treuepflicht zu unterwerfen. Nur wenn keine zwingende Verknüpfung der Treuepflicht mit der verbandsinternen Stellung besteht, kann die Treuepflicht auch auf den außenstehenden Treugeber erstreckt werden. Es wäre hierfür nachzuweisen, dass - obgleich jeder Gesellschafter grundsätzlich der Treuepflicht unterliegt - die innere Rechtfertigung für die Treuepflicht nicht in der Mitgliedschaft liegt, sondern lediglich in einzelnen in ihr enthaltenen Aspekten, die auch bei einem Nichtgesellschafter vorliegen können. Die Klärung dieser Fragen erfordert ebenso eine Rückbesinnung auf die Funktion und die wertungsmäßigen Geltungsgründe der gesellschaftsrechtlichen Treuepflicht wie auf ihre dogmatisch-konstruktive Verankerung.

B. Gesetzliche Legitimationsgrundlage und wertungsmäßiger Geltungsgrund

Während die Existenz einer gesellschaftsrechtlichen Treuepflicht sowohl für das Personengesellschaftsrecht als auch für das Kapitalgesellschaftsrecht mittlerweile allgemein anerkannt ist, finden sich zur gesetzlichen Legitimationsgrundlage unterschiedliche Auffassungen. Neben einer Verankerung der Treuepflicht in § 242 BGB oder § 705 BGB[459] wird die Entwicklung eines allgemeinen Prinzips aus einzelnen gesellschaftsrechtlichen Normen (§§ 112, 113 HGB, 53a AktG, 243 Abs. 1 und 2 AktG) vorgeschlagen.[460] Von *Flume* wird befürwortet, der Treuepflicht entsprechende Schranken für Mitgliedschaftsrechte aus der Mitgliedschaft selbst herzuleiten.[461]

Für die Klärung der Frage, ob der Treugeber einer gesellschaftsrechtlichen Treuepflicht unterliegt, ist jedoch weniger der gesetzliche Anknüpfungspunkt der Treuepflicht als der wertungsmäßige Geltungsgrund ausschlaggebend. Die entwicklungsgeschichtlichen Ursprünge der gesellschaftsrechtlichen Treuepflicht führen zurück in den Bereich des Personengesellschaftsrechts. Hier wurde vor allem die personalistische Struktur der Gesellschaft und das damit einhergehende persönliche Vertrauen der Gesellschafter untereinander als Basis der Treuepflicht hervorgehoben.[462] Durch die Anerkennung der Treuepflicht

[459] Ausführlich hierzu: *Grundmann*, Treuhandvertrag, S. 148 ff.; *K. Schmidt*, Gesellschaftsrecht, § 20 IV 1 b); *Lutter*, AcP 180 (1980), 84, 102, 102/103 (für § 705 BGB), *Häsemeyer*, ZHR 160 (1996), 109, 113 (für § 242 und § 705 BGB).
[460] *Hüffer*, FS Steindorff, S. 59, 72 f.
[461] Ein unmittelbares Verhältnis der Mitglieder einer juristischen Person untereinander lehnt *Flume* hierbei ab: *Flume*, ZIP 1996, 161, 165; *ders.*, Die Juristische Person, § 8 I, S. 268-271.
[462] *A. Hueck*, Treuegedanke, S. 18 f.

auch im Bereich des Kapitalgesellschaftsrechts[463] verliert die besondere personenrechtliche Verbindung indes zunehmend an Bedeutung. Statt dessen rückt mehr und mehr der Gesichtspunkt der Bildung eines Ausgleichs zur Einwirkungsmacht ins Zentrum des Interesses.[464] Insbesondere mit Blick auf die Treuepflichten der Gesellschafter untereinander wird daraus abgeleitet, der Treuepflicht müsse lediglich eine durch die Einwirkungsmacht vermittelte Sonderbeziehung zu Grunde liegen. Insofern steht neben dem Zweck eines Vertrauensschutzes[465] zunehmend der Gesichtspunkt einer Einschränkung der Einwirkungsmacht der Gesellschafter im Mittelpunkt.[466] Insbesondere *Armbrüster* betont die Bedeutung einer Korrelation zwischen Einwirkungsmacht und Haftung.[467] Auf dieser Basis glaubt er die Treuepflicht von der Anknüpfung an eine mitgliedschaftliche Position loslösen zu können und auf den Treugeber als – nach seiner Auffassung – Außenstehenden erstrecken zu können. Ganz überwiegend wird demgegenüber nach wie vor eine Verbindung zwischen verbandsinterner Position und Unterwerfung unter die gesellschaftsrechtliche Treuepflicht gezogen.[468]

C. Funktion der Treuepflicht

Zweck der gesellschaftsrechtlichen Treuepflicht ist in erster Linie die Flexibilität der einzelnen Gesellschaften. Zur Erhaltung der Beweglichkeit der Gesellschaft im Rechtsverkehr erscheint es erforderlich, die allgemeinen mitgliedschaftlichen Pflichten vom einmal vertraglich konkret festgelegten Umfang zu lösen.[469] Für den Umfang der gesellschaftsrechtlichen Treuepflicht muss neben der Rechtsform des Verbandes und der gemeinsamen Zielsetzung auch die reale Struktur des Verbandes berücksichtigt werden.[470]

Für die Mitglieder untereinander ist zu bedenken, dass jedes Mitglied mit Blick auf seine wirtschaftlichen Interessen in gewissem Umfang einer Fremdbestimmung durch die Entscheidungsfindung in der Gesellschaft unterworfen ist. Mit

[463] Grundlegend vor allem: *Zöllner*, Schranken, S. 334 ff.; insbesondere S. 342 f.
[464] BGH, Urt. v. 1.2.1988, II ZR 75/87 = BGHZ 103, 184, 195; *Henssler*, ZHR 157 (1993), 91, 114.
[465] *Hüffer*, FS Steindorff, S. 59, 73 ff. ; BGH, Urt. v. 1.2.1988, II ZR 75/87 = BGHZ 103, 184.
[466] Vgl. *Hüffer*, FS Steindorff, S. 59, 73 ff.; *K. Schmidt*, Gesellschaftsrecht, 4. Aufl., 2002, § 20 IV 1. b), S. 588; *Timm*, JZ 1991, 481, 812 f.; *Zöllner*, Die Schranken mitgliedschaftlicher Stimmrechtsmacht bei den privatrechtlichen Personenverbänden, 1963, S. 342 f., 349 f.
[467] *Armbrüster*, S. 206 ff., 333 ff.; *Dreher*, ZHR 157 (1993), 150, 154 ff.
[468] *Lutter*, AcP 180 (1980), 84, 102, 103; *K. Schmidt*, Gesellschaftsrecht, § 20 IV 1. b), S. 588; *Hüffer*, FS Steindorff, S. 59, 64 ff. ; MünchKomm/*Ulmer* § 705 BGB Rdnr. 182; *Zöllner*, Schranken, S. 359 f.
[469] *Lutter*, AcP 180 (1980), 84, 102, 102 (bevorzugt eine Bezeichnung der Treuepflicht als allgemeine Förderpflicht zur Vermeidung von Verwechslungen mit der allgemeinen Treuepflicht aus § 242 BGB, S. 103/104).
[470] *Lutter*, AcP 180 (1980), 84, 102, 105/106 ; ähnlich auch: *K. Schmidt*, Gesellschaftsrecht, § 20 IV 2. d), S. 592.

Rücksicht auf die gemeinsame Zweckverfolgung verlassen sich die Gesellschafter auf eine ordnungsgemäße Wahrnehmung der Befugnisse der Mitgesellschafter und der Entscheidungsträger im Verband. Im Rahmen der Konkretisierung dieser Treuebindung sind jeweils das Verbandsinteresse und die betroffenen Einzelinteressen der Gesellschafter gegeneinander abzuwägen.[471] Auch zwischen den einzelnen Mitgliedern besteht eine Treuepflicht, die jedoch je nach der Realstruktur des Verbandes sowie der „Identifizierung" eines Gesellschafters mit dem Verband unterschiedlich ausgeprägt sein kann.[472] Die von den Parteien für den Verband gewählte Rechtsform ist hingegen von untergeordneter Bedeutung.[473] Man sollte sich durch die Unterschiede zwischen Kapital- und Personengesellschaftsrecht – in erster Linie die überindividuelle Verselbstständigung der Mitgliedschaft bei der GmbH und vor allem der AG – nicht den Blick auf die bestehenden Gemeinsamkeiten verstellen lassen.[474] So ist nach einem modernen Verständnis der Mitgliedschaft bei allen Gesellschaftsformen ein Sonderrechtsverhältnis zwischen den Gesellschaftern anzunehmen. Wie der Gesellschaftsvertrag im Personengesellschaftsrecht, so bestimmt im Kapitalgesellschaftsrecht die Satzung sowohl die Beziehung der Mitglieder zur Gesellschaft als auch der Mitglieder untereinander.[475] Rechte und Pflichten der Gesellschafter haben damit ihren Ursprung letztlich im rechtsgeschäftlichen Akt der Errichtung der Satzung.[476] Eine Pflicht zur Zweckförderung und zur Loyalität gegenüber der gemeinsamen Zweckverfolgung ist damit als Element jeder Mitgliedschaft gegeben.[477]

II. Treuepflicht des Treugebers

Das Meinungsbild zur gesellschaftsrechtlichen Treuepflicht des Treugebers zeichnet sich durch eine Vielfalt dogmatischer Begründungsansätze aus. Dabei wird freilich zumeist übersehen, dass nicht nur eine unselbstständige Treuepflicht im Sinne einer Beschränkung von Einwirkungsrechten des Treugebers, sondern auch eine selbstständige, das sonstige Verhalten des Treugebers betreffende Treuepflicht in Betracht kommt. Eine Ausnahme bildet *Armbrüster*, der eine umfassende gesellschaftsrechtliche Treuepflicht des Treugebers unabhängig von einer Zuweisung unmittelbarer Rechte in der Gesellschaft befürwortet. Eine Gesellschafterstellung des Treugebers erachtet er hierfür nicht als erforderlich.

---

[471] *Lutter*, AcP 180 (1980), 84, 121.
[472] *Lutter*, AcP 180 (1980), 84, 126 f.
[473] *Lutter*, AcP 180 (1980), 84, 130.
[474] Vgl. *Dreher*, ZHR 157 (1993), 150, 152 f.; *Wiedemann*, Gesellschaftsrecht, Band I, § 8 II 3, S. 431 ff.
[475] *Hüffer*, FS Steindorff, S. 59, 67.
[476] *Lutter*, ZHR 153 (1989), 446, 454 f.
[477] *Lutter*, AcP 180 (1980), 84, 129.

A. Herrschende Meinung

Weit verbreitet wird eine Erstreckung der unselbstständigen Treuepflicht auch auf den Treugeber angenommen. Freilich beschränkt sich diese Sichtweise häufig auf die Fälle einer ausdrücklichen Übertragung oder Begründung unmittelbarer korporativer Rechte in der Gesellschaft für den Treugeber. Die Unterwerfung unter die Treuepflicht ergibt sich insoweit jedenfalls aus dem die Rechte begründenden Vertrag mit der Gesellschaft beziehungsweise bei einer Abtretung aus den Grundätzen der §§ 404, 406 BGB. Eine Einschränkung auch der mittelbaren Einwirkungsrechte über den Treuhänder wird demgegenüber nicht auf dem Wege einer (unselbstständigen) Treuepflicht des Treugebers gelöst, sondern als Problem der Weisungsbindung des Treuhänders verstanden. Überlegungen zu einer noch weitergehenden, selbstständigen Treuepflicht des Treugebers werden von den Vertretern einer derart restriktiven Anwendung der Treuepflicht auf den Treugeber überhaupt nicht angestellt.

B. Differenzierung nach Qualifizierung der Treuhand

Basierend auf *Ulmers* Unterscheidung zwischen einfacher (verdeckter) und qualifizierter (offener) Treuhand ergibt sich auch für die Treuepflicht des Treugebers ein differenziertes Bild. Wird der Treugeber bei der qualifizierten Treuhand durch die Zustimmung der übrigen Gesellschafter in den Gesellschaftsverband einbezogen, muss er auch einer gesellschaftsrechtlichen Treuepflicht vollumfänglich unterfallen. Grund der Pflichtenerstreckung auf den Treugeber ist nach diesem Ansatz die Schaffung der Gesellschafterstellung des Treugebers.[478] Ähnlich sieht auch *Blaurock* für eine Erstreckung der gesellschaftsrechtlichen Treuepflicht auf den mittelbar Beteiligten eine Zustimmung der Gesellschafter als maßgebliches Kriterium.[479]

Dem wird entgegengehalten, die Annahme einer Treuepflicht des Treugebers nur im Falle einer Zustimmung der übrigen Gesellschafter sei widersprüchlich. Es sei widersinnig, wenn gerade der Treugeber, der seine Stellung gegenüber der Gesellschaft verberge, hinsichtlich seiner Pflichtenstellung günstiger stehe.[480] Indes eröffnet in *Ulmers* Konzept erst die Zustimmung der Mitgesellschafter, die zugleich die Treuhandbeziehung als qualifizierte ausweist, die Möglichkeit, eine Stimmbindung des Treuhänders gegenüber dem Treugeber zu vereinbaren. Der verborgene Treugeber unterliegt mithin zwar keiner gesell-

---

[478] *Ulmer*, FS Odersky, S. 873, 890.

[479] *Blaurock*, Unterbeteiligung, S. 202.

[480] *Armbrüster*, S. 351 ff., 353 erkennt dabei jedoch durchaus, dass sich die Zustimmung der Gesellschaft in Verbindung mit der Offenlegung der Treuhand als Einbeziehung des Treugebers in den Gesellschaftsverband verstehen ließe.

schaftlichen Treuepflicht. Seine Position erweist sich für die Gesellschaft aber nicht unbedingt als gefährlicher als die eines Treugebers im Rahmen einer offenen Treuhand. Letzterem kommt nämlich durch die Möglichkeit zur Vereinbarung und Durchsetzung einer Weisungsbindung des Treuhänders in *Ulmers* Konzept eine erhebliche gesteigerte Einwirkungsmacht zu. Die Schwäche in *Ulmers* Ansatz liegt damit nicht in der größeren Gefährlichkeit des verborgenen Treuhänders, sondern in der grundsätzlich missglückten Grenzziehung zwischen einfacher und qualifizierter Treuhand. Die Differenzen zwischen einem Treugeber mit und ohne Weisungsbefugnis werden unter Vernachlässigung der in jedem Fall bestehenden Interessenbindung bei *Ulmer* übermäßig betont.

C. Vertrag mit Schutzwirkung zugunsten Dritter

Von einigen Stimmen in der Literatur wird zur Begründung einer gesellschaftsrechtlichen Treuepflicht (wohl nur der unselbstständigen) der Gedanke eines Vertrages mit Schutzwirkung zugunsten Dritter vorgeschlagen.[481] Als Vertrag, der Schutzwirkung entfalte, müsste dafür die Beziehung zwischen Gesellschafter (Treuhänder) und Drittem (Treugeber) aufzufassen sein. Die Gesellschaft wäre als Außenstehende gegebenenfalls schutzbedürftig.

Indes bewirkt das Rechtsinstitut des Vertrages mit Schutzwirkung zugunsten Dritter lediglich eine Einbeziehung einer nicht am Vertrag beteiligten Person in die aus dem Vertrag erwachsenden Schutzpflichten. Zu Recht wird daher gegen eine derartige Herleitung der gesellschaftsrechtlichen Treuepflicht des Treugebers gegenüber der Gesellschaft vorgebracht, die Treuhandbeziehung lasse keine gesellschaftsrechtliche Treuepflicht gegenüber dem Treuhänder, deren Schutzwirkung auf die Gesellschaft erstreckt werden könnte, entstehen.[482] Es fehlt für eine Übertragung des im Bereich der Unterbeteiligung vertretenen Konzeptes[483] an einer entsprechenden Sachlage. Anders als der Unterbeteiligte steht der Treugeber nicht in gesellschaftlichen Beziehungen zum Hauptbeteiligten. Vielmehr ist seine Beziehung zum Treuhänder geschäftsbesorgungsvertraglicher Natur. Eine übertragungsfähige, der gesellschaftsrechtlichen Treuepflicht zumindest äquivalente Treuepflicht des Treugebers besteht mithin nicht.

[481] *Fleck*, FS Fischer, S. 107, 119; auch *Blaurock*, Unterbeteiligung, S. 202, betont neben der Erforderlichkeit einer Zustimmung der übrigen Gesellschafter den Gedanken des Vertrages mit Schutzwirkung zugunsten Dritter.

[482] *Armbrüster*, S. 354/355; auch für die Treuhand aber *Blaurock*, Unterbeteiligung, S. 201-203.

[483] Vgl. *K. Schmidt*, Gesellschaftsrecht, § 63 IV 1, S. 1871 f.; *Schlegelberger/K. Schmidt*, § 335 HGB (§ 230 n.F.) Rdnr. 220.

D. Gesellschaftsspezifischer Einfluss

Eine für die unselbstständigen und selbstständigen Ausprägungen der Treuepflicht differenzierende Herleitung findet sich bei *Armbrüster*. Einerseits verwirkliche sich in den Pflichten, die den Umfang eines dem Gesellschafter zugewiesenen Rechts begrenzen, die Schrankenfunktion der Treuepflichten. Insofern handele es sich um eine unselbstständige Ausprägung der Treuepflicht, die die Innehabung eines Rechts durch den Treugeber voraussetze.[484] Andererseits würden durch die Treuepflicht auch neue Pflichten, beispielsweise Wettbewerbsverbote und Geheimhaltungspflichten, geschaffen. Hier offenbare sich die Begründungsfunktion der Treuepflicht.[485]

1. Unselbstständige Treuepflichten

Die unselbstständigen Pflichten lassen sich gemäß *Armbrüster* aus der regelmäßig zur Schaffung derartiger Rechte erforderlichen Mitwirkung der Gesellschaft ableiten.[486] Die Herleitung ergebe sich zum einen bereits aus den allgemeinen Grundsätzen des Zessionsrechts, nach denen die Rechtsposition des Schuldners durch eine Abtretung nicht verschlechtert werden dürfe (§§ 404, 406 ff. BGB).[487] Zum anderen sei die Treuepflicht sogar als immanente Schranke des abgetretenen Rechts in dem Sinne zu verstehen, dass bereits eine Begrenzung des Rechts als solchem vorliege. Unabhängig von der Wertung des § 404 BGB erlange der Treugeber das Recht nur im durch die Treuepflicht begrenzten Rahmen. Ein Verstoß gegen § 399 Alt. 1 BGB liege darin nicht, weil das Recht genau mit dem bestehenden Inhalt übergehe, eine Inhaltsänderung mithin nicht erfolge.[488] Zugleich erklärten sich durch das Verständnis als immanente Schranke des Rechts auch die Fälle, in denen es an einer Abtretung durch den Treuhänder fehle. Auch bei einer originären Schaffung der Rechtsposition des Treugebers durch die Gesellschaft könne das Recht nur in diesem begrenzten Umfang zur Entstehung gelangen.[489] Eine mitgliedschaftliche Stellung des Treugebers hält *Armbrüster* zur Begründung der unselbstständigen Treuepflicht für entbehrlich. Die Bindung folge bei der Treuhand, wie auch bei sonstigen Fällen, einer Zuweisung mitgliedschaftlicher Rechte an einen Nichtgesellschafter bereits aus einer Auslegung der Vereinbarung zur Begründung der Rechte.[490] Ganz ähnlich sieht *Dreher* eine Entstehung der mitgliedschaftlichen Treuepflicht

[484] *Armbrüster*, S. 338 f.
[485] *Armbrüster*, S. 340.
[486] *Armbrüster*, S. 340 ff.
[487] *Armbrüster*, S. 342.
[488] *Armbrüster*, S. 342 f.
[489] *Armbrüster*, S. 343.
[490] *Armbrüster*, S. 343/344.

zwar beim Gesellschafter, erstreckt die konkrete Bindung hinsichtlich der Stimmrechtsausübung jedoch auch auf jeden Dritten, der das Stimmrecht ausübt.[491]

2. Selbstständige Treuepflichten

Hinsichtlich der Herleitung einer selbstständigen Treuepflicht des Treugebers bei der Treuhand am Gesellschaftsanteil lehnt *Armbrüster* die Ansatzpunkte der Zweckförderungspflicht sowie des Vertrauensschutzes ab. Die Zweckförderungspflicht sei unergiebig, weil sie im Grundsatz nur die Gesellschafter treffe. Der Gesichtspunkt des Vertrauensschutzes könne nur für die Formen der einvernehmlichen und qualifizierten Treuhand von Belang sein, da im Feld der verdeckten Treuhand ein vertrauensbegründender Tatbestand von vornherein fehle. Als Anknüpfungspunkt für den selbstständigen Aspekt der gesellschaftsrechtlichen Treuepflicht bleibe demnach nur die Einwirkungsmacht. *Armbrüster* hält es indes für fraglich, ob diese – wie es die herrschende Meinung verlangt – gerade durch Mitgliedschaft vermittelt sein muss.[492]
Einigkeit besteht insoweit, als jedenfalls die Verbandsmitglieder von der Treuepflicht erfasst werden. Die Mitgliedschaft beinhaltet also zwangsläufig auch die selbstständige Treuepflicht.[493] Umstritten ist hingegen, ob auch die Umkehrung, dass Treuepflicht Mitgliedschaft voraussetzt, gilt.[494] Es fragt sich, ob überhaupt, und gegebenenfalls auf welchem Wege, sich für Personen, die als Nichtmitglieder Einwirkungsmacht auf die Gesellschaft haben, eine selbstständige Treuepflicht begründen lässt.

a. Vor- und nachwirkende Mitgliedschaft

Nichtgesellschafter, die einer Treuepflicht unterliegen, sind die zukünftigen beziehungsweise ehemaligen Gesellschafter in den Konstellationen der nachwirkenden und vorwirkenden Treuepflicht.[495] Ein weiterer Fall der Treuepflicht eines Nichtmitgliedes zeigt sich beim gesellschaftsrechtlichen Stimmrecht des Nießbrauchers. *Armbrüster* will aus diesen Beispielen ableiten,

---

[491] *Dreher*, ZHR 157 (1993), 150, 166 (für den Bereich des Aktiengesellschaftsrechts).
[492] *Armbrüster*, S. 344.
[493] Statt aller: *Lutter*, AcP 180 (1980), 84, 103; insoweit zustimmend: *Armbrüster*, S. 345/346.
[494] Für eine Mitgliedschaft als Voraussetzung der (selbstständigen) gesellschaftsrechtlichen Treuepflicht: *Lutter*, ZHR 162 (1998), 164, 168 (mwN); *Lutter*, ZHR 153 (1989), 446, 454 f.
[495] *Vgl. Sojka*, S. 20 ff.; Im Zusammenhang einer Vor- oder Nachwirkung der Mitgliedschaft sei bei der Treuhand am Gesellschaftsanteil jedoch zu beachten, dass bei der Verwaltungstreuhand, insbesondere in der Variante der kupierten Publikums-KG, der Treugeber unter Umständen auch auf Dauer nicht Gesellschafter ist (S. 22).

dass eine selbstständige Treuepflicht ohne Mitgliedschaft jedenfalls möglich, die Verbandszugehörigkeit also nicht deren zwingende Voraussetzung sei. Jedoch erkennt auch er, dass ein mitgliedschaftliches Band in Form einer Ableitung von einer Mitgliedschaft sehr wohl besteht.[496] Die Herleitung einer Treuepflicht des Treugebers aus einer früheren Mitgliedschaft erwägt *Armbrüster* für die Fälle der Übertragungstreuhand. Indes führe das mit Blick auf die inhaltliche Reichweite der Treuepflicht, die sich nach der gegenwärtigen mitgliedschaftlichen Stellung des Treuhänders, nicht aber nach der vorangehenden des Treugebers richte, zu unzureichenden Ergebnissen.[497] Die gleichen Bedenken bestünden bezüglich einer Herleitung als vorwirkende Treuepflicht aus der häufig vereinbarten Übertragungspflicht der Mitgliedschaft auf den Treugeber zum Ende der Treuhandbeziehung.[498]

b. Korrelation zwischen Einwirkungsmacht und Treuepflicht

Armbrüster glaubt, die Erstreckung sowohl der unselbstständigen als auch der selbstständigen Treuepflicht auf den Treugeber durch eine Rückbesinnung auf die Einwirkungsmacht als eigentlichen Geltungsgrund der gesellschaftsrechtlichen Treuepflicht begründen zu können.[499] Zwar werde allein durch die Einwirkungsmacht noch keine rechtsgeschäftliche Sonderverbindung zwischen Treugeber und Gesellschaft zur Entstehung gebracht. Eine solche sei indes als konstruktives Fundament für die Treuepflicht auch nicht erforderlich. Wie sich an der Treuepflicht der Aktionäre in der AG zeige, bedürfe es zur Entstehung einer Treuepflicht keiner vertraglichen Legitimationsgrundlage, vielmehr genüge ein „qualifizierter Kontakt" zur Schaffung einer Sonderverbindung. Wie bei der AG sei auch für die Pflichtenbindung des Treugebers bei funktionaler Betrachtung die Einwirkungsmacht als entscheidendes Kriterium zu erwägen.[500] Von diesem Ansatz ausgehend will *Armbrüster* die Personen, die aufgrund ihrer Einwirkungsmacht einer gesellschaftsrechtlichen Treuepflicht unterliegen, gegenüber denjenigen, die auch Einwirkungsmacht in der Gesellschaft besitzen, jedoch keiner Treuepflicht gegenüber der Gesellschaft unterworfen sind, mit Blick auf die Existenz eines gesellschaftsrechtlichen Fundaments für die Einwirkungsmacht abgrenzen.[501] Es soll demnach für die Treuepflicht eines Nichtgesellschafters ausschlaggebend sein, ob eine qualifizierte Einwirkungsmacht auf die Gesellschaft gegeben ist. Qualifiziert sei eine Einwirkungsmacht,

---

[496] *Armbrüster*, S. 347.
[497] *Armbrüster*, S. 349 f.
[498] *Armbrüster*, S. 350 f.
[499] *Armbrüster*, S. 355 ff.; Einleitend zur Korrelation zwischen Einwirkungsmacht und Haftung: *Armbrüster*, S. 206 ff.; zur Bedeutung der Korrelation für die gesellschaftsrechtliche Treuepflicht: S. 333 ff.
[500] *Armbrüster*, S. 355.
[501] *Armbrüster*, S. 355 f.

wenn sie einen spezifischen gesellschaftsrechtlichen Bezug aufweise. Die Einwirkungsmacht des Treugebers zeichne sich dadurch aus, dass dieser die gesamte Gesellschafterposition - freilich außerhalb des Verbandes - innehabe. Darin sei die angesprochene qualifizierte Einwirkungsmacht zu erblicken, die den Treugeber von jedem sonstigen Nichtmitglied unterscheide. So wiesen denn auch Nießbraucher, Pfandgläubiger und Unterbeteiligte einen derart qualifizierten Bezug nicht auf.
Das Fehlen einer Verbandsmitgliedschaft des Treugebers steht der gesellschaftsrechtlichen Treuepflicht des Treugebers gemäß *Armbrüster* nicht entgegen. Die Verbandszugehörigkeit stelle kein geeignetes Kriterium dar, um die Personen, die einer Treuepflicht unterworfen werden müssten, zu bestimmen. Ausschlaggebend sei, ob der Gesellschaft von einer Person derart gesteigerte Gefahren drohten, dass eine Gegensteuerung durch Treuepflichten geboten sei.[502] Der maßgebliche Unterschied der Treuhand zu anderen Drittbeziehungen, die ebenfalls Einfluss auf die Gesellschaft gewähren, bestehe darin, dass die Treuhand geradezu auf den Einfluss angelegt sei.[503] Unter Verweis auf die Parallele zur strafrechtlichen mittelbaren Täterschaft meint *Armbrüster*, der Treuhänder werde gleichsam als Instrument durch den Treugeber benutzt. Diese Erwägung stütze die These, dass die auf der Einwirkungsmacht des Treugebers beruhende Stellung für die Begründung einer Treuepflicht als ausreichend anzusehen sei. Schließlich verweist *Armbrüster* auf den aus seiner Lösung folgenden angemessenen Interessenausgleich. Insbesondere werde dem Schutzbedürfnis der Gesellschaft auch für die Fälle einer verdeckten oder nicht einvernehmlichen Treuhand genügt.[504]

3. Zwischenergebnis

Im Ergebnis ist nach Armbrüsters Ansatz eine umfassende gesellschaftsrechtliche Treuepflicht des Treugebers als Korrelat seiner Einwirkungsmacht anzunehmen. Als konstruktive Grundlage hierfür erweist sich eine Sonderverbindung des Treugebers zur Gesellschaft, die sich aus der „qualifizierten gesellschaftsbezogenen Einwirkungsmacht“ des Treugebers ergibt. Der Treugeber soll sich also gerade durch die Möglichkeit, gleich einem Gesellschafter auf die Gesellschaft einzuwirken, von anderen Nichtgesellschaftern abheben.[505]

[502] *Armbrüster*, S. 356.
[503] *Armbrüster*, S. 356 f.
[504] *Armbrüster*, S. 357 f.
[505] *Armbrüster*, S. 360.

III. Mitgliedschaftlicher Ansatz

A. Treuepflicht des Treugebers gegenüber der Gesellschaft

Nach dem hier vertretenen mitgliedschaftlichen Ansatz ist der Treugeber ebenso wie der Treuhänder Gesellschafter. Die mitgliedschaftliche Treuepflicht des Treugebers entsteht in ihrer unselbstständigen und selbstständigen Ausprägung in der Person des Treugebers als Ausfluss seiner verbandsinternen Stellung. Mittelbare wie auch ausnahmsweise bestehende unmittelbare Einwirkungsrechte des Treugebers sind mithin durch die Treuepflicht beschränkt. Darüber hinaus kann je nach Gewicht der Stellung des Treuhand-Anteils und nach der Realstruktur des Verbandes der Treugeber auch in seinem sonstigen Verhalten aus der Treuepflicht ableitbaren Bindungen unterliegen. Eine Einschränkung der Treuepflicht des Treugebers mit Blick auf die parallel bestehende Gesellschafterstellung und damit einhergehende Treuepflicht des Treuhänders kommt nicht in Betracht. Der Treugeber ist durch seine mittelbaren Einflussmöglichkeiten in das Gesellschaftsgefüge, insbesondere in die Mechanismen zur gesellschaftsinternen Meinungsbildung eingebunden. Seine eigene Treuepflicht ist daher als Korrektiv eigener Einflussmöglichkeiten sowohl gegenüber der Gesellschaft als auch gegenüber den Mitgesellschaftern erforderlich.

B. Gesellschaftsrechtliche Treuepflicht im Verhältnis des Treugebers zum Treuhänder

1. Überlagerung des Gesellschaftsverhältnisses durch die treuhänderische Innenbeziehung

Es fragt sich, ob die gesellschaftsrechtliche Treuepflicht des Treugebers zugleich auch sein Verhältnis gegenüber dem Treuhänder beeinflusst.[506] Auch letzterer ist Gesellschafter und unterliegt seinerseits einer gesellschaftsrechtlichen Treuepflicht. Es läge nahe, dann aber auch Treuhänder und Treugeber untereinander als Gesellschafter zu betrachten, die auf die Interessen des anderen kraft ihrer kooperativen Verbindung Rücksicht zu nehmen haben. Indes stellt sich die Innenbeziehung zwischen Treugeber und Treuhänder als Subordinationsverhältnis dar. Es fehlt gerade an einer Interessengleichrichtung auf gleicher Ebene, die für Kooperationsverhältnisse typisch ist. Die in der Gesellschaft gleichlaufenden Interessen von Treugeber und Treuhänder resultieren vielmehr aus einer völligen Dominanz der Interessen des Treugebers in der Beziehung zum Treuhänder. Die Ausgestaltung der Innenbeziehung als Subordinationsverhältnis überlagert hinsichtlich der wechselseitigen Pflichten die aus dem Gesellschaftsverhältnis abgeleitete Treuepflicht. Das bedeutet

---

[506] Vgl. *Beuthien*, ZGR 1974, 26, 43 f.

freilich nicht, dass der Treugeber seine Rechte gegenüber dem Treuhänder völlig ungebunden ausüben darf. Zu beachten sind die aus dem Geschäftsbesorgungsverhältnis (oder Auftrag) resultierenden Treuepflichten, die durch die Art des Treugegenstandes, damit also durch die Gesellschafterstellung des Treuhänders, maßgeblich bestimmt werden.

2. Stellung des Treuhänders zwischen gesellschaftsrechtlicher und treuhänderischer Bindung

Klärungsbedürftig ist insbesondere, ob der Treuhänder Weisungen des Treugebers befolgen muss, die für ihn einen Verstoß gegen die gesellschaftsrechtliche Treuepflicht bedeuten würden. Der Treuhänder würde hierdurch zu einer gegenüber der Gesellschaft unzulässigen Handlung gezwungen, aus der gegebenenfalls ein Schadensersatzanspruch gegen ihn entstehen kann. Andererseits ist ein der gesellschaftsrechtlichen Treuepflicht widersprechendes Verhalten zwar unzulässig, ein entsprechender Akt in der Gesellschaft besäße jedoch gleichwohl Wirksamkeit und zöge lediglich Sekundärfolgen nach sich. Auch für den Bereich der einfachen Stimmbindung ist die Pflicht des Gesellschafters, derartige Weisungen zu befolgen, und vor allem die gerichtliche Durchsetzbarkeit einer solchen Weisung äußerst umstritten. Für die Treuhand tritt allerdings die Besonderheit hinzu, dass der Treuhänder nur eine Art vorgeschobener Gesellschafter ist, das Beteiligungsinteresse indes allein beim Treugeber als Weisungsbefugtem Geschäftsherrn liegt. Anders als bei einer einfachen Stimmbindung können deshalb gesellschaftsbezogene Eigeninteressen des weisungsgebundenen Gesellschafters von vornherein nicht bestehen. Auch die Haftungsfolgen treffen den Treuhänder letztlich nicht, da er diese auf dem Wege über §§ 675, 670 BGB an den Treugeber weiterreichen kann. Schließlich ist zu bedenken, dass dem Treugeber, wenn er sich ohne Einschaltung eines Treuhänders an der Gesellschaft beteiligen würde, ein weisungswidriges Verhalten durchaus möglich wäre, ihm durch die Wahl der Treuhandkonstruktion also Handlungsspielraum genommen würde.[507]

Der Treugeber kann sein Weisungsrecht nach Maßgabe des Treuhandvertrages ausüben. Sieht der Treuhandvertrag eigenen Entscheidungsspielraum für den Treuhänder vor, ist eine vollumfängliche Weisungsbindung ausgeschlossen. Der Treuhänder braucht eine Weisung, die ihn zu einem treupflichtwidrigen Verhalten veranlassen würde, in dieser Konstellation nicht zu befolgen. Der Zwiespalt des Treuhänders, unter Umständen entweder weisungswidrig zu handeln oder aber die eigenen gesellschaftlichen Treuepflichten zu verletzen, besteht also nur im Falle einer Treuhand mit strikter Weisungsbindung des

[507] Anders: *Beuthien*, ZGR 1974, 26, 44.

Treuhänders. Die Problematik entspricht insoweit der im Bereich des gesellschaftsrechtlichen Außeneinflusses. Der Stimmbindungsberechtigte kann gleichfalls Weisungen erteilen, deren Ausübung dem Gesellschaftsinteresse zuwiderlaufen. Der stimmgebundene Gesellschafter hat diese Weisungen auszuführen, auch wenn er damit gegen seine eigene gesellschaftsrechtliche Treuepflicht verstößt. Begründet wird dies damit, der Gesellschafter könne sich nach außen durchaus zu treuepflichtwidrigem Verhalten verpflichten. Die übrigen Gesellschafter haben sich dann mit den ihnen zur Verfügung stehenden gesellschaftsrechtlichen Instrumenten gegen das treupflichtwidrige Stimmverhalten des stimmgebundenen Gesellschafters zu wehren. Nach anderer Auffassung umfasst schon die Stimmbindung nur die Verpflichtung, Weisungen zu befolgen, deren Ausführung nicht gegen gesellschaftsvertragliche Pflichten des Gesellschafters verstößt.

3. Weisungen des Treugebers und Verstoß gegen die gesellschaftsrechtliche Treuepflicht

Anders als bei einer Stimmbindung gegenüber außenstehenden Dritten besteht im Bereich der Treuhand am Gesellschaftsanteil die Besonderheit, dass der Weisungsbefugte selbst Gesellschafter ist. Gegenüber der Gesellschaft und deren übrigen Gesellschaftern stellt eine entsprechende Weisung an den Treuhänder folglich einen gesellschaftsrechtlichen Treupflichtverstoß dar. Der Treugeber unterliegt als subsidiärer Gesellschafter auch hinsichtlich des von ihm mittelbar auf die Gesellschaft ausgeübten Einflusses der gesellschaftlichen Treuepflicht. Aus dieser Treuebindung lässt sich freilich keine Unwirksamkeit der Weisung im Verhältnis des Treugebers zum Treuhänder herleiten, da insoweit die Treuhandbeziehung die Gesellschaftsbeziehung überlagert. Konsequenz einer gegenüber der Gesellschaft pflichtwidrigen Weisung an den Treuhänder kann jedoch ein Schadensersatzanspruch gegen den Treugeber sein. Der Treugeber kann also zwar einerseits über den Treuhänder ein weisungsgemäßes, aber gesellschaftstreuwidriges Verhalten in der Gesellschaft durchsetzen. Schließlich könnte auch der Treugeber, wenn er allein unmittelbarer Gesellschafter wäre, sich treuwidrig verhalten. Andererseits hat der Treugeber die Konsequenzen hieraus in Form einer unmittelbaren Haftung gegenüber der Gesellschaft zu tragen, die ihn als Gesellschafter trifft.

C. Mitgliedschaftliches Modell und System der erweiterten Einzelzuweisung

Armbrüsters Konzept einer differenzierten Betrachtung selbstständiger und unselbstständiger Treuepflichten kommt zu weitgehend identischen Resultaten wie der hier vertretene mitgliedschaftlich orientierte Ansatz. Ein fundamentaler Unterschied liegt indes in der dogmatisch-konstruktiven Begründung. *Armbrüster* meint, die gesellschaftsrechtliche Treuepflicht ergebe sich als Korrelat zur Einwirkungsmacht in der Gesellschaft. Der mitgliedschaftliche Ansatz sieht die gesellschaftsrechtliche Treuepflicht demgegenüber in der verbandsinternen Stellung des Treugebers verankert. An *Armbrüsters* Lösung irritiert, dass er einerseits den Korrelationsgedanken betont, andererseits aber die schlichte Einwirkungsmacht zur Begründung der gesellschaftlichen Treuepflicht als nicht ausreichend erachtet, sondern das Hinzutreten eines spezifischen gesellschaftsrechtlichen Bezuges verlangt.[508] Die von ihm angenommene Sonderbeziehung entsteht damit nicht schon durch die Einwirkungsmacht, sondern erst durch den mitgliedschaftlichen Bezug. Damit tritt letztlich doch wieder die Mitgliedschaft als Anknüpfungspunkt der Treuepflicht hervor.

Tatsächlich lässt sich die Treuepflicht in ihrem selbstständigen Aspekt (also etwa ein Wettbewerbsverbot usw.) nicht als Korrelat der Einwirkungsmacht einordnen. Die Treuepflicht bedarf vielmehr im Grundsatz der Mitgliedschaft als Bezugspunkt und der Ausprägung der mitgliedschaftlichen Stellung zur Ermittlung der konkreten, aus der allgemeinen Treuepflicht folgenden speziellen Pflichten. Die Korrelation zwischen Einwirkungsmacht und Treuepflicht wird schon dadurch in Frage gestellt, dass jeder Mitgliedschaft eine entsprechende Treuepflicht entspricht. Zwar folgt daraus noch nicht im Umkehrschluss, dass eine Treuepflicht nur in Verbindung mit Mitgliedschaft möglich ist. Das Bestehen der Treuepflicht ist indes auch nicht vom Umfang des Einflusses des Mitgliedes auf die Gesellschaft im konkreten Fall abhängig, die Ausgestaltung der Einflussmöglichkeiten hat lediglich auf die aus der Treuepflicht folgenden konkreten Pflichten Auswirkung. Gewiss beinhaltet jede mitgliedschaftliche Stellung auch ein bestimmtes Maß an Einfluss auf die Gesellschaft, er ist jedoch nicht einziges Merkmal der gesellschaftsinternen Position. Eine Korrelation zwischen gesellschaftsrechtlicher Treuepflicht und Einwirkungsmacht wäre hingegen nur anzunehmen, wenn alleinige Grundlage der Treuebindung die Einwirkungsmacht wäre. Fordert man hingegen – wie *Armbrüster* – das Hinzutreten eines spezifischen gesellschaftsrechtlichen Bezuges, wird letztlich doch wieder die Mitgliedschaft als Bezugspunkt herangezogen. *Armbrüster* widerspricht sich insofern selbst, wenn er die Treuepflicht als von der Mitgliedschaft losgelöst erblickt, andererseits aber auf den mitgliedschaftlichen Aspekt

[508] *Armbrüster*, S. 356.

zur Abgrenzung von anderem, nicht-mitgliedschaftlichem Einfluss zurückgreift.[509]

Zudem greift *Armbrüsters* Argument, die Treuepflicht der Gesellschafter einer AG belege, dass ein qualifizierter Kontakt genüge, nicht. Ordnet man die Aktiengesellschaft in ein übergreifendes, die Gemeinsamkeiten von Personen- und Kapitalgesellschaftsrecht betonendes Konzept ein, weist auch die AG in Form ihrer Satzung einen rechtsgeschäftlichen Ursprung auf. Die Satzung begründet als Rechtsgeschäft zwischen den Gründungsgesellschaftern rechtliche Beziehungen der Gesellschafter zur Gesellschaft, aber im weitesten Sinne auch untereinander. Durch die Verselbstständigung der Mitgliedschaft in der AG erfolgt eine Einbindung in das Gesellschaftsgefüge jeweils durch den Kontakt des neuen Gesellschafters mit einem bisherigen Gesellschafter. Der neue Gesellschafter tritt damit in das Beziehungsgeflecht vollumfänglich ein. Auch für die Aktiengesellschaft lässt sich die gesellschaftliche Treuepflicht letztlich auf eine rechtsgeschäftliche Basis stellen.

IV. Zusammenfassung

Die gesellschaftsrechtliche Treuepflicht ist unabhängig von der Zuordnung zu einer exakten gesetzlichen Grundlage jedenfalls rechtskonstruktiv in der Mitgliedschaft verankert. Zweck und Funktionsweise der Treuepflicht erklären sich allein aus der Integration in die Gesellschaftsorganisation. Versuche, eine gesellschaftliche Treuepflicht losgelöst von einer mitgliedschaftlichen Stellung des Treugebers auch als unselbstständige Schranke seines Handelns anzusehen, scheitern daran, dass sie zur Rechtfertigung wie auch zur Konkretisierung der einzelnen Pflichten doch wieder auf den mitgliedschaftlichen Bezug der Position des Treugebers zurückgreifen müssen. Der Ansatz einer gesellschaftsexternen Stellung des Treugebers beraubt sich damit im Ergebnis seiner eigenen dogmatisch-konstruktiven Grundlage.

Die Vorzüge des mitgliedschaftlichen Konzepts zeigen sich an der schlüssigen Unterfütterung der Treuepflicht des Treugebers durch eine gesellschaftsinterne Position. Zu beachten ist dabei allerdings, dass das Verhältnis zwischen Treugeber und Treuhänder, obgleich beide Gesellschafter sind, primär von der Treuhandbeziehung bestimmt wird. Die geschäftsbesorgungsrechtliche Prägung der Innenbeziehung überlagert insoweit das Gesellschaftsverhältnis und steht einer Anwendung der gesellschaftsrechtlichen Treuepflicht im Verhältnis zwischen Treugeber und Treuhänder entgegen.

---

[509] Vgl. *Armbrüster*, S. 356/357.

§ 13 Zustimmungserfordernisse

Die Treuhand am Gesellschaftsanteil kommt durch den Treuhandvertrag zwischen Treugeber und Treuhänder zustande. Daneben bedarf es je nach Entstehungsform (Übertragungstreuhand, Erwerbstreuhand, Vereinbarungstreuhand) zusätzlich der Begründung der Gesellschafterstellung des Treuhänders.[510] Es ergeben sich daher mehrere Anknüpfungspunkte für etwaige Zustimmungs- oder Formerfordernisse. Einerseits ist der Treuhandvertrag mit seiner den Treugeber integrierenden Wirkung zu berücksichtigen, andererseits ist der formalen Schaffung der Gesellschafterstellung des Treuhänders Rechnung zu tragen. Im Blick zu behalten ist auch, welche Bedeutung das Schicksal der Beteiligung nach Beendigung der Treuhandbeziehung bereits für die Begründung derselben mit sich bringt.

Die Aufnahme eines Außenstehenden in den Kreis der Gesellschafter unterliegt je nach Gesellschaftsart unterschiedlichen Anforderungen. Während ein Zustimmungserfordernis für den Bereich des Personengesellschaftsrechts aus der regelmäßig personenbezogenen Struktur folgt, ergibt sich im Kapitalgesellschaftsrecht ein differenziertes Bild. Zum einen kann eine Aufnahme in die Gesellschaft durch eine Erweiterung des Gesellschafterkreises auf dem Wege geschehen, dass ein neuer Gesellschaftsanteil geschaffen wird. Hierzu bedarf es einer Satzungsänderung. Zum anderen kann eine schlichte Übertragung eines Gesellschaftsanteils erfolgen, die nur im Falle einer ausdrücklichen Einschränkung der Übertragungsfreiheit eines Gesellschaftsanteils in der Satzung zustimmungsbedürftig ist (vgl. § 15 Abs. 5 GmbHG). Genau umgekehrt kann für das Personengesellschaftsrecht durch ausdrückliche Vereinbarung zwischen den Gesellschaftern oder aber aufgrund einer atypischen Struktur der Gesellschaft das Zustimmungserfordernis für eine Übertragung des Gesellschaftsanteils entfallen.

I. Allgemeine Grundlagen

A. Trennung zwischen Erwerbsakt und treuhänderischer Bindung

Eine Zustimmung der Mitgesellschafter zur Begründung der Treuhand am Gesellschaftsanteil ist erforderlich, wenn dadurch die Einbeziehung eines bisher Außenstehenden in den Gesellschaftsverband bewirkt wird, und eine derartige Einbindung das Einvernehmen der Gesellschafter voraussetzt. Es erscheint sinnvoll, Treuhänder und Treugeber insoweit zunächst getrennt zu betrachten. Übereinstimmend wird jedenfalls der Treuhänder (formell und materiell) als

[510] Vgl. MünchKomm/*K. Schmidt*, Vor § 230 HGB, Rdnr. 50.

Gesellschafter gesehen.[511] Erlangt der Treuhänder diese Position erst im Rahmen der Begründung der Treuhand, sei es durch Übertragung vom Treugeber oder durch Erwerb von einem Dritten, so sind auf den jeweiligen Erwerbsvorgang die dem Gesellschaftstyp entsprechenden Form- und Zustimmungsregelungen anzuwenden.[512] Dieser Erwerbsvorgang kann von der Begründung der Treuhand getrennt werden.[513] Es ist zu differenzieren zwischen der Begründung der Gesellschafterstellung des Treuhänders durch Erwerb oder Übertragung des Gesellschaftsanteils und der Schaffung der Gesellschafterstellung des Treugebers durch den Treuhandvertrag. Hier kommen die unterschiedlichen dogmatischen Ansätze in voller Schärfe zum Tragen. Sieht man den Treugeber als Gesellschafter, muss der Treuhandvertrag als Entstehungsakt einer mitgliedschaftlichen Position den entsprechenden gesellschaftsrechtlichen Zustimmungs- und Formerfordernissen unterliegen. Befürwortet man dagegen eine verbandsexterne Sicht des Treugebers, ist zu erwägen, gleichwohl aus seiner wirtschaftlichen Stellung entsprechende Anforderungen abzuleiten.[514] Zudem sind Zustimmungs- und Formerfordernisse hinsichtlich ausdrücklich zugewiesener unmittelbarer Rechte des Treugebers in der Gesellschaft gesondert zu untersuchen.

Führt man die gedankliche Trennung der Schaffung der Gesellschafterstellung des Treuhänders und der Begründung der Treuhand konsequent durch, erscheint nach herkömmlicher Aufteilung der Treuhandbegründung in die unterschiedlichen Entstehungsarten die Vereinbarungstreuhand als die Form, bei der die Zustimmungsbedürftigkeit der Treuhandabrede in Reinform beurteilt wird. Bei den Lösungen für Übertragungs- und Erwerbstreuhand wird demgegenüber häufig der Unterschied zwischen der Schaffung der Gesellschafterstellung des Treuhänders und der Treugeberstellung nicht hinreichend berücksichtigt. Die für die Vereinbarungstreuhand in der Literatur vorgeschlagenen Lösungen lassen sich daher in aller Regel allgemein auf die Treuhandabrede als Element jeden Treuhandvertrages beziehen.

B. Einschränkung eines Zustimmungserfordernisses wegen treuhänderischer Bindung des Erwerbers

Der von vornherein auf eine treuhänderische Innehabung des Gesellschaftsanteils ausgerichtete Erwerb einer Gesellschafterstellung kann unter Umständen eine Einschränkung ansonsten bestehender Zustimmungserfordernisse

---

[511] MünchKomm/*K. Schmidt*, Vor § 230 HGB, Rdnr. 57 (mwN.).

[512] Vgl. *Roth/Thöni*, FS 100 Jahre GmbH-Gesetz, S. 245, 263 (mwN.); *Markwardt*, S. 32 f..

[513] In diesem Sinne: MünchKomm/*K. Schmidt*, Vor § 230 HGB, Rdnr. 50; allgemein: *Coing*, Treuhand, S. 85 ff. ; *Grundmann*, S. 87 ff. (mit Betonung der Innenbeziehung); *Tebben*, S. 236.

[514] Vgl. die (im Ergebnis ablehnenden) Überlegungen bei *Tebben*, S. 236 ff.

rechtfertigen. Im Bereich der Übertragungstreuhand erhält der Treuhänder seine Gesellschafterstellung vom Treugeber gerade zu dem Zweck, sie für diesen treuhänderisch zu verwalten. Da aber der Treugeber zumindest wirtschaftlicher Gesellschafter – nach dem hier vertretenen Modell noch weitergehend grundsätzlich vollwertiger, wenn auch subsidiärer, Gesellschafter – bleibt, könnte man zweifeln, ob eine vom Schutzzweck des Zustimmungserfordernisses umfasste „echte" Anteilsübertragung überhaupt vorliegt. Auch bei einer Erwerbstreuhand erlangt der Treuhänder den Gesellschaftsanteil gerade mit Rücksicht auf seine treuhänderische Verwaltungspflicht. Allein tritt hier nicht der Treugeber selbst als veräußernder Gesellschafter auf. Mithin scheidet anders als bei der Übertragungstreuhand der bisherige Gesellschafter völlig aus. Als Treugeber tritt jedoch – sofern er nicht bereits hinsichtlich eines anderen Gesellschaftsanteils Gesellschafter ist – eine bislang verbandsfremde Person hinzu. Eine Ausnahme vom Zustimmungserfordernis kommt daher für die Erwerbstreuhand von vornherein nicht in Frage.[515]

Ein Zustimmungserfordernis besteht allgemein im Bereich des Personengesellschaftsrechts, bei der GmbH indes nur im Falle der Anteilsvinkulierung (§15 Abs. 5 GmbHG).[516] Eine Ausnahme für die treuhänderische Übertragung ließe sich rechtfertigen, wenn Sinn und Zweck der Zustimmungspflicht die auf eine treuhänderische Haltung ausgerichtete Übertragung nicht erfassen.[517] Zu beachten ist dabei der im Personen- und Kapitalgesellschaftsrecht unterschiedliche Ursprung des Zustimmungserfordernisses. Während es im Bereich des Personengesellschaftsrechts aus dem höchstpersönlichen Charakter der Verbindung der Gesellschafter folgt[518], leitet es sich im Kapitalgesellschaftsrecht erst aus der im Gesellschaftsvertrag vereinbarten Vinkulierung her.[519] Das Zustimmungserfordernis kann insoweit aus unterschiedlichen Motiven vereinbart werden.[520] Zu denken ist neben der regelmäßig im Mittelpunkt stehenden Verhinderung unerwünschten Einflusses auf die Gesellschaft[521] auch an eine Absicherung von Nebenleistungsansprüchen gegen den von der Vinkulierung betroffenen Gesellschafter.[522]

[515] Ebenso im Ergebnis: *Markwardt*, S. 33.

[516] *Armbrüster*, S. 94; *Beuthien*, ZGR1974, 26, 38 f.; vgl. auch für Aktiengesellschaft und Genossenschaft die entsprechenden Regelungen in § 68 Abs. 2 AktG und; § 76 Abs. 1 S. 2 GenG.

[517] *Lessmann*, GmbHR, 1985, 179, 181; *Armbrüster*, S. 95 hält das nur für den Bereich des Kapitalgesellschaftsrechts für denkbar, weil der höchstpersönliche Charakter der Personengesellschaften das Zustimmungserfordernis mit Blick auf den formellen Gesellschafterwechsel als unentbehrlich erscheinen lasse.

[518] BGH, Urt. v. 28.4.1954, II ZR 8/53 = BGHZ 13, 179, 183/184.

[519] Vgl. *Armbrüster*, S. 95.

[520] Vgl. *Lutter/Grunewald*, AG 1989, 109, 109.

[521] *Lessmann*, GmbHR 1985, 179, 182; *Armbrüster*, S. 95; *Lutter/Hommelhoff*, § 15 GmbHG, Rdnr. 22 (den Personenbezug der GmbH betonend).

[522] *Lutter/Grunewald*, AG 1989, 109, 109 (mwN.).

Der Zweck, unerwünschte Personen von einer Teilhabe an der Gesellschaft auszuschließen, wird für die Übertragungstreuhand dadurch abgemildert, dass die Interessen des bisherigen Gesellschafters, der nunmehr zum Treugeber wird, über §§ 675, 667, 670 BGB zum Tragen kommen. Gleiches gilt für den Zweck, den bisherigen Gesellschafter mittels Vinkulierung an die Gesellschaft zu binden. Jedenfalls mittelbar bleibt der bisherige Gesellschafter Teilhaber an der Gesellschaft. Gleichwohl berührt der formelle Gesellschafterwechsel die Interessen der Mitgesellschafter, da die Gesellschaft und ihre Mitglieder trotz der wirtschaftlichen Stellung des Treugebers gezwungen sind, sich in gewissem Umfang mit dem Treuhänder als neuem Gesellschafter auseinander zu setzen.[523] Ein Verzicht auf das Zustimmungserfordernis mit Blick auf die treuhänderische Bindung des neuen Gesellschafters scheidet daher auch im Bereich der Übertragungstreuhand aus.

C. Anspruch auf Zustimmungserteilung

Gilt das Zustimmungserfordernis mithin uneingeschränkt für die im Zusammenhang der Treuhand am Gesellschaftsanteil stehenden Übertragungsakte, ist von besonderem Interesse, unter welchen Voraussetzungen der Treugeber als bisheriger Gesellschafter aus der gesellschaftlichen Treuepflicht seiner Mitgesellschafter eine Pflicht zur Zustimmungserteilung ableiten kann.[524] Aus der gesellschaftsrechtlichen Treuepflicht lässt sich zwar ein Verbot einer willkürlichen Zustimmungsverweigerung ableiten. Indes tangiert die Auseinandersetzung mit dem neuen Gesellschafter regelmäßig durchaus Gesellschafterinteressen, so dass eine Willkür nicht ohne weiteres anzunehmen ist. Eine darüber hinsausgehende Pflicht zur Zustimmungserteilung würde das Zustimmungserfordernis letztlich völlig seines Inhalts berauben. Möglich ist daher allein die vertragliche Vereinbarung einer weitergehenden Zustimmungspflicht. Fraglich erscheint, welche Bedeutung einer Zustimmungspflicht für eine Übertragung zu treuhänderischen Zwecken zukommt.

Armbrüster meint, bei der Übertragungstreuhand sei die Vereinbarung einer derartigen Pflicht auch auf die treuhänderische Übertragung zu erstrecken. Anders als beim Nießbrauch am Gesellschaftsanteil, bei dem eine Doppelzuständigkeit von Gesellschafter und Nießbraucher entstehe[525], bleibe es bei der Treuhand bei der alleinigen Zuständigkeit des Treuhänders als Gesellschafter.[526] Auch wenn man anders als *Armbrüster* eine mitgliedschaftliche Sicht der

---

[523] *Armbrüster*, S. 95/96.
[524] *Armbrüster*, S. 97 ff.
[525] Vgl. andererseits *Schön*, ZHR 158 (1994), 229, 260 ff. (mwN.), der für eine „Vergemeinschaftung“ der gesellschaftlichen Mitwirkungsrechte zwischen Nießbraucher und Besteller eintritt.
[526] *Armbrüster*, S. 98/99.

Treugeberstellung vertritt, ändert das nichts an der Ausdehnung der Zustimmungspflicht der Mitgesellschafter auch auf eine treuhänderische Übertragung. Die Treuhand erweist sich zwar nicht als bloße interne schuldrechtliche Bindung, sondern spaltet ähnlich dem Nießbrauch die Gesellschafterstellung zwischen Treugeber und Treuhänder auf. Gleichwohl bildet die Eingehung einer Treuhandbeziehung aus Perspektive der Mitgesellschafter ein „wesensgleiches Minus" zu einer vollständigen Übertragung des Anteils. Die Zustimmungspflicht zur Anteilsübertragung muss sich folglich – vorbehaltlich einer ausdrücklich abweichenden Vereinbarung – auch auf eine treuhänderische Bindung beziehen.

Wie für die Übertragungstreuhand wird regelmäßig auch für die Erwerbstreuhand mit Blick auf den Gesellschafterwechsel ein Zustimmungserfordernis angenommen.[527] Zu unterscheiden ist dabei zwischen originärem und derivativem Erwerb der Gesellschafterstellung durch den Treuhänder.[528] Erwirbt der Treuhänder die Gesellschafterstellung von einem Dritten, gestaltet sich die Lage wie bei der Übertragungstreuhand. Der Treuhänder tritt als neuer Gesellschafter in die Gesellschaft ein. Der Übertragungsakt bedarf daher der Zustimmung der Mitgesellschafter. Eine Pflicht zur Zustimmung lässt sich wiederum allenfalls aus der gesellschaftlichen Treuepflicht – hier nicht gegenüber dem Treugeber als bisherigem (alleinigen) Inhaber des Anteils, sondern gegenüber dem veräußernden Dritten – oder einer Vereinbarung der Gesellschafter ableiten. Anders liegt es hingegen, wenn der Treuhänder an der Gründung der Gesellschaft beteiligt ist: An einem Übertragungsakt fehlt es hier völlig. Die Einbeziehung des Treuhänders als Gesellschafter vollzieht sich im Rahmen der Gründung ohnehin unter Mitwirkung auch der übrigen Gesellschafter.[529] Die Frage einer Zustimmungspflicht stellt sich hier nicht.

II. Generell kein Zustimmungserfordernis

A. Treuhand als interne schuldrechtliche Bindung

Ein Teil der Literatur hält die Begründung der Treuhand – abgesehen von der Schaffung der Gesellschafterstellung des Treuhänders als dinglichem Aspekt – allgemein für zustimmungsfrei.[530] Grundgedanke dieser Sichtweise ist es, dass

---

[527] *Beuthien*, ZGR1974, 26, 38/39; *Schaub*, DStR 1995, 1634, 1637.

[528] *Armbrüster*, S. 112.

[529] Dem Interesse der Mitgesellschafter, vor unerwünschtem Einfluss geschützt zu werden, kann daher nach *Armbrüsters*, S. 112, Auffassung allenfalls durch ein Anfechtungsrecht Rechnung getragen werden. Freilich müsste sich dieses dann wiederum auf den Treugebereinfluss, mit dem die Gesellschafter bei der Gründung nicht zu rechnen brauchen, beziehen. Bezugspunkt wäre also nicht die Erlangung der Gesellschafterstellung durch den Treuhänder.

[530] Für die Treuhand ohne Stimmbindung, soweit nicht die dingliche Übertragung der Mitgliedschaft

die Treuhand eine lediglich interne schuldrechtliche Bindung des Treuhänders als Gesellschafter darstellt.[531] Gesellschafterwechsel und treuhänderische Bindung einer Beteiligung seien nicht vergleichbar.[532] Es soll demnach zur Freiheit eines jeden Gesellschafters gehören, derartige Bindungen einzugehen. Durch die treuhänderische Bindung entstünden den übrigen Gesellschaftern mit Rücksicht auf das wirtschaftliche Interesse des Treugebers keine erhöhten Gefahren.[533] Unabhängig sei das Fehlen eines Zustimmungserfordernisses insbesondere von der Verdeckung der Treuhand. Eine Pflicht, die Treuhand als interne Bindung offen zu legen, wird mithin grundsätzlich verneint. Die treuhänderische Bindung eines Gesellschafters kann danach allenfalls nach § 134 BGB oder § 138 BGB unwirksam sein. So zieht *Beuthien* für Gesellschaftsanteile, die nicht ohne Zustimmung der Mitgesellschafter übertragen werden dürfen, den Gesichtspunkt der Gesetzesumgehung über § 134 BGB in Erwägung, für grundsätzlich frei übertragbare Anteile einen Sittenverstoß nach § 138 BGB.[534] Dabei kann es sich jedoch stets nur um Einzelfälle handeln, die nicht die prinzipielle Zustimmungsfreiheit in Frage stellen sollen.[535]

Für die Zustimmungsfreiheit der treuhänderischen Bindung wird vor allem von *Armbrüster* die mangelnde Vergleichbarkeit von Gesellschafterwechsel und Treuhandbegründung angeführt.[536] Die Zustimmungserfordernisse seien auf einen Gesellschafterwechsel, nicht jedoch auf eine schuldrechtliche Bindung wie die Treuhand zugeschnitten.[537] *Armbrüster* meint, der Stellung eines Treugebers im Rahmen einer nicht-qualifizierten Treuhand (also bei Fehlen ausdrücklich zugewiesener unmittelbarer Rechte in der Gesellschaft) fehlten die für einen Gesellschafter typischen Elemente wie Informations-, Beschlussanfechtungs-, Anwesenheits-, und Rederecht in der Gesellschafterversammlung. Vielmehr beschränke sich die Wirkung – anders als bei der qualifizierten Treuhand – im wesentlichen auf die mit der Treuhand einhergehende schuldrechtliche Stimmbindung des Treuhänders. Die Gefahrensituation für die

---

eine Zustimmung erforderlich mache: *Beuthien*, ZGR 1974, 26, 38 ff.; grundsätzlich zwischen Zustimmungsbedürftigkeit und Offenlegungspflicht unterscheidend: *Kümmerlein*, S. 18 ff.23 ff. Die Treuhand sei zustimmungsfrei, wenn kein „konkreter" Einfluss des Treugebers auf die Gesellschaftsbelange vorliege (S. 23). Sowohl zur Pflicht des Treuhänders, Auskünfte und Informationen zu erteilen, als auch zu seiner Stimmbindung bedürfe es aber einer Zustimmung.; nur für die Vereinbarungstreuhand: *Armbrüster*, S. 119 ff.: Die getrennte Behandlung von Übertragungs- und Erwerbstreuhand stellt bei ihm indes maßgeblich auf den „dinglichen" Erwerbsakt der Gesellschafterstellung des Treuhänders ab.; *Markwardt*, S. 46 ff.: unter Betonung der Stellung des Treugebers außerhalb der Gesellschaft; Tebben, S. 236 ff.

[531] *Beuthien*, ZGR 1974, 26, 39.

[532] *Armbrüster*, S. 119/120.

[533] Insbesondere sei die gesellschaftsrechtliche Richtigkeitsgewähr im Rahmen der Mitwirkung gewährleistet: *Tebben*, S. 239 f.

[534] *Beuthien*, ZGR 1974, 26, 39.

[535] *Armbrüster*, S. 120.

[536] *Armbrüster*, S. 119/120.

[537] *Armbrüster*, S. 120 (unter Verweis auf § 15 Abs. 5 GmbHG).

Gesellschaft ist nach *Armbrüster* mit der einer – seines Erachtens gleichfalls zustimmungsfreien – isolierten Stimmbindung vergleichbar.[538]

Neben dem Kontrollinstrument der Wirksamkeitskontrolle nach § 134 BGB und § 138 BGB verweist *Armbrüster* vor allem auf die Erstreckung der gesellschaftsrechtlichen Treuepflicht als Korrektiv auf den Treugeber. Die Bewältigung der aus der mittelbaren Einwirkungsmacht des Treugebers resultierenden Gefahren auf diesem Wege sei mit Blick auf die Auswirkungen einer Zustimmungspflicht vorzugswürdig. Durch ein Zustimmungserfordernis werde der Treuhänder zu einer Offenlegung der Treuhandbeziehung gegenüber der Gesellschaft gezwungen. Nicht zuletzt mit Blick auf das wirtschaftliche Bedürfnis einer auch gegenüber der Gesellschaft verborgenen Gesellschaft lehnt *Armbrüster* diese Konsequenz ab.[539] Überdies würde das Zustimmungserfordernis im Ergebnis zu einer Art „Präventivkontrolle" führen. Denn aus der gesellschaftlichen Treuepflicht der Mitgesellschafter erwachse eine Zustimmungspflicht zur Treuhandkonstruktion, wenn nicht im Einzelfall „eine konkrete Gefährdung von schutzwürdigen Interessen der Gesellschaft" vorliege.[540] Darlegungs- und Beweislast lägen insofern beim Treuhänder. Anders liege es hingegen, wenn man den Lösungsweg über die gesellschaftsrechtliche Treuepflicht des Treuhänders beschreite. Die Treuhand werde dann im Grundsatz ohne Zustimmung der Gesellschaft beziehungsweise der Mitgesellschafter wirksam, es sei denn, in der Eingehung der treuhänderischen Bindung sei ausnahmsweise ein Verstoß gegen die Treuepflicht des Treuhänders gegenüber seinen Mitgesellschaftern zu erblicken.[541]

B. Abgrenzungsproblematik

Im Rahmen ihrer Betrachtung der Treuhand an GmbH-Anteilen befürworten auch *Roth/Thöni* – abgesehen von formalen Übertragungsakten auf den Treuhänder – eine Zustimmungsfreiheit des Treuhandvertrages. Dabei verfolgen sie eine Orientierung an der formalen Rechtsposition des Treuhänders.[542] Der Treuhänder werde vollumfänglich als Gesellschafter behandelt. Für eine Anwendung von § 15 Abs. 5 GmbHG auch auf den Treugeber sei daher kein Bedürfnis.[543] Eine Erstreckung des Zustimmungserfordernisses auch auf die Begründung der Stellung des Treugebers riefe beträchtliche Folgeprobleme

---

538 *Armbrüster*, S. 120.
539 *Armbrüster*, S. 120 f.
540 *Armbrüster*, S. 120.
541 *Armbrüster*, S. 121.
542 *Roth/Thöni*, FS 100 Jahre GmbH-Gesetz, S. 245, 266; kritisch zur hM. ebenfalls: *Lutter/Schneider*, ZGR 1975, 182, 186, FN. 11 (nur für Umgehungsfälle der h.M. zustimmend, ansonsten für Differenzierung nach Einzelfällen).
543 *Roth/Thöni*, FS 100 Jahre GmbH-Gesetz, S. 245, 265.

hinsichtlich der Abgrenzung zur Unterbeteiligung hervor. Bei der Unterbeteiligung werde eine Erstreckung des Zustimmungserfordernisses des § 15 Abs. 5 GmbHG mit Rücksicht auf das Eigeninteresse des Hauptbeteiligten abgelehnt. Die Gefährdungslage gestalte sich dann für die Gesellschaft weniger drastisch, da das Eigeninteresse die Wahrung des Gesellschaftsinteresses gewährleiste. *Roth/Thöni* halten die strikte Orientierung an der Gesellschafterstellung des Treuhänders für die einzig überzeugende Lösung der Abgrenzungsproblematik mit Blick auf Gewicht und Umfang der wirtschaftlichen Interessen. Lasse man sich indes auf ein Zustimmungserfordernis auch für die Vereinbarungstreuhand ein, laufe man Gefahr, sich angesichts der vielfältigen Abstufungsmöglichkeiten der Interessen von mittelbar und unmittelbar Beteiligtem im „Kontinuum der möglichen Gestaltungen“ zu verlieren.[544]

C. Kritik

Die rein formale Argumentation, allein der Treuhänder, nicht aber der Treugeber sei Gesellschafter, vermag nicht zu überzeugen. Mit Rücksicht auf den Zweck einer Zustimmungspflicht, die Mitgesellschafter vor einer Beeinflussung ihrer eigenen Belange durch unerwünschte Dritte zu schützen, verbietet sich eine Orientierung an ausschließlich formalen Kriterien. In ähnlicher Weise zeichnet sich auch die Behauptung, die Begründung einer Treuhand sei als lediglich schuldrechtliche Bindung mit einem Gesellschafterwechsel nicht vergleichbar, durch eine formell geprägte Betrachtungsweise aus. Die aus der Interessengleichrichtung zwischen Treugeber und übrigen Gesellschaftern resultierende strukturelle Besonderheit der Treugeberposition wird hierbei nicht berücksichtigt. Gerade aufgrund der Interessengleichrichtung ist die Lage mit einer isolierten Stimmbindung nicht vergleichbar – unabhängig von der Zuweisung unmittelbarer (primärer) gesellschaftlicher Rechte an den Treugeber, die ihrerseits lediglich eine graduelle Steigerung der Einwirkungsmöglichkeiten des Treugebers darstellen. Die für ein kooperatives Zusammenwirken typischen Rechte bestehen bereits bei der einfachen Treuhand, werden aber im Regelfall nur mittelbar ausgeübt.

Durch den Einsatz der gesellschaftlichen Treuepflicht als Korrektiv der Einwirkungsmacht des Treugebers lässt sich ein äquivalenter Schutz der übrigen Gesellschafter nicht gewährleisten. Die Ausübung der gesellschaftlichen Mitwirkungsrechte wird nur hinsichtlich der äußersten Grenzen durch die Treuepflicht bestimmt. Es besteht jedoch innerhalb des von der Treuepflicht vorgegeben Rahmens zulässigen Verhaltens ein breiter Spielraum zu eigenen Entscheidungen. Der Treuhänder-Gesellschafter unterwirft sich auch hinsicht-

---

[544] *Roth/Thöni*, FS 100 Jahre GmbH-Gesetz, S. 245, 265/266.

lich dieses Entscheidungsspielraums der treuhänderischen Bindung, mithin der Pflicht zur Verfolgung fremder Interessen und gegebenenfalls zur Beachtung von Weisungen. Durch die Treuepflicht des Treugebers wird dies nicht ausgeglichen. Allein durch ein Zustimmungserfordernis können die Gesellschafter gegen ein Eindringen der Interessen Außenstehender im Bereich des von der gesellschaftlichen Treuepflicht belassenen Entscheidungsspielraums geschützt werden. Dass mit der Zustimmungspflicht ein Zwang zur Offenlegung der Treuhand gegenüber der Gesellschaft besteht, ist als Ausfluss des Schutzes der Gesellschaft und ihrer Mitglieder hinzunehmen.

Dabei lässt sich das Zustimmungserfordernis nicht als bloßes Instrument einer Präventivkontrolle abtun. Zwar hat im Gegensatz zur Korrektur über die gesellschaftsrechtliche Treuepflicht gegebenenfalls der Treuhänder nachzuweisen, dass er einen Anspruch auf Zustimmung zur Treuhandbegründung besitzt. Eine entsprechende Zustimmungspflicht der Mitgesellschafter unterliegt jedoch den allgemeinen Grenzen von Treu und Glauben sowie des Willkürverbots. Die gesellschaftsrechtliche Treuepflicht mag in diesem Zusammenhang in Ausnahmefällen eine Zustimmungspflicht der übrigen Gesellschafter bewirken. Der Schutzzweck des Zustimmungserfordernisses belässt den Gesellschaftern jedoch – soweit sich aus dem Gesellschaftsvertrag nicht eine Einschränkung auf einzelne Ablehnungskriterien ergibt – Spielraum. Das verdeutlicht sich daran, dass vor allem im Bereich der Personengesellschaften die persönliche Verbundenheit der Gesellschafter, die einer objektiven Bewertung nicht immer zugänglich ist, Ursache des Zustimmungserfordernisses ist. Entsprechendes muss für die GmbH gelten, wenn die Beteiligten eine Zustimmung in der Satzung ausdrücklich vorsehen und ihr Verhältnis insoweit den Personengesellschaften annähern.

Schließlich steht auch die Abgrenzungsproblematik zur Unterbeteiligung einer Zustimmungspflicht nicht zwangsläufig entgegen. Ebenso wie ein Verzicht auf das Zustimmungserfordernis im Treuhandbereich erscheint es denkbar, die Zustimmungspflicht auf die Unterbeteiligung auszudehnen und auf diesem Wege der Abgrenzung im Bereich der unterschiedlichen – teils gemischten – Ausgestaltungen zu umgehen.

III. Differenzierung nach Qualifizierung der Treuhand

Eine Unterscheidung nach der Qualifizierung der Treuhand findet sich in zwei unterschiedlichen Varianten. *Ulmer*[545] differenziert zwischen verdeckter (einfacher) und offener (qualifizierter) Treuhand. Bezeichnendes Merkmal

---

[545] MünchKomm/*Ulmer*, § 705 BGB, Rdnr. 72 ff.; *Staub/Ulmer*, § 105 HGB, Rdnr. 100 ff.; *Ulmer*, FS Odersky, S 873; *ders.*, ZHR 156 (1992), 377.

dieser qualifizierten Treuhand ist die im Gegensatz zur einfachen Treuhand bestehende Integration des Treugebers ins Gesellschaftsgefüge und die damit einhergehende Möglichkeit zur Stimmbindung des Treuhänders gegenüber dem Treugeber. Von der Terminologie *Ulmers* abweichend wird demgegenüber ganz überwiegend als qualifizierte Treuhand eine solche Vertragsgestaltung aufgefasst, bei der dem Treugeber unmittelbare korporative Rechte in der Gesellschaft zugewiesen sind.[546] Auch hier wird eine Unterscheidung hinsichtlich eines Zustimmungserfordernisses der Gesellschaft beziehungsweise der Gesellschafter vorgenommen.

A. Qualifizierung im Sinne *Ulmers*

Ulmer versteht als qualifizierte Treuhand die gegenüber der Gesellschaft offengelegte und mit deren Zustimmung eingegangene Bindung gegenüber dem Treugeber. Das Zustimmungserfordernis leitet sich für diesen Bereich aus der gesellschaftsinternen Stellung des Treugebers ab.[547] Erforderlich ist nach *Ulmer* für die Treuhand an einem GmbH-Anteil zumindest eine satzungsändernde Mehrheit, wenn nicht sogar Zustimmung aller Gesellschafter.[548] Der Treugeber ist bei der qualifizierten Treuhand weitestgehend einem Gesellschafter gleichgestellt. Ihm können unmittelbare Rechte in der Gesellschaft zugewiesen werden. Insbesondere ist nach *Ulmer* nur im Fall der qualifizierten (offenen) Treuhand eine Stimmbindung des Treuhänders zulässig. Eine Stimmbindungsvereinbarung wäre demgegenüber bei der einfachen (verdeckten Treuhand) unzulässig. Kennzeichnend für *Ulmers* Ansatz ist, dass das Merkmal der Zustimmung der Gesellschaft zur treuhänderischen Bindung eines Gesellschafters nicht als Zulässigkeitsmerkmal eingestuft wird, sondern zum Kernkriterium für die Gliederung der Treuhandbeziehung in qualifizierte und einfache Treuhand erhoben wird. Die Existenz einer Zustimmung der Gesellschaft entscheidet mithin über die Einstufung der Treuhand in eine dieser Kategorien, nicht jedoch über die generelle Zulässigkeit. Die zustimmungsfreie Zulässigkeit der einfachen Treuhand wird als selbstverständlich vorausgesetzt.

Ähnlich gestaltet sich die Lage nach *Beuthien*. Zwar unterscheidet dieser nicht wie *Ulmer* zwischen offener (qualifizierter) und verdeckter (einfacher) Treuhand, er hält jedoch ebenfalls einen Stimmbindungsvertrag des Treuhänders mit dem Treugeber für zustimmungsbedürftig.[549] So erfasse etwa die Anteils-

---

[546] *Armbrüster*, S. 19 ff. , 275 ff.; Vgl. auch *Tebben*, ZGR 2001, 586, 595.

[547] *Ulmer*, FS Odersky, S. 873, 893/894: „Die Zustimmung der Mitgesellschafter hat dabei nicht nur die Funktion, dem etwaigen gesellschaftsvertraglichen Vinkulierungserfordernis iSv. § 15 Abs. 5 GmbHG Rechnung zu tragen. Vielmehr kommt ihr unabhängig von diesem Erfordernis die Bedeutung zu, den Treugeber in den Gesellschaftsverband einzubeziehen."

[548] *Ulmer*, FS Odersky, S. 873, 894.

[549] *Beuthien*, ZGR1974, 26, 43 ff.(für das Personengesellschaftsrecht), 78 (für die GmbH).

vinkulierung nach § 15 Abs. V GmbHG auch die Vereinbarung von Stimmbindungen.[550] Die Stimmbindung wird demnach nicht als reguläres Element jeder Treuhandbeziehung verstanden, sondern als Ergänzung, die von der Zustimmungsfreiheit der Treuhandbeziehung zu trennen sei.

Bei *Ulmer* wie auch bei *Beuthien* wird das Zustimmungskriterium vom Bestehen einer Stimmbindung des Treuhänders abhängig gemacht. Übersehen wird dabei, dass im Rahmen der Treuhandbeziehung zwar ein Weisungsrecht des Treugebers weitgehend oder sogar völlig ausgeschlossen werden kann, die Bindung des Treuhänders an die Verfolgung der Interessen des Treugebers jedoch bestehen bleibt. Die Interessenwahrungspflicht ist unabdingbares Element jeder Geschäftsbesorgungsbeziehung, mithin auch des Treuhandverhältnisses. Unabhängig von einem Weisungsrecht des Treugebers werden die Eigeninteressen des Treuhänders durch die des Treugebers substituiert. Es erscheint daher unzutreffend, ein Zustimmungsbedürfnis gerade an das Weisungsrecht des Treugebers zu knüpfen. Die Untauglichkeit einer Bezugnahme auf das Weisungsrecht des Treugebers wird besonders deutlich, wenn man bedenkt, dass die Ausgestaltung des Weisungsrechts von einer vollumfänglichen Weisungsbefugnis über das Recht zu Weisungen in Einzelfällen bis hin zu einem völligen Ausschluss reicht. Die Einflussmacht des Treugebers kann mithin stark differieren. Hinzu kommt, dass mit einem Weisungsrecht nicht zugleich auch eine Pflicht verbunden ist, dieses auszuüben. Hält der Treugeber sich hinsichtlich der Erteilung von Weisungen an den Treuhänder zurück, kommt als Steuerungsinstrument für das Handeln des Treuhänders wiederum die Interessenbindung zum Tragen.

B. Qualifizierung durch Zuweisung korporativer Rechte

Überwiegend wird die qualifizierte Treuhand als „Steigerung“ der schlichten Treuhand durch Zuweisung unmittelbarer Rechte in der Gesellschaft an den Treugeber aufgefasst.[551] Die Frage der Zustimmungsbedürftigkeit stellt sich demnach zum einen mit Blick auf die Begründung der (einfachen) Treuhand, zum anderen hinsichtlich der einzelnen Zuweisungen korporativer Rechte. Damit wird eine getrennte Beurteilung der treuhänderischen Bindung und der ergänzenden Zuweisung von Rechten möglich. Während die einfache Treuhand zustimmungsfrei begründbar sein soll, wird für die Begründung einer qualifizierten Treuhand zum Teil ein Zustimmungserfordernis angenommen. Nach *Tebben* sind bei der qualifizierten Treuhand aufgrund der Einbindung des Treugebers in Gesellschaft die formellen Erfordernisse einzuhalten, die an eine entsprechende Vereinbarung im Gesellschaftsvertrag zu stellen wären.[552]

[550] *Beuthien*, ZGR1974, 26, 80.
[551] *Armbrüster*, S. 19 ff. , 275 ff.; vgl. auch *Tebben*, ZGR 2001, 586, 595.
[552] *Tebben*, ZGR 2001, 586, 612; *ders.* S. 243 f..

Hinsichtlich der Zustimmung bedeutet dies ein Zustimmungserfordernis der Mitgesellschafter mit satzungsändernder Mehrheit.

Die Anknüpfung eines Zustimmungserfordernisses an die Zuweisung einzelner korporativer Rechte an den Treugeber berücksichtigt nicht hinreichend, dass eine Einflussnahme unerwünschter Personen auch schon auf mittelbarem Wege über eine Interessen- beziehungsweise Weisungsbindung des Treuhänders erfolgen kann. Die Intensität der zwischen Gesellschaftern und Treugeber auftretenden Konflikte ist nicht von der Differenzierung zwischen mittelbarer und unmittelbarer Einflussnahme abhängig.

Was darüber hinaus die Forderung nach einer Zustimmung mit satzungsändernder Mehrheit angeht, ist die Frage nach der rechtstechnischen Verwirklichung der Ausweitung des Gesellschaftergefüges angeschnitten. Die Ansicht *Tebbens*, den Anforderungen an eine Regelung im Gesellschaftsvertrag sei zu genügen, erklärt sich aus seiner Auffassung, dem Treugeber könnten lediglich im Wege der originären Begründung unmittelbare gesellschaftliche Rechte zuerkannt werden.[553] Einer Abtretung von Rechten des Treuhänders stehe hingegen das Verbot entgegen, gesellschaftliche Mitwirkungsrechte von ihrem Stammrecht zu lösen. Versteht man demgegenüber mit dem hier vertretenen mitgliedschaftlichen Konzept die Gesellschafterstellung des Treugebers als besondere Art der Mitberechtigung am Anteil des Treuhänders, stellen sich die unmittelbaren (subsidiären) Rechte des Treugebers als derivativ begründete Rechte dar. Die Belastung der Mitgliedschaft des Treuhänders mit einer treuhänderischen Bindung bildet ein „wesensgleiches Minus“ zur vollständigen Anteilsübertragung. Es sind folglich nicht die Form- und Zustimmungserfordernisse einer Änderung des jeweiligen Gesellschaftsvertrages zu beachten. Vielmehr bedarf es allenfalls der Voraussetzungen, die an eine Übertragung der Mitgliedschaft zu stellen sind.[554]

IV. Generelles Zustimmungserfordernis

A. Treugeberstellung und Mitgliedschaft

Einhellig wird ein gesellschaftsrechtliches Zustimmungserfordernis auf die Fälle einer Übertragungstreuhand wie auch einer Erwerbstreuhand angewandt.[555] Teilweise wird dies für die Vereinbarungstreuhand ebenso gesehen, mithin ein

[553] *Tebben*, S. 135 ff.: zum Konzept der statuarischen Einbeziehung des Treugebers in den Gesellschaftsverband.

[554] Vgl. auch *Ulmer*, ZHR 156 (1992), 377, 390/391.

[555] *Roth/Thöni*, FS 100 Jahre GmbH-Gesetz, S. 245, 263.

umfassendes Zustimmungserfordernis angenommen.[556] Argument hierfür ist einerseits das Verständnis des Treugebers als wirtschaftlichen Gesellschafters[557], andererseits die Gefahr einer Erlangung von Einfluss auf die Gesellschaft durch Personen, die den übrigen Gesellschaftern unerwünscht sind.[558]

Zu überzeugen vermag die Annahme eines generellen Zustimmungserfordernisses zur Treuhandbegründung insbesondere bei Berücksichtigung der Trennung zwischen Erwerbsakt und treuhänderischer Bindung. *Karsten Schmidt* unterscheidet als Bestandteile des Treuhandvertrages ein schuldrechtliches Element als Rechtsgrundabrede für die Begründung der Treuhandstellung und die Treuhandabrede selbst als Bestandteil der Treuhandstellung.[559] Hinsichtlich des Zustimmungserfordernisses der übrigen Gesellschafter kommt es nach seiner Auffassung auf die Treuhandabrede an. Übertragen auf die hier vorgenommene Differenzierung zwischen der Übertragung des Gesellschaftsanteils auf den Treuhänder und dessen treuhänderischer Verpflichtung nimmt die Rechtsgrundabrede auf den Erwerbsakt Bezug, während die Treuhandabrede die Bindung des Treuhänders gegenüber dem Treugeber herbeiführt. Es stellt sich bei dieser Betrachtungsweise die Frage, ob Treugeberrechte ohne Zustimmung der Gesellschafter begründet werden können, wenn eine Übertragung der Mitgliedschaft der Zustimmung bedürfe.[560] Entscheidend ist gemäß *Karsten Schmidt*, dass die Pflicht des Treuhänders, den Gesellschaftsanteil für einen anderen zu halten und gegebenenfalls am Ende der Treuhandbeziehung auf diesen zu übertragen, die Interessen der Mitgesellschafter berührt. Der Schutz der Mitgesellschafter erfordere es, deren Zustimmung zur Treuhand zu verlangen, obgleich zum Zeitpunkt der Treuhandbegründung noch keine Anteilsübertragung vorliege.[561]

Damit sind die entscheidenden Gesichtspunkte angesprochen, die auch im Rahmen der mitgliedschaftlichen Konzeption zur Stellung des Treugebers ein umfassendes Zustimmungserfordernis rechtfertigen. Zu berücksichtigen ist

---

[556] *Blaurock*, S. 153; *Kümmerlein*, S. 30 f.; *Lessmann*, GmbHR 1985, 179, 182; *Schaub*, DStR 1995, 1634, 1637; *Hachenburg/Zutt*, 8. Aufl. 1992, § 15 GmbHG Anh. Rn. 53 und 97; *Scholz/Winter*, 9. Aufl. 2000, § 15 GmbHG Rn. 83a (unter Annahme eines Umgehungscharakters der Treuhand); *Baumbach/Hueck/Fastrich*, 17. Aufl. 2000, § 15 GmbHG, Rn. 57; RG, Urt. v. 23.12.1938, II 102/38 = RGZ 159, 272, 288/281; *K. Schmidt*, Gesellschaftsrecht, § 61 III. 2. , S. 1828/1829; MünchKomm/*K. Schmidt*, Vor § 230 HGB, Rdnr. 54; a.A. *Armbrüster*, S. 119 ff.; *Beuthien*, ZGR 1974, 78; *Markwardt*, S. 46 ff.(für das Personengesellschaftsrecht); nach Zweck der Vinkulierung differenzierend: *Lutter/Grunewald*, AG 1989, 109, 113 f.

[557] *Blaurock*, S. 153.

[558] *Lessmann*, GmbHR 1985, 179, 182.

[559] MünchKomm/*K. Schmidt*, Vor § 230 HGB Rdnr. 50.

[560] MünchKomm/*K. Schmidt*, Vor § 230 HGB Rdnr. 54.

[561] *K. Schmidt*, Gesellschaftsrecht, § 61 III. 2. , S. 1829; MünchKomm/*K. Schmidt*, Vor § 230 HGB Rdnr. 54; so auch RG, Urt. v. 23.12.1938, II 102/38 = RGZ 159, 272, 288/281; *Hachenburg/Zutt*, 8. Aufl. 1992, § 15 GmbHG, Anh. Rdnr. 53; *Scholz/Winter*, 9. Aufl. 2000, § 15 GmbHG, Rdnr. 83a; a.A.: *Armbrüster*, S. 119 ff; *Tebben*, S. 236 ff.

bezüglich des Zustimmungserfordernisses einerseits das Interesse der Gesellschafter, nur mit von ihnen ausgewählten Personen in gesellschaftsrechtlichem Kontakt zu stehen, andererseits das Interesse, hinsichtlich eines Gesellschaftsanteils nur mit einer Person zu tun zu haben.[562] Beide Interessensbereiche sind durch die Einbindung des Treugebers in die Gesellschaft als subsidiärer Gesellschafter betroffen. Eine Zustimmung der übrigen Gesellschafter zur Treuhandbegründung ist mithin erforderlich. Gleichgültig ist dabei, ob es sich um eine Übertragungs-, Vereinbarungs- oder Erwerbstreuhand handelt.[563] Denn die Entstehungsart der Treuhand ist auf die Position des Treugebers im Verhältnis zur Gesellschaft ohne Einfluss. Das Zustimmungserfordernis gilt sowohl für das Personengesellschaftsrecht als auch im Falle der Anteilsvinkulierung für die GmbH (§ 15 Abs. 5 GmbHG). Es ist möglich, im Gesellschaftsvertrag eine bestimmte treuhänderische Anteilsübertragung für zustimmungsfrei zu erklären.[564]

B. Spezifische treuhänderische Zustimmung

Es fragt sich allerdings, ob eine Zustimmung zur Anteilsübertragung, die entweder generell im Gesellschaftsvertrag erklärt werden kann, gegebenenfalls sogar zum Typ der Gesellschaft gehört (GmbH), oder im Einzelfall geäußert wird, auch die Schaffung einer treuhänderischen Beteiligung umfasst.[565] Bezüglich des Interesses, die Zugehörigkeit zur Gesellschaft zu steuern, kann dies angenommen werden, da auch bei der Anteilsübertragung der Dritte zum Verbandsmitglied wird. Schwieriger liegt es hinsichtlich des Interesses, eine Aufspaltung des Anteils an zwei Personen zu vermeiden. Insoweit sind volle Anteilsübertragung und Treuhand nicht miteinander vergleichbar.

---

[562] Für den Nießbrauch am Gesellschaftsanteil: *Schön*, ZHR 158 (1994), 229, 253 f.

[563] *K. Schmidt*, Gesellschaftsrecht, § 61 III. 2. , S. 1828/1829; MünchKomm/*K. Schmidt*, Vor § 230 HGB Rdnr. 54; so auch RG, Urt. v. 23.12.1938, II 102/38 = RGZ 159, 272, 288/281; a.A. *Armbrüster*, S. 119 ff.

[564] MünchKomm/*K. Schmidt*, Vor § 230 HGB, Rdnr. 54.

[565] Vgl. *Schön*, ZHR 158 (1994), 229, 253 f. , der für den Nießbrauch am Gesellschaftsanteil aus der gemeinschaftlichen Berechtigung von Nießbraucher und Besteller ableitet, es sei eine „konkrete Einwilligung in die Nießbrauchsbegründung oder dessen Freigabe im Gesellschaftsvertrag" zu fordern. Das gelte gleichermaßen für Personen- wie Kapitalgesellschaftsrecht. Neben der Auseinandersetzung mit mehreren Personen sei ausschlaggebend, dass Differenzen zwischen Nießbraucher und Besteller auf die Willensbildung in der Gesellschaft durchschlagen könnten und so die Gefahr einer Beeinträchtigung der Unternehmensführung drohe. Auch *Tebben*, S. 235, hält die Zustimmung zur Anteilsübertragung für nicht ausreichend, weil es sich bei der Begründung der Treuhand um ein „aliud" hierzu handele. Die Gesellschaft erhalte nicht nur einen neuen Gesellschafter, die Aufspaltung zwischen wirtschaftlicher und formeller Gesellschafterstellung betreffe vielmehr unter Umständen zudem den „Mechanismus der Richtigkeitsgewähr" der Mitwirkung in der Gesellschaft. Die Zustimmung zur Anteilsübertragung halten demgegenüber *Schaub*, DStR 1995, 1634, 1636; *Beuthien*, ZGR 1974, 26, 47; *Kümmerlein*, S. 34 ohne weiteres für ausreichend, da die Treuhand als „wesensgleiches Minus" gleichfalls umfasst sein müsse.

Sind Gefahren und Mehraufwand für die Gesellschaft und ihre Mitglieder indes in anderen, vergleichbaren Konstellationen hinzunehmen, kann die Aufspaltung der Gesellschafterstellung auf Treugeber und Treuhänder gleichwohl kein eigenständiges treuhandspezifisches Zustimmungserfordernis rechtfertigen. Eine Ähnlichkeit zeigt sich in dieser Hinsicht bei einem Vergleich der echten Treuhand mit den Fällen einer unechten Treuhand. Bei der unechten Treuhand tritt der Treuhänder nicht aus eigenem Recht als Gesellschafter auf, sondern als Vertreter des Treugebers, der seinerseits alleiniger Gesellschafter ist. Auch hier erschwert sich in gewisser Weise die Organisation der Gesellschaft, da sie sich gegebenenfalls mit dem Bevollmächtigten und der Gesellschaft auseinandersetzen muss. Gleichwohl wird aus der allgemeinen Zulässigkeit der Stellvertretung auch die Möglichkeit abgeleitet, diese im Bereich des Gesellschaftsrechts einzusetzen. Die Interessen der anderen Seite, hier also der Gesellschaft beziehungsweise der übrigen Gesellschafter, werden dabei durch das System der Stellvertretung gewahrt. Mit dem Gesellschafter als wahrem Berechtigten ist bei der unechten Treuhand am Gesellschaftsanteil eine Person gegeben, an die die Gesellschaft sich im Falle von Unklarheiten im Zweifel halten kann und muss. Setzt sie sich mit dem Stellvertreter auseinander, ist sie nach Maßgabe der Reichweite der Vollmacht und nach Rechtsscheinsgrundsätzen geschützt. Das Risiko der Einschaltung des Stellvertreters reduziert sich hier auf die Fälle des Missbrauchs der Vertretungsmacht. Schränkt man in zutreffender Weise die Anwendung dieser Grundsätze durch das Evidenzkriterium ein, verbleibt lediglich für diesen Bereich ein organisatorischer Mehraufwand für die Gesellschaft. Entsprechendes gilt auch für die echte Treuhand. Der maßgebliche Unterschied zur unechten Treuhand liegt in der Vollrechtsstellung (auch) des Treuhänders. Diese ist gegenüber der Gesellschaft insofern von Belang, als sie grundsätzlich die umfassende Behandlung des Treuhänders als Gesellschafter rechtfertigt. Abweichendes ergibt sich wiederum lediglich für die einem evidenten Vollmachtsmissbrauch entsprechenden Konstellationen. Eine Mehrbelastung der Gesellschaft durch die treuhänderisch aufgespaltete Gesellschafterstellung rechtfertigt daher kein eigenständiges Zustimmungserfordernis.

Die Zustimmung der Mitgesellschafter zur allgemeinen Anteilsübertragung ist mithin ausreichend. [566] Die Begründung der Treugeberstellung stellt sich als „wesensgleiches Minus" zu einer Anteilsübertragung dar, bei der die Gefährdungslage nicht größer als in Konstellationen eines vollständigen Übergangs der Mitgliedschaft ist.

---

[566] Es dürfte freilich möglich sein, die treuhänderische Übertragung ausdrücklich für unzulässig zu erklären, auch wenn eine Anteilsübertragung allgemein zustimmungsfrei zulässig ist. Vgl. *Lessmann*, GmbHR 1985, 179, 181.

V. Zusammenfassung

Die Übertragung der Gesellschafterstellung an den Treuhänder, sei es von Seiten Dritter, sei es vom Treugeber, bedarf, sofern für einen Gesellschafterwechsel ein Zustimmungserfordernis besteht, der Zustimmung der Mitgesellschafter beziehungsweise der Gesellschaft. Dieses Zustimmungserfordernis wird nicht dadurch eingeschränkt, dass der Wechsel von vornherein mit der Ausrichtung auf eine treuhänderische Bindung erfolgt.

Hinsichtlich der Anforderungen, die an die Begründung der Stellung des Treugebers zu stellen sind, herrscht heftiger Streit. Teils wird eine Zustimmung unter Betonung der formellen Gesellschafterstellung lediglich des Treuhänders gänzlich für entbehrlich gehalten, teils wird ein Zustimmungserfordernis mit Blick auf die wirtschaftliche Position des Treugebers generell angenommen. Dazwischen bewegen sich Auffassungen, die ein Zustimmungserfordernis vom Umfang der dem Treugeber zukommenden Rechte abhängig machen beziehungsweise eine Zustimmung nur für die ergänzende Zuweisung korporativer Rechte an den Treugeber für erforderlich halten.

Im Rahmen des mitgliedschaftlichen Konzepts zur Stellung des Treugebers unterliegt die Schaffung der Treugeberposition einem Zustimmungserfordernis. Die generell zur Anteilsübertragung erteilte Zustimmung ist hierzu allerdings ausreichend. Durch die Aufspaltung der Gesellschafterstellung zwischen Treugeber und Treuhänder entsteht für die übrigen Gesellschafter weder eine erheblich erhöhte Gefahrenlage noch eine Erschwerung der Gesellschaftsorganisation. Die Treuhandbegründung stellt ein wesensgleiches Minus zu einer Anteilsübertragung dar. Einer Zustimmung, die speziell auf die Treuhandbegründung Bezug nimmt, bedarf es daher nicht.

§ 14 Formerfordernisse

Bei Personengesellschaften ist die Treuhand am Gesellschaftsanteil grundsätzlich formfrei zulässig, da die gesetzliche Regelung Formerfordernisse zur Übertragung eines Personengesellschaftsanteils nicht aufstellt.[567] Etwas anderes kann sich allenfalls aus einer abweichenden Vereinbarung im Gesellschaftsvertrag ergeben. Die Frage nach der erforderlichen Form der Treuhandbegründung stellt sich hingegen in voller Schärfe bei der Treuhand an einem GmbH-Anteil. Als Anknüpfungspunkte für ein Formerfordernis sind wiederum die Schaffung der Gesellschafterstellung des Treuhänders (§ 15 Abs. 3 GmbHG) und die Eingehung der treuhänderischen Bindung zu untersuchen. Zu beachten ist freilich, dass der Treuhandvertrag seinerseits in doppelter Hinsicht als Ursprung für ein Formerfordernis in Betracht kommt. Zum einen wegen seiner gegebenenfalls verpflichtenden Wirkung bezüglich eines Anteilserwerbs durch den Treuhänder oder einer Anteilsübertragung auf den Treugeber nach Beendigung der Treuhand (§ 15 Abs. 4 GmbHG), andererseits wegen seines verfügenden Charakters hinsichtlich der Einbindung des Treugebers in die gesellschaftliche Organisation (§ 15 Abs. 3 GmbHG).

I. Übertragung der Gesellschafterstellung (§ 15 Abs. 3 GmbHG)

Die Formvorschrift des § 15 Abs. 3 GmbHG zielt auf die Übertragung eines Gesellschaftsanteils ab. Sie ist mithin auf das in Übertragungs- und Erwerbstreuhand enthaltene dingliche Element der Erlangung einer Gesellschafterstellung durch den Treuhänder anzuwenden.[568] Sind bei der AG wegen des Fehlens eines Formerfordernisses alle Entstehungsarten einer Treuhand am Gesellschaftsanteil formlos möglich, so gilt dies bei der GmbH allenfalls für die Vereinbarungstreuhand.[569] Die Formbedürftigkeit der Übertragungstreuhand (§ 15 Abs. 3 GmbHG) und gegebenenfalls auch der Erwerbstreuhand folgt aus dem Übergang des Geschäftsanteils auf den Treuhänder. Fraglich erscheint, ob die wirtschaftliche Zuordnung des Anteils an den Treugeber daran nichts ändert.[570] Nach *Armbrüster* ist eine teleologische Reduktion der Formvorschrift des § 15 Abs. 3 GmbHG je nach Zweck der Norm in Betracht zu ziehen.[571] Ausgangspunkt ist dabei, dass die Verlagerung der wirtschaftlichen Folgen des Gesellschaftsanteils durch den Treuhandvertrag auf den Treugeber eine Formbedürf-

[567] *K. Schmidt* Gesellschaftsrecht, § 61 III. 2. , S. 1828.

[568] *K. Schmidt* Gesellschaftsrecht, 4. Aufl. 2002, § 61 III. 2. , S. 1828; *Däubler*, GmbHR 1966, 243, 244; dazu auch: *Armbrüster*, s. 100 f.: insoweit eine teleologische Reduktion der Formvorschrift im Ergebnis ablehnend.

[569] *Beuthien*, ZGR 1974, 26, 77.

[570] *Beuthien*, ZGR 1974, 26, 77/78 nimmt das ohne weitere Diskussion an.

[571] *Armbrüster*, S. 100 ff.

tigkeit der Treuhandabrede unter Umständen entbehrlich erscheinen lässt. Voraussetzung wäre freilich, dass das Formgebot ausschließlich den Zweck verfolgt, den Erwerber vor der unüberlegten Übernahme der wirtschaftlichen Konsequenzen aus dem Anteilserwerb zu schützen.[572] Der Zweck von § 15 Abs. 3 GmbHG ist umstritten.[573] Denkbar erscheint, neben dem Schutz des Erwerbers auch einen Schutz des Veräußerers sowie vor allem die Einschränkung der Verkehrsfähigkeit von GmbH-Anteilen als Regelungsziel der Norm anzunehmen. Der BGH betont die Aspekte der Beweisfunktion (mit Blick auf § 16 GmbHG) und der Vereitelung des freien Handelsverkehrs mit GmbH-Anteilen.[574] Auch *Armbrüster* bezeichnet das Anliegen des Gesetzgebers, den Anteilshandel zu erschweren, als durchaus aktuell.[575] Daneben sieht er in der Norm ebenfalls den Zweck einer Beweiserleichterung durch notarielle Beurkundung verfolgt.[576] Für die Übertragungstreuhand ergebe sich daraus, da bei ihr zwar kein Anteilshandel vorliege, die Beweisfunktion jedoch mit Blick auf § 16 GmbHG Geltung beanspruche, eine Formbedürftigkeit der Übertragung des Anteils auf den Treuhänder.[577] Ebenso gelte auch für die Erwerbstreuhand bezüglich des Elementes des dinglichen Anteilserwerbs das jeweilige Formgebot.[578] Eine teleologische Reduktion von § 15 Abs. 3 GmbHG für den treuhänderischen Anteilserwerb lässt sich mithin nicht rechtfertigen.

II. Verpflichtung zum Anteilserwerb und zur Anteilsübertragung (§ 15 Abs.4 GmbHG)

Für die Anwendung von § 15 Abs. 4 GmbHG auf den Treuhandvertrag sind zwei Elemente des Vertrages von Interesse: Die Pflicht des Treuhänders, einen dem Treuhandvertrag entsprechenden Gesellschaftsanteil – sofern er ihn nicht bereits innehat – zu übernehmen, sowie die Pflicht, den Gesellschaftsanteil nach Beendigung der Treuhandbeziehung auf den Treugeber zu übertragen (§§ 675, 667 BGB). Beide Pflichten des Treuhänders sind keineswegs Elemente jeder Treuhandvereinbarung. Die Erwerbspflicht liegt nur bei den Formen der

[572] *Armbrüster*, S. 100.
[573] Für Handelserschwerung und Beweiserleichterung: RG, Urt. v. 22.6.1940, II 141/39 = RGZ 164, 162, 170; BGH, Urt. v. 24.3.1954, II ZR 23/53 = BGHZ 13, 49, 51/52; BGH, Urt. v. 25.9.1996, VIII ZR 172/95 = NJW 1996, 3338, 3339; *Lutter/Hommelhoff*, § 15 GmbHG, Rdnr. 12; *Michalski/Ebbing*, § 15 GmbHG, Rdnr. 55; hingegen auch für Schutz der beiden Beteiligten: *Roth/Altmeppen*, § 15 GmbHG, Rdnr. 44 gegen Warnfunktion aber: RG, Urt. v. 26.1.1932, II 221/31 = RGZ 135, 70, 71; BGH, Urt. v. 24.3.1954, II ZR 23/53 = BGHZ 13, 49, 51; nur für Handelserschwerung: *Scholz/Winter*, § 15 GmbHG, Rdnr. 15; kritisch zum Zweck der Handelserschwerung: *Heidenhain*, ZIP 2001, 721; *Loritz*, DNotZ 2000, 90, 94 ff.; *Roth/Thöni*, FS 100 Jahre GmbH-Gesetz, S. 245, 274/275.
[574] BGH, Urt. v. 19.4. 1999, II ZR 365/97 = NZG 1999, 656, 657.
[575] *Armbrüster*, S. 101/102; a.A.: *Heidenhain*, ZIP 2001, 721, 725; *Loritz*, DNotZ 2000, 90, 94 ff..
[576] *Armbrüster*, S. 102.
[577] *Armbrüster*, S. 102.
[578] *Armbrüster*, S. 114.

Übertragungs- und der Erwerbstreuhand vor, die Übertragungspflicht kann im Einzelfall vertraglich ausgeschlossen sein.

A. Schicksal der Beteiligung nach Ende der Treuhandbeziehung

Die Übertragungspflicht nach Beendigung der Treuhand wird in der Literatur oftmals als geradezu selbstverständlich vorausgesetzt.[579] Dem kann mit Blick vor allem auf die Interessenlage bei der Publikums-KG nicht gefolgt werden.[580] Es entspricht häufig dem Willen der Initiatoren solcher Anlagegesellschaften, zwar die Anleger zur Aufbringung des erforderlichen Kapitals heranzuziehen, aus organisatorischen Gründen jedoch eine in zahlreiche Einzelanteile zersplitterte Beteiligung zu vermeiden. Eine Pflicht zur Übertragung auf den Treugeber zum Ende der Beteiligung wird daher häufig ausgeschlossen. Unbedenklich erscheint ein derartiges Vorgehen, sofern dem Treugeber ein entsprechender Wertersatzanspruch zusteht. Bei Fehlen einer Regelung des Schicksals der Beteiligung nach Beendigung der Treuhandbeziehung sind die §§ 675, 667 BGB maßgeblich. Hat der Treuhänder den Gesellschaftsanteil also gerade zum Zwecke der treuhänderischen Innehabung erworben (Erwerbstreuhand) oder vom Treugeber erhalten, liegt eine Herausgabepflicht vor. Da Entstehung und Einstufung einer Erwerbspflicht des Treuhänders wie auch einer Übertragungspflicht auf den Treugeber mithin von der Entstehungsart der Treuhand abhängen, bietet es sich an, zwischen Übertragungs-, Erwerbs- und Vereinbarungstreuhand zu differenzieren.

Zu beachten ist, dass auch, soweit eine schuldrechtliche Herausgabepflicht des Treugebers gegenüber dem Treuhänder am Ende der Treuhandbeziehung anzunehmen ist, die zwischenzeitliche Gesellschafterstellung des Treuhänders hierdurch nicht in Frage gestellt wird. Ebenso kann das Fehlen einer Herausgabepflicht nichts an der Gesellschafterstellung des Treugebers während der Zeit des Bestehens der Treuhandbeziehung ändern. Seine Stellung als subsidiärer Gesellschafter im Strukturgefüge der Gesellschaft ist als „quasi-dingliche" Position ebenso unabhängig von schuldrechtlichen Bindungen wie eine „reine" Gesellschafterstellung.

Nur auf den ersten Blick scheint ein Widerspruch darin zu liegen, dass die Position des Treugebers durch den Wegfall der Treuhandbeziehung unmittelbar beseitigt wird, die Wirkung also über eine schuldrechtliche Bindung hinausgeht. Insofern steht die Gesellschafterstellung des Treugebers unter der auflösenden

[579] *Wagner*, NZG 1999, 656, 657 bezeichnet die Übertragungsverpflichtung des Treuhänders als „wesenstypisches Merkmal einer Treuhand an Gesellschaftsanteilen"; kritische hierzu hingegen: *Däubler*, GmbHR 1966, 243, 244.
[580] Vgl. *Kraft*, ZGR 1980, 399, 405

Bedingung des Wegfalls der Treuhandbeziehung; man könnte geneigt sein, ähnlich einer Sicherheitsübereignung (mit auflösender Bedingung) oder eines Eigentumsvorbehalts Einschränkungen für die Position des Treugebers hieraus herzuleiten. Die Sachlage gestaltet sich im Verhältnis zu den aufgeführten Vergleichsfällen jedoch gerade unterschiedlich. Der Treugeber erhält bei der fremdnützigen Treuhand – anders als ein Sicherungs- beziehungsweise Vorbehaltseigentümer – keine inhaltlich im Interesse der anderen Seite eingeschränkte Stellung. Die Begrenzung seiner Rechte resultiert vielmehr aus Organisations- oder Verbergungsinteressen. Das wirtschaftliche Interesse liegt intern allein beim Treugeber. Erweisen sich die Einschränkungen der Stellung eines Sicherungs- oder Vorbehaltseigentümers (die ja selbst Treuhänder sind) als aus der Interessenlage gerechtfertigt[581], gebietet es andererseits die Interessenlage bei der Treuhand am Gesellschaftsanteil, die Stellung des Treugebers als alleinigen Interessenträgers derartigen Einschränkungen nicht zu unterwerfen. Auch insoweit ähnelt die Treuhandkonstruktion hier funktional einer Gesellschaft. Bei einer Gesellschaft wird gleichfalls die Stellung des einen Gesellschafters durch die der anderen nicht in ihrem „dinglichen" Aspekt in Frage gestellt. Zudem entfällt mit der Auflösung und Abwicklung eines Gesellschaftsvertrages auch die dingliche Position der Gesellschafter. Der Wegfall der treuhandtypischen Beteiligungskonstruktion unmittelbar mit Beendigung der Treuhandbeziehung kann in ähnlicher Weise unmittelbar „dingliche" Wirkung entfalten. Mit Rücksicht auf den Ausgangspunkt, dass der Treuhänder Gesellschafter ist, der dem Treugeber eine Art subsidiäre Mitberechtigung einräumt, führt der Wegfall der Treuhandbeziehung freilich zur alleinigen Gesellschafterstellung des bisherigen Treuhänders. Die Frage nach einer Rückübertragungspflicht betrifft wiederum allein das schuldrechtliche Element des Treuhandvertrages.

B. Übertragungstreuhand

Bei der Übertragungstreuhand entsteht zunächst eine Pflicht des Treugebers zur Übertragung des Gesellschaftsanteils auf den Treuhänder sowie eine korrespondierende Erwerbspflicht des Treuhänders. Überwiegend wird eine Anwendung von § 15 Abs. 4 GmbHG für die Übertragungstreuhand mit Blick auf diesen Vorgang angenommen.[582] *Armbrüster* hält dem eine teleologische Reduktion von § 15 Abs. 4 S. 1 GmbHG entgegen.[583] Der Zweck des Formgebots in § 15

[581] *Henssler*, AcP 196 (1996), 37, 51.

[582] MünchKomm/*K. Schmidt*, Vor § 230 HGB, Rdnr. 51; *Schaub*, DStR 1995, 1634, 1636; so auch: *Heining*, GmbHR 1954, 98, 99; *Däubler*, GmbHR 1966, 243, 244; BayObLG, Beschluss vom 18.3.1991, BReg. 3 Z 69/90 = GmbHR 1991, 572, 574; a.A. *Armbrüster*, GmbHR 2001, 941, 946; *Armbrüster*, DNotZ 1997, 762, 779 ff.

[583] *Armbrüster*, S. 102 ff.

Abs. 4 S. 1 GmbHG kann nach *Armbrüster* anders als in § 15 Abs. 3 GmbHG allein in einer Erschwerung des Anteilshandels gesehen werden. Hinsichtlich einer Beweisfunktion des Formgebots fehle es für die Verpflichtung an dem erforderlichen Bezug zu § 16 GmbHG.[584] § 15 Abs. 4 S. 1 GmbHG sei daher im Wege der teleologischen Reduktion auf die Treuhandabrede, soweit es um die Abtretungspflicht des Treugebers gehe, nicht anzuwenden. Es fehle insoweit der Zusammenhang zum Anteilshandel.[585] Entsprechendes gelte für die korrespondierende Erwerbspflicht des Treuhänders.[586]

Je nach Ausgestaltung der Treuhand ist der Treuhänder zum Ende der Treuhandbeziehung zur Rückübertragung auf den Treugeber verpflichtet. Fehlt es an einer ausdrücklichen Vereinbarung, ergibt sich die Rückübertragungspflicht bei der Übertragungstreuhand aus §§ 675, 667 BGB. Die Übertragung des Anteils vom Treugeber auf den Treuhänder stellt eine Erlangung im Rahmen der Durchführung der Geschäftsbesorgungsbeziehung dar, so dass die Voraussetzungen von § 667 BGB vorliegen. Die Formbedürftigkeit der Treuhandabrede bezüglich der Rückübertragungspflicht ist umstritten. Teilweise wird auch die Rückübertragungspflicht für beurkundungsbedürftig erachtet.[587] Nach anderer Ansicht spricht hiergegen indes der Zweck von § 15 Abs. 4 GmbHG.[588] Ziel der Vorschrift sei es, den spekulativen Handel mit GmbH-Anteilen einzuschränken.[589] § 15 Abs. 4 GmbHG erfasse daher lediglich Abtretungspflichten als vertragliche Hauptleistungspflichten, nicht jedoch eine bloße Rückabwicklungspflicht.[590] Eine leicht abweichende Begründung findet sich bei *Armbrüster*.[591] Hinsichtlich der Rückübertragungspflicht des Treuhänders bei Beendigung der Treuhandbeziehung sei nicht ausschlaggebend, dass die Übertragung lediglich aus dem Gesetz folge. Die Unanwendbarkeit folge vielmehr – wie schon für die Übertragungspflicht zu Beginn der Treuhandbeziehung – aus einer teleologischen Reduktion der Vorschrift. Der Treuhänder sei zu keinem Zeitpunkt

---

584 Auch für § 15 Abs. 4 GmbHG hingegen: BGH, Urt. v. 19.4.1999, II ZR 365/97 = NZG 1999, 656, 657.

585 *Armbrüster*, S. 104.

586 *Armbrüster*, S. 105.

587 MünchKomm/*K. Schmidt*, Vor § 230 HGB, Rdnr. 51; so auch: Däubler, GmbHR 1966, 243, 244; BayObLG, Beschluss vom 18.3.1991, BReg. 3 Z 69/90 = GmbHR 1991, 572, 574;
a.A.: *Armbrüster*, GmbHR 2001, 941, 946; *Armbrüster*, DNotZ 1997, 762, 781; *Schlüter*, FS Bartholomeyczik, S. 359, 373; RG, Urt. v. 7.6.1929, II 592/28 = RGZ 124, 371,376; BGH, Urt. v. 17.11.1955, II ZR 222/54 = BGHZ 19, 69,70; OLG Hamm, Urt. v. 20.10.1993, 8 U 40/93 = GmbHR 1994, 880 (nur Leitsätze).

588 *Lutter/Hommelhoff*, 15 Aufl. 2000; § 15 GmbHG, Rdnr. 16; *Beuthien*, ZGR 1974, 26, 78; RG, Urt. V. 18.12.1901, I 275/01 = RGZ 50, 42, 45; RG, Urt. v. 7.6.1929, II 592/28 = RGZ 124, 371,375; BGH, Urt. v. 17.11.1955, II ZR 222/54 = BGHZ 19, 69,70.

589 Für diesen Zweck etwa *Lessmann*, GmbHR, 1985, 179, 180.

590 *Beuthien*, ZGR 1974, 26, 78; RG, Urt. V. 18.12.1901, I 275/01 = RGZ 50, 42, 45; RG, Urt. v. 7.6.1929, II 592/28 = RGZ 124, 371,375; BGH, Urt. v. 17.11.1955, II ZR 222/54 = BGHZ 19, 69,70: keine Formpflicht, wenn die Verpflichtung aus dem Gesetz (§ 667 BGB) oder lediglich mittelbar aus einem Vertrag folgt.

591 *Armbrüster*, S. 102 ff.

wirtschaftlicher Inhaber des Anteils, so dass kein Anteilshandel vorliege. Dementsprechend begründet auch die Rückerwerbspflicht des Treugebers gemäß *Armbrüster* kein Formerfordernis.[592]

Weder mit Blick auf die Entstehung der Treuhandbeziehung noch auf das Schicksal der Beteiligung nach Beendigung derselben lässt sich eine Ausnahme vom Formerfordernis des § 15 Abs. 4 GmbHG rechtfertigen. Sieht man den Zweck der Norm mit der herrschenden Meinung in einer Erschwerung des freien Handels mit GmbH-Anteilen, muss die Verpflichtung zum Erwerb zur lediglich treuhänderischen Innehabung des Anteils ebenso von der Formpflicht umfasst sein wie die Vereinbarung, den Anteil nach Ende der Treuhand auf den Treugeber zu übertragen. Der Erwerb zur treuhänderischen Haltung des Anteils entpuppt sich dabei als zumindest mittelbarer – gleichsam verborgener – Anteilshandel. Zwar hält der Treuhänder den Anteil nicht auf Dauer und nicht im eigenen Interesse. Gerade an der völligen Zuweisung an den Treugeber im Innenverhältnis zeigt sich aber, dass die entscheidende Person der Treugeber ist. Da er allein die Geschicke des Gesellschaftsanteils aus dem Hintergrund steuert, liegt ein Anteilshandel zu seinen Gunsten vor. Die Übertragungspflicht am Ende der Treuhandbeziehung ist hiervon völlig zu trennen. Sie ist von vornherein disponibel und kann auch noch nachträglich abbedungen werden. Obwohl der Treugeber schon zuvor wirtschaftlich ausschließlich über den Gesellschaftsanteil bestimmen kann, stärkt die vollständige Übertragung am Ende der Treuhandbeziehung seine zuvor lediglich subsidiäre Gesellschafterstellung zusätzlich. Die Zerlegung der Anteilsübertragung in den Akt der Treuhandbegründung und der Restübertragung am Ende der Treuhandbeziehung ist Ausfluss der Aufspaltung der Gesellschafterstellung auf Treugeber und Treuhänder durch die Treuhand. In ihrer Gesamtheit wären die beiden Einzelakte unzweifelhaft dem Anteilshandel zuzuordnen. Es ist dann nur konsequent, auch Treuhandbegründung und Übertragung nach Ende der Treuhandbeziehung jeweils für sich als Elemente des Anteilshandels zu verstehen. § 15 Abs. 4 GmbHG muss daher in beiden Fällen angewandt werden.

C. Erwerbstreuhand

Für den Bereich der Erwerbstreuhand bezieht sich die Pflicht des Treuhänders zur Verschaffung des Treuhandanteils entweder auf einen bereits bestehenden Gesellschaftsanteil, den der Treuhänder im Wege des derivativen Erwerbs zu erlangen hat, oder aber auf einen erst durch die Beteiligung an der Gründung einer Gesellschaft zur Entstehung zu bringenden Anteil (originärer Erwerb).[593] Daneben besteht beim Fehlen einer abweichenden Vereinbarung eine aus §§

[592] *Armbrüster*, S. 106/107.
[593] Vgl. zu dieser Differenzierung: *Armbrüster*, S. 114.

675, 667 BGB folgende Pflicht zur Übertragung des Gesellschaftsanteils auf den Treugeber bei Beendigung der Treuhand.

Hinsichtlich der Erwerbspflicht des Treuhänders wird eine Beurkundungspflicht analog § 15 Abs. 4 GmbHG von Teilen der Literatur abgelehnt.[594] Es fehle an einem dauerhaften Erwerb des Treuhänders.[595] Zwar sei § 15 Abs. 4 GmbHG grundsätzlich auf Erwerbspflichten entsprechend anwendbar[596], da der Zweck der Verhinderung eines freien Anteilshandels auch derartige Abreden umfasse. Für die Treuhand bestehe aber die Besonderheit, dass der Treuhänder nur vorübergehend bis zur Herausgabe an den Treugeber Gesellschafter werde.[597] Zwischen originärem und derivativem Erwerb differenzierend, lehnt *Armbrüster* für den Anteilserwerb bei Gründung der Gesellschaft eine Formpflicht ab. Die Pflicht zur Beteiligung an einer GmbH-Gründung werde von § 15 Abs. 4 GmbHG nicht umfasst. Beim Erwerb eines bestehenden Anteils bestehe indes mit Rücksicht auf die für den Treuhänder entstehende Erwerbspflicht eine Formbedürftigkeit der Treuhandabrede.[598] Anders als den Übertragungsvorgang im Rahmen der Übertragungstreuhand sieht *Armbrüster* den Erwerb von Dritten bei der Erwerbstreuhand als Anteilshandel, der vom Zeck des § 15 Abs. 4 S. 1 GmbHG umfasst sei.[599] Hinzuweisen sei allerdings auf die Heilungsmöglichkeit nach § 15 Abs. 4 S. 2 GmbHG.[600] Demgegenüber rufe die Übertragungspflicht bei Beendigung der Treuhand wegen der teleologischen Reduktion von § 15 Abs. 4 GmbHG kein Formerfordernis hervor, da es hier wiederum an einem Bezug zum Anteilshandel fehle.[601]

Die für die Übertragungstreuhand vorgetragenen Gründe rechtfertigen auch für das Feld der Erwerbstreuhand eine umfassende Anwendung der Formvorschrift des § 15 Abs. 4 GmbHG. Allein mit Blick auf die Fälle einer originären Erwerbstreuhand ist in Ermangelung eines Gesellschaftsanteils als Bezugspunkt für den Zweck einer Handelserschwerung eine Ausnahme anzunehmen.

---

[594] *Schlegelberger/K. Schmidt*, Vor § 335 HGB, Rdnr. 44 und 48; MünchKomm/*K. Schmidt*, Vor § 230 HGB, Rdnr. 51; Widersprüchlich allerdings die Kommentierung bei: MünchKomm/*K. Schmidt*, Vor § 230 HGB, Rdnr. 55 (für Formerfordernis der Erwerbstreuhand wegen Erwerbspflicht des Treuhänders) und Rdnr. 51 (dagegen); *Schiefer*, DStR 1997, 119, 119.

[595] MünchKomm/*K. Schmidt*, Vor § 230 HGB, Rdnr. 51.

[596] Allgemein für die Formbedürftigkeit auch einer Erwerbspflicht: *Hachenburg/Zutt*, § 15 Rdnr. 36; *Baumbach/Hueck*, § 15 Rdnr. 32; *Scholz/Winter*, § 15 Rdnr. 56; OLG München, Urt. v. 7.12.1994, 7 U 4659/94, BB 1995, 427, 428; OLG München, Urt. v. 20.3.1996, 7 U 5523/95, GmbHR 1996, 607, 608; vgl. auch ausführlich zur Argumentation : *Armbrüster*, DNotZ 1997, 762, 777 ff.

[597] *K. Schmidt*, MünchKomm, Vor § 230 HGB, Rdnr. 51, FN. 195; *Armbrüster*, DNotZ 1997, 762, 777 ff.; *Tebben*, S. 230 f.

[598] *Armbrüster*, S. 114 (mwN.).

[599] Vgl. *Armbrüster*, S. 104 und S. 114; dagegen aber: *Tebben*, S. 231 FN 50, der Treugeber könne den Anspruch nicht durchsetzen. Es sei immer noch eine Mitwirkung des Treuhänders erforderlich, auf die dann das Formgebot des § 15 Abs. 4 GmbHG anzuwenden sei.

[600] *Armbrüster*, S. 114/115.

[601] *Armbrüster*, S. 115.

D. Vereinbarungstreuhand

Rechtsprechung[602] und herrschende Meinung[603] nehmen bei der Vereinbarungstreuhand ein Zustimmungserfordernis nach § 15 Abs. 4 GmbHG an. Ausschlaggebend hierfür ist die Übertragungspflicht bei Beendigung der Treuhandbeziehung.[604] Dass sich die Herausgabepflicht an den Treugeber aus § 667 BGB ergebe, soll dem nicht entgegenstehen. Entscheidend sei allein, ob nach Sinn und Zweck der Formvorschrift auch eine Vereinbarung umfasst ist, die eine Übertragungspflicht (wie über § 667 BGB) lediglich als mittelbare Folge bewirkt.[605] Teils wird auch vorgebracht, die Mitgliedschaft sei bereits vor der Begründung der Treuhand vorhanden, so dass die Voraussetzung einer Erlangung aus der Geschäftsbesorgung schon nicht gegeben sei.[606] Im einzelnen verläuft die Argumentation unterschiedlich. Während der BGH in § 15 Abs. 3 und 4 GmbHG eine Beweisfunktion (vgl. § 16 GmbHG) und die Verhinderung des unbeschränkten Handels mit GmbH-Anteilen als Zwecke verwirklicht sieht[607], betont etwa *Karsten Schmidt* den Schutzcharakter von § 15 Abs. 4 GmbHG.[608] *Armbrüster* befürwortet eine Ausnahme von der von ihm mit Blick auf die Übertragungspflicht am Ende der Treuhand ansonsten vorgenommenen teleologischen Reduktion des § 15 Abs. 4 S. 1 GmbHG.[609] Anders als bei Übertragungs- und Erwerbstreuhand sei der Treuhänder bei der Vereinbarungstreuhand nicht bloße „Durchgangsstelle“ als Inhaber des Gesellschaftsanteils. Der teilweise zur Verneinung einer Formpflicht vorgebrachte Verweis auf § 667 BGB gehe insoweit fehl.[610] Die Herausgabepflicht stelle sich nicht als lediglich mittelbare Folge der Treuhand dar, da die Treuhand hier gerade auf einen

---

602 BGH, Urt. v. 19.4.1999, II ZR 365/97 = NZG 1999, 656, 656/657; RG, Urt. v. 7.6.1929, II 592/2 = RGZ 124, 371, 377; OLG Frankfurt, Urt. v. 27.11.1991, 21 W 35/91 = GmbHR 1992, 368,369, mit der Einschränkung auf einen bereits existenten GmbH-Anteil.

603 *Armbrüster*, DNotZ 1997, 762, 781 ff; *ders.* GmbHR 2001, 941, 942; *Blaurock*, S. 243 ff.; *Baumbach/Hueck*, 17. Aufl., § 15 GmbHG, Rdnr. 55; *Lutter/Hommelhoff*, 15. Aufl., § 15 GmbHG, Rdnr. 45 f.: Formbedürfnis nur, wenn Anteil bereits existiert, kein Formbedürfnis, wenn Anteil noch zu schaffen ist; *Rowedder/Schmidt-Leithoff*, GmbHG, 4. Aufl. 2002, § 15 Rdnr. 56; *Scholz/Winter*, 8. Aufl., § 15 GmbHG, Rdnr. 62 befürworten eine Formpflicht wegen der Umwandlung der Inhaberschaft in eine treuhänderische gebundene sowie wegen der inzidenten Abtretungspflicht bei Beendigung der Treuhand; *Schlegelberger/K. Schmidt*, Vor § 335 HGB, Rdnr. 44 und 47; a.A. aber: *Hachenburg/Zutt*, § 15 GmbHG, 8. Aufl. 1992, Anh. Rdnr. 52; *Rowedder/Rowedder*, 3. Aufl. , § 15 Rdnr. 28;.

604 MünchKomm/*K. Schmidt*, Vor § 230 HGB, Rdnr. 51; *Armbrüster*, S. 121; *ders.* DNotZ 1997, 762, 781 ff.; *Tebben*, S. 231.

605 BGH, Urt. v. 19.4.1999, II ZR 365/97 = NZG 1999, 656, 656 f.; MünchKomm/*K. Schmidt*, Vor § 230 HGB, Rdnr. 51.

606 *Armbrüster*, S. 122; *Wagner*, NZG 1999, 656, 657.

607 BGH, Urt. v. 19.4.1999, II ZR 365/97 = NZG 1999, 656, 657; für Erschwerung des Anteilshandels auch: *Lessmann*, GmbHR, 1985, 179, 180.

608 MünchKomm/*K. Schmidt*, Vor § 230 HGB, Rdnr. 51; so jetzt auch der BGH, Urt. v. 19.4.1999, II ZR 365/97 = NZG 1999, 656, 656 f., entgegen dem BGH gilt das Formerfordernis nach *K. Schmidt* auch dann, wenn die Treuhandabrede vor Gründung der GmbH geschlossen wurde.

609 *Armbrüster*, S. 122.

610 *Armbrüster*, DNotZ 1997, 762, 781 ff.

Übergang der Gesellschaftsbeteiligung nach der Beendigung der Treuhandbeziehung ausgerichtet sei.[611]

Die am mitgliedschaftlichen Modell zur Treugeberstellung orientierte Lösung führt auch für die Fälle der Vereinbarungstreuhand zu einer Anwendung von § 15 Abs. 4 GmbHG auf die Verpflichtung zur Anteilsübertragung bei Beendigung der Treuhandbeziehung. Der Zweck der Erschwerung eines Anteilshandels nimmt hier auf die Vervollständigung der während des Bestehens der Treuhand lediglich subsidiären Gesellschafterstellung des Treugebers Bezug. Die Vorzüge dieses Ansatzes zeigen sich nicht zuletzt darin, für Übertragungs- Erwerbs- und Vereinbarungstreuhand zu übereinstimmenden Ergebnissen zu gelangen. Das steht in Einklang mit dem Ausgangspunkt, die treuhänderische Bindung rechtstechnisch von den durchzuführenden Übertragungsakten, mithin von den unterschiedlichen Entstehungsarten, weitgehend zu trennen.

E. GmbH in der Entstehung (Rechtsprechung)

Der BGH hatte in seinem Urteil vom 19.4.1999 einen Fall zu entscheiden, der sich im Umfeld der Gründung einer GmbH abspielte.[612] Eine derartige Konstellation stellt schon deshalb eine Besonderheit dar, weil der Zeitpunkt des Abschlusses des Treuhandvertrages je nach Fortschritt der GmbH-Gründung unter Umständen unterschiedliche Lösungen erfordert. Zu denken ist an ein Zustandekommen der Treuhandabrede vor Abschluss und Beurkundung des Gesellschaftsvertrages, nach diesem Zeitpunkt aber vor der Eintragung der GmbH, oder aber nach der Eintragung der GmbH.

Fall 10:

Sachverhalt (*nach BGH, Urt. v. 19.4.1999, II ZR 365/97 = NZG 1999, 656*): A und B gründeten in notarieller Form eine GmbH mit dem Zweck des Betriebs von Kaufhäusern. Zur Finanzierung der Einlageverpflichtung nahm A bei C einen Kredit auf. Zwischen A und C wurde ein privatschriftlicher Treuhandvertrag abgeschlossen, in dem vereinbart wurde, A werde seinen Geschäftsanteil an der GmbH nach Eintragung der GmbH für C als Treuhänder halten. Die Pflichten des Treuhänders (A) umfassten die Herausgabe der auf Grund der Beteiligung erlangten Werte sowie eine Informationspflicht mit korrespondierendem Auskunftsrecht des Treugebers (C). Der Treugeber wurde seinerseits verpflichtet, dem Treuhänder die Mittel zur Erbringung der Einlage zur Verfügung zu stellen. Nach Beendigung des Treuhandverhältnisses sollte der Treuhänder die Beteiligung an der GmbH auf den Treugeber übertragen. Der gewährte Kredit wurde in der Folgezeit durch A teilweise zurückgezahlt. Es kam zu Unstimmigkeiten über die Informationsansprüche des C, in deren Folge A den Treuhandvertrag fristgerecht kündigte. Daraufhin verlangte C von A die Übertragung des Gesellschafts-

---

[611] *Armbrüster*, S. 122.
[612] BGH, Urt. v. 19.4.1999, II ZR 365/97 = NZG 1999, 656.

anteils. A hingegen verweigerte die Übertragung, zahlte jedoch den noch ausstehenden Kredit vollständig zurück. Hierauf kündigte C das Treuhandverhältnis fristlos und klagte auf Übertragung des Gesellschaftsanteils durch A. Der Treuhänder verweigerte dies mit Blick auf das Fehlen einer notariellen Beurkundung des Treuhandvertrages. Der Treuhandvertrag war nach Gründung der GmbH durch den Treuhänder und weitere Gesellschafter und vor der Eintragung der GmbH im Handelsregister schriftlich zwischen A und C abgeschlossen worden. Der Vertrag sah vor, dass der Treuhänder nach Beendigung der Treuhandbeziehung verpflichtet ist, seinen Anteil an der GmbH auf den Treugeber zu übertragen.

Problemstellung: Fraglich ist, ob die im Treuhandvertrag vorgesehene Pflicht des Treuhänders zur Übertragung des GmbH-Anteils auf den Treugeber nach Beendigung der Treuhandbeziehung wirksam ist. In Betracht kommt eine Nichtigkeit der Vereinbarung wegen der in § 15 Abs. 4 GmbHG vorgesehenen Formpflicht. Vereinbarungen, die eine Pflicht eines GmbH-Gesellschafters zur Abtretung eines Geschäftsanteils begründen, bedürfen danach der notariellen Form. Zu berücksichtigen sind insbesondere die unterschiedlichen Entstehungsarten der Treuhand (Übertragung, Vereinbarung, Erwerb).

Will man die einzelnen Fälle einer Treuhandvereinbarung in der Gründungsphase nach der Entstehungsart kategorisieren, wird man den Fall einer Treuhandbegründung nach Eintragung der GmbH der Vereinbarungstreuhand zuordnen müssen. Der Abschluss des Treuhandvertrages vor der Beurkundung des Gesellschaftsvertrages ist hingegen als Fall der (originären) Erwerbstreuhand einzustufen.[613] Schwierigkeiten bereitet mithin lediglich die Variante der Vereinbarung der Treuhand zwischen notarieller Beurkundung des Gesellschaftsvertrages und Eintragung der GmbH. Der BGH will auf eine derartige Treuhandvereinbarung § 15 Abs. 3 und 4 GmbHG anwenden.[614] Der Zweck der Vorschrift gebiete eine Erstreckung auch auf die künftig entstehende GmbH, wenn der Treuhandvertrag während der Gründungsphase abgeschlossen werde. Anders sehe es bei einer Treuhandabrede vor Eintragung des Gesellschaftsvertrages aus, da es dort an einem bereits existenten oder in die Wege geleiteten Gesellschaftsanteil als Bezugspunkt fehle.[615]

Der BGH meinte, der Abschluss des Treuhandvertrages über § 685, 667 BGB bringe in den Fällen einer Erwerbstreuhand zugleich die aufschiebend durch die Beendigung der Treuhandbeziehung bedingte Pflicht zur Übertragung des Gesellschaftsanteils zur Entstehung. Anders als das Berufungsgericht befürwortete der BGH jedoch, § 15 Abs. 4 GmbHG grundsätzlich auch auf Verpflichtungen, die sich aus dem Gesetz ergeben, anzuwenden. Ausschlaggebend könne allein sein, ob Sinn und Zweck der Norm eine Anwendung auch auf derartige Geschäfte erforderten.[616] Ziel der Vorschrift des § 15 Abs. 4 GmbHG sei neben der Erleichterung des Beweises der Anteilsinhaberschaft (vgl. auch § 16 GmbHG) vor allem die Erschwerung des freien Handels mit GmbH-Anteilen.

---

[613] Ebenso: *Armbrüster*, S. 122.

[614] BGH, Urt. v. 19.4.1999, II ZR 365/97 = NZG 1999, 656, 657.

[615] BGHZ 19, 69, 70 = NJW 1956, 58; *Lutter/Hommelhoff*, GmbHG, § 15 Rdnr. 44; *Baumbach/Hueck*, GmbHG, § 15 Rdnr. 55; dem BGH folgend: *Schulz*, GmbHR, 2001, 282, 285/286.

[616] BGH, Urt. v. 19.4.1999, II ZR 365/97 = NZG 1999, 656, 656/657.

Dieser Zweck gebiete es, ein Treuhandverhältnis, auf Grund dessen der Treugeber die Übertragung eines GmbH-Anteils auf sich verlangen könne, der Formvorschrift zu unterwerfen. Auch für Treuhandverträge, die in der Gründungsphase der GmbH abgeschlossen würden, müsse § 15 Abs. 4 GmbHG Anwendung finden, sofern die Entstehung der GmbH – hier durch den notariellen Gründungsvertrag – bereits in die Wege geleitet sei.[617]

Der BGH stuft also zunächst die Treuhandvereinbarung in der Entstehungsphase der GmbH als Vereinbarungstreuhand ein, indem er einen in der Entstehung begriffenen Geschäftsanteil als genügend ansieht.[618] Hinsichtlich der Normzwecke der § 15 Abs. 3 und 4 GmbHG verweist er sodann auf die Übertragungspflicht des Treuhänders bei Beendigung der Treuhandbeziehung[619] und auf die Möglichkeit des Treugebers, sich seinerseits gegenüber Dritten treuhänderisch zu binden.[620]

Die Pflicht zur Übertragung des Gesellschaftsanteils auf den Treugeber bei Beendigung der Treuhandbeziehung folgt aus der Vertragsgestaltung im Einzelfall. Sie ist ebenso wie die Möglichkeit des Treugebers, sich selbst treuhänderisch zu binden und auf diesem Wege indirekt Anteilshandel zu betreiben, von der Entstehungsart der Treuhandbeziehung unabhängig. Eine konsequente Fortführung des am Normzweck orientierten Ansatzes des BGH lässt auch die Erwerbstreuhand – in ihrer derivativen Form – als formbedürftig nach § 15 Abs. 4 GmbHG erscheinen.[621] Der Unterschied zur Treuhandabrede vor Abschluss des Gesellschaftsvertrages liegt allein in der Inexistenz eines Gesellschaftsanteiles. Für den Bereich der originären Erwerbstreuhand, bei dem das Entstehen der Gesellschaft noch nicht eingeleitet ist, fehlt es an einem Gesellschaftsanteil als Bezugspunkt von § 15 Abs. 4 GmbHG völlig. Auch die vom BGH angeführten Normzwecke können insoweit nicht greifen.

Der zu entscheidende Fall wurde daher vom BGH zur weiteren Aufklärung des Sachverhalts an das Berufungsgericht zurückverwiesen. Nach Ansicht des BGH wäre eine notarielle Beurkundung des Treuhandvertrages entbehrlich, wenn der Treuhandvertrag bereits vor Einleitung der Entstehung der GmbH – hier also vor der Beurkundung des Gesellschaftsvertrages – abgeschlossen worden wäre. Es fehle dann an einem vorhandenen Geschäftsanteil, auf den sich § 15 Abs. 4 GmbHG beziehen könne. Es sei daher zu untersuchen, ob vor der schriftlichen Niederlegung des Treuhandvertrages und zugleich vor der Beurkundung des Gesellschaftsvertrages eine mündliche Treuhandabrede bestanden habe.[622]

---

617 BGH, Urt. v. 19.4.1999, II ZR 365/97 = NZG 1999, 656, 657.

618 BGH, Urt. v. 19.4.1999, II ZR 365/97 = NZG 1999, 656, 657.; Schulz, GmbHR, 2001, 282, 285/286 meint dagegen offenbar, es liege eine Einordnung als Erwerbstreuhand vor.

619 BGH, Urt. v. 19.4.1999, II ZR 365/97 = NZG 1999, 656: § 6 Nr. 4 des Treuhandvertrages sah eine derartige Übertragungspflicht ausdrücklich vor.

620 BGH, Urt. v. 19.4.1999, II ZR 365/97 = NZG 1999, 656, 657.

621 Vgl. *Schulz*, GmbHR, 2001, 282, 285/286; *Wagner*, NZG 1999, 656, 658; *Armbrüster*, S. 104 und S. 114.

622 BGH, Urt. v. 19.4.1999, II ZR 365/97 = NZG 1999, 656, 657.

III. Einbindung des Treugebers ins gesellschaftsrechtliche Organisationsgefüge

A. Mitberechtigung von Treuhänder und Treugeber

Eine Pflicht zur Beurkundung der Treuhandabrede kommt schließlich unter dem Aspekt der Begründung der Treugeberstellung in Betracht. Zu erwägen ist zunächst eine Beurkundungsbedürftigkeit des Treuhandvertrages nach § 2 Abs. 1 GmbHG. Eine Erstreckung der Beurkundungspflicht der Satzung auch auf den Treuhandvertrag wird unter dem Gesichtspunkt einer Betrachtung als zusammengesetzte Verträge vorgeschlagen.[623] Gelte für einen Vertrag, der mit anderen – an sich nicht formbedürftigen Verträgen – durch einen rechtlichen Zusammenhang zu einem Gesamtvertrag verknüpft werde, eine Formpflicht, unterfalle der gesamte zusammengesetzte Vertrag dem Formgebot.[624] Auch der Treuhandvertrag sei daher, sofern die Parteien einen Willen zur Verknüpfung der Treuhandbeziehung mit der Gesellschaft besäßen, der für den Gesellschaftsvertrag geltenden Beurkundungspflicht zu unterwerfen.[625]

Dem lässt sich nicht entgegenhalten, eine Verknüpfung von Treuhandabrede und Gesellschaftsvertrag sei lediglich als schuldrechtliche Nebenabrede, die einem Gesellschaftsvertrag nicht gleichzustellen sei, einzustufen.[626] Die Treuhandabrede geht durch die Integrierung des Treugebers in den Gesellschaftsverband über eine rein schuldrechtliche Wirkung durchaus hinaus. Ausschlaggebend ist jedoch, dass sich die Schaffung einer Gesellschafterstellung des Treugebers durch das Zusammenwirken von Gesellschafts- und Treuhandbeziehung im Rahmen der Mitberechtigung an einem Gesellschaftsanteil abspielt, sich mithin keine Abweichung von dem durch die Satzung vorgegebenen Gepräge ergibt. Eine Beurkundungspflicht der Treuhandabrede nach § 2 Abs. 1 GmbHG ist demnach abzulehnen.

Stuft man die Stellung des Treugebers als einer Gesellschafterstellung gleichrangig ein, ist eine Anwendung von § 15 Abs. 3 GmbHG in Betracht zu ziehen.[627] Ausführungen hierzu finden sich nur vereinzelt.[628] Im Rahmen eines mitgliedschaftlichen Konzeptes zur Treugeberstellung kann indes kein Zweifel bestehen, dass die Treuhandabrede der Form des § 15 Abs. 3 GmbHG bedarf.

---

[623] *Wilken*, EWiR § 15 GmbHG, 1/99, 703, 704.
[624] Vgl. jeweils bezogen auf Grundstücksverträge: *Staudinger/Wufka*, 13. Aufl. 1994, § 313 BGB, Rdnr. 159, BGH, Urt. v. 6.11.1980, VII ZR 12/80 = BGHZ 78, 346, 349.
[625] *Wilken*, EWiR § 15 GmbHG, 1/99, 703, 704.
[626] In diesem Sinne aber: *Armbrüster*, S. 123.
[627] Vgl. *Breuer*, MittRhNotK 1988, 79, 84, der auf die wirtschaftliche Stellung des Treugebers Bezug nimmt.
[628] *Tebben*, S. 229, diskutiert mit Verweis auf den schuldrechtlichen Charakter der Treuhand eine lediglich analoge Anwendung.

Durch die Vereinbarung der treuhänderischen Bindung des Treuhänders wird der Treugeber als subsidiärer Gesellschafter ins Gesellschaftsgefüge integriert.

B. Einschränkende Auslegung der Formvorschriften

Dem lässt sich nicht eine restriktive Auslegung der §§ 15 Abs. 3 und 4 GmbHG entgegenhalten. *Roth/Thöni* wollen die § 15 Abs. 3 und 4 GmbHG zwar auf die Begründung der Gesellschafterstellung des Treuhänders anwenden, nicht jedoch auf die Schaffung der Treugeberstellung.[629] Der Zweck von § 15 Abs. 3, 4 GmbHG liege in erster Linie in einer Einschränkung der Verkehrsfähigkeit der GmbH-Anteile. Der Schutz der Interessen der Parteien des Veräußerungsgeschäftes und der Gesellschaft werde nur nebenbei verfolgt. [630] Grundlage der Anwendung von § 15 Abs. 3, 4 GmbHG sei eine Parallele zu § 15 Abs. 5 GmbHG. Die Treuhandvereinbarung stünde insofern einer Nießbrauchs- oder Pfandrechtsbestellung gleich, weiche jedoch von der Unterbeteiligung ab. Die Begründung einer Unterbeteiligung sei nämlich grundsätzlich von Formerfordernissen frei.[631] *Roth/Thöni* halten insbesondere die Parallele zu § 15 Abs. 5 GmbHG für widersprüchlich. Anders als bei § 15 Abs. 3 und 4 GmbHG sei im Rahmen von § 15 Abs. 5 GmbHG nicht das öffentliche Ordnungsinteresse, sondern vielmehr der Schutz vor unerwünschtem Dritteinfluss der tragende Grund. Die Abgrenzung erfolge bei § 15 Abs. 5 GmbHG anhand des Eigeninteresses des Hauptbeteiligten.[632] Die „Portionierung" der Interessenlage spiele zwar für die den § 15 Abs. 5 GmbHG tragenden Gesichtspunkte eine Rolle, nicht jedoch für die hinter § 15 Abs. 3 und 4 GmbHG stehenden öffentlichen Ordnungsinteressen. Konsequenz dieser Erkenntnis müsse es eigentlich sein, das Formerfordernis der § 15 Abs. 3 und 4 GmbHG auch auf die Unterbeteiligung anzuwenden. Diese Lösung lehnen *Roth/Thöni* jedoch ab. Das öffentliche Interesse an der durch § 15 Abs. 3 und 4 GmbHG vorgeschriebenen Form sei ohnehin zweifelhaft geworden.[633] In Ermangelung einer gesetzlichen Korrektur bedürfe das Formerfordernis daher der restriktiven Auslegung. § 15 Abs. 3 und 4 GmbHG seien wie für die Einräumung einer Unterbeteiligung auch für die Begründung einer Treugeberstellung unanwendbar.[634]

---

[629] *Roth/Thöni*, FS 100 Jahre GmbH-Gesetz, S. 245, 273 ff.

[630] *Roth/Thöni*, FS 100 Jahre GmbH-Gesetz, S. 245, 273; auch *Tebben*, S. 229 sieht den Schutzzweck von § 15 Abs. 3 GmbHG in der Handelserschwerung.

[631] *Roth/Thöni*, FS 100 Jahre GmbH-Gesetz, S. 245, 274.

[632] *Roth/Thöni*, FS 100 Jahre GmbH-Gesetz, S. 245, 274/275.

[633] *Roth/Thöni*, FS 100 Jahre GmbH-Gesetz, S. 245, 275; anders die h.M.: BGH, Urt. v. 25.9.1996, VIII ZR 172/95 = NJW 1996, 3338, 3339; *Lutter/Hommelhoff*, § 15 GmbHG, Rdnr. 12; *Michalski/Ebbing*, § 15 GmbHG, Rdnr. 55; *Roth/Altmeppen*, § 15 GmbHG, Rdnr. 44; *Scholz/Winter*, § 15 GmbHG, Rdnr. 15

[634] *Roth/Thöni*, FS 100 Jahre GmbH-Gesetz, S. 245, 275.

Die Argumentation von *Roth/Thöni* ist sowohl von ihrem Verständnis des Zwecks der § 15 Abs. 3 und 4 GmbHG als auch von der Bestrebung, die Lösung für die Treuhand in ein auch die Unterbeteiligung umfassendes Gesamtkonzept einzubinden, geprägt. Die Schwäche liegt dabei vor allem in der Orientierung an der Unterbeteiligung. Es erscheint ungereimt, einerseits die Anwendung der Formvorschriften auf die Unterbeteiligung zu befürworten, andererseits eine im Grunde als konsequent erkannte Übertragung dieser Lösung auf die Treuhand aber aus rechtspolitischen Gründen abzulehnen. Ursache dieser Entscheidung ist, dass *Roth/Thöni* den Zweck des § 15 Abs. 3 und 4 GmbHG, den Anteilshandel zu erschweren, für überholt erachten. Den weiteren Zweck des Schutzes der Veräußerer und Erwerber eines Geschäftsanteils akzeptieren sie nicht als allein tragenden Grund der Formpflicht. Erkennt man demgegenüber dem Schutzcharakter von § 15 Abs. 3 und 4 GmbHG zentrale Bedeutung zu, bricht die Argumentation von *Roth/Thöni* zusammen.

C. Differenzierung nach Qualifizierung der Treuhand

Zwischen einfacher (verdeckter) und qualifizierter (offener) Treuhand differenziert *Ulmer*. Bei der qualifizierten Treuhand sei § 15 Abs. 3 und 4 GmbHG auf die Begründung der Treugeberstellung anzuwenden.[635] Die Zulässigkeit schuldrechtlicher, formfreier Nebenabreden ändere daran nichts. Derartige Nebenabreden begründeten zusätzliche Bindungen der Gesellschafter untereinander, die die Mitgliedschaft überlagerten, das GmbH-Recht jedoch grundsätzlich unberührt ließen. Zur Begründung einer qualifizierten (offenen) Treuhand seien diese Nebenabreden ungeeignet.[636] Eine Aufnahme der Treuhandabrede in die notarielle Satzung der GmbH (vgl. auch §§ 8 Abs. 1 Ziff. 1 , 54 Abs. 1 S. 1 GmbHG) sei entbehrlich.[637] Die mit der Eintragung der GmbH bewirkte Verselbstständigung bringe es mit sich, dass die Rechtsverhältnisse an den Anteilen nicht mehr allein der Bestimmung durch die Satzung unterlägen. Die Gesellschaftsanteile würden vielmehr durch zweiseitigen, freilich formbedürftigen Vertrag (§ 15 Abs. 3 GmbHG) übertragbar. Auch für Nießbrauch- und Pfandrechtsbestellung werde eine Satzungsänderung nicht für erforderlich gehalten. Gleiches solle auch für die qualifizierte (offene) Treuhand gelten. Die notarielle Beurkundung der Treuhandabrede ist nach *Ulmer* daher ausreichend.[638] Nach seiner Ansicht bedarf die qualifizierte Treuhand, für die er eine Zustimmung der Mitgesellschafter generell für erforderlich hält, mit Rücksicht auf ihre Funktion, den Treugeber in den Gesellschaftsverband zu integrieren,

---

635 *Ulmer*, FS Odersky, S. 873, 893.

636 *Ulmer*, ZHR 156 (1992), 377, 390; vgl. aber *Schiemann*, FS Zöllner, Band I, S. 503, 508 ff.

637 Anders das genau entgegengesetzte Konzept *Tebbens*, S. 89, 135 ff, der eine statuarische Vereinbarung im Sinne einer satzungsmäßigen Regelung fordert.

638 *Ulmer*, ZHR 156 (1992), 377, 390/391.

jedoch der notariellen Beurkundung nach §§ 53, 54 GmbHG.[639] Eine Eintragung ins Handelsregister könne zwar unterbleiben[640], nach § 16 Abs. 1 GmbHG sei jedoch eine Anmeldung des Treugebers gegenüber der GmbH zur Wirksamkeit der qualifizierten Treuhand erforderlich.[641]

Ausführlich widmet sich *Ulmer* den Problemen, die entstehen, wenn die Treuhandabreden nicht notariell beurkundet werden und daher unwirksam sind. Als problematisch macht er insbesondere den Fall der wirtschaftlichen Einmann-GmbH aus. Diese Konstellation ist dadurch gekennzeichnet, dass alle Anteile einer GmbH wirtschaftlich für einen einzigen Treugeber gehalten werden. Der Treugeber dürfe sich nicht durch Verweis auf das Fehlen einer notariellen Beurkundung seinen Pflichten entziehen, da seine Stellung funktional der einer qualifizierten (offenen) Treuhand gleiche. Der Treugeber müsse hinsichtlich der Pflichten einem Gesellschafter gleichgestellt werden.[642] Allgemein soll nach *Ulmer* eine Anwendung der Grundsätze zur fehlerhaften Gesellschaft verhindern, dass sich der Treugeber den aus der qualifizierten Treuhand resultierenden Pflichten entzieht, sofern die qualifizierte Treuhand gleichwohl vollzogen wurde. Der Treugeber ist demnach gegenüber der Gesellschaft und deren Gläubigern so zu behandeln, als wäre die Treuhand wirksam.[643]

Nach *Armbrüster* bedarf für die qualifizierte Treuhand die Abrede, die dem Treugeber seine unmittelbaren Rechte in der Gesellschaft zuweist, der Form des § 15 Abs. 3 GmbHG. Eine rein schuldrechtliche Nebenabrede würde lediglich die aktuellen Gesellschafter binden, hingegen bei einem Gesellschafterwechsel versagen.[644] Noch weitergehend führt *Tebbens* Ansatz, die Begründung korporativer Rechte für den Treugeber nur im Wege statuarischer Vereinbarungen für zulässig zu halten, zur Anwendung der für eine Änderung des Gesellschaftsvertrages geltenden Formgebote.[645]

---

[639] *Ulmer*, FS Odersky, S. 873, 894.

[640] *Ulmer*, ZHR 156 (1992), 377, 391: Die „offene" Treuhand meine nicht die Offenlegung gegenüber Dritten. Es könne daher unbeantwortet bleiben, ob der Treugeber nach § 40 GmbHG auf der zum Handelsregister einzureichenden Gesellschafterliste aufzuführen sei. Es fehle an einer praktischen Bedeutung der Eintragung, die lediglich durch § 14 HGB sanktioniert werde.

[641] *Ulmer*, FS Odersky, S. 873, 894.

[642] *Ulmer*, ZHR 156 (1992), 377, 391.

[643] *Ulmer*, FS Odersky, S. 873, 895.

[644] *Armbrüster*, S. 108; auch *Ulmer*, ZHR 156 (1992), 377, 391.

[645] *Tebben*, S. 232 ff., fordert in seinem statuarischen Konzept eine Satzungsänderung zur Begründung der Treuhand. Bei der GbR und OHG sei dies formlos möglich, eine Eintragung im Handelsregister scheide aus, weil lediglich das Innenverhältnis der Gesellschaft betroffen sei (S. 232 f.). Für die Treuhand am GmbH-Anteil sei eine förmliche Satzungsänderung unter Einhaltung der Registerpublizität vorzunehmen. Der Schutzzweck der Registerpublizität, die Zuordnung der gesellschaftlichen Rechte ersichtlich zu machen, bewirke, dass die Rechte und Pflichten von Treugeber und Treuhänder aus der eingereichten Satzung erkennbar sein müssten (S. 233 f.).

Einer Differenzierung nach der Qualifizierung der Treuhand stehen mit Blick auf das Formerfordernis des § 15 Abs. 3 GmbHG die gleichen Einwände entgegen wie im Bereich des Zustimmungserfordernisses (§ 15 Abs. 5 GmbHG). Die Unterscheidung nach verdeckter (einfacher) beziehungsweise einvernehmlicher (qualifizierter) Treuhand verkennt, dass nicht allein das Weisungsrecht, sondern schon die Interessenbindung des Treuhänders die für eine gesellschaftsinterne Einflussnahme typische Sachlage schafft. Eine Erstreckung der Formerfordernisse allein im Falle ausdrücklich vereinbarter unmittelbarer Rechte des Treugebers in der Gesellschaft berücksichtigt nicht hinreichend, dass die strukturelle Stellung des Treugebers ihn, auch wenn er nur mittelbare Einwirkungsmacht besitzt, bereits als Gesellschafter ausweist. Die Steigerung der Formerfordernisse auf den einer Satzungsänderung entsprechenden Standard wiederum übersieht die Verselbstständigung des Gesellschaftsanteils, die eine treuhänderische Bindung als „wesensgleiches Minus“ zur vollen Anteilsübertragung ermöglicht, mithin die Erfordernisse einer statuarischen Vereinbarung als entbehrlich erscheinen lässt.

IV. Heilung von Formmängeln

Entbehrt ein Treuhandvertrag der durch § 15 Abs. 4 S. 1 GmbHG vorgeschriebenen Form, so ist dieser Mangel nach § 15 Abs. 4 S. 2 GmbHG heilbar durch den formgerechten Vollzug nach § 15 Abs. 3 GmbHG. Zu beachten sind indes die unterschiedlichen Gesichtspunkte, aus denen sich die Formbedürftigkeit ergibt. Pauschale Verweise auf die Heilungsmöglichkeit vernachlässigen dies häufig.[646] Folgt das Formerfordernis bei Übertragungs- und Erwerbstreuhand lediglich aus der Verpflichtung zur Übertragung beziehungsweise zum Erwerb durch den Treuhänder, heilt der formgerechte Anteilserwerb des Treuhänders den Mangel. Leitet sich das Formgebot demgegenüber aus der Pflicht zur Übertragung des Anteils auf den Treugeber bei Beendigung der Treuhandbeziehung ab, kann der Erwerb durch den Treuhänder keine heilende Wirkung entfalten. Der Formmangel bleibt vielmehr bis zur Beendigung der Treuhandbeziehung und einer in deren Rahmen erfolgenden formgerechten Anteilsübertragung auf den Treugeber bestehen. Allerdings ist zu berücksichtigen, dass die Übertragungspflicht vom Rest der Treuhand getrennt werden kann. Nichtig in Folge des Formmangels ist daher nur die Übertragungspflicht, nicht hingegen die gesamte Treuhandvereinbarung.

[646] So etwa: *Wagner*, NZG 1999, 656, 658.

V. Problem der unzulässigen Treuhand

Werden die für die Treuhandbegründung gegebenenfalls geltenden Anforderungen hinsichtlich Form und Zustimmung der Mitgesellschafter nicht erfüllt, ist die Treuhand unzulässig. Die Mitgesellschafter können im Falle einer verweigerten Zustimmung gegenüber dem Treuhänder auf Unterlassung der Eingehung der treuhänderischen Bindung klagen. Wird ein Treuhandvertrag gleichwohl abgeschlossen, ist er im Verhältnis zur Gesellschaft unwirksam. Der Treugeber kann gegenüber der Gesellschaft keinerlei Rechte geltend machen. Der Treuhänder darf sich in seinem Verhalten in der Gesellschaft nicht an den Weisungen und den Interessen des Treugebers orientieren. Die Folgen sind ähnlich denen einer unzulässigen Stimmbindung. Der Abschluss des Treuhandvertrages trotz verweigerter Zustimmung der Mitgesellschafter stellt überdies einen Verstoß des Treuhänders gegen die ihm obliegende gesellschaftliche Treuepflicht dar. Er ist zum Ersatz eines entstehenden Schadens verpflichtet. Vor allem aber liefert der Treuhandabschluss in diesem Fall einen Grund zum Ausschluss des Treuhänders aus der Gesellschaft.

Des weiteren fragt sich, welche Auswirkungen eine unzulässige Treuhand im Außenverhältnis gegenüber den Gesellschaftsgläubigern hat. Von Bedeutung kann die Treuhandbeziehung insoweit nur sein, als sie trotz ihrer Unzulässigkeit praktiziert wird. Unerheblich ist dabei, ob die Unzulässigkeit gerade auf einer Norm beruht, die den allgemeinen Geschäftsverkehr beziehungsweise die Gesellschaftsgläubiger schützen soll. Bei der unzulässigen Treuhand wird der Treugeber nicht zum subsidiären Gesellschafter, unabhängig von der Schutzrichtung der ausschlaggebenden Regelung. Die passiv einen Treugeber-Gesellschafter treffenden Pflichten, insbesondere hinsichtlich einer gesellschaftsrechtlichen Haftung, sind daher auf ihn an sich nicht anwendbar. Außenstehende Dritte würden jedoch unangemessen benachteiligt, wenn sie im Falle einer praktizierten unzulässigen Treuhand weniger Rechte gegen den Treugeber hätten als im Falle einer zulässigen Treuhand. Die Normen, die eine Einbindung des Treugebers ins Gesellschaftsgefüge verhindern, würden sich letztlich zu Lasten der Drittgläubiger auswirken. Der Treugeber einer unzulässigen Treuhand, der gleichwohl seine Treugeberrechte ausübt, ist daher nach Art eines faktischen Gesellschafters hinsichtlich seiner Passivstellung wie der Treugeber einer zulässigen Treuhand, also als subsidiärer Gesellschafter, zu behandeln.[647]

---

[647] *Ulmer*, FS Odersky S. 873, 895, will für die Fälle einer Nichtigkeit der Treuhand wegen Formverstoßes die Grundsätze zur fehlerhaften Gesellschaft anwenden.

VI. Zusammenfassung

Je nach Gesellschaftsform gelten für die Übertragung eines Gesellschaftsanteils, für die Verpflichtung hierzu und für die korrespondierende Erwerbsverpflichtung Formvorschriften. Von Interesse sind für die Treuhand am Gesellschaftsanteil vor allem die Regelungen der § 15 Abs. 3 und 4 GmbHG. Die unterschiedlichen Anknüpfungspunkte (Übertragung oder Verpflichtung) erfordern eine Betrachtung, die zwischen den einzelnen Elementen der Treuhandvereinbarung differenziert.

Die Formvorschriften sind zunächst auf die Erlangung der Gesellschafterstellung durch den Treuhänder anzuwenden. Darüber hinaus gebietet es die mitgliedschaftliche Stellung auch des Treugebers, die Begründung seiner Stellung, mithin die Vereinbarung der treuhänderischen Bindung im Innenverhältnis, gleichfalls der entsprechenden Form zu unterwerfen.

Formvorschriften, die auf die Verpflichtung zur Veräußerung beziehungsweise zum Erwerb einer Gesellschafterstellung Bezug nehmen (§ 15 Abs. 4 GmbHG), sind auf die Teile des Treuhandvertrages zu beziehen, die im Zusammenhang mit der Entstehung oder Beendigung der Treuhandbeziehung derartige Pflichten begründen. Eine pauschale Lösung verbietet sich hier, da es jeweils auf die Vertragsgestaltung im Einzelfall ankommt. Eine Verpflichtung zur Anteilsübertragung auf den Treugeber am Ende der Treuhandbeziehung ergibt sich nicht zwangsläufig aus der Natur der Treuhandbeziehung. Es kommt auf den Willen der Parteien im Einzelfall an. Besteht eine derartige Übertragungspflicht, ist der Teil der Treuhandabrede, der sie begründet, einer gegebenenfalls bestehenden Formvorschrift unterworfen (§ 15 Abs. 4 GmbHG). Entgegen einer verbreiteten Ansicht lässt sich eine Ausnahme von der Formpflicht des § 15 Abs. 4 GmbHG auch nicht für die Fälle der Übertragungs- oder Erwerbstreuhand annehmen. Der Zweck der Vorschrift, den Anteilshandel zu erschweren, erfasst auch diese Entstehungsarten der Treuhand.

Hinsichtlich der Verpflichtung zum Anteilserwerb bei der Begründung der Treuhand besteht eine Formpflicht in den Fällen der Übertragungstreuhand. Für die Erwerbstreuhand ist zu differenzieren. Ist der Erwerb eines bereits bestehenden Gesellschaftsanteils vorgesehen, ist auch hier § 15 Abs. 4 GmbHG anzuwenden. Soll der Gesellschaftsanteil einer zu gründenden GmbH erworben werden, gilt § 15 Abs. 4 GmbHG nur, wenn die Gründung bereits eingeleitet ist, ein Gesellschaftsanteil also in gewisser Weise schon vorhanden ist. Der Formvorschrift unterworfen ist mithin bereits ein Treuhandvertrag, der nach der notariellen Beurkundung des Gesellschaftsvertrages einer GmbH, aber noch vor der Eintragung der Gesellschaft abgeschlossen wurde.

§ 15 Haftung des Treugebers

Die Haftung des Treugebers bildet einen der zentralen, in der Praxis bedeutsamsten und am meisten umstrittenen Problembereiche der Treuhand am Gesellschaftsanteil. Die Auffassungen schwanken zwischen einer lediglich mittelbaren Haftung des Treugebers und einer umfänglichen haftungsmäßigen Gleichstellung des Treugebers mit einem Gesellschafter. Von besonderem Interesse ist die Bedeutung einer etwaigen Gesellschafterstellung des Treugebers. Wird der Treugeber als gesellschaftsexterner Dritter verstanden, bedarf die Erstreckung einer gesellschaftsrechtlichen Haftung auf ihn gegebenenfalls besonderer Begründung.

I. Überblick

Der Treugeber haftet jedenfalls aus der geschäftsbesorgungsrechtlich geprägten Innenbeziehung gegenüber dem Treuhänder auf Aufwendungsersatz (§§ 675, 670 BGB), mithin mittelbar der Gesellschaft und deren Gläubigern. Problematisch ist in diesem Zusammenhang lediglich, inwieweit der Treugeber Einwendungen aus der Treuhandbeziehung auch gegenüber Gesellschaftsgläubigern, die auf dem mittelbaren Weg gegen ihn vorgehen, entgegensetzen kann. Schon hinsichtlich des Haftungsgrundes ist demgegenüber umstritten, ob der Treugeber auch einer unmittelbaren Haftung einerseits gegenüber der Gesellschaft, andererseits gegenüber den Gesellschaftsgläubigern unterworfen ist. Überwiegend wird insoweit zwischen Personen- und Kapitalgesellschaftsrecht differenziert. So hält die Rechtsprechung eine unmittelbare Haftung des Treugebers im Rahmen der Kapitalaufbringung bei der GmbH zwar für geboten[648], lehnt Entsprechendes für den Bereich der treuhänderischen Beteiligung an Personengesellschaften jedoch ab[649]. Die voneinander abweichenden Haftungs- und Gläubigerschutzsysteme rechtfertigen nach ihrer Auffassung eine unterschiedliche Beurteilung der Haftungsfragen.

In weiten Teilen der Literatur wird die Frage der unmittelbaren Haftung des Treugebers als Problem einer Korrelation zwischen Einwirkungsmacht und Haftung gesehen.[650] Einer mittelbaren Beteiligung des Treugebers entspreche

---

[648] Zur Gründerhaftung bei der GmbH: BGH, Urt. v. 14.12.1959, II ZR 187/57 = BGHZ 31, 258 = WM 1960, 41; zur Kapitalerhaltung in der GmbH: BGH, Urt. v. 13.4.1992, II ZR 225/91 = WM 1992, 1233.

[649] Für den Durchgriff bei einer Publikums-KG: OLG Düsseldorf, Urt. V. 28. 3. 1991, 6 U 163/90 = DB 1991, 1274 (vgl. *Fleck*, EwiR 1991, 801).

[650] Vor allem *Armbrüster*, S. 199 ff. , S. 377 ff. (zur Innenhaftung gegenüber der Gesellschaft), S. 419 ff. (zur Außenhaftung gegenüber Gesellschaftsgläubigern); im Sinne eines Gleichlaufs von Einwirkungsmacht und Haftung auch: *Beuthien*, ZGR 1974. 17, 45; *Kübler*, Gesellschaftsrecht, § 20 II

auch eine mittelbare Haftung.[651] Zusätzlicher Begründung bedarf dann freilich, warum auch die Zuweisung unmittelbarer Rechte in der Gesellschaft an den Treugeber nicht zu einer Durchbrechung der Mittelung und damit zu einer unmittelbaren Haftung des Treugebers führen soll.[652]

Vom hier vertretenen Ansatzpunkt einer mitgliedschaftlichen Stellung des Treugebers ausgehend stellt sich die Problematik aus genau umgekehrter Perspektive. Es bedarf besonderer Rechtfertigung, warum gerade der Treugeber, obgleich er Gesellschafter ist, einer unmittelbaren gesellschaftsrechtlichen Haftung nicht unterliegen soll. Es liegt nahe, diesbezüglich an seine besondere Stellung als subsidiärer Gesellschafter anzuknüpfen und die Haftungsfrage mit Blick auf die Funktion der Treuhandkonstruktion sowie die Interessen der Beteiligten zu entscheiden.

Hier sollen zunächst die einzelnen Auffassungen ausführlicher dargestellt und auf ihre argumentative und wertungsmäßige Überzeugungskraft untersucht werden, bevor anhand der vorgestellten Konzeption zur Stellung von Treugeber und Treuhänder in der Gesellschaft eine eigene Lösung der Haftungsfrage entwickelt wird.

A. Mittelbare Haftung des Treugebers

Weite Teile der Literatur, vor allem *Beuthien*, *Reuter*, *Roth/Thöni* sowie aus der neueren Literatur: *Armbrüster* und *Tebben*, befürworten eine lediglich mittelbare Haftung des Treugebers. Betont wird dabei seine gesellschaftsexterne Stellung.[653] Als Außenstehender soll der Treugeber allenfalls nach Rechtsscheinsgrundsätzen gesellschaftsrechtlich haften. An einem derartigen Schein fehle es indes in Ermangelung eines Auftretens des Treugebers als Gesellschafter im Außenverhältnis.[654] Insbesondere wird von dieser Auffassung zugleich aus dem Fehlen einer Eintragung des Treugebers ins Handelsregister (für das Personengesellschaftsrecht) abgeleitet, dass kein schutzwürdiges Gläubigerinteresse an einer unmittelbaren Haftung bestehen könne.[655] Aufgrund der Verbindung der wirtschaftlichen Gesellschafterstellung des Treugebers mit einer mittelbaren Haftung liege auch kein Auseinanderfallen von Herrschaft und Haftung vor.

3. c), S. 289/290; *Reuter*, ZGR 1978, 633, 641.

[651] *Beuthien*, ZGR 1974. 17, 45.

[652] Für das Personengesellschaftsrecht wird dies angenommen von: *Koller/Roth/Morck/Koller*, § 105 HGB, Rdnr. 20; sympathisierend auch: *Kübler*, § 20 II 3. c), S. 289 f.

[653] *Beuthien*, ZGR 1974, 17, 48; *Tebben*, ZGR 2001, 586, 612 (beide für das Personengesellschaftsrecht); *Ballerstedt*, JZ 1960, 513, 515 (GmbH); *Blaurock*, S. 124 f.; *Markwardt*, S. 75, meint, allein die rechtliche Mitgliedschaft sei maßgeblich.

[654] *Beuthien*, ZGR 1974, 17, 48 (für das Personengesellschaftsrecht).

[655] *Tebben*, ZGR 2001, 586, 612/613.

Vielmehr entspreche der Möglichkeit des Treugebers, mittelbar über den Treuhänder Einfluss auf die Gesellschaft zu nehmen, seine lediglich mittelbare Haftung.[656] Die Treuhandbeziehung „transportiert" danach auch die aus der Beteiligung resultierenden Nachteile an den Treugeber weiter.[657] Damit werde einem etwaigen Zusammenhang zwischen Einfluss und Verantwortlichkeit Rechnung getragen.[658] Die Einräumung unmittelbarer korporativer Rechte an den Treugeber soll daran nichts ändern, da hierin eine Anpassung der Einwirkungsmöglichkeiten an die wirtschaftlichen Verhältnisse zu sehen sei, es liege mithin eine „wünschenswerte Korrektur der formalen Kompetenzordnung vor."[659]

Eine unmittelbare Treugeberhaftung kommt demnach allenfalls unter dem Gesichtspunkt gezielter Gläubigerbenachteiligung nach § 826 BGB in Betracht.[660] Problematisch ist im Zusammenhang der mittelbaren Haftung ein vertraglicher Ausschluss der Haftung des Treugebers im Verhältnis zum Treuhänder. Mit Blick auf die für den Treuhänder unüberschaubaren Haftungsrisiken soll eine derartige Vereinbarung unwirksam sein (§ 138 BGB). Lediglich Einschränkungen des Rückgriffs des Treuhänders könnten im Einzelfall gerechtfertigt sein.[661]

Die Beschränkung auf eine mittelbare Treugeberhaftung betont allzu formal die Position des Treugebers als außenstehender Dritter. Losgelöst von der Frage nach einer Einbindung des Treugebers ins Gesellschaftsgefüge sind die wertungsmäßigen Hintergründe ausschlaggebend für eine Erstreckung der unmittelbaren Haftung auch auf den Treugeber. Zentrale Bedeutung nimmt – wie ganz überwiegend erkannt wird – der Zusammenhang zwischen Einwirkungsmacht und Haftung ein.[662] Es erscheint fraglich, ob die recht plakative These, einer mittelbaren Einflussnahme entspreche auch eine mittelbare Haftung, haltbar ist. Auch die allgemein für zulässig gehaltene Zuweisung unmittelbarer Mitwirkungsrechte an den Treugeber sollte bedenklich stimmen. Gewiss wird dadurch die formale Kompetenzordnung an die wirtschaftlichen Verhältnisse angepasst. Umgekehrt muss man sich dann aber auch fragen, ob die besondere Position des Treugebers, die diese Anpassung möglich erscheinen lässt, nicht auch eine Anpassung der Haftungsordnung an die bereits ohne unmittelbare Einwirkungsrechte bestehende wirtschaftliche Lage erforderlich macht.

---

[656] *Beuthien*, ZGR 1974, 17, 48 (für das Personengesellschaftsrecht).
[657] Vgl. *Reuter*, ZGR 1978, 633, 641.
[658] *Reuter*, ZGR 1978, 633, 640/641.
[659] *Reuter*, ZGR 1978, 633, 641.
[660] *Beuthien*, ZGR 1974, 17, 48 (für das Personengesellschaftsrecht).
[661] *Beuthien*, ZGR 1974, 17, 49 (für das Personengesellschaftsrecht).
[662] Zu diesem Zusammenhang ausführlich unten: II.A., S. 265 ff.

Allgemein anerkannt ist eine unmittelbare Haftung des Treugebers lediglich für die kapitalgesellschaftsrechtliche Gründerhaftung des § 9a Abs. 4 GmbHG (auch § 46 Abs. 5 AktG). Selbst wer ansonsten einer gesellschaftsrechtlichen Haftung des Treugebers ablehnend gegenübersteht[663], befürwortet hier eine Anwendung auf den Treugeber. § 9a Abs. 4 GmbHG liegt die Absicht zugrunde, die Personen, die ein wirtschaftliches Interesse an der GmbH-Gründung besitzen, auch in die haftungsgemäße Gründungsverantwortung einzubeziehen. Treuhänder und Treugeber haben also im Rahmen der Gründerhaftung gesamthänderisch einzustehen.[664]

B. Differenzierende Lösungen

Zwischen der gänzlichen Ablehnung einer unmittelbaren Haftung des Treugebers und einer zumindest haftungsmäßigen Gleichstellung mit einem Gesellschafter finden sich einige Ansätze, die eine differenzierte Lösung vertreten. Zum einen wird hinsichtlich einiger Haftungsnormen eine Erstreckung auch auf den Treugeber anerkannt, selbst wenn dieser grundsätzlich keiner unmittelbaren Haftung unterliegen soll, zum anderen werden nach Art der Gesellschaft, deren konkreter Ausgestaltung oder dem Gewicht der „mittelbaren" Beteiligung abgestufte Lösungen vorgeschlagen. Dabei sind innerhalb der Differenzierung zwischen Personen- und Kapitalgesellschaftsrecht wiederum die Gesichtspunkte einer Haftungserstreckung und eines Einwendungsausschlusses zu unterscheiden.

1. Unterscheidung zwischen Kapital- und Personengesellschaftsrecht

Eine für Personen- und Kapitalgesellschaftsrecht grundlegend unterscheidende Lösung vertritt vor allem die Rechtsprechung. Teils findet dieser Ansatz in der Literatur Zustimmung[665], teils wird ihm mit heftiger Ablehnung begegnet.[666]

---

[663] *Armbrüster*, S. 386/387 für die Kapitalaufbringung bei der GmbH; S. 394/395 für die Kapitalerhaltung bei der GmbH; nach der Sachlage differenzierend auch *Roth/Thöni*, FS 100 Jahre GmbH-Gesetz, S. 245, 266/267..

[664] *Armbrüster*, S. 382/383.

[665] *K. Schmidt,* Gesellschaftsrecht, § 61 III 3. b), S. 1830 ff.; MünchKomm/*K. Schmidt*, Vor § 230 HGB, Rdnr. 60, etwa lehnt ebenfalls für das Personengesellschaftsrecht eine unmittelbare Haftung des Treugebers im Außenverhältnis ab, befürwortet aber im GmbH-Recht eine unmittelbare Haftung gegenüber der Gesellschaft - eingeschränkt auf die Fälle, in denen dem Treugeber ein Weisungsrecht gegenüber dem Treuhänder zusteht. Zudem soll der Treugeber nur subsidiär bei Nichtdurchsetzbarkeit der Treuhänderhaftung haften.

[666] Ablehnend, vor allem in Bezug auf die dogmatische Begründung, etwa *Ulmer*, ZHR 156 (1992), 377.

a. Kapitalgesellschaftsrecht

Im Bereich des Kapitalgesellschaftsrechts hatte sich der BGH mit Fällen sowohl der Kapitalaufbringung[667] als auch der Kapitalerhaltung[668] zu befassen. Der BGH ist der Auffassung, der Treugeber sei zwar nicht selbst formell Gesellschafter, seine wirtschaftliche Position rechtfertige jedoch eine Anwendung der Haftungsvorschriften des Kapitalaufbringungs- und Erhaltungssystems auch auf ihn.[669] Entscheidende Gesichtspunkte für die Gleichstellung des wirtschaftlichen Gesellschafters seien insbesondere das Schutzinteresse der GmbH und ihrer Gläubiger sowie der Zweck der §§ 30, 31 GmbHG, die Erhaltung des Stammkapitals der GmbH zu sichern. [670] Eine Haftung des Treugebers aus § 826 BGB oder auf dem Wege einer Pfändung der Ersatzansprüche des Treuhänders gegen seinen Treugeber seien unzureichend. Beim Weg über den Zugriff auf Ansprüche des Treuhänders gegen den Treugeber drohten den Gesellschaftsgläubigern zum einen Risiken aus eventuellen Einwendungen des Treugebers gegen den Treuhänder, zum anderen bestehe jedenfalls eine Verdoppelung der Prozesse und Zwangsvollstreckungen.[671] Weitere Anhaltspunkte für eine Haftungserstreckung auf den Treugeber ergeben sich dem BGH zufolge aus dem Grundgedanken von § 46 Abs. 5 AktG (früher § 39 Abs. 5 AktG), der auch für das GmbH-Recht Gültigkeit beanspruche.[672] Zudem träfen auch die Vorteile der gesetzlichen Haftungsbeschränkung der GmbH den Treugeber, so dass es angebracht sei, ihn auch den Nachteilen zu unterwerfen.[673] Der Treugeber sei zudem näher als die Gläubiger daran, die aus der Einschaltung des Treuhänders resultierenden Risiken zu tragen. [674]

Die Entscheidung der Rechtsprechung für eine unmittelbare Haftung des Treugebers im Bereich des Kapitalgesellschaftsrechts basiert letztlich auf dem Bestreben, einen effektiven und umfassenden Gläubigerschutz zu gewährleisten. Den Gesellschaftsgläubigern sollen aus der Einschaltung eines Treuhänders keine Nachteile erwachsen. Unglücklich erscheint jedoch die rechtstechnische Anknüpfung der Treugeberhaftung an eine Parallele zu § 46 Abs. 5 AktG.[675]

---

[667] BGH, Urt. v. 14.12.1959, II ZR 187/57 = BGHZ 31, 258 = WM 1960, 41.

[668] BGH, Urt. v. 13.4.1992, II ZR 225/91 = WM 1992, 1233.

[669] BGH, Urt. v. 14.12.1959, II ZR 187/57 = BGHZ 31, 258 = WM 1960, 41; BGH, Urt. v. 13.4.1992, II ZR 225/91 = WM 1992, 1233, 1235; Rechtsprechung, die den Treugeber bei der Strohmanngründung hinsichtlich der Haftung pauschal einem Gesellschafter gleichstellt: BGH, Urt. v. 3. 11. 1976, I ZR 156/74 = WM 1977, 73, 75; OLG Hamburg, Urt. v. 27.4.1984, 11 U 29/84 = BB 1984, 1253, 1253 f.; Kritik aus der Literatur hieran: *Pleyer*, GmbHR 1963, 206 ff., *Ballerstedt*, JZ 1960, 513 ff..

[670] BGH, Urt. v. 14.12.1959, II ZR 187/57 = BGHZ 31, 258 = WM 1960, 41.

[671] BGH, Urt. v. 13.4.1992, II ZR 225/91 = WM 1992, 1233, 1234.

[672] BGH, Urt. v. 14.12.1959, II ZR 187/57 = BGHZ 31, 258 = WM 1960, 41, 44.

[673] BGH, Urt. v. 14.12.1959, II ZR 187/57 = BGHZ 31, 258 = WM 1960, 41, 43.

[674] BGH, Urt. v. 13.4.1992, II ZR 225/91 = WM 1992, 1233, 1235.

[675] *Ulmer*, ZHR 156 (1992), 377, 381 ff. meint, der BGH werte die Entwicklung der Gesetzgebung fehlerhaft. In Anbetracht der Einfügung des § 9a Abs. 4 GmbHG sei eine dem § 46 Abs. 4 AktG, der in Verbindung mit § 46 Abs. 5 GmbHG eine Haftung des Hintermannes für die Zahlungsunfähigkeit

Vorzugswürdig gegenüber dem Verweis auf die wirtschaftliche Stellung des Treugebers sowie die Zusammengehörigkeit von Vor- und Nachteilen in der Person des Treugebers ist eine Betrachtung, die der strukturellen Stellung des Treugebers auch konstruktiv in Form einer Einbindung in die Gesellschaft Rechnung trägt. Man wechselt auf diesem Wege aus dem Bereich der Analogie, in dem der BGH sich – ohne es ausdrücklich auszusprechen – letztlich bewegt, ins Feld der unmittelbaren Anwendung der gesellschaftsrechtlichen Haftungsnormen.

b. Personengesellschaftsrecht

Für das Personengesellschaftsrecht hat das OLG Düsseldorf eine unmittelbare Haftung des Treugebers abgelehnt.[676] Die Unterschiede hinsichtlich der Sicherung der Gesellschaftsgläubiger zwischen Kapital- und Gesellschaftsrecht rechtfertigten eine vom Kapitalgesellschaftsrecht abweichende Lösung der Haftungsproblematik. Im Personengesellschaftsrecht stehe die persönliche Haftung der Gesellschafter im Mittelpunkt. Im Kapitalgesellschaftsrecht werde der Schutz der Gesellschaftsgläubiger dagegen durch die Sicherung einer Haftsumme gewährleistet. Für das Personengesellschaftsrecht müsse es genügen, wenn die eingetragenen Gesellschafter persönlich hafteten. Dem Treugeber ist nach Ansicht des OLG Düsseldorf allerdings eine Aufrechnung mit Schadensersatz- und Prospekthaftungsansprüchen im Rahmen der mittelbaren Haftung gegenüber den Gesellschaftsgläubigern versagt. Für den entschiedenen Fall einer Publikums-KG erscheine es angemessen, den Treugeber auf diesem Wege die aus der Einschaltung des Treuhänders resultierenden Risiken tragen zu lassen.

Die von der Lösung des BGH im Kapitalgesellschaftsrecht abweichende Entscheidung für das Personengesellschaftsrecht widerspricht der Absicht der Rechtsprechung, einen umfassenden Gläubigerschutz zu gewährleisten. Es leuchtet nicht ein, warum die unterschiedlichen Haftungssysteme zugleich eine unterschiedliche Handhabung der Treugeberhaftung bewirken sollten. Im

---

des vorgeschobenen Gesellschafters vorsieht, entsprechende Regelung im GmbHG bewusst unterlassen worden. Für eine Analogie, die der BGH vornehme, sei damit wegen des Fehlens einer planwidrigen Regelungslücke kein Raum.

[676] OLG Düsseldorf, Urt. V. 28.3.1991, 6 U 163/90 = DB 1991, 1274 (vgl. *Fleck*, EwiR 1991, 801). An einer BGH-Entscheidung fehlt es in diesem Bereich soweit ersichtlich bislang. BGH, Urt. V. 21. 3. 1983, II ZR 113/82 = WM 1983, 651, 651 f. betrifft ausschließlich das Spezialproblem der Eintretendenhaftung nach § 176 Abs. 2 HGB. Die Frage einer unmittelbaren oder mittelbaren Treugeberhaftung im Personengesellschaftsrecht erfährt hier keine Lösung. Der Treuhänder hatte im zu entscheidenden Fall nach Beendigung der Treuhandbeziehung den treuhänderisch gehaltenen Kommanditanteil auf den Treugeber übertragen. Dieser wurde aber nicht gleich als Kommanditist im Handelsregister eingetragen.

Personengesellschaftsrecht ist der Treugeber ebenso wie im Kapitalgesellschaftsrecht wirtschaftlicher Gesellschafter. Zwar fehlt es im Personengesellschaftsrecht an einer § 46 Abs. 5 AktG entsprechenden Analogiebasis. Das dürfte indes eher die Bedenken gegen eine derartige Analogie schon für die GmbH stützen, als die unmittelbare Haftung des Treugebers im Personengesellschaftsrecht in Frage zu stellen. Die Rechtsprechung muss sich letztlich vorwerfen lassen, inkonsequent zu verfahren. Der Eindruck wird noch dadurch verstärkt, dass im Personengesellschaftsrecht trotz des Verweises auf das vom Kapitalgesellschaftsrecht abweichende Haftungssystem eine mittelbare Haftung des Treugebers nicht unmodifiziert angenommen wird. Denn die vom OLG Düsseldorf befürwortete Aufrechnungssperre zu Lasten des Treugebers nähert die Treugeberhaftung doch wiederum einer unmittelbaren Verpflichtung an.

2. Einwendungssauschluss

Auch *Armbrüster* stellt ein differenziertes Lösungsmodell vor, das – wenn auch auf anderer Ebene als die Rechtsprechung – zwischen Personen- und Kapitalgesellschaftsrecht unterscheidet. Er lehnt dabei eine unmittelbare Haftung des Treugebers für beide Bereiche weitgehend ab (Ausnahmen: § 46 Abs. 5 S. 1 AktG, § 9a Abs. 4 GmbHG).

a. Kapitalgesellschaftsrecht

Armbrüster stuft den Treugeber als Nichtgesellschafter ein. Die Annahme einer unmittelbaren gesellschaftsrechtlichen Haftung des Treugebers stelle daher einen Eingriff in die Relativität des gesellschaftsrechtlichen Zusammenschlusses dar.[677] Zudem lasse sich eine gesellschaftliche Haftung eines Außenstehenden auch nicht auf einen Zusammenhang zwischen Einwirkungsmacht und Haftung stützen. Eine derartige Korrelation bestehe überhaupt nicht (im Kapitalgesellschaftsrecht) oder unterliege doch zumindest der Dispositionsbefugnis der Gesellschafter (im Personengesellschaftsrecht).[678]

Freilich kommt auch *Armbrüster* nicht völlig ohne Modifizierung der mittelbaren Treugeberhaftung aus. Mit Rücksicht auf die Interessen der Drittgläubiger befürwortet er für den Bereich des Kapitalgesellschaftsrechts einen Einwendungs- und Aufrechnungsausschluss. Diesen stützt er auf die aus dem Treuhandverhältnis folgende spezifische Verbundenheit des Treugebers mit der

---

[677] *Armbrüster*, vgl. S. 378.
[678] *Armbrüster*, vgl. S. 378, allgemein: S. 199 ff., 209 ff.

Gesellschaft, die den Treugeber von anderen Außenstehenden abhebe.[679] Der § 46 Abs. 5 S. 1 AktG sowie § 9a Abs. 4 GmbHG zugrunde liegende Gedanke trage einen derartigen Einwendungsausschluss. Der Treugeber soll dem Dritten, der aus dem abgetretenen Anspruch des Treuhänders gegen ihn vorgeht, insoweit keine gegenüber dem Treuhänder bestehenden Einwendungen entgegenhalten können, als diese nicht den Bestand des Treuhandverhältnisses betreffen. [680] Auch die in Zusammenhang mit der Haftung bei verdeckten Sacheinlagen in einer GmbH auftauchenden Probleme glaubt *Armbrüster* auf dem Weg einer lediglich mittelbaren Treugeberhaftung in Kombination mit einer Einwendungssperre bewältigen zu können. [681]

Die Befürwortung eines Einwendungsausschlusses an Stelle einer gesellschaftsrechtlichen unmittelbaren Haftung des Treugebers wird maßgeblich von der Grundüberlegung beeinflusst, der Treugeber könne als Nichtgesellschafter einer gesellschaftsrechtlichen Haftung im Grundsatz nicht unterliegen.[682] Gegen eine unmittelbare Haftung des Treugebers spricht nach *Armbrüster* auch, dass der Treuhänder sich regelmäßig leichter gegen Ansprüche der Gesellschaftsgläubiger verteidigen könne, während der Treugeber sich zunächst die hierzu erforderlichen Informationen beschaffen müsse.[683] Demgegenüber sei die Belastung des Treugebers mit dem Insolvenzrisiko des Treuhänders, die der Einwendungsverzicht – ebenso wie eine unmittelbare Treugeberhaftung – bewirke, angemessen, da der Treugeber sich den Treuhänder selbst ausgesucht habe.[684] Allein aus der gesteigerten Umständlichkeit einer doppelten Pfändung rechtfertige sich ein unmittelbarer Anspruch gegen den Treugeber nicht.[685]

Die Sichtweise des Treugebers als außenstehender Dritter bildet die Basis für *Armbrüsters* Haftungskonzept. Der Vorwurf, eine unmittelbare Haftung würde einen Eingriff in die Relativität der Gesellschaftsbeziehung darstellen, entfällt, wenn man den Treugeber demgegenüber als Gesellschafter auffasst. Die dogmatisch-konstruktive Basis zur Durchbrechung der Relativität der Rechtsbeziehungen zwischen den Gesellschaftern einerseits und Treugeber und Treuhänder andererseits lässt sich dabei in der Verselbstständigung des Gesellschaftsanteils, die eine Verknüpfung mit der Treuhandbeziehung ermöglicht, sehen. In Widerspruch zu seiner strikten Ablehnung einer Gesellschafterposition des Treugebers setzt *Armbrüster* sich letztlich selbst, indem er für eine Einwendungssperre zu Lasten des Treugebers den gesellschaftsspezifischen Bezug der Stellung des Treugebers ins Feld führt. Auf diesem Umweg

---

[679] *Armbrüster*, S. 381; 386/387 für die Kapitalaufbringung bei der GmbH; entsprechend für die AG: S. 411 ff.; vgl. zum Aufrechnungsausschluss auch: *Ballerstedt*, JZ 1960, 513, 516.
[680] *Armbrüster*, S. 381; vgl. zu § 46 Abs. 5 S. 1 AktG auch S. 379.
[681] *Armbrüster*, S. 388 ff.
[682] *Armbrüster*, S. 381.
[683] *Armbrüster*, S. 381.
[684] *Armbrüster*, S. 395 für die Kapitalerhaltung bei der GmbH.
[685] *Armbrüster*, S. 395, 400 für die Kapitalerhaltung bei der GmbH.

wird genau auf die strukturelle Position Bezug genommen, die nach dem mitgliedschaftlichen Konzept die Einbindung des Treugebers ins Gesellschaftsgefüge bewirkt.

Ein weiteres zentrales Argument gegen eine unmittelbare Treugeberhaftung ist die Ablehnung eines Zusammenhangs zwischen Einwirkungsmacht und Haftung. Damit ist der zentrale Gerechtigkeitsgesichtspunkt angesprochen, der sowohl für eine Erstreckung der Gesellschafterhaftung auf einen Außenstehenden als auch für einen Haftungsausschluss zu Gunsten eines Gesellschaftsmitglieds ausschlaggebend ist.

b. Personengesellschaftsrecht

Anders entscheidet *Armbrüster* für das Personengesellschaftsrecht.[686] Zwar sei auch dort eine unmittelbare Haftung des Treugebers – in Betracht kommt anders als im Kapitalgesellschaftsrecht eine Außenhaftung – abzulehnen.[687] Eine solche Haftung des Treugebers lasse sich insbesondere nicht auf eine Korrelation zwischen Einwirkungsmacht beziehungsweise wirtschaftlichem Interesse und Haftung stützen.[688] Die Gesellschaftsgläubiger blieben vielmehr auf den mittelbaren Zugriff auf den Treugeber beschränkt.[689] Im übrigen seien die allgemeinen Regeln, etwa zur Vertrauenshaftung, anwendbar.[690] Im Personengesellschaftsrecht sei überdies ein Einwendungsausschluss des Treugebers anders als im Kapitalgesellschaftsrecht nicht zu rechtfertigen. Grund sei das vom Kapitalgesellschaftsrecht abweichende Haftungssystem des Personengesellschaftsrechts. Im Personengesellschaftsrecht stehe der Aspekt des Vertrauens in die persönliche Haftung der nach außen auftretenden Gesellschafter im Mittelpunkt. Ein gesetzlicher Kapitalerhaltungsgrundsatz wie im Kapitalgesellschaftsrecht existiere hingegen nicht. Den Gläubigern stehe das Gesellschaftsvermögen vielmehr nur im jeweils vorhandenen Umfang zur Verfügung.[691] Eine Verantwortlichkeit der Hintermänner, die im Kapitalgesellschaftsrecht den Einwendungsausschluss rechtfertigen soll, sieht *Armbrüster* im Personengesellschaftsrecht nicht. Insbesondere für die Fälle einer vom Treugeber bereits an den Treuhänder gezahlten Einlage bei der Publikums-KG[692] sowie einer Haftung nach § 172 Abs. 4 HGB wegen einer Einlagenrückgewähr[693] zeigten sich die Vorteile dieser Ansicht.

686 *Armbrüster*, S. 421.
687 *Armbrüster*, S. 420 ff.
688 *Armbrüster*, S. 420/421, 423, 199 ff.
689 *Armbrüster*, S. 421.
690 *Armbrüster*, S. 422.
691 *Armbrüster*, S. 421.
692 *Armbrüster*, S. 422/423.
693 *Armbrüster*, S. 423 ff.

Ähnlich wie die Rechtsprechung vertritt auch *Armbrüster* für Kapital- und Personengesellschaftsrecht unterschiedliche Lösungen zur Haftung des Treugebers. Anders als die Rechtsprechung befürwortet er im Kapitalgesellschaftsrecht jedoch lediglich einen Einwendungsausschluss, im Personengesellschaftsrecht eine sogar hiervon freie mittelbare Haftung. *Armbrüster* setzt sich damit dem Vorwurf aus, den gesellschaftsspezifischen Bezug der Treugeberstellung, der noch im Kapitalgesellschaftsrecht die Begründung für den Einwendungsverzicht lieferte, im Personengesellschaftsrecht nicht hinreichend zu berücksichtigen.

3. Unterscheidung nach Gewicht der Beteiligung

Für das GmbH-Recht differenzieren *Roth/Thöni* nach Anspruchsgrundlagen. Für einzelne Tatbestände kommt demnach eine Haftung des Treugebers direkt gegenüber der Gesellschaft nach § 9a Abs. 4 GmbHG in Betracht.[694] Schwieriger gestalte sich die Lage hinsichtlich der §§ 30, 31, 24 GmbHG. Grundsätzlich lehnen *Roth/Thöni* eine unmittelbare Haftung des Treugebers gegenüber der Gesellschaft ab, da es an einem direkten gesellschaftsrechtlichen Verhältnis zur GmbH fehle. Eine unmittelbare Haftung bedürfe eines besonderen Grundes (so etwa der Deliktshaftung).[695] Als Ausweg wird für den Fall, dass die mittelbare Treugeberhaftung als unzureichend anzusehen sei, vorgeschlagen, einen unmittelbaren Anspruch je nach dem Gewicht, das der mittelbaren Beteiligung wirtschaftlich zukommt, anzunehmen. Der Treugeber müsste also eine dominierende Rolle in der Gesellschaft spielen, um einer gesellschaftsrechtlichen Haftung unterworfen zu werden. Hat dagegen der einzelne Treugeber, wie regelmäßig bei Publikums-Anlagegesellschaften, einen nur geringfügigen wirtschaftlichen Anteil, spricht diese Herangehensweise dafür, es bei der mittelbaren Haftung zu belassen.[696] Im Rahmen der Haftung für zurückgewährte, kapitalersetzende Darlehen ist nach *Roth/Thöni* § 32 a Abs. 3 GmbHG auf den Treugeber anzuwenden. Für die Haftung des Treugebers in diesem Zusammenhang sei maßgebend, ob den Treugeber als Außenstehenden eine Finanzierungsverantwortung treffe. Eine solche Stellung könne sich aus einer unternehmerischen Funktion des Treugebers in der Gesellschaft ergeben. Entscheidende Gesichtspunkte sind die sich aus dem Innenverhältnis zwischen Treuhänder und Treugeber ergebenden Weisungsbindungen sowie das Ausmaß des wirtschaftlichen Interesses des Treugebers.[697]

---

[694] *Roth/Thöni*, FS 100 Jahre GmbH-Gesetz, S. 245, 266/267.
[695] *Roth/Thöni*, FS 100 Jahre GmbH-Gesetz, S. 245, 267.
[696] Vgl. *Roth/Thöni*, FS 100 Jahre GmbH-Gesetz, S. 245, 270.
[697] *Roth/Thöni*, FS 100 Jahre GmbH-Gesetz, S. 245, 271.

Ein auch nur einigermaßen sicheres Abgrenzungskriterium zur Ermittlung einer unmittelbaren Treugeberhaftung lässt sich auf dem von *Roth/Thöni* eingeschlagenen Weg nicht finden. Die Entscheidung je nach wirtschaftlich dominanter oder untergeordneter Rolle des Treugebers hat zwar den Vorzug, flexible Lösungen zu ermöglichen. Man wird damit der besonderen Position des Treugebers, die von seiner konkreten Einwirkungsmacht unabhängig ist, jedoch nicht gerecht. Stellt man wie *Roth/Thöni* nicht auf die alle Treuhandkonstruktionen verbindende strukturelle Stellung des Treugebers ab, verliert man den Ansatzpunkt für eine übergreifende Lösung, die die Treuhand nicht als beliebigen Außeneinfluss einstuft, aus dem Blick.

4. Subsidiarität der Treugeberhaftung/normzweckorientierte Lösung

Eine unmittelbare Haftung des Treugebers ergibt sich nach *Henssler* für die Fälle einer Treuhandbegründung mit Zustimmung aller Gesellschafter aus der schuldrechtlichen Erweiterung der gesellschaftsvertraglichen Beziehungen. Hier erhalte „das vom Treuhänder gehaltene Mitgliedschaftsrecht einen verbandsexternen Drittbezug". Mitgliedschaftliche Rechte könnten auf diesem Wege dem Treugeber nach Art einer Doppelzuständigkeit gemeinsam mit dem Treuhänder zugewiesen werden. Aus dem hierbei entstehenden obligatorischen Verhältnis zwischen Treugeber und Gesellschaft ergäben sich neben den Rechten auch Pflichten des Treugebers.[698] Das Bestehen einer unmittelbaren Einstandspflicht soll dabei von der Erwartungshaltung der Mitgesellschafter abhängig sein.[699] Gingen diese in Zusammenhang mit ihrer Zustimmung zur Treuhand erkennbar davon aus, „daß der Treugeber für die finanziellen Lasten aus der Mitgliedschaft einstehen will", sei unter dem Gesichtspunkt des „Gleichklangs von Chance und Risiko" eine Haftung des Treugebers geboten.[700]

Auf das Kapitalgesellschaftsrecht beschränkt bieten sich als weitere Ansatzpunkte für eine unmittelbare Treugeberhaftung gegenüber der Gesellschaft gemäß *Henssler* die Kapitalaufbringungsvorschriften (§§ 9a, 19, 24 GmbHG) sowie die Kapitalerhaltungsvorschriften (§§ 30, 31 sowie 32a, 32b GmbHG) an.[701] Er tritt hier für einen teleologisch orientierten Lösungsansatz ein. Die Finanzierungsverantwortung des Treugebers folgt danach nicht zwangsläufig aus dem Vorschieben des Treuhänders oder dem Vorbehalten gesellschaftlicher Rechte und Vorteile für den Hintermann. *Henssler* versteht die Haftung des Treugebers im GmbH-Recht vielmehr als Problem der Reichweite der gläubigerschützenden Haftungsnormen, mithin des Gläubigerschutzprinzips. „Die

[698] *Henssler*, AcP 196 (1996), 37, 81.
[699] *Henssler*, AcP 196 (1996), 37, 81/82.
[700] *Henssler*, AcP 196 (1996), 37, 82.
[701] *Henssler*, AcP 196 (1996), 37, 82.

treuhandtypische Aufspaltung der Gesellschafterstellung in eine rechtliche und eine wirtschaftliche ist keiner einheitlichen, sondern nur einer streng normzweckorientierten Lösung zugänglich."[702] Eine Erstreckung der Ausfallhaftung des § 24 GmbHG auf den Treugeber kommt demnach nur in Betracht, wenn die mittelbare Gewährleistung der Kapitalaufbringung über die §§ 669, 670 BGB versagt.[703] Die Kapitalerhaltungsvorschriften der §§ 30, 31 GmbHG sollen auf den Treugeber (entgegen dem BGH) nur anzuwenden sein, wenn der Treugeber durch die Ausübung seiner Einflussmöglichkeiten in der Gesellschaft eine Auszahlung an sich selbst veranlasst hat.[704]

Die Besonderheit von *Hensslers* Lösungsvorschlag liegt in der Berücksichtigung der Perspektive der Mitgesellschafter gegenüber der Treuhand. Zugleich resultiert hieraus jedoch auch seine Schwäche. Setzt man die unmittelbare gesellschaftsrechtliche Haftung des Treugebers in Abhängigkeit zur Erwartungshaltung der Mitgesellschafter, wird man dem Gesichtspunkt der – auch im Personengesellschaftsrecht bestehenden – Haftungsverantwortung, der maßgeblicher Grund der Haftung ist, nicht gerecht. Die Haftungsverantwortung besteht zuvorderst im Interesse der Gesellschaftsgläubiger. Die Sichtweise *Hensslers* lässt sich allenfalls rechtfertigen, wenn man die Treugeberhaftung als nicht zwingende, in der Dispositionsbefugnis der Gesellschafter stehende Haftung auffasst. Auf den ersten Blick scheint das mit der Herleitung aus einer den Gesellschaftsvertrag erweiternden schuldrechtlichen Vereinbarung (dem Treuhandvertrag) vereinbar. Nimmt man die aus der schuldrechtlichen Ausdehnung folgende Konsequenz einer Einbindung des Treugebers in das Gesellschaftsgefüge ernst, muss indes auch eine Haftungsverantwortung des Treugebers als Verbandsmitglied angenommen werden.
Auch die weiteren von *Henssler* vorgetragenen Argumente sprechen eher für eine Haftung des Treugebers, unabhängig von der Erwartungshaltung der Mitgesellschafter. Insbesondere der Gleichklang von Chance und Risiko ist von der Einstellung der Mitgesellschafter unabhängig, ebenso im Kapitalgesellschaftsrecht die Reichweite gläubigerschützender Haftungsnormen.

C. Unmittelbare Haftung des Treugebers

Eine unmittelbare Haftung des Treugebers vertreten vor allem *Schiemann* und *Ulmer*.[705] Beide nehmen in diesem Zusammenhang zugleich auch eine

---

[702] *Henssler*, AcP 196 (1996), 37, 82.
[703] *Henssler*, AcP 196 (1996), 37, 82; vgl. auch *Ehlke*, DB 1985, 795, 799 ff., der das Problem in erster Linie in der Geheimhaltung der Treuhandabrede gegenüber den Gesellschaftsgläubigern sieht und die Lösung daher in einer Offenlegungspflicht diesen gegenüber sucht.
[704] *Henssler*, AcP 196 (1996), 37, 83.
[705] *Schiemann*, FS *Zöllner*, S. 503 509 ff; *Staub/Ulmer*, § 105 HGB, Rdnr. 102; *Ulmer*, FS Odersky S. 873, 891 ff., 894 ff.; *ders.*, ZHR 156 (1992), 377, 386 ff.; vgl. auch *Koller/Roth/Morck/Koller*, § 105

gesellschaftsinterne Stellung des Treugebers an. *Köhl* glaubt demgegenüber, losgelöst von einer Gesellschafterstellung eine unmittelbare Haftung zumindest für das GmbH-Recht begründen zu können. Eine weitgehende unmittelbare Haftung des Treugebers als Nichtgesellschafter nimmt auch *Canaris*, gestützt auf den Rechtsgedanken des § 46 Abs. 5 AktG (vgl. heute auch § 9a Abs. 4 S. 1 GmbHG), an.

1. Vertrag mit Schutzwirkung zu Gunsten Dritter

Eine unmittelbare Haftung des Treugebers ohne Gesellschafterposition befürwortet (für das GmbH-Recht) *Köhl*. Seine Auffassung beruht auf der Einstufung der Treuhandbeziehung als Vertrag mit Schutzwirkung zu Gunsten Dritter.[706] Bei der Treuhand am Gesellschaftsanteil sei die Gesellschaft als Dritte zu verstehen, deren Schutz dem Treuhänder obliege. Ein Näheverhältnis zwischen Gesellschaft und Treuhand sei ebenso gegeben wie die Erkennbarkeit des Schutzinteresses für den Treugeber.[707] Eine Parallele sieht *Köhl* zu der Ausdehnung der aus dem Anstellungsvertrag mit der GmbH abzuleitenden Haftung des Geschäftsführers einer Komplementär-GmbH einer Publikums-KG auch gegenüber der KG.[708]

Das Institut des Vertrags mit Schutzwirkung zugunsten Dritter dient der Ausdehnung vertraglicher Schutzpflichten und der daraus gegebenenfalls resultierenden Schadensersatzansprüche auf nicht am Vertrag beteiligte Personen.[709] Aus dieser Zielrichtung ergibt sich entgegen *Köhl* zugleich die Unanwendbarkeit auf die Gesellschafterhaftung bei der Treuhand am Gesellschaftsanteil. Mit Blick auf das für einen Ersatzanspruch aus einem Vertrag mit Schutzwirkung zugunsten Dritter typische Verschuldenselement ist eine Anwendung allenfalls auf das Kapitalgesellschaftsrecht zu erwägen. Während die Gesellschafterhaftung im Personengesellschaftsrecht ohne ein Verschuldenselement auskommt, könnte man im Kapitalgesellschaftsrecht ein solches in einem Verstoß gegen die Finanzierungsverantwortung erblicken. Entscheidend ist jedoch, dass es sich um Schutzpflichten handeln muss, die in Zusammenhang mit einer Leistungspflicht stehen. Der Dritte bedarf dann der Erstreckung der

HGB Rdnr. 20, unter der Einschränkung, dass dem Treugeber auch Verwaltungsrechte in der Gesellschaft zustehen müssen; für eine unmittelbare Einlagenhaftung des Treugebers bei der Publikums-KG auch *Zacher*, DStR 1996, 1813, 1817 f.: mit einer Parallele zu §§ 30, 31 GmbHG argumentierend; kritisch zu *Ulmers* Lösung: *Armbrüster*, S. 399 ff.

[706] *Köhl*, GmbHR 1998, 119, 122/125.

[707] *Köhl*, GmbHR 1998, 119, 122.

[708] Vgl. hierzu BGH, Urt. v. 12.11.1979, II ZR 174/77 = DB 1980, 295, 295.

[709] Allgemein zum Vertrag mit Schutzwirkung zugunsten Dritter: *Larenz*, Schuldrecht Band I, § 17 II, S. 224 ff.; *Staudinger/Jagman*, Vorbem. zu §§ 328 ff. BGB, Rdnr. 93 ff.; MünchKomm/*Gottwald*, § 328 BGB, Rdnr. 78 ff.

Schutzpflichten auch auf ihn, weil er mit der Leistung in Kontakt kommt.[710] Ein derartiger Zusammenhang fehlt bei der Treuhand am Gesellschaftsanteil. Die Leistungspflicht des Treugebers gegenüber dem Treuhänder beschränkt sich auf die Entgeltszahlung und die Erstattung der Aufwendungen. In Verbindung damit entstehen keine Schutzpflichten, in welche die Gesellschaft einbezogen werden könnte. Schließlich scheitert die Anwendung der Grundsätze zum Vertrag mit Schutzwirkung zugunsten Dritter auch daran, dass ein Schutzbedürfnis des Dritten erforderlich ist. Ein solches entfällt, wenn der Dritte bereits eigene Ersatzansprüche besitzt.[711] Der Gesellschaft stehen aber Ansprüche gegen den Treuhänder als Gesellschafter zu, über die zudem auf mittelbarem Weg auch auf den Treugeber zugegriffen werden kann. Die Voraussetzungen für eine Annahme eines Vertrages mit Schutzwirkung zugunsten Dritter sind daher nicht gegeben.

2. Strohmannhaftung – Anlehnung an den Rechtsgedanken von § 46 Abs. 5 AktG

Auch *Canaris* lehnt eine Gesellschafterstellung des Treugebers ab, gelangt aber gleichwohl für weite Teile des Gesellschaftsrechts zu einer unmittelbaren gesellschaftsrechtlichen Haftung. Ausgangspunkt seiner Überlegungen ist eine Ausweitung des § 46 Abs. 5 AktG zugrunde liegenden Rechtsgedankens.[712] Dieser Vorschrift soll über ihren unmittelbaren Anwendungsbereich hinaus die Aussage zu entnehmen sein, dass derjenige, der einen „Strohmann" als Gesellschafter vorschiebe, gleich einem Gesellschafter zu haften habe. So seien die Haftungsnormen der § 31 GmbHG und 62 AktG auf den Treugeber als Hintermann zu erstrecken.[713] Entsprechendes gelte für die Kommanditistenhaftung nach § 172 Abs. 4 HGB. Die Stellung des Kommanditisten ähnele insofern der eines Gesellschafters einer Kapitalgesellschaft, als auch der Kommanditist nicht unbeschränkt persönlich hafte, und dieser Haftungsprivilegierung bestimmte Pflichten korrespondierten. Es müsse Hintermännern im Bereich der Kommanditgesellschaft verwehrt werden, von den Haftungsprivilegierungen zu profitieren, sich den entsprechenden Pflichten aber durch die Einschaltung eines Strohmannes zu entziehen. Auch hier trage der Gedanke des § 46 Abs. 5 AktG daher eine Erstreckung der Haftung (aus § 172 Abs. 4 HGB) auf den Treugeber.[714]

---

[710] *Larenz*, Schuldrecht, Band I, § 17 II, S. 224 ff., 227; *Staudinger/Jagman*, Vorbem. zu §§ 328 ff. BGB, Rdnr. 94, 104; MünchKomm/*Gottwald*, § 328 BGB, Rdnr. 87.

[711] *Staudinger/Jagman*, Vorbem. zu §§ 328 ff. BGB, Rdnr. 108; MünchKomm/*Gottwald*, § 328 BGB, Rdnr. 92.

[712] *Canaris*, FS Fischer, S. 31, 40.

[713] *Canaris*, FS Fischer, S. 31, 40.

[714] *Canaris*, FS Fischer, S. 31, 58.

Canaris Terminologie der Haftung eines „Hintermannes“ für einen „Strohmann“ begrenzt die Tragweite seiner Ausführungen von vornherein auf die Fälle einer Treuhand, in denen gerade der Zweck verfolgt wird, den Treuhänder zum Zwecke der Verbergung oder Umgehung vorzuschieben. Die Fälle einer reinen Verwaltungstreuhand sind offenbar nicht einbezogen. Bedenklich erscheint vor allem die Herleitung eines allumfassenden Grundsatzes aus § 46 Abs. 5 AktG. Schließlich fehlt es bei zahlreichen ähnlichen Haftungsnormen gerade an einer entsprechenden Haftungserstreckung. Zudem sprengt die Übertragung in den Bereich des Personengesellschaftsrechts für die Kommanditistenhaftung den Rahmen einer Analogie. Die funktionale Nähe zwischen Gesellschaftern einer Kapitalgesellschaft und Kommanditisten ändert nichts an der rechtstechnisch unterschiedlich ausgestalteten Haftung. Die Haftungsprivilegierung in einer Kapitalgesellschaft basiert auf dem dort herrschenden System der Kapitalaufbringung und -erhaltung. Die Privilegierung des Kommanditisten erklärt sich demgegenüber aus der durch seine Eintragung eingeschränkten Haftungserwartung des Rechtsverkehrs.

3. Rechtsschein aus der Verbindung gesellschaftsrechtlicher und schuldrechtlicher Elemente

Schiemann geht für den Bereich des Personengesellschaftsrechts davon aus, die Verbindung gesellschaftsrechtlicher und schuldrechtlicher Elemente erzeuge einen Rechtsschein, der es rechtfertige, den Treugeber in Haftungsfragen wie einen Gesellschafter zu behandeln.[715] Die Bedeutung auch des schuldrechtlichen Elementes ergebe sich aus der grundsätzlichen Anerkennung schuldrechtlicher Nebenabreden zwischen den Gesellschaftern. Aus dieser Entwicklung, wie auch aus den vielfältigen Erscheinungen konzernrechtlicher Verpflichtungen leitet *Schiemann* ab, eine strikte Trennung gesellschaftsrechtlicher und schuldrechtlicher Elemente sei unangemessen.[716] Er zielt dabei auf den Bereich der Publikumspersonengesellschaften ab, bei denen er den Treugeber in ein umfassendes Organisationsverhältnis integriert sieht, aus dem er sodann ein unmittelbares Informationsrecht der Treugeber in der Gesellschaft ableitet.[717] Die entscheidende Überlegung zur Erstreckung der gesellschaftlichen Pflichten, insbesondere der Haftung, auf den Treugeber ist neben dem Schutz der Gläubiger der Aspekt der Verknüpfung der Rechte und Pflichten. Nach *Schiemann* gibt die Rechtsordnung „neben dem guten auch den bösen Tropfen“. Würden den Treugebern Rechte eines Gesellschafters gewährt, träfen sie auch Gesellschafterpflichten.[718] Mit Blick auf eine alternative mittelbare Haftung des Treugebers weist

[715] *Schiemann*, FS Zöllner, S. 503, 511.
[716] *Schiemann*, FS Zöllner, S. 503, 509/510.
[717] *Schiemann*, FS Zöllner, S. 503, 510/511.
[718] *Schiemann*, FS Zöllner, S. 503, 511.

Schiemann auf die Schwierigkeiten hin, die aus der Abhängigkeit des Aufwendungsersatzanspruchs des Treuhänders vom Innenverhältnis der Treuhand resultieren. So kann die Einlage bereits an den Treuhänder erbracht worden sein, zudem bestehen unter Umständen Aufrechnungsmöglichkeit oder Zurückbehaltungsrechte des Treugebers gegenüber dem Anspruch aus § 670 BGB. Nach §§ 404, 412 BGB wirken diese grundsätzlich auch gegenüber dem Drittgläubiger.[719]

Schiemanns Sichtweise einer Verknüpfung schuldrechtlicher und gesellschaftsrechtlicher Elemente und des dadurch erzeugten Rechtsscheins legt die Annahme einer umfassenden unmittelbaren Haftung des Treugebers nahe. Eine wertungsmäßige Rechtfertigung liefert sie nur bedingt. Der Verweis auf die aus einem mittelbaren Zugriff resultierenden Risiken geht in die zutreffende Richtung. Irritierend erscheint der pauschale Verweis auf einen Zusammenhang von Rechten und Pflichten. Die Formulierung *Schiemanns* scheint hier eher eine Differenzierung zwischen einfacher und qualifizierter Treuhand nahe zu legen.

4. Unterscheidung nach Qualifizierung der Treuhand

Ulmer unterscheidet für das Personen- und das Kapitalgesellschaftsrecht zwischen „einfacher" (verdeckter) und „qualifizierter" (offener) Treuhand.[720] Während bei der einfachen Treuhand allein der Treuhänder Gesellschaftsmitglied ist, bestehen bei der qualifizierten Treuhand Rechtsbeziehungen zwischen dem Treugeber und der Gesellschaft. Durch die Zustimmung der Mitgesellschafter zur Treuhandkonstruktion wird der Treugeber in den Gesellschaftsverband integriert.[721]

a. Einfache (verdeckte) Treuhand

Bei der einfachen Treuhand hat es mit der unmittelbaren Haftung des Treuhänders grundsätzlich sein Bewenden.[722] Eine unmittelbare Haftung auch des Treugebers kann sich im GmbH-Recht aus dem Vorliegen besonderer Haftungsgründe ergeben, so etwa in §§ 9a Abs. 4 GmbHG für die Kapitalaufbringung und 32 a Abs. 3 GmbHG für die Kapitalerhaltung oder in den allgemeinen

[719] *Schiemann*, FS Zöllner, S. 503, 511/512.
[720] Für das Personengesellschaftsrecht: *Staub/Ulmer*, § 105 HGB, Rdnr. 106; für die GmbH: *Ulmer*, FS Odersky S. 873, 888 f.; ZHR 156 (1992), 377, 388 .
[721] Für das Personengesellschaftsrecht: *Staub/Ulmer*, § 105 HGB, Rdnr.106; für die GmbH: ZHR 156 (1992), 377, 388.
[722] Für das Personengesellschaftsrecht: *Staub/Ulmer*, § 105 HGB, Rdnr. 102/103; für die GmbH: *Ulmer*, FS Odersky S. 873, 889, 891; ZHR 156 (1992), 377, 388 .

Durchgriffslehren.[723] § 9a Abs. 4 sei jedoch als Sondervorschrift für deliktsähnliche Ansprüche nicht geeignet, auf dem Wege einer Analogie eine allgemeine Haftung des Treugebers für die Kapitalaufbringung zu begründen.[724] Im Rahmen der Kapitalerhaltung kommt gemäß *Ulmer* daneben eine unmittelbare Haftung des Treugebers gegenüber der Gesellschaft wegen der Erstattung verbotener Rückzahlungen bei der einfachen Treuhand nur in Betracht, soweit die GmbH die Leistungen gerade wegen der besonderen Nähe des Treugebers zur Gesellschaft erbracht habe. Eine Haftung scheide jedoch bei einer bloßen Weisung des Treuhänders an die Gesellschaft ohne Kenntnis der Treugeberstellung oder bei einer Weiterleitung über den Treuhänder aus.[725]

b. Qualifizierte (offene) Treuhand

Grundlegend anders gestaltet sich, *Ulmer* zufolge, die Haftung des Treugebers im Bereich der qualifizierten Treuhand. Der Treugeber könne dort im Personengesellschaftsrecht neben dem Treuhänder als Gesellschafter hervortreten. Er sei gegebenenfalls im Handelsregister als Gesellschafter einzutragen[726] und unterliege der Haftung der §§ 128, 171 HGB.[727] Bei der qualifizierten Treuhand ergebe sich für die GmbH aus der Doppelzuständigkeit von Treugeber und Treuhänder die Möglichkeit, die Mitgliedschaftsrechte im Grundsatz frei aufzuteilen.[728] Eine derartige Einbeziehung des Treugebers in den Gesellschaftsverband habe jedoch zwingend auch die Erstreckung der entsprechenden mitgliedschaftlichen Pflichten auf ihn zur Folge.[729] Im Rahmen der Kapitalaufbringung und -erhaltung haben demnach Treugeber und Treuhänder als Gesamtschuldner einzustehen. Sowohl § 32a Abs. 3 GmbHG als auch die von der Rechtsprechung zu eigenkapitalersetzenden Darlehen nach § 31 GmbHG entwickelten Grundsätze sollen auf den Treugeber angewendet werden.[730]

Der Treugeber kann sich nach *Ulmer* auch nicht seiner gesellschaftsrechtlichen Haftung entziehen, wenn die Vereinbarung der qualifizierten Treuhand wegen Formverstoßes nichtig sein sollte. Dann seien jedenfalls die Grundsätze zur fehlerhaften Gesellschaft anzuwenden, wenn eine Vollziehung der qualifizierten Befugnisse gleichwohl erfolgt sei. Der Treugeber wäre also haftungsmäßig zu behandeln, als ob die qualifizierte Treuhand wirksam wäre.[731] Besondere

---

[723] *Ulmer*, FS Odersky S. 873, 889, 891.
[724] *Ulmer*, FS Odersky S. 873, 889, 892.
[725] *Ulmer*, FS Odersky S. 873, 891 f.
[726] *Staub/Ulmer*, § 106 HGB, Rdnr. 17.
[727] *Staub/Ulmer*, § 105 HGB, Rdnr. 102.
[728] *Ulmer*, FS Odersky S. 873, 889/890; ZHR 156 (1992), 377, 388 f.
[729] *Ulmer*, FS Odersky S. 873, 890; ZHR 156 (1992), 377, 390.
[730] *Ulmer*, FS Odersky S. 873, 894.
[731] *Ulmer*, FS Odersky S. 873, 895.

Beachtung schenkt *Ulmer* der Sonderform der wirtschaftlichen Einmann-GmbH, die sich dadurch auszeichnet, dass sämtliche Anteile an der GmbH für einen einzigen Treugeber gehalten werden. Auch hier dürfe der Treugeber sich nicht durch einen Verweis auf etwaige Formmängel seiner gesellschaftsrechtlichen Pflichten, insbesondere der Haftung, entziehen. Die funktionale Gleichstellung der wirtschaftlichen Einmann-GmbH rechtfertige in jedem Fall die Behandlung des Treugebers wie bei einer offenen Treuhand.[732]

Das Haftungskonzept *Ulmers* leidet unter der Differenzierung zwischen verdeckter (einfacher) und offener (qualifizierter) Treuhand. Es vermag nicht zu überzeugen, den Treugeber lediglich bei einer offenen Treuhand gesellschaftsrechtlich haften zu lassen. Das Interesse der Gesellschaftsgläubiger an einem umfassenden und effektiven Haftungssystem besteht im Falle einer verdeckten Treuhand gleichermaßen. Zwar nimmt *Ulmer* für die verdeckte Treuhand an, ein Weisungsrecht des Treugebers gegenüber dem Treuhänder könne nicht vereinbart werden. Das ändert jedoch nichts daran, dass zumindest eine Interessenbindung des Treuhänders gleichwohl besteht. Genau besehen muss der von *Ulmer* befürwortete Zusammenhang zwischen Rechten und Pflichten schon mit Blick auf die Interessenbindung des Treuhänders zu einer Haftungserstreckung auch auf den Treugeber führen. Denn auch die bloße Interessenbindung stellt, da sie im Konfliktfall durchsetzbar sein muss, ein Einwirkungsrecht des Treugebers dar. Der ausdrücklichen Weisungsbindung bedarf es hierzu nicht. Der strukturellen Stellung des Treugebers wird *Ulmers* differenziertes Konzept daher auch unter Haftungsgesichtspunkten nicht gerecht.

D. Zwischenergebnis

Während die mittelbare Haftung des Treugebers über die Pfändung des Aufwendungsersatzanspruchs des Treuhänders im Grundsatz unumstritten ist, erstreckt sich das Meinungsbild bezüglich einer unmittelbaren Treugeberhaftung zwischen einer völligen Ablehnung und der umfassenden Gleichstellung mit einem Gesellschafter (teilweise in Abhängigkeit von der Qualifizierung der Treuhand). Die Haftungsregelung in § 46 Abs. 5 S. 1 AktG und § 9a Abs. 4 GmbHG stellt dabei aufgrund ihres Wortlauts insofern eine Besonderheit dar, als die Anwendung auch auf den Treugeber allgemein anerkannt ist. Im übrigen befürwortet die Rechtsprechung allein für das Kapitalgesellschaftsrecht eine Haftungserstreckung auf den Treugeber. Für das Personengesellschaftsrecht nimmt die Rechtsprechung einen Einwendungsausschluss zulasten des Treugebers an. In der Literatur wird bei völliger Ablehnung einer unmittelbaren Haftung teils ein Einwendungsausschluss auf das Kapitalgesellschaftsrecht

[732] *Ulmer*, ZHR 156 (1992), 377, 391.

begrenzt. Teils wird je nach Gewicht der Beteiligung eine unmittelbare Haftung gefordert.

II. Treugeber als Gesellschafter

In Anbetracht der nahezu unüberschaubaren Fülle an Lösungsvorschlägen zur unmittelbaren Haftung des Treugebers bedarf es einer Besinnung auf die dem gesellschaftsrechtlichen Haftungssystem zugrunde liegenden Wertungsgesichtspunkte. Die Besonderheiten von Personen- und Kapitalgesellschaftsrecht sind dabei zu beachten. Zugleich bietet sich im Interesse eines übergreifenden Lösungsansatzes eine Suche nach Gemeinsamkeiten an. Im Zentrum jeder gesellschaftsrechtlichen Haftung steht der Gesellschafterbegriff als Anknüpfungspunkt für die Haftungserstreckung. Sieht man den Treugeber als Nichtgesellschafter, müssen Sinn und Zweck des Haftungssystems die Erstreckung der gesellschaftsrechtlichen Haftung auf einen Außenstehenden rechtfertigen. Doch auch bei einer Einstufung des Treugebers als Gesellschafter ist eine funktionale Rechtfertigung der Gesellschafterhaftung unentbehrlich. Fehlte es an einer wertungsmäßigen Basis der Haftung, wäre für den Treugeber eine Ausnahme vom gesellschaftsrechtlichen Haftungssystem geboten.

A. Zusammenhang zwischen Einwirkungsmacht und Haftung

In Betracht kommt, einen Zusammenhang zwischen Einwirkungsmacht und Haftung als Grund der unmittelbaren Haftung eines Gesellschafters anzusehen.[733] Die Suche nach einem Zusammenhang zwischen Einwirkungsmacht und Haftung kann einerseits innerhalb der einzelnen Gesellschaftstypen ansetzen, muss andererseits aber auch das Gesamtbild der gesellschaftsrechtlichen Gestaltungsformen berücksichtigen.

---

[733] Ausführlich: *Armbrüster*, S. 378 f.; *Tebben*, S. 158 ff.; *Wiedemann*, Gesellschaftsrecht, Band I, 1980, S. 534 ff.; gegen einen Gleichlauf von Herrschaft und Haftung: BGH, Urt. V. 17.3.1966, II ZR 282/63 = BGHZ 45, 204, 206 hält den Gleichlauf von Herrschaft und Haftung mit Bezug auf einen Kommanditisten, der wirtschaftlich die Herrschaft in der Gesellschaft erlangt, jedenfalls nicht für ein zwingendes Prinzip; für einen Gleichlauf von Herrschaft und Haftung: *Reuter*, ZGR 1978, 633, 640: meint, dass der Gleichlauf von Herrschaft und Haftung „unerläßlich ist, damit die Gesellschaft am Privatrechtsverkehr beteiligt werden kann."; *Wiesner*, FS P. Ulmer, S. 673, 677 f. tritt zwar für ein Leitbild des Gleichlaufs von Herrschaft und Haftung ein, hält aber umfassende Abweichungen für möglich; allgemein für eine Zusammenhang von Herrschaft und Haftung: *Müller-Erzbach*, LZ 27 (1933), 145 ff.; *ders.* AcP 154 (1955), S. 299, 344 ff.

1. Personengesellschaftsrecht

Im Personengesellschaftsrecht ist ein völliger Ausschluss der Haftung eines Gesellschafters im Außenverhältnis nicht möglich. Anders als im Kapitalgesellschaftsrecht liegt im Personengesellschaftsrecht der Schluss auf eine Korrelation zwischen Einwirkungsmacht und Haftung daher nahe. Die Unabdingbarkeit der persönlichen Haftung eines Gesellschafters spricht für einen durchgängigen Zusammenhang von Gesellschafterstellung und Verpflichtung im Außenverhältnis. Zweifel entstehen allerdings bei Betrachtung der KG und der reinen Innengesellschaften. Bei der KG fehlt es für die Kommanditisten gerade an einer uneingeschränkten Einstandspflicht, bei der stillen Gesellschaft fehlt sie im Außenverhältnis gar völlig. Während Gesellschafter einer GbR, wie auch einer OHG und die Komplementäre einer KG mit ihrem Vermögen unbeschränkt und unbeschränkbar haften, unterliegt die Haftung der Kommanditisten in der KG Einschränkungen. Die Kommanditisten haften nach außen nur im Umfang der eingetragenen Haftsumme beziehungsweise des in sonstiger Weise publik gemachten Haftungsumfangs. Begrenzt ist diese Haftung durch die Erbringung der Einlageleistung. Wurde die Einlage vollständig geleistet und auch nicht durch die Gesellschaft zurückerstattet, ist der Kommanditist von einer Haftung frei. Die Kommanditistenstellung beinhaltet freilich lediglich begrenzte Einwirkungsmöglichkeiten auf die Gesellschaft, zudem fehlt es nicht an jeglicher Haftung. Die stille Gesellschaft stellt als Innengesellschaft ohnehin einen Sonderfall dar. Die gesetzliche Regelung der §§ 230 ff. HGB gestaltet sie als Form der Beteiligung an einem Handelsgewerbe. Damit ist der Zweck der Gesellschaft – der Betrieb des Handelsgewerbes – vorgegeben. Einwirkungsmöglichkeiten des stillen Gesellschafters sind im gesetzlichen Musterfall nicht gegeben. Die Mitwirkungsrechte beschränken sich auf die Kontrollrechte des § 233 HGB. Für die Ermittlung einer gesetzlich vorgesehenen Korrelation zwischen Einwirkungsmacht und Haftung ist die Regelung der stillen Gesellschaft folglich unergiebig.

2. Kapitalgesellschaften

Im Kapitalgesellschaftsrecht fehlt es zwar im strengen Sinne an einer persönlichen Haftung der Gesellschafter für die Gesellschaftsverbindlichkeiten. Gleichwohl ist mit den Regelungen zur Kapitalaufbringung und -erhaltung eine Verantwortlichkeit der Gesellschafter für die Haftungsfähigkeit der Gesellschaft statuiert.

Von vornherein zu kurz greift es daher, einen Zusammenhang zwischen Einfluss und Haftung mit Blick auf die Kapitalgesellschaften generell abzulehnen. Das

Fehlen einer persönlichen Haftung wird dort ersetzt durch ein alternatives Modell der Verantwortlichkeit. Die Haftungsgewähr der Gesellschaftsgläubiger funktioniert hier nicht über die persönliche Inanspruchnahme und das Vertrauen in die Liquidität der Gesellschafter, sondern auf dem Wege der Sicherung der Erfüllungsfähigkeit der Gesellschaft. Die besondere Verantwortung der Gesellschafter offenbart sich nicht in einer persönlichen Haftung im Außenverhältnis, sie zeigt sich vielmehr in der Inpflichtnahme für die gehörige Kapitalausstattung der Gesellschaft. Im Kapitalgesellschaftsrecht geht entgegen dem ersten Eindruck mit der mitgliedschaftlichen Stellung und der damit verbundenen Einwirkungsmacht eine Verantwortlichkeit der Gesellschafter einher.

3. Analyse

Die Analyse der einzelnen Gesellschaftstypen zeigt, dass ein strikter Zusammenhang zwischen Einwirkungsmacht und Haftung im Sinne eines stets parallel laufenden Umfangs nicht existiert.[734] Die gesellschaftsrechtliche Gestaltungsfreiheit eröffnet den Beteiligten vielmehr die Möglichkeit, die Einwirkungsmacht bei gleichbleibender gesellschaftsrechtlicher Haftung zu variieren. Es entsteht ein flexibles Gefüge, das sich an den je nach Gesellschaftstyp vorgegebenen Leitlinien zu orientieren hat. Gleichwohl lässt sich eine Eigenschaft ausmachen, die sämtliche Gesellschaftstypen (Außengesellschaften) verbindet.[735] Stets unterliegen die in kooperativer Form miteinander durch Gesellschaftsvertrag oder Satzung verbundenen Personen einer Verantwortung für die Erfüllung von Drittforderungen gegen die Gesellschaft. Teils äußert sich diese Verantwortung in einer primären persönlichen Haftung, teils in einer Kapitalaufbringungs- und Finanzierungsverantwortung. Wie auch immer die Ausgestaltung dieser Gesellschafter-Verantwortung durch die jeweilige Gesellschaftsform modifiziert wird, sie kann nicht völlig beseitigt werden. Eine Abschwächung der Verantwortung der Gesellschafter für die Haftung der Gesellschaft wird nur in besonderen Gesellschaftsformen gesetzlich ausdrücklich vorgesehen, so für die Gesellschafter einer Kapitalgesellschaft, die keiner persönlichen Haftung unterliegen, und für die KG, bei der die Kommanditisten nur beschränkt persönlich haften. Indes zeigt sich gerade an diesen gesetzlichen Regelungen, dass eine Erleichterung der Haftungsverantwortung besonderer Mechanismen zur Sicherung der Gesellschaftsgläubiger bedarf, die nur vom Gesetzgeber vorgegeben werden können. Es liegt damit nicht im Rahmen der Gestaltungsfreiheit der Gesellschafter, über die gesetzlichen Vorgaben hinaus

---

[734] *Tebben*, S. 158.

[735] Für funktionale Parallelen zwischen kapitalgesellschaftsrechtlicher Kapitalaufbringung und Kapitalerhaltung einerseits und personengesellschaftsrechtlicher persönlicher Haftung der Gesellschafter andererseits: *Wiesner*, FS P. Ulmer, S. 673, 676; *Vgl. auch: Wiedemann*, Gesellschaftsrecht, Band I, 1980, S. 534 ff.; *Wiesner*, ZHR 148 (1984), 56, 59 ff.

einzelne Gesellschafter von ihrer Haftungsverantwortung mit Wirkung nach außen zu befreien (Ausnahme allerdings teilweise die BGB-Gesellschaft). Wer an einem System kooperativen Zusammenwirkens in Gesellschaftsform beteiligt ist, unterliegt mithin stets der jener Gesellschaftsform entsprechenden Haftungsverantwortung.

Ein Zusammenhang zwischen Einwirkungsmacht und Haftung lässt sich durch einige Überlegungen zur Funktion der Haftung stützen. Hauptzweck der Haftung ist es, die Gläubigeransprüche durch die Möglichkeit, die Gesellschafter persönlich in Anspruch zu nehmen, abzusichern. Hierzu wäre jedoch nicht zwingend die Inanspruchnahme der Personen mit Einwirkungsmacht erforderlich. Hinzu tritt indes die Funktion der Haftung, eine verantwortliche Führung der Gesellschaft zu gewährleisten.[736] Das liegt sowohl im Interesse der Mitgesellschafter als auch der Gesellschaftsgläubiger, da die Fähigkeit der Gesellschaft zur Erfüllung der Ansprüche Außenstehender maßgeblich von einer verantwortungsvollen, erfolgsorientierten Geschäftsführung abhängig ist, und die Gesellschafter selbst über ihre Beteiligung ohnehin ein wirtschaftliches Interesse an einer positiven Entwicklung der Gesellschaft besitzen. Müssen die Personen, die über ihre Einwirkungsmacht die Geschicke der Gesellschaft bestimmen, persönlich für die Gesellschaftsschulden einstehen, bseitzen sie zumindest mit Blick auf eine Regressmöglichkeit gegen die Gesellschaft ein starkes eigenes Interesse am Wohlergehen der Gesellschaft. Auf diesem Wege lässt sich die Ausübung der Einwirkungsmacht im Gesellschaftsinteresse sichern. Diese Grundsätze liegen dem Prinzip der Selbstorganschaft wie auch dem Abspaltungsverbot[737] zugrunde.

Eine Korrelation zwischen Einwirkungsmacht und Haftung lässt sich mithin in dem Sinne annehmen, dass gesellschaftsrechtlicher Inneneinfluss stets mit einer Haftungsverantwortung des Gesellschafters einhergeht. Einwirkungsmacht und Haftung sind indes nicht derart proportional zueinander, dass ein Mehr an Einfluss zugleich ein Mehr an Haftung, weniger Einfluss auch weniger Haftung bedeutet. Die uneingeschränkte Haftung im Personengesellschaftsrecht (OHG, Komplementär in der KG) ist von vornherein einer Steigerung oder Abschwächung nicht zugänglich. Die beschränkte Haftung des Kommanditisten ist allein von der Höhe seiner Haftsumme abhängig. Die Gesellschafter einer GmbH oder AG wiederum haften im Rahmen der jeweiligen Kapitalsicherungsvorschriften grundsätzlich unbeschränkt.

---

[736] So etwa *Wiesner*, FS P. Ulmer, S. 673, 680 f., der freilich die mittelbare Haftung und eine Anwendung der Treuepflicht für ausreichend erachtet. Eine Einbeziehung des Treugebers erfolge auch bei der qualifizierten Treuhand nur im Innenverhältnis, weshalb eine Außenhaftung nicht anzunehmen sei.

[737] Zum Abspaltungsverbot: *Kübler*, Gesellschaftsrecht, § 20 II 3. , S. 287 ff. , insbesondere c), S. 289/290; *Schön*, ZHR 158 (1994), 229, 251 ff (mwN).

B. Folgerungen für eine gesellschaftsrechtliche Haftung des Treugebers

Auch der Treugeber unterliegt folglich als Verbandsmitglied der gesellschaftsrechtlichen Haftungsverantwortung, die sich je nach Gesellschaftstyp in den einzelnen Haftungsformen konkretisiert. Es bleibt allerdings zu klären, ob die subsidiäre Stellung des Treugebers in Verbindung mit der parallelen primären Gesellschafterstellung des Treuhänders eine Modifikation des gesellschaftsrechtlichen Haftungssystems bewirkt. Dabei ist dem Umstand Rechnung zu tragen, dass sich die Mitgliedschaft von Treugeber und Treuhänder auf denselben Gesellschaftsanteil bezieht, eine subordinationsrechtlich geprägte Mitberechtigung an diesem darstellt. Der Treuhänder als primärer Gesellschafter unterliegt ebenso wie der Treugeber einer Haftungsverantwortung und steht den Gesellschaftsgläubigern beziehungsweise der Gesellschaft gegebenenfalls als Schuldner im Wege der Gesellschafterhaftung zur Verfügung. Eine Modifizierung der Haftung des Treugebers kommt in zweierlei Hinsicht in Frage: Einerseits ist zu erwägen, den Treugeber lediglich mittelbar auf dem Wege der Pfändung der Ersatzansprüche des Treuhänders gegen ihn haften zu lassen. Als Korrekturinstrument ist hierbei unter Umständen ein Einwendungsausschluss zu Lasten des Treugebers heranzuziehen. Andererseits kommt es in Betracht, den Treugeber zwar unmittelbar haften zu lassen, seine Inanspruchnahme jedoch von einem Versagen des Zugriffs auf den Treuhänder abhängig zu machen.[738]

C. Leitlinien für die Ausgestaltung der Treugeberhaftung

Ausgangspunkt der Betrachtung muss die Gesellschafterstellung des Treugebers sein. Während es zur Erstreckung der gesellschaftsrechtlichen Haftung auf einen Außenstehenden der Voraussetzungen einer Analogie bedarf, ist aus Perspektive des mitgliedschaftlichen Ansatzes gerade nach einer Rechtfertigung der Abschwächung der grundsätzlich gegebenen unmittelbaren Haftung zu suchen.

Als Orientierungspunkt bieten sich zunächst die Interessen der an der Ausgestaltung der Gesellschaft unbeteiligten Gesellschaftsgläubiger an. In deren Rechtsstellung können die Gesellschafter auch durch eine interne, einvernehmliche Regelung nicht eingreifen. Zur wertungsmäßigen Absicherung der Ergebnisse lässt sich des weiteren ein Vergleich sowohl mit der allgemeinen mittelbaren Stellvertretung als auch mit der unechten Treuhand am Gesellschaftsanteil heranziehen. Die allgemeine mittelbare Stellvertretung ist dabei als Muster einer lediglich mittelbaren „Haftung" eines Hintermannes zu betrachten.

[738] In diesem Sinne nimmt *K. Schmidt*, Gesellschaftsrecht, § 61 III 3. b), S. 1830 ff.; MünchKomm/*K. Schmidt*, Vor § 230 HGB, Rdnr. 60, eine lediglich subsidiäre unmittelbare Haftung des Treugebers im Bereich des Kapitalgesellschaftsrechts an. Für eine subsidiäre Treugeberhaftung im Bereich der Kapitalerhaltung auch *Thurner*, DB 1994, 1709, 1711.

Die unechte Treuhand am Gesellschaftsanteil erlaubt Rückschlüsse auf die echte Treuhand aufgrund ihrer funktionalen Ähnlichkeit.

D. Mittelbare Haftung und Einwendungsausschluss

Zentraler Gesichtspunkt zur Klärung der Frage, ob eine mittelbare Haftung des Treugebers, unter Umständen in Verbindung mit einem Einwendungsausschluss, angenommen werden kann, ist die Beeinträchtigung der Gesellschaftsgläubiger. Für die Gläubiger dürfen durch die Vereinbarung der Treuhand, an der sie nicht beteiligt sind, von der sie oftmals noch nicht einmal Kenntnis besitzen, keine Nachteile entstehen.

Mit dem Treuhänder als Gesellschafter steht den Gläubigern jedenfalls eine Person zur Verfügung, die sie im Wege einer gesellschaftsrechtlichen Haftung in Anspruch nehmen können. Daneben besteht jedoch auch eine Verantwortlichkeit des Treugebers, der gleichfalls Gesellschafter ist. Eine Inanspruchnahme des Treugebers im Wege der mittelbaren Haftung bedeutet für die Gesellschaftsgläubiger zunächst insofern eine Erschwernis, als sie unter Umständen doppelt klagen und vollstrecken müssen. Vor allem aber kann sich auch das Risiko, völlig leer auszugehen, vergrößern. In Betracht zu ziehen sind hier insbesondere eine Insolvenz des Treuhänders, Einwendungen des Treugebers aus seiner Beziehung zum Treuhänder sowie eine Veruntreuung von Mitteln, die der Treugeber an den Treuhänder geleistet hat und damit seiner Verpflichtung diesem gegenüber nachgekommen ist.

1. Insolvenz des Treuhänders

Fraglich erscheint, ob die Gesellschaftsgläubiger im Falle einer Insolvenz des Treuhänders gleichwohl im Wege der mittelbaren Haftung gegen den Treugeber vorgehen können. Zu unterscheiden ist hier zwischen den Fällen, in denen ein Insolvenzverfahren stattfindet, und den Fällen ohne ein derartiges Verfahren. Die für die mittelbare Haftung des Treugebers maßgeblichen Ansprüche sind Freistellungsansprüche des Treuhänders gegen den Treugeber aus den §§ 675, 670 BGB. Der Treuhänder kann aus der Geschäftsbesorgungsbeziehung verlangen, dass ihn der Treugeber von Ansprüchen, die aus der Ausführung der Treuhand resultieren, freistellt, also die gegen ihn gerichteten Forderungen eines Dritten erfüllt oder die dazu erforderlichen Mittel zur Verfügung stellt. Diese Freistellungsansprüche des Treuhänders gegen den Treugeber können von anderen Drittgläubigern weder auf dem Wege einer Abtretung noch einer Pfändung nutzbar gemacht werden. Dem steht entgegen, dass die Abtretung eines Freistellungsanspruchs mit Rücksicht auf die dadurch bewirkte Inhaltsänderung (aus dem Freistellungs- wird ein Zahlungsanspruch) nach § 399 HS. 1 BGB grundsätzlich unzulässig ist und gemäß § 851 ZPO auch einer Pfändung nicht unterliegt. Anderes gilt freilich für den Drittgläubiger, der aus der Forderung gegen den Treuhänder vorgeht, auf den sich der Freistellungsanspruch gerade bezieht. Sinn und Zweck des Pfändungsschutzes umfassen diesen Drittgläubiger nicht, sondern beabsichtigen vielmehr seinen Schutz. Der Gesellschaftsgläubiger läuft insoweit also nicht Gefahr, durch eine Vollstreckung eines anderen Drittgläubigers seinen mittelbaren Haftungsanspruch zu verlieren.

Ist ein Insolvenzverfahren über das Vermögen des Treuhänders eröffnet, fällt die Forderung des Treuhänders gegen den Treugeber auf Freistellung von der Verbindlichkeit gegenüber dem Gesellschaftsgläubiger trotz §§ 36 Abs. 1 S. 1 InsO, 851 Abs. 1 ZPO, 399 HS. 1 BGB in die Insolvenzmasse. Ansprüche, die mit Rücksicht auf ihre Zweckbindung nach § 851 ZPO einer Pfändung nicht unterliegen, sollen nur dann von der Insolvenzmasse getrennt werden, wenn die Anordnung der Unpfändbarkeit gerade dem Schutz des Schuldners dient.[739] Die Unpfändbarkeit eines Freistellungsanspruchs ergibt sich jedoch aus dem Schutz des Gläubigers des Masseschuldners vor Abtretungen an und Pfändungen durch Dritte. Der Freistellungsanspruch wandelt sich daher in einen Zahlungsanspruch um, der in die Insolvenzmasse fällt.[740] Würde man demgegenüber den Freistellungsanspruch nicht der Insolvenzmasse zuordnen, entstünde ein Schutz des Gläubigers, der einem Aussonderungsrecht gleichkäme, gesetzlich indes nicht vorgesehen ist.[741] Der Freistellungsanspruch ist vom Insolvenzverfahren folglich erfasst (§ 35 InsO), so dass der Gesellschaftsgläubiger durch ein Vorgehen gegen den Treuhänder allenfalls in Höhe der auf ihn entfallenden Quote befriedigt wird.[742] Aus der Insolvenz des Treuhänders erwächst für die Gesellschaftsgläubiger auf dem Wege der mittelbaren Haftung des Treugebers folglich ein gesteigertes Risiko eines Haftungsausfalles.

2. Einwendungen und Aufrechnung im Verhältnis zwischen Treuhänder und Treugeber

Ein weiteres Problem stellt sich mit Blick auf etwaige Einwendungen des Treugebers, die dieser dem Erstattungs- beziehungsweise Freistellungsanspruch

---

[739] *Schumacher* in Frankfurter Kommentar zur InsO, § 36 Rdnr. 24; zur entsprechenden Lage nach der Konkursordnung: *Jaeger/Henckel*, KO, § 1 Rdnr. 77, 88.

[740] *Schumacher* in Frankfurter Kommentar zur InsO, § 36 Rdnr. 24; BGH, Urt. v. 7.6.2001, XI ZR 195/00 = BB 2001, 1546, 1547; Heidelberger Kommentar zur InsO/Eickman § 36 Rdnr. 22.

[741] *Staudinger/Selb*, § 257 BGB Rdnr. 11.

[742] Heidelberger Kommentar zur InsO/Eickman § 36 Rdnr. 22.

des Treuhänders entgegenhalten kann, sowie auf eine Aufrechnungsmöglichkeit des Treugebers. Nach §§ 404, 406 BGB bleiben dem Schuldner Einwendungen und Aufrechnungsmöglichkeiten im Falle einer Abtretung auch gegen den neuen Gläubiger erhalten. Anders als im Falle einer unmittelbaren Haftung des Treugebers liefen die Gesellschaftsgläubiger damit Gefahr, ihren Anspruch wegen Einwendungen aus dem Innenverhältnis der Treuhandbeziehung nicht durchsetzen zu können. Als Abhilfe wird vorgeschlagen, einen Einwendungsausschluss zu Lasten des Treugebers anzunehmen. Umfasst sollen hiervon alle Einwendungen sein, die ihre Ursache nicht im Bestand der Treuhandbeziehung haben. Gerechtfertigt werde dieser Einwendungsausschluss aus der spezifischen Verbundenheit des Treugebers zur Gesellschaft. Das Risiko eines Haftungsausfalls durch Einwendungen aus Rechtsbeziehungen zu Dritten wird auf diesem Wege ausgeschlossen.

3. Bereits erfolgte Erfüllung durch den Treugeber/Fehlen eines Anspruchs des Treuhänders gegen den Treugeber

a. Problemkonstellation

Schließlich fragt sich, wer die Risiken zu tragen hat, wenn der Treugeber dem Treuhänder die Mittel zur Erfüllung der Verbindlichkeit gegenüber dem Gesellschaftsgläubiger zur Verfügung gestellt hat, die Weiterleitung aber unterblieben, ist und der Treuhänder über die erforderlichen finanziellen Mittel nicht mehr verfügt. Sieht man den Gläubiger auf Ansprüche gegen den Treuhänder beschränkt, könnte dieser gegen den Treugeber allenfalls auf dem geschilderten mittelbaren Weg der Abtretung der Ansprüche des Treuhänders gegen den Treugeber vorgehen. Da diese Ansprüche jedoch bereits erfüllt sind, geht dieser Weg ins Leere. Der außenstehende Gläubiger hätte in diesem Fall also das Risiko der Einschaltung des Treuhänders in die Beteiligung des Treugebers zu tragen. Eine Lösung könnte darin liegen, auch insoweit einen Einwendungssauschluss anzunehmen. Man müsste dem Treugeber die Berufung auf eine Erfüllung des Freistellungsanspruchs gegenüber dem Treuhänder im Verhältnis zum Gesellschaftsgläubiger versagen. Eine derartige Lösung stellt indes der Sache nach nichts anderes als eine unmittelbare Haftung des Treugebers dar.

b. Risikoverteilung

Unter den Stimmen in der Literatur, die einen Einwendungsausschluss zur Wahrung der Interessen der Gesellschaft und deren Gläubiger für genügend halten, findet sich die Auffassung, eines Schutzes bedürfe es für den Fall einer Zahlung des Treugebers an den Treuhänder, die dieser nicht weitergeleitet habe, nicht. Grundlage dieser Position ist, dass im Kapitalgesellschaftsrecht für die Haftung eines Treugebers als Hintermann die Kapitalausstattung des Strohmannes ausschlaggebend sein muss. Allein, wenn der Hintermann diesen nicht mit den zur Erfüllung seiner gesellschaftsrechtlichen Verpflichtungen erforderlichen finanziellen Mitteln ausstattet, sei eine Verschärfung der mittelbaren Treugeberhaftung durch einen Einwendungsausschluss geboten. Komme der Treugeber jedoch seiner Verantwortlichkeit gegenüber dem Treuhänder nach, so habe es beim Wegfall der mittelbaren Haftung durch Erfüllung der Forderung des Treuhänders gegen den Treugeber sein Bewenden.[743]

An dieser Auffassung ist auszusetzen, dass sie die Verteilung des Risikos der Einschaltung einer Mittelsperson außer acht lässt. Stellt der Treugeber dem Treuhänder die an sich zur Erfüllung der Verbindlichkeiten gegenüber der Gesellschaft beziehungsweise deren Gläubigern ausreichenden finanziellen Mittel zur Verfügung, verwendet dieser sie aber zu anderen Zwecken, verwirklicht sich die Gefahr des Missbrauchs durch eine in einen Leistungsvorgang eingeschaltete Person. Dieses Risiko muss der Treugeber als Vertragspartner des Treuhänders tragen. Zwar steht auch die Gesellschaft zum Treuhänder in rechtsgeschäftlichem Kontakt. Eine Zurechnung des dargestellten Risikos an die Gesellschaft kann jedoch nur erfolgen, wenn die Nähebeziehung zum Treuhänder derart ausgeprägt ist, dass die Leistung durch den Treugeber an den Treuhänder bereits als Leistung an die Gesellschaft einzustufen ist.

c. Vermögensrechtliche Betrachtung

Zudem vermag die stark vermögensrechtlich orientierte Argumentationsgrundlage der Befürworter eines Wegfalls der Treugeberhaftung durch Erfüllung gegenüber dem Treuhänder nicht zu überzeugen. Nach dieser Ansicht rechtfertigt sich die haftungsmäßige Verantwortlichkeit des Treugebers aus dem Zufluss vermögensmäßiger Vorteile aus der Treuhandbeziehung. Es wird ein Zusammenhang angenommen zwischen der Erlangung dieser Vorteile und der Pflicht zur Kapitalaufbringung und -erhaltung einer GmbH.[744] Das ergebe sich daraus, dass die Vorteile, die aus einem Gesellschaftsanteil flössen, auch zur Deckung der Lasten zur Verfügung stehen sollten. Durch eine Einschaltung eines Strohmannes dürfe dieser Zusammenhang nicht ausgeschaltet werden. Es genüge indes die mit einem Einwendungsausschluss (in Analogie zu § 19 Abs. 2 GmbHG) gekoppelte mittelbare Treugeberhaftung, da hierdurch die Erfüllungs-

---

[743] *Ehlke*, DB 1985, 795, 802.
[744] *Ehlke*, DB 1985, 795, 798/799.

fähigkeit des Treuhänders in ausreichendem Maße gewährleistet werde.[745] Kritisieren lässt sich an dieser Sichtweise zunächst die isolierte Berücksichtigung der Vermögensaspekte der Gesellschaftsbeteiligung. Dass der Gesellschafter die Leistungen, die er von der Gesellschaft etwa im Wege von Gewinnausschüttungen erhält, an andere Personen weiterleitet, kann allein noch keine Haftungsverantwortung dieser Dritten für die Gesellschaft begründen. Es unterliegt vielmehr der Dispositionsfreiheit jedes Gesellschafters, seine Erlöse aus der Gesellschaft wirtschaftlich zu verwerten. Regelmäßig wird er schon aus eigenem Interesse Sorge dafür tragen, dass er ein wirtschaftliches Äquivalent hierfür erhält. Gibt er die Erlöse im Wege einer (teilweisen) unentgeltlichen Verfügung weiter, helfen bezüglich etwaiger Ansprüche der Gesellschaft gegen den Gesellschafter die Regelungen der Insolvenzanfechtung oder des Anfechtungsgesetzes weiter. Freilich stellt die Weiterleitung der Gewinne im Wege der Herausgabe nach §§ 675, 667 BGB keine unentgeltliche Verfügung dar. Der Treugeber erhält zwar keinen Gegenwert für die Auskehrung der aus der Geschäftsbesorgung resultierenden Vorteile, mit Blick auf seine Gläubiger wird dies jedoch durch den Aufwendungsersatzanspruch nach §§ 675, 670 BGB, der auch eine Freistellung von Drittforderungen beinhaltet, abgefedert. Untechnisch gesprochen stellt der Aufwendungsersatzanspruch das „Entgelt“ für die Weiterleitung der aus der Geschäftsbesorgung erlangten Vorteile dar. Es ist dann aber gleichgültig, auf welche Weise dieser Aufwendungsersatzanspruch erfüllt wird. Die Interessen Dritter werden, gleich ob dies durch Zahlung oder Aufrechnung geschieht, oder ob zunächst Einwendungen geltend gemacht werden, nicht berührt, da ein „unentgeltlicher Vermögensabfluss“ jedenfalls nicht vorliegt.

Eine Haftung des Treugebers lässt sich auch bei einer rein vermögensrechtlichen Betrachtung nicht allein aus dem Zufluss der Vorteile aus der Gesellschaftsbeteiligung rechtfertigen. Demzufolge kann auch ein Wegfall der mittelbaren Haftung des Treugebers im Falle einer missbräuchlich verwendeten Leistung durch den Treuhänder nicht überzeugen. Zu einem grundlegend anderen Ergebnis kommt man, wenn man die Mitwirkungsebene des Gesellschaftsrechts berücksichtigt. Durch das Zusammenspiel von wirtschaftlichen Interessen und gesellschaftstypischer Einwirkungsmacht in der Gesellschaft – beides vermittelt durch die Treuhandbeziehung – erlangt der Treugeber als Gesellschafter Verantwortung für die Finanzierung der Gesellschaft. Seine Gesellschafterstellung unterwirft ihn einer gesellschaftlichen Haftung unabhängig von bereits erbrachten Leistungen an den Treuhänder.

---

[745] *Ehlke*, DB 1985, 795, 801/802.

E. Zugriffserschwerung und subsidiäre Haftung

Schließlich ist zu fragen, ob schon die größere Beschwerlichkeit eines Vorgehens auf dem Wege der mittelbaren Haftung eine nicht zu rechtfertigende Schlechterstellung der Gesellschaftsgläubiger darstellt.[746] Anders als bei einer unmittelbaren Haftung, bei der die Gläubiger direkt gegen den Treugeber vorgehen können, sind sie im Falle einer mittelbaren Haftung auf die vorherige Inanspruchnahme des Treuhänders angewiesen, um von diesem entweder Befriedigung oder aber die Abtretung des Befreiungsanspruchs gegen den Treugeber zu erlangen.

1. Bedeutung der Zugriffserschwerung

Indes ist zu beachten, dass die gesteigerte Beschwerlichkeit die Ansprüche der Gesellschaftsgläubiger nicht dem Grunde nach in Frage stellt. Der Haftungsverantwortlichkeit ist damit auch durch die mittelbare Haftung in Verbindung mit einem umfassenden Einwendungsausschluss Genüge getan. Andererseits aber fragt sich, ob eine mittelbare Haftung des Treugebers nach der Stellung des Treugebers im Gesellschaftsverband überhaupt geboten ist. Die Befürworter einer lediglich mittelbaren Haftung betonen vielmehr die gesellschaftsexterne Stellung des Treugebers. Der Herleitung einer unmittelbaren Haftung des Treugebers mit Rücksicht auf eine unzumutbare Erschwerung auf dem Wege der mittelbaren Haftung wird entgegengehalten, zur Rechtfertigung einer Analogie (zu §§ 30, 31 GmbHG) bedürfe es des Beweises, dass diese Vorschriften eine „weitestmögliche Erleichterung" des Zugriffs auf gesellschaftsexterne Personen auch über ihren originären Anwendungsbereich hinaus bewirken sollten.[747] Die §§ 30, 31 GmbHG forderten „gerade dann, wenn es um die Inanspruchnahme eines Nichtgesellschafters geht, nicht einen Maximalschutz der Gläubiger." Den Schutzinteressen, die der gesetzlichen Regelung zugrunde lägen, werde auf dem Wege der Einwendungssperre ausreichend Rechnung getragen.[748] Versucht man hingegen, die Gesellschafterhaftung als Haftung eines Verbandsmitglieds zu entwickeln, die sich an dessen atypisch ausgeprägter Stellung zu orientieren hat, ergibt sich eine grundlegend andersartige Argumentationsbasis. Die unmittelbare Haftung des Treugebers ist von diesem Ausgangspunkt betrachtet der Regelfall, die Annahme einer lediglich mittelbaren Haftung und der damit in Verbindung stehenden Erschwernis für die Gläubiger bedürfen besonderer Rechtfertigung. Es liegt dann nahe, eine mittelbare Treugeberhaftung auch in

[746] *Ehlke*, DB 1085, 795, 799/801 meint demgegenüber, regelmäßig werde der Treuhänder seine Ansprüche gegen den Treugeber an die Gesellschaft beziehungsweise deren Gläubiger freiwillig abtreten, die Vollstreckungserschwernis sei daher in der Praxis von geringer Bedeutung.
[747] *Armbrüster*, S. 400/401.
[748] *Armbrüster*, S. 400.

Kombination mit einem Einwendungsausschluss für nicht ausreichend zu erachten. Indes unterliegt auch nach dem mitgliedschaftlichen Ansatz die gesellschaftsrechtliche Haftung des Treugebers mit Rücksicht auf die Treuhandbeziehung Modifikationen. Es handelt sich zwar um eine unmittelbare Haftung in dem Sinne, dass der Treuhänder nicht als Abwicklungsstation zwischengeschaltet ist. Aus der subsidiären Gesellschafterstellung des Treugebers folgt aber, dass auch seine Haftung nur subsidiärer Natur ist. Im Verhältnis zur Gesellschaft resultiert dies unmittelbar aus der Treuepflicht der Gesellschaft gegenüber dem Treugeber als ihrem Gesellschafter. Gegenüber außenstehenden Gläubigern handelt es sich um eine lediglich faktische Subsidiarität, die aus der fehlenden Publizität des Treugebers resultiert. Die Gläubiger haben also primär auf den Treuhänder zuzugreifen. Weist dieses Vorgehen außergewöhnliche Schwierigkeiten auf, können sie unmittelbar auf den Treugeber zugreifen. Anders als bei einer mittelbaren Haftung verdoppelt sich also nicht der Prozess- und Vollstreckungsaufwand. Die einzige Erschwernis liegt darin, dass es für ein Vorgehen gegen den Treugeber zunächst erforderlich ist, vom Treuhänder dessen Identität zu erfahren.

Sind dem Treugeber im Rahmen einer qualifizierten Treuhand (primäre) korporative Rechte in der Gesellschaft zugewiesen, ist zu erwägen, entsprechend auch die Subsidiarität der Gesellschafterhaftung des Treugebers entfallen zu lassen. Eine derartige Verschiebung zu einer primären Treugeberhaftung ließe sich darauf stützen, dass die Zuweisung unmittelbarer Gesellschafterrechte an den Treugeber die mediatisierende Wirkung der Treuhandkonstruktion durchbricht. Dem steht jedoch entgegen, dass sich die Einwirkungsmöglichkeiten des Treugebers zwischen Weisungsrecht und unmittelbaren Rechten in einem Kontinuum zulässiger Gestaltungsvarianten bewegt, deren Ausprägung im Einzelnen auf die rechtsstrukturelle Position des Treugebers ohne Einfluss ist. Die Grenze zu einer unmodifizierten regulären Gesellschaftsbeteiligung des Treugebers ist erst dann überschritten, wenn das Ausmaß der zuerkannten unmittelbaren Rechte die gesamte Treuhandkonstruktion als bloßes Scheingeschäft entpuppt.

2. Vergleich mit allgemeiner mittelbarer Stellvertretung und unechter Treuhand

Das Kernproblem einer gesellschaftsrechtlichen Haftung des Treugebers liegt nicht in der Frage nach einer Korrelation zwischen Einwirkungsmacht und Haftung. Die jedenfalls mittelbare Haftung des Treugebers gegenüber der Gesellschaft beziehungsweise deren Gläubigern ist allgemein anerkannt. Der Treugeber ist damit einer Haftungsverantwortung durchaus unterworfen. Die entscheidende Überlegung ist vielmehr, ob der Treugeber auch unmittelbar haftet, ob ihn also die Zwischenschaltung eines Mittelsmannes von einer Rechtsbeziehung zu Dritten völlig freihalten kann. Als Vergleichsmaßstab bieten sich vor allem die Fälle einer mittelbaren Stellvertretung jenseits des Gesellschaftsrechts an, zum anderen die Alternative einer unechten Treuhand am Gesellschaftsanteil.

Im Vergleich zur unechten Treuhand ist zu klären, ob oder inwieweit die abweichende Konstruktion auch eine unterschiedliche Behandlung der Haftungsbeziehungen rechtfertigt. Gegenüber dem allgemeinen Bereich mittelbarer Stellvertretung erscheint fraglich, ob der Ausschluss einer Haftung gegenüber Dritten dort angemessen ist, und wenn das der Fall ist – *Müller-Erzbach* hat das schon vor nicht ganz 100 Jahren als unangemessen aufgefasst[749] –, ob diese Lösung aufgrund der Besonderheit eines Gesellschaftsanteils als Gegenstand der Treuhand zu variieren ist.

a. Mittelbare Stellvertretung

In den allgemeinen Fällen einer mittelbaren Stellvertretung entstehen keine Rechtsbeziehungen zwischen Vertretenem und dem Kontrahenten des Vertreters. Die Rechtsbeziehungen erschöpfen sich in den Verhältnissen des Dritten zum mittelbaren Stellvertreter sowie des Vertreters zum Vertretenen. Für das Kommissionsrecht stellt die gesetzliche Regelung ausdrücklich klar, dass der Vertretene gegen den Dritten erst nach Abtretung durch den mittelbaren Stellvertreter Ansprüche erlangt (§ 392 Abs. 2 HGB). Für die Richtung von Ansprüchen des Dritten gegen den Vertretenen findet sich keine ausdrückliche Regelung (für den Sonderfall der stillen Gesellschaft aber § 230 Abs. 2 HGB). Eine Trennung der Rechtsbeziehungen entspricht jedoch dem Grundsatz der Relativität der Rechtsverhältnisse.

Für den Bereich des Gesellschaftsrechts ergeben sich Besonderheiten daraus, dass der Dritte nicht mit einer natürlichen Person kontrahiert, sondern mit einem „Personenverband".[750] Gleich ob der Dritte nun mit einer Personen- oder Kapitalgesellschaft, die ihrerseits juristische Person ist, in rechtsgeschäftlichen Kontakt tritt, stets läuft der primäre Kontakt zu der Gesellschaft. Die persönliche Haftung der Gesellschafter beziehungsweise ihre Verantwortung für die Kapitalausstattung der Gesellschaft dient lediglich der Sicherung der Rechte des Dritten. Dem Dritten haften nicht nur die Personen, auf deren Haftung er

---

[749] *Müller-Erzbach*, Die Grundsätze der mittelbaren Stellvertretung aus der Interessenlage entwickelt, S. 29 ff.

[750] Auch *Ehlke*, DB 1985, 795, 797 hält eine Durchbrechung der Differenz zwischen echter und mittelbarer Stellvertretung mit Rücksicht auf den Gesellschaftsanteil als Gegenstand der Treuhand grundsätzlich für denkbar.

vertraut, sondern diejenigen, die eigene Verantwortung für die Belange der Gesellschaft tragen. Das zeigt sich etwa daran, dass auch der Gesellschafter einer OHG persönlich haftet, der nicht im Handelsregister eingetragen ist und zudem gegenüber dem konkreten Gläubiger nicht in Erscheinung trat. Das lediglich interne Hervortreten der Einflussnahme des Treugebers auf die Gesellschaft steht folglich einer unmittelbaren Haftungsverantwortung nicht entgegen.

Auch im allgemeinen bürgerlichen Recht darf der Drittkontrahent durch die Konstruktion der mittelbaren Stellvertretung keine Nachteile erleiden. Indes wird dies im allgemeinen durch die persönliche Haftung des Kontrahenten (als natürliche Person) erreicht, da der Dritte sich diese Person gezielt als Vertragspartner aussucht. Insoweit weicht die Lage im Gesellschaftsrecht ab. Hier wird nicht das konkrete Vertrauen in eine natürliche Person als Gesellschafter geschützt, sondern vielmehr das abstrakte Vertrauen der Gesellschaftsgläubiger, eine ordnungsgemäß ausgestattete Gesellschaft als Kontrahenten gegenüber zu haben beziehungsweise auf die verantwortlichen Personen (als Hintermänner) zugreifen zu können. Während im allgemeinen Bereich die Existenz von Hintermännern grundsätzlich unbeachtlich ist, sind diese im Gesellschaftsrecht geradezu vorausgesetzt. Jeder Gesellschafter ist in gewisser Weise Hintermann der Gesellschaft, die für ihn ähnlich einem mittelbaren Stellvertreter auftritt. Es ist dann nur konsequent, die Haftung der Gesellschafter als Hintermänner auch weiter auf deren Hintermänner zu erstrecken.

Während im allgemeinen bei der mittelbaren Stellvertretung kein Anspruch des Dritten gegen den Vertretenen besteht, ergibt sich ein derartiger Anspruch im Rahmen der gesellschaftsrechtlichen Haftung aus der Verbandszugehörigkeit auch des Vertretenen. Grundlage der gesellschaftsrechtlichen Haftung ist nicht eine individuelle rechtsgeschäftlich begründete Beziehung des Gesellschafters zum Dritten, sondern vielmehr die akzessorische Verantwortlichkeit im Personengesellschaftsrecht, die Verpflichtung zur Kapitalaufbringung und Kapitalsicherung im Kapitalgesellschaftsrecht. Der Treugeber als mittelbar Vertretener kann einer unmittelbaren Haftung nicht entgehen, da die Mittelungsfunktion des Treuhänders im Gesellschaftsrecht lediglich eingeschränkte Wirkung entfaltet. Das ergibt sich aus der strukturellen Eigenart des gesellschaftlichen Zusammenschlusses, der einer strikten Trennung zwischen formeller und wirtschaftlicher Beteiligung nicht zugänglich ist.

b. Unechte Treuhand

Bei der unechten Treuhand am Gesellschaftsanteil ist allein der Treugeber Gesellschafter. Der Treuhänder wird lediglich bevollmächtigt, die aus der

Gesellschafterstellung resultierenden Rechte im Namen des Treugebers auszuüben. Eine Gesellschafterhaftung des Treuhänders scheidet damit von vornherein aus. Der Treuhänder trägt weder eigene Verantwortung für die Gesellschaft, noch tritt er nach außen als scheinbarer Gesellschafter hervor. Für die echte Treuhand stellt sich die Frage, ob die stärkere Stellung des Treuhänders, seine Position als Gesellschafter, eine Abschwächung der Haftung des Treugebers im Verhältnis zur unechten Treuhand rechtfertigt. Das erscheint naheliegend, da eine Gesellschafterhaftung des Treuhänders bei der echten Treuhand, anders als bei der unechten Treuhand, besteht. Indes ändert die Vollrechtsstellung des Treuhänders nichts an der Verbandszugehörigkeit des Treugebers. Der Treuhänder muss nicht unbedingt ebenso solvent sein wie der Treugeber. Auch wenn die Gesellschaftsgläubiger den Vorteil haben, im Falle der Zahlungsunfähigkeit des Treugebers trotzdem gegen den Treuhänder vorgehen zu können, kann man ihnen im umgekehrten Fall ein Vorgehen gegen den Treugeber nicht versagen. Mit Blick auf die wesentliche Besserstellung, die die Verdoppelung der Haftungssubjekte für die Gläubiger bewirkt, erscheint es indes angemessen, die unmittelbare Haftung des Treugebers im Sinne einer zumindest faktisch subsidiären Haftung zu modifizieren.

3. Rückgewährpflicht im GmbH-Recht und Zurechnung empfangener Zahlungen

a. Weiterleitung von Zahlungen

In Zusammenhang mit der GmbH-rechtlichen Pflicht zur Erstattung verbotener Rückzahlungen nach §§ 30, 31 GmbHG stellt sich die zusätzliche Frage, ob Treugeber und Treuhänder empfangene unzulässige Zahlungen der Gesellschaft wechselseitig zuzurechnen sind. Die Anwendbarkeit der Haftungsnormen auf Treugeber und Treuhänder bedeutet noch nicht zwangsläufig, dass eine Zahlung an den Treuhänder zugleich eine solche an den Treugeber darstellt, dass eine Zahlung an den Treugeber auch als Zahlung an den Treuhänder zu verstehen ist. Geradezu selbstverständlich ist zunächst, dass eine unzulässige Auszahlung an den Treugeber beziehungsweise den Treuhänder eine Rückgewährpflicht des jeweiligen unmittelbaren Empfängers auslöst.[751] Dabei befreit es den Treuhänder keineswegs, wenn er das Empfangene pflichtgemäß (§§ 675, 667 BGB) an den Treugeber weitergeleitet hat. Die Herausgabe im Rahmen der Treuhandbeziehung kann den einmal entstandenen Anspruch der Gesellschaft nicht zu Fall bringen. Der Treuhänder ist seinerseits insofern abgesichert, als er die Rückzahlung an die Gesellschaft wiederum vom Treugeber als Aufwendungen nach §§ 675, 670 BGB ersetzt verlangen kann. Wie der Treuhänder muss im Falle einer

---

[751] Das wird auch bei Verneinung einer mitgliedschaftlichen Stellung des Treugebers befürwortet: *Ballerstedt*, JZ 1960, 513, 517.

Weiterleitung des Empfangenen auch der Treugeber unmittelbar gesellschaftsrechtlich aus §§ 30, 31 GmbHG haften. Die Weiterleitung über den Treuhänder erweist sich aus seiner Perspektive nur als zahlungstechnische Alternative zu einer direkten Auszahlung durch die Gesellschaft. Seine mit der subsidiären Gesellschafterstellung einhergehende Finanzierungsverantwortung lässt eine Rückgewährpflicht entstehen. Freilich ist die Rückzahlungspflicht des Treugebers in Einklang mit seiner strukturellen Position subsidiärer Natur. Die Gesellschaft ist also auf einen vorherigen Zugriff auf den Treuhänder zu verweisen.

Komplizierter gestaltet sich die Lage, wenn es an einer Weiterleitung der Zahlung an den Treugeber und möglicherweise sogar an einer Absicht hierzu fehlt. Eine Herausgabepflicht des Treugebers würde hier eine Zurechnung der an den Treuhänder erfolgten Zahlung an den Treugeber voraussetzen. Ähnlich kann auch eine Zahlung der Gesellschaft unmittelbar an den Treugeber gegen § 30 GmbHG verstoßen. Der Treugeber haftet dann jedenfalls aus § 31 GmbHG der Gesellschaft. Das Zurechnungsproblem stellt sich hier, wenn auch mit umgekehrten Vorzeichen, in ähnlicher Weise mit Blick auf eine Haftung des Treuhänders.

b. Treuhänderischer Bezug der Zahlungen

Zur Lösung der Zurechungsproblematik bietet es sich an, zwischen Zahlungen zu unterscheiden, die an Treuhänder oder Treugeber mit beziehungsweise ohne Bezug zur Treuhand erfolgen. So kann der Treugeber eine Zahlung der Gesellschaft auf eigene Veranlassung und sogar ohne Kenntnis des Treuhänders von den betreffenden Vorgängen erhalten. Andererseits kann die Zahlung an den Treugeber auch gerade auf Veranlassung des Treuhänders oder doch zumindest mit dessen Billigung erfolgen. Nur wenn Letzteres der Fall ist, erscheint es angemessen, die Leistung an den Treugeber auch dem Treuhänder zuzurechnen. Die direkte Zahlung an den Treugeber stellt eine zahlungstechnisch vereinfachte Variante der Leistung an den Treuhänder und anschließenden Weiterleitung an den Treugeber dar. Demgemäß hat die Erstreckung der Rückgewährpflicht aus § 30, 31 GmbHG entsprechend auszufallen. Der Treuhänder haftet primär, der Treugeber hat, obgleich er die Zahlung unmittelbar erhalten hat, lediglich subsidiär einzustehen. Eine Haftung des Treuhänders kann dagegen nicht angenommen werden, wenn die Zahlung an den Treugeber ohne dessen Kenntnis erfolgte. Die auch der Gesellschaft bekannte Zuständigkeitsordnung innerhalb der Treuhandbeziehung sieht vor, dass der Treuhänder die alltäglichen Verwaltungsgeschäfte zu tätigen hat. Das bedeutet zugleich, dass die Gesellschaft, wenn sie unter Umgehung des Treuhänders unzulässige Auszahlungen an den Treugeber vornimmt, der Zuständigkeitsordnung zuwider handelt. Der

Zuwendung an den Treugeber fehlt der Treuhandbezug, sie kann dem Treuhänder nicht zugerechnet werden. Der Gesellschaft haftet daher in dieser Konstellation ausschließlich der Treugeber auf Rückzahlung über §§ 30, 31 GmbHG.

Für den Fall einer Auszahlung unmittelbar an den Treuhänder scheint das Fehlen eines Treuhandbezuges demgegenüber nicht vorstellbar. Auch wenn der Treuhänder nicht die Absicht besitzt, die empfangene Leistung an den Treugeber weiterzuleiten, bringt doch § 670 BGB zwangsläufig einen Auskehrungsanspruch des Treugebers zur Entstehung. Die treuhänderische Bindung der Gesellschafterstellung bewirkt daher zwangsläufig eine Zurechnung an den Treugeber und lässt eine zusätzliche Haftung entstehen.

4. Verbergung und Gläubigerschutz

Besondere Problematik erlangt der Haftungszugriff der Gesellschaft oder deren Gläubiger auf den Treugeber vielfach durch die Verdeckung der Treuhand.[752] Sowohl eine mittelbare als auch eine direkte Haftung des Treugebers nützt den Gläubigern nur, wenn sie von der Existenz der Treuhandbeziehung und der Person des Treugebers Kenntnis besitzen. Das steht, je nach Zweck der Treuhand, in Konflikt zum Bedürfnis des Treugebers, unerkannt zu bleiben. Nach zutreffender Auffassung ist eine Verdeckung der Treuhand gegenüber der Gesellschaft, an der die Beteiligung besteht, unzulässig. Nur so können die Treuepflicht des Treuhänders und des Treugebers wie auch die subsidiären Rechte des Treugebers hinreichend berücksichtigt werden.

Für die Haftung im Kapitalgesellschaftsrecht bedeutet das, dass selbst bei einer Inanspruchnahme des Treugebers die Verdeckung im Rechtsverkehr aufrechterhalten werden kann, da Haftung hier stets Innenhaftung ist. Erhalten die Gesellschaftsgläubiger allerdings Ansprüche der Gesellschaft gegen den Treugeber im Wege der Pfändung oder Abtretung, wird das Geheimhaltungsziel verfehlt. Die Verantwortung hierfür trägt jedoch letztlich der Treugeber, in dessen Interesse die Verbergung liegt, selbst. Ihm steht es frei, durch eine Zahlung an die Gesellschaft seine Verbindlichkeit zu erfüllen und so einem Übergang der Forderung auf die Gesellschaftsgläubiger zuvorzukommen.

Im Personengesellschaftsrecht besteht zwar eine gesellschaftsrechtliche Außenhaftung der Gesellschafter, mithin auch der Treugeber, einer Eintragung der Treugeber im Handelsregister bedarf es indes, wie noch darzustellen ist[753], ebenfalls nicht. Die Gläubiger sind auch hier von der Gesellschaft beziehungsweise dem Treuhänder auf den Bestand der Treuhandbeziehung hinzuweisen,

---

[752] *Ehlke*, DB 1985, 795, 799 ff.
[753] Vgl. unten: § 16, S. 284 ff.

wenn die Inanspruchnahme des Treuhänders sich als ungenügend erweist. Auch hat der Treugeber die Möglichkeit, durch rechtzeitige Zahlung an die Gesellschaft (oder den Treuhänder) eine Bekanntgabe seiner Person abzuwenden. Besondere Probleme bringt die Durchsetzung der gegebenenfalls bestehenden Offenlegungspflicht gegenüber Gesellschaftsgläubigern mit sich. Vollstreckbar erscheint eine derartige Pflicht kaum, da dafür zunächst das Bestehen einer derartigen Beziehung nachzuweisen wäre.

F. Zwischenergebnis

Der Treugeber haftet, da er nach zutreffender Ansicht Gesellschafter ist, grundsätzlich wie ein solcher. Die materielle Rechtfertigung liegt in seiner in der Einbindung in den Verband fundierten Einwirkungsmacht. Eine Modifizierung der Haftung entsprechend der Struktur der Treuhandkonstruktion ist möglich. Leitlinie muss dabei sein, dass Drittgläubigern daraus keine unzumutbaren Nachteile entstehen. Die Haftung derart modifiziert, dass sie subsidiär ist. Gegenüber den Gesellschaftsgläubigeren handelt es sich jedoch nur um eine faktische Subsidiarität. Ein Zugriff auf den Treugeber ist den Gläubigern grundsätzlich ohne eine vorangehende Inanspruchnahme des Treuhänders möglich. Sie müssen hierzu jedoch Kenntnis von der Treuhand besitzen. Oftmals werden sie diese erst nach einem gescheiterten Vorgehen gegen den Treuhänder erfahren. Insoweit steht den Gläubigern ein Anspruch auf Offenlegung der Treuhand zu.

III. Zusammenfassung

Der Treugeber haftet den Gesellschaftsgläubigern oder der Gesellschaft jedenfalls mittelbar über den Treuhänder. Die Gläubiger sind hierbei auf eine Pfändung der Aufwendungsersatz- oder Freistellungsansprüche angewiesen, die dem Treuhänder aus der Treuhandbeziehung zustehen. Umstritten ist, ob der Treugeber daneben auch unmittelbar haftet. Allgemein anerkannt ist allein, dass der Treugeber aus § 46 Abs. 5 S. 1 AktG und § 9a Abs. 4 GmbHG in Anspruch genommen werden kann. Das Meinungsbild bewegt sich im übrigen zwischen der völligen Ablehnung einer unmittelbaren Haftung des Treugebers und dessen umfassender, auch haftungsmäßigen Gleichstellung mit einem Gesellschafter. Die Rechtsprechung nimmt allein für das Kapitalgesellschaftsrecht eine Haftungserstreckung auf den Treugeber an. Im Personengesellschaftsrecht hält sie demgegenüber einen Einwendungsausschluss zulasten des Treugebers für ausreichend. In der Literatur wird bei völliger Ablehnung einer unmittelbaren Haftung teils ein Einwendungsausschluss auf das Kapitalgesellschaftsrecht begrenzt. Teils wird je nach Gewicht der Beteiligung eine unmittelbare Haftung gefordert.

Folgt man dem mitgliedschaftlichen Konzept zur Stellung des Treugebers, haftet dieser grundsätzlich wie ein Gesellschafter. Die materielle Rechtfertigung hierfür liegt in seiner Einbeziehung in den Gesellschaftsverband. Der Treugeber besitzt über den Treuhänder Einwirkungsmacht auf die Gesellschaft in Form der typisch gesellschaftsrechtlichen Instrumente. Damit geht ein Interesse des Treugebers an der Gesellschaft einher, das gleichfalls über den Treuhänder vermittelt wird. Die Haftung des Treugebers nach gesellschaftsrechtlichen Maßstäben steht in Einklang damit, dass sowohl im Bereich des Personen- als auch des Kapitalgesellschaftsrechts eine Haftungsverantwortung der in den Gesellschaftsverband integrierten Personen besteht. Im Personengesellschaftsrecht zeigt sich dies an der persönlichen Haftung der Gesellschafter, im Kapitalgesellschaftsrecht an der Pflicht zu ordnungsgemäßer Kapitalaufbringung und -erhaltung, die sich im Falle einer Verletzung zu einer Haftung konkretisieren kann.

Die besondere, lediglich subsidiäre Berechtigung des Treugebers in der Gesellschaft rechtfertigt es nicht, ihn aus dem gesetzlichen Haftungssystem auszunehmen. Eine Beschränkung auf einen Einwendungsausschluss, wie sie für einige Bereiche der Treuhand am Gesellschaftsanteil von Teilen der Literatur und der Rechtsprechung befürwortet wird, ist nicht ausreichend. Drittgläubiger, die auf die Gesellschaftsorganisation und damit auch auf die Wahl der Treuhandkonstruktion keinen Einfluss haben, sind vor Nachteilen, die ihnen aus der Treuhand erwachsen können, zu schützen. Mit Blick auf die Risiken, die aus einer Insolvenz des Treuhänders oder aus Einwendungen des Treugebers, insbesondere bezüglich einer bereits erfolgten Erfüllung der Ansprüche des Treuhänders, drohen, ist ein Einwendungsausschluss nicht ausreichend. Allein eine Erstreckung der Haftung auf den Treugeber wird den Interessen der Gläubiger gerecht.

Eine Modifizierung der Haftung entsprechend der Struktur der Treuhandkonstruktion erfolgt jedoch insoweit, als sie seiner subsidiären Stellung angepasst wird. Ansprüche der Gesellschaft gegen den Treugeber können erst geltend gemacht werden, nachdem diese erfolglos gegen den Treuhänder vorgegangen ist. Das folgt aus der Treuepflicht, die im Gesellschaftsverhältnis auch den Verband gegenüber seinen Mitgliedern bindet. Für Drittgläubiger kann eine derartige rechtliche Subsidiarität hingegen nicht angenommen werden. Allerdings ist, soweit die Treuhand nach außen verdeckt ist, eine Art faktischer Subsidiarität gegeben. Die Drittgläubiger können gegen den Treugeber erst vorgehen, wenn sie von der Treuhand erfahren haben. Eine Befriedigung durch den Treuhänder wird dem jedoch regelmäßig zuvorkommen.

§ 16 Eintragung des Treugebers als Gesellschafter im Handelsregister

Nach dem mitgliedschaftlichen Konzept zur Treuhand am Gesellschaftsanteil ist nicht nur der Treuhänder, sondern auch der Treugeber Gesellschafter. Es fragt sich, ob die gängige Praxis, lediglich den Treuhänder als Gesellschafter im Handelsregister einzutragen[754], mit diesem Ergebnis vereinbar ist.[755] Betroffen sind hiervon freilich nur die Gesellschaftsformen, die eine Eintragungspflicht vorsehen, also OHG (§ 106 Abs. 2 HGB) und KG (§ 162 HGB). Es bedarf einer teleologischen Reduktion der jeweiligen Vorschriften für den Treugeber-Gesellschafter, um seine Befreiung von der Eintragungspflicht zu rechtfertigen.

I. Sinn und Zweck der Eintragung der Gesellschafter einer Personenhandelsgesellschaft

Die Publizität des Handelsregisters bezweckt die Information über die Vertretungsverhältnisse einer Personenhandelsgesellschaft (§ 125 Abs. 4 HGB) ebenso wie über die Zusammensetzung des Gesellschafterbestandes, die im Rechtsverkehr zur Einschätzung der Kreditwürdigkeit einer Personenhandelsgesellschaft erforderlich ist.[756] Vor allem aber sichert die Pflicht zur Eintragung der Gesellschafter im Handelsregister (§§ 106, 107, über § 161 Abs. 2 HGB für die KG) im Personengesellschaftsrecht die Ansprüche der Gesellschaftsgläubiger hinsichtlich der persönlichen Haftung der Gesellschafter. Die Haftungsverhältnisse sollen ohne weitere Nachforschungen aus dem Handelsregister zu entnehmen sein.[757] Die Gesellschafter haften – soweit sie Kommanditisten sind, mit Einschränkungen – akzessorisch für die Schulden der Gesellschaft. Jeder Gesellschafter haftet unabhängig von der Quote, die er im Innenverhältnis zu tragen hat, im Außenverhältnis vollumfänglich. Die Gläubiger sind nicht auf eine vorherige Inanspruchnahme der Gesellschaft angewiesen.

---

[754] Der Treuhänder wird als Gesellschafter eingetragen, während die Treugeberstellung als nicht eintragungsfähige Tatsache verstanden wird: *Beuthien*, ZGR 1974, 26, 40; OLG Hamm, Beschl. v. 5.2.1963, 15 w 395/62 = NJW 1963, 1554, 1554 f.; *Blaurock*, S. 124.

[755] *Ulmer* nimmt für die Fälle der in seiner Terminologie „qualifizierten“ Treuhand eine Eintragungspflicht des Treugebers an, während ganz überwiegend weder die Treugeberstellung noch die Treuhändereigenschaft für eintragungsfähig erachtet wird, vgl. *Beuthien*, ZGR 1974, 26: Eintragung des Treuhänders als Gesellschafter im Handelsregister ohne Treuhänderzusatz, weil Treuhänderstellung keine eintragungsfähige Tatsache ist (S. 40); für Personhandelsgesellschaften auch OLG Hamm, Beschl. v. 5.2.1963, 15 w 395/62 = NJW 1963, 1554, 1554 f.

[756] *Steinbeck*, DStR 2001, 1162, 1162.

[757] Vgl. *Steinbeck*, DStR 2001, 1162, 1164.

Angesichts der im Außenverhältnis nicht auf die interne Beteiligungsquote beschränkten Haftung verwundert auf den ersten Blick, dass gleichfalls eine Eintragung sämtlicher Gesellschafter unverzichtbar sein soll. Man könnte meinen, da jeder Gesellschafter in voller Höhe den Gesellschaftsgläubigern verpflichtet ist, reiche es aus, wenn diesen ein einziger persönlich haftender Gesellschafter bekannt sei. Dessen umfassende Haftung würde an sich zur Erfüllung der Ansprüche der Gläubiger genügen. Indes kann ein einzelner Gesellschafter unter Umständen außer Stande sein, die Verbindlichkeit in voller Höhe zu erfüllen. Die vollumfängliche Verpflichtung der Gesellschafter einer Personengesellschaft ist nicht Resultat einer originären Haftungsverantwortung, sondern stellt sich eher als Nebenwirkung der Bestrebung dar, die Gläubiger nicht mit den internen Fragen der Haftungsaufteilung der Gesellschafter untereinander zu belasten.

Das Risiko eines Haftungsausfalls wird besonders deutlich, wenn man sich vor Augen führt, dass intern im Verhältnis der Gesellschafter untereinander jeder Gesellschafter ausschließlich für seinen Anteil zu haften hat. Jeder Gesellschafter muss also letztlich – vorbehaltlich eines erfolgreichen internen Ausgleichs – nur mit einer Belastung rechnen, die seiner eigenen Beteiligung an der Gesellschaft entspricht. Nur mit Rücksicht auf diesen internen Anteil ist auch von einer Art Gewähr für die Solvenz der einzelnen Gesellschafter durch die Selbststeuerung der Gesellschaft auszugehen. Denn die Mitgesellschafter werden sich in aller Regel nur auf einen Beteiligungsgrad der übrigen Gesellschafter einlassen, bei dem der Umfang der Beteiligung, mithin auch der zu tragenden Lasten, der tatsächlichen Leistungsfähigkeit entspricht. Die Fähigkeit, die Gesellschaftsverbindlichkeiten im Außenverhältnis vollumfänglich zu erfüllen, ist demgegenüber für die Mitgesellschafter unerheblich. Es besteht daher gerade keine Gewähr dafür, dass die einzelnen Gesellschafter tatsächlich in der Lage sind, die im Außenverhältnis umfassende Haftung auch zu erfüllen. Die Gesellschaftsgläubiger müssen deshalb zur wirksamen Sicherung ihrer Ansprüche Zugriff auf sämtliche Gesellschafter besitzen. Um den Gläubigern die haftenden Personen bekannt zu machen, ist hierfür grundsätzlich eine Eintragung aller Gesellschafter im Handelsregister erforderlich.

II. Besonderheiten der Treuhand am Gesellschaftsanteil

Überträgt man den dargestellten Gedankengang auf die Fälle der Treuhand am Gesellschaftsanteil, ergibt sich ein modifiziertes Bild. Zwar sind nach der hier vertretenen Auffassung sowohl der Treuhänder als auch der Treugeber als Gesellschafter aufzufassen, eine Eintragungspflicht für beide Gesellschafter ergibt sich daraus jedoch nicht zwangsläufig. Treuhänder und Treugeber teilen sich einen einheitlichen Gesellschaftsanteil nach Maßgabe der Subordinationsbeziehung. Eine Eintragung von Treugeber und Treuhänder als haftende Gesellschafter würde den Gesellschaftsgläubigern hinsichtlich desselben Gesellschaftsanteils eine doppelte Zugriffsmöglichkeit aufzeigen. Die Eintragung jedes einzelnen Gesellschafters dient jedoch allein dem Zweck, mit Blick auf die interne Haftungsgewähr, die jeweils nur in Höhe des eigenen Gesellschaftsanteils besteht, den Zugriff auf je einen Gesellschafter für einen Gesellschaftsanteil zu ermöglichen. Eine Eintragung auch des Treugebers erscheint unter diesem Gesichtspunkt entbehrlich. Der Treuhänder, der als vollwertiger Gesellschafter in den Verbund der übrigen Gesellschafter aufgenommen ist, bietet eine hinreichende Haftungssicherheit für den übernommenen Gesellschaftsanteil. Dagegen lässt sich nicht einwenden, der Treuhänder werde seinerseits im Innenverhältnis wieder von seinem Treugeber völlig freigestellt, die Haftungsgewähr des Treuhänders dadurch in Frage gestellt. Es macht gerade das Wesen der Treuhand aus, dass der Treuhänder den Treugeber vollständig repräsentiert, er also auch extern hinsichtlich der Haftung in der Lage ist, diesen vollständig zu ersetzen. Die Treuhand ist darauf angelegt, dass der Treuhänder ihn an Stelle des Treugebers treffende Ansprüche erfüllen kann und erfüllt. Bei der Treuhand am Gesellschaftsanteil ist die Eintragung des Treuhänders als Gesellschafter im Handelsregister daher unter Haftungsgesichtspunkten ausreichend.

Die weitere Funktion der Publizität des Handelsregisters, über die Vertretungsverhältnisse der Gesellschaft zu informieren (vgl. § 125 Abs. 1 HBG), besitzt für die Treuhand am Gesellschaftsanteil von vornherein keine Bedeutung. Der Treugeber ist in die alltäglichen Gesellschaftsbelange unmittelbar nicht eingebunden. Im Rechtsverkehr tritt er als Gesellschafter nicht in Erscheinung. Eine gegebenenfalls dem treuhänderisch gehaltenen Anteil zugeordnete Vertretungsbefugnis für die Gesellschaft hat der Treuhänder als primärer Gesellschafter wahrzunehmen. Auch unter diesem Gesichtspunkt ist eine Eintragung des Treugebers im Handelsregister in Einklang mit den von den Parteien verfolgten Motiven entbehrlich.

Ein Widerspruch liegt auch nicht darin, einerseits den Treugeber einer unmittelbaren gesellschaftsrechtlichen Haftung zu unterwerfen, ihn andererseits aber nicht für eintragungspflichtig im Handelsregister zu erachten. Das Interesse an einer Haftung des Treugebers kommt durch die Subsidiarität seiner Stellung faktisch erst zum Tragen, wenn ein Haftungszugriff auf den Treuhänder nicht zur Befriedigung führt oder unzumutbar erscheint. Der Gläubiger kann und muss dann vom Treuhänder die nötigen Informationen zu einem Vorgehen gegen den Treugeber erhalten. Einer Registerpublizität bedarf es hierzu nicht. Zwar läuft der Gläubiger Gefahr, die Treuhandkonstellation zu übersehen, wenn der Treuhänder seiner Informationspflicht nicht nachkommt. Ein missbräuchliches Verhalten der Beteiligten könnte jedoch auch im Falle einer Eintragungspflicht nicht völlig ausgeschlossen werden, da es auch hier möglich wäre, gegenüber dem Register eine bestehende Treuhandverbindung zu verschweigen und den Gläubigern somit die erforderlichen Informationen vorzuenthalten.

III. Vergleich mit einer Unterbeteiligung in Form eine GbR

Zu beachten ist die ähnliche Problemstellung im Bereich der Beteiligung einer Gesellschaft bürgerlichen Rechts an einer Personenhandelsgesellschaft. Hier stellt sich die Frage, ob die Gesellschafter einer GbR, die ihrerseits an einer Personenhandelsgesellschaft beteiligt ist, im Handelsregister einzutragen sind. Eine Entbehrlichkeit der Eintragung der Gesellschafter der GbR würde eine entsprechende Entscheidung für den Treugeber bei der Treuhand am Gesellschaftsanteil nahe legen, eine Eintragungspflicht hingegen die Eintragungsfreiheit des Treugebers in Frage stellen. Die Parallelen zwischen den unterschiedlichen Beteiligungskonstruktionen liegen dabei in der funktionalen Ähnlichkeit einer Mediatisierung durch Einschaltung eines Treuhänders oder einer Personengesellschaft.[758]

Nach der Anerkennung der Fähigkeit der GbR, Trägerin von Rechten und Pflichten zu sein, hat der BGH nunmehr ausdrücklich klargestellt, die GbR könne auch einen Personengesellschaftsanteil (im konkreten Fall einen Kommanditanteil) innehaben. In diesem Falle seien die Gesellschafter der GbR im Handelsregister einzutragen. Auch spätere Gesellschafterwechsel in der GbR seien eintragungspflichtig.[759] In Teilen der Literatur ist die Position des BGH zur Eintragungspflicht auf Kritik gestoßen.[760] Als vorzugswürdige Alternative wird die Einreichung und laufende Aktualisierung einer Liste der Gesellschafter der GbR zum Handelsregister angeregt. Eine derartige Praxis besitze insbesondere mit Blick auf den Aufwand und die Kosten einer Registereintragung und Änderung erhebliche Vorzüge. Zu bedenken seien hier vor allem Gesellschaften bürgerlichen Rechts mit einer hohen und häufig wechselnden Gesellschafterzahl. Der zur Gewährleistung der Haftung der Gesellschafter ausreichenden indirekten Publizität werde durch die Einreichung einer Gesellschafterliste genügt.[761] Die Lösung des BGH erreiche zwar eine weiterreichende Publizität, sei aber „zu teuer erkauft".[762] Insbesondere unterläge in Konsequenz der Rechtsprechung des BGH ein Gesellschafter einer GbR, die einen Kommandit-

[758] Vgl. oben: 3. Kapitel, § 9, III.C.2., S. 184 ff.
[759] BGH, Urt. v. 16.7.2001, II ZB 23/00 = BGHZ 148, 291 = WM 2001, 1764 = NJW 2001, 3121.
[760] *Baumann*, JZ 2002, 402, 403 ff.; *Ulmer*, ZIP 2001, 1714, 1716 f.
[761] *Baumann*, JZ 2002, 402, 404, argumentiert vor allem daraus, wegen des durch das NaStraG vom 18.1.2001 eingefügten § 162 Abs. 3 HGB sei § 15 HGB nicht anwendbar, ein abstrakter Vertrauensschutz erfolge mithin nicht. Für den allgemeinen Rechtsscheins- und Vertrauensschutz aber sei eine beim Handelsregister hinterlegte Gesellschafterliste ebenso ausreichend; *Ulmer*, ZIP 2001, 1714, 1716.
[762] *Ulmer*, ZIP 2001, 1714, 1716.

anteil hält, zwischen seinem Eintritt in die GbR und der Eintragung im Handelsregister der Haftung aus § 176 Abs. 2 HGB.[763]

Indes hat mittlerweile das Gesetz über elektronische Register und Justizkosten für Telekommunikation (ERJuKoG) vom 10.12.2001 den neuen § 162 Abs. 1 S. 2 HGB geschaffen, der die vom BGH angenommene Eintragungspflicht gesetzlich festschreibt.[764] Dabei basiert die neue Regelung den Beratungen des Rechtsausschusses des Bundestages zufolge offenbar auf der Überzeugung, das Handelsregister müsse dem Rechtsverkehr eine Rückverfolgung auf die hinter den Handelsunternehmen stehenden juristischen oder natürlichen Personen ermöglichen.[765] Die Haftungsverhältnisse sollen nach dem Regelungszweck der Publizitätsvorschriften des HGB unmittelbar aus dem Handelsregister ersichtlich sein. Eine Nachforschung, die etwa durch die Einsichtnahme in den Gesellschaftsvertrag der beteiligten GbR erfolgen könnte, soll den Gesellschaftsgläubigern nicht zuzumuten sein.[766] Im Bereich der Beteiligung einer GbR als persönlich haftenden Gesellschafter einer OHG oder KG stellt sich mit Blick auf die für die GbR grundsätzlich geltende, aber abbedingbare Gesamtvertretung daneben die Erkennbarkeit der Vertretungsverhältnisse als Problem dar.[767]

Die Parallele zur Unterbeteiligung in Form einer GbR scheint auf den ersten Blick einer Ausnahme von der gesellschaftlichen Eintragungspflicht zu Gunsten des Treugebers im Wege zu stehen. Die Entscheidung gegen eine Eintragungspflicht von Treuhänder und Treugeber steht gleichwohl nicht in Widerspruch zur Lösung des Eintragungsproblems bei der Beteiligung einer GbR an einer anderen Personengesellschaft. Ist die an der Gesellschaft beteiligte Gesellschaft eine Handelsgesellschaft, sind ohnehin deren Gesellschafter wiederum im Handelsregister eingetragen, so dass sich den Gläubigern eine lückenlose Kette von Eintragungen zur Verfolgung der haftenden Rechtssubjekte bietet. Ist die beteiligte Gesellschaft hingegen eine solche bürgerlichen Rechts, fehlt es an einer Eintragung deren Gesellschafter im Handelsregister. Zur Erhaltung der haftungsrechtlichen Transparenz ist die Eintragung auch der Gesellschafter der GbR im Handelsregister erforderlich.[768] Unter dem Blickwinkel der internen Haftungsgewähr rechtfertigt sich diese Eintragung daraus, dass die einzelnen Gesellschafter der Gesellschaft bürgerlichen Rechts nur für den ihnen zustehenden Teil Haftungsgewähr bieten, nicht jedoch für den ganzen von der Gesellschaft übernommenen Anteil an der Hauptgesellschaft. Die Konstellation liegt insoweit gerade anders als bei der Treuhand, bei der Treuhänder und Treugeber für den gleichen Anteil einzustehen haben. Der Treugeber bietet anders als die

763 *Ulmer*, ZIP 2001, 1714, 1716 f.
764 Kritisch zu der Neuregelung: *Baumann*, JZ 2002, 402, 405.
765 Vgl. *Baumann*, JZ 2002, 402, 405.
766 *Steinbeck*, DStR 2001, 1162, 1164.
767 *Steinbeck*, DStR 2001, 1162, 1164 ff.
768 BGH, Urt. v. 16.7.2001, II ZB 23/00 = BGHZ 148, 291 = WM 2001, 1764 = NJW 2001, 3121.

GbR als Inhaber eines Gesellschaftsanteils eine ausreichende Haftungsgewähr, die eine Eintragung auch der Hintermänner als verzichtbar erscheinen lässt.

IV. Treuhänder als „zulässiger Scheingesellschafter"

Die Eintragung allein des Treuhänders als Gesellschafter im Handelsregister ermöglicht die Verbergung des Treugebers. Dessen durch den Treuhänder vermittelte geschäftliche Aktivität in der Gesellschaft tritt im Rechtsverkehr nicht hervor. Der Verzicht auf eine Eintragung des Treugebers führt letztlich die Anerkennung des Rechtsinstituts der mittelbaren Stellvertretung im Gesellschaftsrecht konsequent fort. Im handelsrechtlichen Kommissionsrecht zeigt sich, dass die Rechtsordnung das Bedürfnis nach einem Handeln im eigenen Namen für fremde Rechnung grundsätzlich anerkennt. Für den Bereich der Treuhand am Gesellschaftsanteil kollidiert das Interesse an der Einschaltung einer derartigen Mittelsperson indes mit der strukturellen Position des Treugebers. Den strukturellen Besonderheiten eines Gesellschaftsanteils als Treugut wird durch die Gesellschafterposition des Treugebers Rechnung getragen, der mittelbaren Stellvertretung damit in weiten Teilen ihre Wirkung genommen.

Würde man zudem eine Eintragungspflicht des Treugebers als Gesellschafter fordern, würden die Ziele, die hinter der Wahl der Treuhandkonstruktion stehen, jedoch völlig verfehlt. Der Sinn des Auftretens eines Vertreters im eigenen Namen im Gegensatz zum Handeln kraft Vollmacht des Vertretenen liegt gerade darin, im Rechtsverkehr den Vertreter als allein zuständige Person zu präsentieren. Steht hinter der Wahl der Treuhandkonstruktion ein Verdeckungszweck, ist dies offensichtlich. Aber auch in den Fällen, in denen der Treuhänder Verwaltungsaufgaben erfüllt, liegt es nicht anders. Die Verwaltungsaufgaben könnten regelmäßig durch die Einschaltung eines Bevollmächtigten erledigt werden. Die Entscheidung, den Treuhänder mit einer Vollrechtsstellung auszustatten, resultiert auch hier – neben einem möglicherweise ergänzend bestehenden Verbergungszweck – daraus, dass dem Treuhänder selbst größeres Vertrauen im Rechtsverkehr entegegengebracht wird, oder dass Formalitäten (etwa die Eintragung des Treugebers bei der Publikums-KG) vermieden werden sollen. Da den Interessen von Treugeber und Treuhänder, eine Offenlegung der Treuhand im Rechtsverkehr durch die Eintragung des Treugebers zu vermeiden, keine schutzwürdigen Haftungsinteressen der Gesellschaftsgläubiger entgegenstehen, kann die Eintragungspflicht dahingehend teleologisch reduziert werden, dass die Eintragung des Treuhänders der handelsregisterrechtlichen Publizität genügt. Der Treuhänder wird durch die Eintragung zu einer Art „zulässigem Scheingesellschafter". Er besitzt kein eigenes Interesse an der Gesellschaftsbeteiligung, erscheint jedoch im Rechtsverkehr als alleiniger Inhaber des von der Treuhand betroffenen Gesellschaftsanteils.

V. Zusammenfassung

Der Treugeber einer Treuhand an einem Personenhandelsgesellschaftsanteil unterliegt keiner Eintragungspflicht ins Handelsregister. Als Gesellschafter einzutragen ist ausschließlich der Treuhänder. Die gesellschaftsrechtliche Haftung des Treugebers wird dadurch nicht tangiert. Dem Publizitätsinteresse der Gesellschaftsgläubiger ist durch die Eintragung des Treuhänders genügt, da er für den treuhänderisch gehaltenen Gesellschaftsanteil eine hinreichende Haftungsgewähr bietet.

Zusammenfassung in Thesen

1. Zentrale Bedeutung bei der Suche nah einer dogmatisch stimmigen und interessengerechten Lösung der aus der Treuhand am Gesellschaftsanteil resultierenden rechtlichen Probleme nimmt die Frage nach einer Gesellschafterstellung des Treugebers ein. Allein ein mitgliedschaftliches Konzept zur Position des Treugebers ist in der Lage, den Schutz des Rechtsverkehrs und der übrigen Gesellschafter mit den Interessen des Treugebers an einer Mediatisierung durch Einschaltung eines Treuhänders in Ausgleich zu bringen.

2. Aus der rechtsstrukturellen Stellung, die dem Treugeber im Zusammenspiel zwischen Gesellschaftsvertrag und Treuhandvertrag zugewiesen wird, ergibt sich seine Einbindung in den Gesellschaftsverband. Ausfluss der gesellschaftsinternen Position des Treugebers ist seine Einbeziehung in die gesellschaftsinterne Meinungsfindung. Einerseits bestimmt der Treugeber mittelbar über die Weisungs- beziehungsweise Interessenbindung des Treuhänders die Belange der Gesellschaft und der übrigen Gesellschafter. Andererseits unterliegt er selbst den Konsequenzen der eigenen Mitwirkung wie auch der Einflussnahme der Mitgesellschafter. Die Teilhabe am Schicksal der Gesellschaft wird auch insoweit über den Treuhänder vermittelt, der wirtschaftliche Vor- und Nachteile an den Treugeber weiterleitet (vgl. §§ 675, 667, 670 BGB).

3. Die Entscheidung, den Treugeber als Gesellschafter aufzufassen, läuft den Mediatisierungsabsichten des Treugebers zuwider. Ziel der Treuhand ist es gerade, die Konsequenzen einer Gesellschafterstellung des Treugebers zu vermeiden, insbesondere seine funktionale Position im Geschäftsverkehr zu verbergen. Indes ist die Beteiligung an einer Gesellschaft einer Mittelung im Wege der Treuhand und damit letztlich der mittelbaren Stellvertretung nicht uneingeschränkt zugänglich. Jede Gesellschaft versteht sich als Strukturgefüge, an dem eine Beteiligung nicht nur kraft ausdrücklicher Vereinbarung, sondern auch durch die Einräumung einer entsprechenden rechtsstrukturellen Position begründet wird.

4. Die Basis für die Ausweitung des Gesellschaftsverhältnisses auch auf scheinbar lediglich mittelbar Beteiligte bildet die Zuordnung der Gesellschaft zum Rechtsstrukturtyp des Kooperationsverhältnisses. Als solches bildet das Gesellschaftsverhältnis einerseits gegenüber dem allgemeinen Rechtsverkehr ein Innenverhältnis, ist andererseits aber im Verhältnis zur treuhandrechtlichen Subordinationsbeziehung des Treuhänders zum Treugeber Außenbeziehung. Diese Stellung der Gesellschaftsbeziehung als „inneres“ Außenverhältnis, einhergehend mit einer zahlenmäßigen Beschränkung der Betroffenen, rechtfertigt letztlich das Durchschlagen der Treuhandbeziehung ins Gesellschaftsverhältnis.

5. Der rechtsstrukturellen Stellung des Treugebers und der Absicht der Beteiligten, den Treuhänder als Gesellschafter auftreten zu lassen, entspricht es, Treugeber und Treuhänder nebeneinander als Gesellschafter aufzufassen. Ihnen steht ein gemeinsam gehaltener Gesellschaftsanteil zu. Rechte und Pflichten aus dem Gesellschaftsanteil sind nach Maßgabe des Treuhandvertrages aufgeteilt. Entsprechend der subordinationsrechtlichen Struktur bedeutet dies, dass dem Treuhänder die Rechte im alltäglichen Geschäftsbetrieb zustehen. Dem Treugeber kommen lediglich Auskunfts- und Einsichtsrechte gegenüber der Gesellschaft zu. Die übrigen Mitwirkungsrechte kann der Treugeber im Falle eines Missbrauchs durch den Treuhänder an sich ziehen. Dies ergibt sich aus einer Übertragung und Weiterentwicklung der Grundsätze zum Missbrauch der Vertretungsmacht.

6. Die gesellschaftliche Treuepflicht trifft sowohl in ihrem unselbstständigen als auch in ihrem selbstständigen Aspekt gleichermaßen Treuhänder und Treugeber. Obwohl Treugeber und Treuhänder als Gesellschafter anzusehen sind, richtet sich ihre Beziehung untereinander nicht nach Gesellschaftsrecht, sondern allein nach der geschäftsbesorgungsrechtlich geprägten Treuhandbeziehung. Die Treuhandbeziehung überlagert insoweit das gesellschaftliche Innenverhältnis. Von Bedeutung ist dies vor allem für das Weisungsrecht des Treugebers gegenüber dem Treuhänder, das einer Einschränkung durch die gesellschaftsrechtliche Treuepflicht wohl im Verhältnis zur Gesellschaft, nicht aber zum Treuhänder unterliegt.

7. Mit Blick auf Form- und Zustimmungserfordernisse für die Begründung der Treuhand ist zwischen der Schaffung der Gesellschafterstellung des Treuhänders einerseits und des Treugebers andererseits zu unterscheiden. Die treuhänderische Bindung der Gesellschafterstellung des Treuhänders schränkt die zu bestehenden Anforderungen nicht ein. Ebenso wenig rechtfertigt die Mediatisierung durch den Treuhänder es, die Einbeziehung des Treugebers in die Gesellschaft von Zustimmungs- und Formerfordernissen auszunehmen. Die unterschiedlichen Entstehungsarten der Treuhand sind nur insoweit maßgeblich, als dadurch Erwerbs- oder Übertragungspflichten begründet werden. Der Erwerb der Gesellschafterstellung des Treuhänders und des Treugebers sind separat zu betrachten. Da der Treugeber durch den Treuhandvertrag zum Gesellschafter wird, sind die entsprechenden Zustimmungs- und Formvorschriften auf diesen Vorgang anzuwenden. Auch das Schicksal des Gesellschaftsanteils nach Beendigung der Treuhandbeziehung ist getrennt zu bewerten. Ist eine Zustimmung der Gesellschafter zum Gesellschafterwechsel erforderlich, gilt dies auch für die Begründung der Treuhand. Die Zustimmung muss sich indes nicht ausdrücklich auf die Begründung einer Treuhand beziehen. Die Zustimmung zur Anteilsübertragung umfasst die Treuhandbegründung als „wesensgleiches Minus“. Zu fordern ist jedoch stets eine Pflicht zur Offenlegung der Treuhand gegenüber den Mitgesellschaftern. Entsprechendes gilt für die

Formbedürftigkeit: Unterliegt ein Gesellschafterwechsel besonderen Formerfordernissen, ist auch die Treuhand formbedürftig.

8. Treugeber und Treuhänder haften der Gesellschaft beziehungsweise deren Gläubigern in der Art, die der jeweiligen Gesellschaftsform entspricht. Im Personengesellschaftsrecht unbeschränkt persönlich oder auf die Kommanditeinlage beschränkt, im Kapitalgesellschaftsrecht im Rahmen der Kapitalaufbringung und -erhaltung. Die Haftung des Treugebers ist dabei durch die subsidiäre Ausgestaltung der Treuhandbeziehung faktisch modifiziert. Zwar lässt sich mit Blick auf seine Haftungsverantwortung eine rechtliche nachrangige Haftung gegenüber den Gesellschaftsgläubigern nicht rechtfertigen. Durch die regelmäßig gegebene Verdeckung der Treuhandbeziehung nach außen kommt es jedoch zu einer tatsächlichen Subsidiarität. Erfüllt der Treuhänder die Ansprüche der Gläubiger nicht - wozu er aus der Treuhandbeziehung auch gegenüber dem Treugeber verpflichtet ist - muss er den Gläubigern jedenfalls die erforderlichen Informationen für ein Vorgehen gegen den Treugeber verschaffen.

9. Eine Pflicht zur Eintragung des Treugebers als Gesellschafter im Handelsregister besteht nicht. Es genügt den Publizitätsanforderungen des Personengesellschaftsrechts, wenn eine Person, die für einen Gesellschaftsanteil volle Haftungsgewähr bietet, eingetragen wird. Der Treuhänder repräsentiert hinsichtlich der Rechte und Pflichten aus dem Gesellschaftsanteil den Treugeber vollumfänglich. Er bietet daher volle haftungsmäßige Sicherheit hinsichtlich des treuhänderisch gehaltenen Anteils.

10. Über die Einzelergebnisse für die Treuhand am Gesellschaftsanteil hinaus lassen sich aus der Einstufung des Treugebers als subsidiärer Gesellschafter neben dem Treuhänder einige übergreifende Gesichtspunkte gewinnen, die weiterreichend von Bedeutung sein mögen. Zu denken ist vor allem an eine Übertragung auf ähnliche Rechtsinstitute jenseits des engen Bereichs der Treuhand am Gesellschaftsanteil, insbesondere verwandten Formen einer mittelbaren Beteiligung wie Unterbeteiligung, Nießbrauch und Pfandrecht am Gesellschaftsanteil.

11. Die Gesellschafterstellung des Treugebers leitet sich aus dem Zusammenspiel eines Kooperationsverhältnisses (Gesellschaftsbeziehung) und eines Subordinationsverhältnisses (Treuhandbeziehung) her. Die dadurch herbeigeführte Integration des Treugebers ins gesellschaftsrechtliche Organisationsgefüge zeigt beispielhaft die Möglichkeit, unterschiedliche Rechtsstrukturtypen miteinander zu verknüpfen und dadurch komplexe Gefüge menschlichen Zusammenwirkens zu erfassen. Zugleich entpuppt sich das geschäftsbesorgungsrechtliche Regelungsprogramm als Modell der subordinativ aufgespaltenen Innehabung einer Rechtsposition. Rechte und Pflichten am Gegenstand der

Treuhand werden primär dem Treuhänder, daneben aber nachrangig, mithin subsidiär, dem Treugeber zugeordnet.

12. Überdies hat sich die Bedeutung der analogen Anwendung des Prinzips des Missbrauchs der Vertretungsmacht als Grundlage der subsidiären Berechtigung des Treugebers erwiesen. An der Übertragung der Grundsätze zum Missbrauch der Vertretungsmacht auf innergesellschaftliche Mitwirkungsakte eines echten Treuhänders zeigt sich nicht zuletzt die Bedeutung, die § 137 BGB in unserer Rechtsordnung zukommt. Zweck der Vorschrift ist es, einen umfassenden Gutglaubensschutz zu gewährleisten. Dem trägt die entsprechende Anwendung der Grundsätze zum Missbrauch der Vertretungsmacht Rechnung, indem sie die Kenntnis der internen Bindung und eine Evidenz der konkreten Überschreitung durch den Berechtigten voraussetzt.

Literaturverzeichnis

Armbrüster, Christian

Zur Beurkundungsbedürftigkeit von Treuhandabreden über GmbH-Anteile - Zugleich ein Beitrag zu den Formzwecken des § 15 Abs. 4 Satz 1 GmbHG - , DNotZ 1997, 762

Zur uneinheitlichen Stimmrechtsausübung im Gesellschaftsrecht, FS für Gerold Bezzenberger, Berlin/New York 2000

Die treuhänderische Beteiligung an Gesellschaften, Köln/Berlin/Bonn/München 2001, (zit.: Armbrüster)

Treuhänderische GmbH-Beteiligungen (I), Begründung, Übertragung, Umwandlung, Beendigung, GmbHR 2001, 941

Bälz, Ulrich

Treuhandkommanditist, Treuhänder der Kommanditisten und Anlegerschutz, ZGR 1980, 1

Ballerstedt, Kurt

Zur Rechtstellung des Auftraggebers eines Strohmannes nach GmbH-Recht, JZ 1960, 513

Baumann, Horst

Anmerkung zu BGH, Urt. v. 16. 7. 2001 - II ZB 23/00, JZ 2002, 401, 402

Baumbach, Adolf/Hopt, Klaus J.

Handelsgesetzbuch, mit GmbH & Co., Handelsklauseln, Bank- und Börsenrecht, Transportrecht (ohne Seerecht), 30. Aufl., München 2000

Baumbach, Adolf/Hueck, Alfred

GmbH-Gesetz, Gesetz betreffend die Gesellschaft mit beschränkter Haftung, 17. Aufl., München 2000

Baur, Fritz

Rezension zu: Ennecerus-Nipperdey, Allgemeiner Teil des Bürgerlichen Rechts, JZ 1961, 334

Beuthien, Volker

Treuhand an Gesellschaftsanteilen, ZGR 1974, 26

Beyerle, Franz

Die Treuhand im Grundriss des deutschen Privatrechts, Weimar 1932

Bippus, Birgit Elsa

Einheitlichkeit der Mitgliedschaft und Selbständigkeit der Beteiligung in der Personengesellschaft, AcP 195 (1995), 13

Blaurock, Uwe

Unterbeteiligung und Treuhand am Gesellschaftsanteil, Baden-Baden 1981, (zit.: Blaurock)

Brecher, Fritz

Subjekt und Verband, Prologomena zu einer Lehre von den Personenzusammenschlüssen, FS für Alfred Hueck, München/Berlin 1959

Breuer, Johannes

Treuhandverhältnisse im Gesellschaftsrecht, MittRhNotK 1988, 79

Busse, Andreas

Zur Problematik von Stimmbindungsverträgen bei Personengesellschaften, BB 1961, 261

Canaris, Claus-Wilhelm

Die Verdinglichung obligatorischer Rechte, 1. FS für Werner Flume, Köln 1978, S. 372

Die Rückgewähr von Gesellschaftereinlagen durch Zuwendungen an Dritte, FS für Robert Fischer, Berlin/New York 1979, S. 31

Coing, Helmut

Die Treuhand kraft privaten Rechtsgeschäfts, München 1973 (zit.: Coing, Treuhand)

Publizität und Aussenwirkung bei der Treuhand, FS für Johannes Bärmann, München 1970, S. 203

Treuhandverhältnis und abhängige juristische Person, FS für Winfried Werner, Berlin/New York 1984, S. 101

Däubler, Wolfgang

Die treuhänderische Abtretung des GmbH-Geschäftsanteils, GmbHR 1966, 242

Rechtsgeschäftlicher Ausschluß der Veräußerlichkeit von Rechten, NJW 1968, 1117

Dreher, Meinrad

Treuepflichten zwischen Aktionären und Verhaltenspflichten bei der Stimmrechtsbündelung, ZHR 157 (1993), 150

Dulckeit, Gerhard

Die Verdinglichung obligatorischer Rechte, Tübingen 1951

Ehlke, Michael

Zur Behandlung von Treugeber und Treuhänder an einem GmbH-Anteil, - Zugleich eine Besprechung des OLG Hamburg vom 27. 4. 1984, DB 1984, 1515 -, DB 1985, 795

Erman, Walter

Verwaltung der Rechte eines Kommanditisten durch einen persönlich haftenden Gesellschafter der Kommanditgesellschaft, FS für Hans Carl Nipperdey, Band I, München/Berlin 1965, S. 277

Ennecerus, Ludwig/Nipperdey, Hans-Carl

Allgemeiner Teil des Bürgerlichen Rechts, Ein Lehrbuch, Zweiter Halbband, 15. Aufl. Tübingen 1960

Esser, Josef/Weyers, Hans-Leo

Schuldrecht, Band II, Besonderer Teil, 8. Aufl., Heidelberg 1998

Frankfurter Kommentar zur Insolvenzordnung

3. Aufl., Neuwied/Kriftel 2002

Fleck, Hans-Joachim

Stimmrechtsabspaltung in der GmbH, FS für Robert Fischer, Berlin/New York 1979, S. 107

Kurzkommentar zu OLG Düsseldorf, Urt. v. 28. 3. 1991 - 6 U 163/90, EwiR § 171 HGB 2/91, 801

Flume, Werner

Allgemeiner Teil des Bürgerlichen Rechts, Erster Band, Erster Teil, Die Personengesellschaft, Berlin/Heidelberg/New York 1977

Allgemeiner Teil des Bürgerlichen Rechts, Erster Band, Zweiter Teil, Die juristische Person, Berlin/Heidelberg/New York/Tokyo 1983

Allgemeiner Teil des Bürgerlichen Rechts, Zweiter Band, Das Rechtsgeschäft, 4. (unveränderte) Aufl., Berlin/Heidelberg 1992

Die Rechtsprechung des II. Zivilsenats des BGH zur Treuepflicht des GmbH-Gesellschafters und des Aktionärs, ZIP 1996, 161

Gernhuber, Joachim

Die fiduziarische Treuhand, JuS 1988, 355

Gieseke, Horst

Besondere Probleme bei der „mittelbaren Beteiligung" an einer Publikums-KG durch einen Treuhand-Kommanditisten, DB 1984, 970

Groh, Manfred

Die atypische Gesellschaft als fiktive Gesamthandsgesellschaft, FS für Heinrich Wilhelm Kruse, Köln 2001, S. 417

Gruber, Michael

Der Treuhandmissbrauch, AcP 202 (2002), 435

Grundmann, Stefan

Der Treuhandvertrag, insbesondere die werbende Treuhand, München 1997, (zit.: Grundmann)

Gummert, Hans

Anmerkung zu BGH, Urt. v. 13. 6. 1994 - II ZR 259/92, WiB 1994, 775, 776

Habersack, Mathias

Die Mitgliedschaft, subjektives und „sonstiges" Recht, Tübingen 1996, (zit.: Habersack, Mitgliedschaft)

Hachenburg, Max

Gesetz betreffend die Gesellschaft mit beschränkter Haftung (GmbHG), Großkommentar, Erster Band, §§ 1-34, 8. Aufl., Berlin/New York 1992

Hager, Günter

Die Prinzipien der mittelbaren Stellvertretung, AcP 180 (1980), 239

Häsemeyer, Ludwig

Obstruktion gegen Sanierung und gesellschaftsrechtliche Treuepflicht, ZHR 160 (1996), 109

Hegmanns, Ekkehard

Die Sicherung bei Treuhandverträgen für Geschäftsanteile, ZIP 1989, 900

Heidelberger Kommentar zur Insolvenzordnung

Heidelberg 1999

Heidenhain, Martin

Aufgabe des Beurkundungserfordernisses beim Verkauf und der Abtretung von GmbH-Geschäftsanteilen, ZIP 2001, 721

Heining, Arnold

Treuhand an GmbH-Anteilen, GmbHR 1954, 98

Hegmanns, Ekkehard

Die Sicherung bei Treuhandverträgen für Geschäftsanteile, ZIP 1989, 900

Henssler, Martin

Verhaltenspflichten bei der Ausübung von Aktienstimmrechten durch Bevollmächtigte, ZHR 157 (1993), 91

Treuhandgeschäft - Dogmatik und Wirklichkeit, AcP 196 (1996), 37

Hesse, Konrad

Grundzüge des Verfassungsrechts der Bundesrepublik Deutschland, 20. Aufl., Heidelberg 1995

Hofmann, Achim

Die Rechtstellung des Treugebers in der kupierten Publikums-KG, Göttingen 1985, (zit. : Hofman)

Huber, Ulrich

Vermögensanteil, Kapitalanteil und Gesellschaftsanteil an Personalgesellschaften des Handelsrechts, Heidelberg 1970 (zit.: Huber, Vermögensanteil)

Anmerkung zu BGH, Urt. v. 4. 4. 1968 - II ZR 26/67, JZ 1968, 791

Hueck, Alfred

Der Treuegedanke im modernen Privatrecht, München 1946, (zit.: A. Hueck, Treuegedanke)

Stimmbindungsverträge bei Personenhandelsgesellschaften, FS für Hans Carl Nipperdey, Band I, München/Berlin 1965, S. 401

Hüffer, Uwe

Zur gesellschaftsrechtlichen Treupflicht als richterrechtlicher Generalklausel, FS für Ernst Steindorff, Berlin/New York 1990, S. 59

Jaeger, Ernst

Konkursordnung, Großkommentar, 9. Aufl., Berlin/New York 1997

Jaeniche, Steffen

Die Dritteinflussnahme bei Personengesellschaften, München 1995

Köhl, Dietmar

Die Ausfallhaftung von Hintermännern bzw. Treugebern für nicht geleistete Stammeinlagenzahlungen, GmbHR 1998, 119

Kohler, Jürgen

Vormerkbarkeit eines durch abredewidrige Veräußerung bedingten Rückerwerbsanspruchs, DNotZ 1989, 339

Koller, Ingo/Roth, Wulf-Henning/Morck, Winfried

Handelsgesetzbuch, Kommentar, 2. Aufl., München 1999

Kötz, Hein

Anmerkung zu BGH, Urt. v. 4. 4. 1968 - II ZR 26/67, NJW 1968, 1471

Kraft, Alfons

Beendigung des Treuhandverhältnisses bei der treuhänderisch organisierten Publikums-KG, ZGR 1980, 399

Krenzel, Joachim

Treuhand an Kommanditanteilen, Unter besonderer Berücksichtigung der Pflichtenbindung des Treuhänders in der kupierten Publikums-Kommanditgesellschaft, Frankfurt a.M. 1991, (zit.: Krenzel)

Kübler, Friedrich

Gesellschaftsrecht, 5. Aufl., Heidelberg 1999

Kümmerlein, Hartmut

Erscheinungsformen und Probleme der Verwaltungstreuhand bei Personengesellschaften, Münster 1977, (zit.: Kümmerlein)

Larenz, Karl

Schuldrecht, Band I, 14. Aufl., München 1987

Larenz, Karl/Wolf, Manfred

Allgemeiner Teil des Bürgerlichen Rechts, 8. Aufl., München 1997

Lessmann, H.

Vinkulierte Übertragung von GmbH-Geschäftsanteilen, GmbHR 1985, 179

Liebich, Dieter/Mathews, Kurt

Treuhand und Treuhänder in Recht und Wirtschaft, Ein Handbuch, 2. Aufl., Herne/Berlin 1983

Liebs, Rüdiger

Die unbeschränkte Verfügungsbefugnis, AcP 175 (1975), 1

Loritz, Karl-Georg

Rechtsfragen der notariellen Beurkundung bei Verkauf und Abtretung von GmbH-Geschäftsanteilen, DNotZ 2000, 90

Lutter, Marcus

Theorie der Mitgliedschaft, Prolegomena zu einem Allgemeinen Teil des Korporationsrechts, AcP 180 (1980), 84

Die Treuepflichten des Aktionärs, Bemerkungen zur Lynotype-Entscheidung des BGH, ZHR 153 (1989), 446

Treupflichten und ihre Anwendungsprobleme, ZHR 162 (1998), 164

Lutter, Marcus/Grunewald, Barbara

Zur Umgehung von Vinkulierungsklauseln in Satzungen von Aktiengesellschaften und Gesellschaften mbH, AG 1989, 109

Lutter, Marcus/Hommelhoff, Peter

GmbH-Gesetz, Kommentar, 15. Aufl., Köln 2000

Lutter, Marcus/Schneider, Uwe H.

Die Beteiligung von Ausländern an inländischen Aktiengesellschaften - Möglichkeiten der Beschränkung nach geltendem Recht und Vorschläge de lege ferenda -, ZGR 1975, 182

Markwardt, Manfred

Rechtsgeschäftliche Treuhandverhältnisse bei Personenhandelsgesellschaften, Marburg 1973
(zit.: Markwardt)

Martinek, Michael

Moderne Vertragstypen, Band I, Leasing und Factoring, München 1991

Das allgemeine Geschäftsbesorgungsrecht und die analoge Anwendung des § 392 Abs. 2 HGB, Anregungen aus und zu Musielaks Gutachten zur Schuldrechtsreform, FS für Joachim Musielak, München 2004, S. 355

Maulbetsch, Hans-Christoph

Beirat und Treuhand in der Publikumspersonengesellschaft,
Bonn 1984, (zit.: Maulbetsch)

Medicus, Dieter

Allgemeiner Teil des BGB, Ein Lehrbuch, 7. Aufl., Heidelberg 1997

Michalski, Lutz

Kommentar zum Gesetz betreffend die Gesellschaft mit beschränkter Haftung (GmbH-Gesetz), Band 1, München 2002

Müller-Erzbach, Rudolf

Die Grundsätze der mittelbaren Stellvertretung
aus der Interessenlage entwickelt, Berlin 1905

Herrschaft und Haftung. Zugleich eine Richtigstellung.,
LZ 27 (1933), 145

Das private Recht der Mitgliedschaft als Prüfstein eines kausalen Rechtsdenkens, 1948

Das Erfassen des Rechts aus den Elementen des Zusammenlebens, veranschaulicht am Gesellschaftsanteil, AcP 154 (1955), 299

Müller-Freienfels, Wolfram

Die Vertretung beim Rechtsgeschäft, Tübingen 1955

Münchener Handbuch des Gesellschaftsrechts

Band 2, Kommanditgesellschaft, Stille Gesellschaft, München 1991

Münchener Kommentar zum Bürgerlichen Gesetzbuch

Band 1, Allgemeiner Teil (§§ 1-240), AGB-Gesetz, 3. Aufl., München 1993

Band 2, Schuldrecht, Allgemeiner Teil (§§ 241-432), 3. Aufl., München 1994

Band 5, Schuldrecht, Besonderer Teil III (§§ 705-853), Partnerschaftsgesellschaftsgesetz, Produkthaftungsgesetz, 3. Aufl., München 1997

Münchener Kommentar zum Handelsgesetzbuch

Band 3, Zweites Buch. Handelsgesellschaft und stille Gesellschaft, Zweiter Abschnitt. Kommanditgesellschaft, Dritter Abschnitt. Stille Gesellschaft, §§ 161-237, Konzernrecht, München

Musielak, Hans-Joachim

Entgeltliche Geschäftsbesorgung, In Gutachten und Vorschläge zur Schuldrechtsreform, 1981, S. 1209 ff.

Pleyer, Klemens

Zur Haftung des Gesellschafters einer unterkapitalisierten Strohmann-GmbH, GmbHR 1963, 206

Queck, Mathias

Der Nießbrauch am Anteil einer offenen Handelsgesellschaft: eine Form der (un-) mittelbaren Unternehmensbeteiligung, Frankfurt a.M. 2000

Reuter, Dieter

Privatrechtliche Schranken der Perpetuierung von Unternehmen, Ein Beitrag zum Problem der Gestaltungsfreiheit im Recht der Unternehmensformen, Frankfurt a.M. 1973

Stimmrechtsvereinbarung bei treuhänderischer Abtretung eines GmbH-Anteils - Besprechung der Entscheidung vom 11. 10. 1976 . II ZR 119/75-, ZGR 1978, 633

Ein Plädoyer für das institutionelle Rechtsdenken, FS für Ernst-Joachim Mestmäcker, Baden-Baden 1996, S. 271

Roth, Günther H./Altmeppen, Holger

Gesetz betreffend die Gesellschaft mit beschränkter Haftung (GmbHG), 3. Aufl. München 1997

Roth, Günter H./Thöni, Wilfried

Treuhand und Unterbeteiligung, FS 100 Jahre GmbH-Gesetz, Köln 1992, S. 245

Rowedder, Heinz

Gesetz betreffend die Gesellschaft mit beschränkter Haftung (GmbHG), Kommentar, 3. Aufl., München 1997

Rowedder, Heinz/Schmidt-Leithoff, Christian

Gesetz betreffend die Gesellschaft mit beschränkter Haftung (GmbHG), Kommentar, 4. Aufl., München 2002

Schäfer, Carsten

Anmerkung zu BGH, Urt. v. 2. 7. 2001 - II ZR 304/00, JZ 2002, 249

Schaub, Bernhard

Treuhand an GmbH-Anteilen, DStR 1995, 1634

Schiefer, Christina

Rechtsformen der Publikumsgesellschaften und Sonderrecht der Publikums-KG (Teil I), DStR 1997, 119

Schiemann, Gottfried

Haftungsprobleme bei der Treuhand an Gesellschaftsanteilen, FS für Wolfgang Zöllner, Band I, Köln/Berlin/Bonn/München 1998, S. 503

Schlegelberger, Franz

Handelsgesetzbuch, Band III/2. Halbband, §§ 161-177a, 335-342 (§§ 230-237 n.F.), 5. Aufl. München 1986

Schless, Robert

Mittelbare Stellvertretung und Treuhand, Leipzig 1931, (zit.: Schless)

Schlosser, Hans

Außenwirkungen verfügungshindernder Abreden bei der rechtsgeschäftlichen Treuhand, NJW 1970, 681

Schlüter, Wilfried

Veräußerung und Abtretung von GmbH-Geschäftsanteilen als Formproblem, FS für Horst Bartholomeyczik, S. 359, Berlin 1973

Schmidt, Karsten

Liquidationszweck und Vertretungsmacht der Liquidatoren, Ein Beitrag zur Auslegung der §§ 49 BGB, 149 HGB, 70 GmbHG, 88 GenG und 269 AktG, AcP 174 (1974), 55

Die Vereinsmitgliedschaft als Grundlage von Schadensersatzansprüchen, JZ 1991, 157

Stimmrecht beim Anteilsnießbrauch, Besprechung des Urteils BGH NJW 1999, 571, ZGR 1999, 601

Sozialansprüche und actio pro socio bei der "GmbH und Still", FS für Gerold Bezzenberger, Berlin/New York 2000, S. 401

Gesellschaftsrecht, 4. Aufl. Köln/Berlin/Bonn/München 2002

Schmidt-Rimpler, Walter

Das Kommissionsgeschäft, in: Ehrenberg, Handbuch des Handelsrechts, Band V, 2. Halbband, 1928, S. 477

Schön, Wolfgang

Der Nießbrauch am Gesellschaftsanteil, ZHR 158 (1994), 229

Scholz, Franz

Kommentar zum GmbH-Gesetz, mit Anhang Konzernrecht, I. Band, §§ 1-44, 9. Aufl. Köln 2000

Schulz, Sabine U. E.

Zur Formbedürftigkeit von Vereinbarungs- und Erwerbstreuhand an GmbH-Geschäftsanteilen, GmbHR 2001, 282

Siebert, Wolfgang

Das rechtsgeschäftliche Treuhandverhältnis, Ein dogmatischer und rechtsvergleichender Beitrag zum allgemeinen Treuhandproblem, 2. (unveränderte) Aufl., Marburg 1933, (zit.: Siebert)

Soergel, Hans Theodor

Bürgerliches Gesetzbuch mit Einführungsgesetz und Nebengesetzen

Band 2, Schuldrecht I, §§ 241-432, 12. Aufl. Stuttgart/Berlin/Köln 1990

Sojka, Jürgen

Der Schutz mittelbarer Gesellschaftsbeteiligungen gegen beeinträchtigendes Verwaltungshandeln der Gesellschafter, Köln 1992, (zit.: Sojka)

Staub, Hermann

HGB, Großkommentar, 4. Aufl. Berlin/New York

12. Lieferung, 1989: §§ 105-113
19. Lieferung, 1999: §§ 114-122

Staudinger, Julius v.

Kommentar zum Bürgerlichen Gesetzbuch mit Einführungsgesetz und Nebengesetzen

§§ 241-243, 13. Bearb., Berlin 1995
§§ 293-327, 13. Bearb., Berlin 1995
§§ 328-361, 13. Bearb., Berlin 1995
§§ 652-704, 13. Bearb., Berlin 1995
§§ 985-1011, 13. Bearb., Berlin 1993

Steinbeck, Anja

Die Gesellschaft bürgerlichen Rechts als Gesellschafterin einer Personenhandelsgesellschaft, Anmerkung zu BayObLG vom 18. 10. 2000 - 3Z BR 164/00, DStR 2001, Seite 1162

Tebben, Joachim

Unterbeteiligung und Treuhand an Gesellschaftsanteilen, Baden-Baden 2000, (zit.: Tebben)

Die qualifizierte Treuhand im Personengesellschaftsrecht, ZGR 2001, 586

Thur, Andreas von

Der Allgemeine Teil des Bürgerlichen Rechts, Erster Band. Allgemeine Lehren und Personenrecht, Berlin 1957 (unveränderter Nachdruck der ersten Auflage von 1910)

Thurner, Victor

Die Treuhand bei Unternehmensverbindungen, DB 1994, 1708

Timm, Wolfram

Außenwirkungen vertraglicher Verfügungsverbote, JZ 1989, 13

Treuepflichten im Aktienrecht, JZ 1991, 481

Ulmer, Peter

Zur Treuhand an GmbH-Anteilen. Notwendige Differenzierung zwischen einfacher (verdeckter) und qualifizierter (offener) Treuhand, FS Odersky, Berlin/New York 1992, S. 783

Zur Treuhand an GmbH-Anteilen: Haftung des Treugebers für Einlageansprüche der GmbH?, ZHR 156 (1992), 377

Anmerkung zu BGH, Urt. v. 16. 7. 2001 - II ZB 23/00, ZIP 2001, 1713, 1714

Wagner, Eberhard

Rechtsgeschäftliche Unübertragbarkeit und § 137 S. 1 BGB, Zur Teleologie einer „Fundamentalnorm", AcP 194 (1994), 451

Wagner, Franz

Anmerkung zu BGH, Urt. v. 19. 4. 1999, II ZR 365/97, NZG 1999, 656, 657

Wank, Rolf

Mißbrauch der Treuhandstellung und der Vertretungsmacht - BGH, WM 1977, 525, JuS 1979, 402

Weber, Christoph

Privatautonomie und Außeneinfluß im Gesellschaftsrecht, Tübingen 2000, (zit.: Weber, Privatautonomie)

Westermann, Harm-Peter

Vertragsfreiheit und Typengesetzlichkeit im Recht der Personengesellschaften, Berlin/Heidelberg/New York 1970 (zit.: H.-P.Westermann, Vertragsfreiheit)

Der Notgeschäftsführer der GmbH - der Mann zwischen den Fronten, FS für Bruno Kropff, Düsseldorf 1997, S. 681

Weipert, Lutz

Zum Problem der Bedingungskongruenz im Verhältnis zwischen Publikums-Kommanditgesellschaft, Treuhandkommanditist und Kapitalanleger, ZHR 157 (1993), 513

Wiedemann, Herbert

Die Übertragung und Vererbung von Mitgliedschaftsrechten bei Handelsgesellschaften, München/Berlin 1965, (zit.: Wiedemann, Mitgliedschaftsrecht)

Gesellschaftsrecht, Band I, Grundlagen, München 1980

Die Personengesellschaft – Vertrag oder Organisation, ZGR 1996, 286

Wiegand, Wolfgang

Die Entwicklung des Sachenrechts im Verhältnis zum Schuldrecht, AcP 190 (1990), 112

Wiesner, Georg

Die Enthaftung ausgeschiedener persönlich haftender Gesellschafter einer KGaA, ZHR 148 (1984), 56

Zur Haftung des Treugeber-Kommanditisten bei der qualifizierten Treuhand, FS für Peter Ulmer, Berlin 2003, S. 673

Wilken, Oliver

Kurzkommentar zu BGH, Urt. v. 19. 4. 1999 - II ZR 365/97, EwiR § 15 GmbHG, 1/99, 703

Würdinger, Hans

Gesellschaften, 1. Teil: Recht der Personengesellschaften, Hamburg 1937

Zacher, Thomas

Alte und „neue" Haftungsrisiken für Publikumskommanditisten und Treugeber, DStR 1996, 1813

Zöllner, Wolfgang

Die Schranken mitgliedschaftlicher Stimmrechtsmacht bei den privatrechtlichen Personenverbänden, München/Berlin 1963, (zit.: Zöllner, Schranken)

Zu Schranken und Wirkung von Stimmbindungsverträgen, insbesondere bei der GmbH, ZHR 155 (1991), 168

Zutt, Jürg

Einstweiliger Rechtsschutz bei Stimmbindungen, ZHR 155 (1991), 190

Saarbrücker Studien zum Privat- und Wirtschaftsrecht

Herausgeber:
Johann Paul Bauer, Michael Martinek und Helmut Rüßmann

Band 1 Susanne Jaschinski: Die Haftung von Schwestergesellschaften im GmbH-Unterordnungskonzern. Ein Beitrag zum Konzernverfassungsrecht. 1997.

Band 2 Roman Sascha Ahnert: Die *actio individualis*. Ein Beitrag zur verfassungsrechtlichen Fundierung der Aktionärsklage bei sogenannten Aktien-Interessenverbänden. 1997.

Band 3 Torsten Peters: Der Cateringvertrag. Rechtstatsachen, Rechtsnatur und Rechtsprobleme eines modernen Dienstleistungsvertrags. 1998.

Band 4 Michael Meissner: Persönlichkeitsschutz juristischer Personen im deutschen und US-amerikanischen Recht. Eine rechtsvergleichende Untersuchung des allgemeinen Persönlichkeitsrechts juristischer Personen. 1998.

Band 5 Thomas Tegen: Joint Venture-Vertrag und Projektträgergesellschaft im amerikanischen und deutschen Recht. 1998.

Band 6 Gerhard Wolter: Treuhandrecht im Umbruch? Ein Blick nach Frankreich, Luxemburg, in die Schweiz und in den Libanon sowie auf das Haager Trust-Übereinkommen. 1999.

Band 7 Thomas Dehlfing: Das Recht der irreführenden Werbung in Deutschland, Großbritannien und Frankreich. 1999.

Band 8 Hanno Dornseifer: Börsentermingeschäfte und Börsentermingeschäftsfähigkeit. Zur börsengesetzlichen Behandlung von finanzwirtschaftlichen Festgeschäften, Options- und Optionsscheingeschäften. 1999.

Band 9 Patrick Lenz: Absatzförderung durch *zinssubventionierte* Darlehen. Eine wettbewerbs- und kartellrechtliche Studie zur Zulässigkeit von Niedrigzins-Kreditangeboten unter besonderer Berücksichtigung des Automobilmarktes. 1999.

Band 10 Mansur Pour Rafsendjani: Der Goodwill-Ausgleichsanspruch des Franchisenehmers. Ein Vergleich des deutschen, französischen und US-amerikanischen Franchiserechts. 1999.

Band 11 Jörg Hartmann: Juristische und ökonomische Regelungsprobleme des Insiderhandels. Eine rechtsvergleichende Darstellung USA – Deutschland. 1999.

Band 12 David Altmeier: Rückstellungsbilanzierung in Deutschland und Frankreich. Eine vergleichende Untersuchung der französischen Rückstellungsbilanzierung aus der Perspektive des deutschen Bilanzrechts. 1999.

Band 13 Barbara Günther: Aktivische Bilanzierungshilfen im deutschen und französischen Bilanzrecht. 1999.

Band 14 Bernhard Glasow: Vertikale Preisbindung, Wettbewerbstheorie und Wettbewerbsrecht in den USA, Deutschland und Europa. Bestandsaufnahmen, Kritik und Zukunftsperspektiven. 2000.

Band 15 Dorota Nowak-James: Der Börsenzugang für Anleger in Deutschland und Polen. Eine rechtsvergleichende Untersuchung zum deutschen Finanzkommissionsgeschäft und zum polnischen Brokerauftragsvertrag. 2000.

Band 16 Mathias Queck: Der Nießbrauch am Anteil einer offenen Handelsgesellschaft. Eine Form der (un-)mittelbaren Unternehmensbeteiligung. 2000.

Band 17 Ina Roth: Umweltbezogene Unternehmenskommunikation im deutschen und europäischen Wettbewerbsrecht. 2000.

Band 18 Jörg Preiss: Die Anwendung des markenrechtlichen Erschöpfungsgrundsatzes auf Dienstleistungsmarken. 2000.

Band 19 Kevin M. McDonald: Der Begriff der Dienstleistung im europäischen Binnenmarkt und WTO-System (GATS). 2001.

Band 20 Carolin Opgenhoff: Die europäische Fusionskontrolle zwischen Wettbewerbsrecht und Industriepolitik. 2001.

Band 21 Susanne Schäfer: Die Deliktsfähigkeit juristischer Personen. Eine rechtsvergleichende Untersuchung zur Übertragbarkeit des englischen Modells. 2001.

Band 22 Kay Diedrich: Die Interventionswirkung – Ausprägung eines einheitlichen Konzepts zivilprozessualer Bindungswirkung. 2001.

Band 23 Michael Fröhlich: Zentrale Institutionen des deutschen Urheberrechts und des französischen Droit d'auteur auf dem Prüfstand der elektronischen Netzwerke. 2001.

Band 24 Joël Benjamin Münch: Abtretungsverbote im deutschen und französischen Recht. Rechtsvergleichende Untersuchung der Übertragungshindernisse im deutschen und französischen Forderungsverkehr als Beitrag zu einer weiteren Schuldrechtsvereinheitlichung in Europa. 2001.

Band 25 Monika Prieß: Der Begriff des Sachmangels im deutschen und englischen Kaufrecht. Reformbedarf aufgrund der Verbrauchsgüterkauf-Richtlinie 1999/44/EG. 2001.

Band 26 Katharina Siegel: Produkthaftung im polnischen, tschechischen und slowenischen Recht. 2001.

Band 27 Carolin Kühne: Die gesetzliche Form der Rechtsgeschäfte im deutschen und italienischen Recht. Eine rechtsvergleichende Untersuchung. 2002.

Band 28 Nina Scherf: Die Nachschußpflicht im Gesellschaftsrecht. Eine rechtsformübergreifende Bestandsaufnahme, Analyse und Kritik. 2002.

Band 29 Marc Laukemann: Fernsehwerbung im Programm. Die zunehmende Kommerzialisierung des Fernsehprogramms im Zeitalter einer Ökonomisierung der Aufmerksamkeit als verfassungs-, wettbewerbs- und rundfunkrechtliches Problem. 2002.

Band 30 Michael Bo Jaspers: Nachträgliche Rechtswahl im internationalen Schuldvertragsrecht. Unter besonderer Berücksichtigung der Rechtspraxis in England, Frankreich, Dänemark und Deutschland. 2002.

Band 31 Christina Pernice: Die Insolvenzverschleppung durch das Geschäftsführungsorgan der kleinen Kapitalgesellschaft im deutschen, französischen und englischen Recht. Eine rechtsvergleichende Untersuchung zur Entwicklung eines europäischen Lösungsansatzes. 2002.

Band 32 Anne Christine Janert: Der sachliche und persönliche Anwendungsbereich des deutschen Verbraucherkreditrechts und des britischen Consumer Credit Act 1974. Ein Beitrag zu den Möglichkeiten und Grenzen verbraucherrechtlicher Harmonisierung in Europa. 2002.

Band 33 Annette Trost: Faktische Sitzverlegung unter Sitz- und Gründungstheorie im Vergleich. Unter besonderer Berücksichtigung ihrer gesellschafts- und zivilrechtlichen Folgewirkungen. 2003.

Band 34 Esther Cordula Hilpert: Die Gründerhaftung in der Gesellschaft mit beschränkter Haftung in Deutschland, Frankreich und England. 2003.

Band 35 Wei-ming Liao: Die Schiedsgerichtsbarkeit in Taiwan. Unter besonderer Berücksichtigung der internationalen Handelsschiedsgerichtsbarkeit und mit Hinweisen zu der Entwicklung in Deutschland. 2003.

Band 36 Stefan Stork: Sitzverlegung von Kapitalgesellschaften in der Europäischen Union. Zur Reichweite der Niederlassungsfreiheit unter Berücksichtigung der positiven und der negativen Integration. 2003.

Band 37 Marc Pfeffer: Interbrand-Kartellverbot und Intrabrand-Vereinbarungen. Die Ablösung horizontaler und vertikaler Eingriffsmerkmale im GWB zu Gunsten einer Betrachtung produktexterner und -interner Wettbewerbsfaktoren. 2003.

Band 38 Nicole Burkardt: Der arbeitsrechtliche Aufhebungsvertrag. Einvernehmliche Beendigung von Arbeitsverhältnissen unter Berücksichtigung der Rechtslage nach der Schuldrechtsreform. 2004.

Band 39 Christian Schmeling: Die Entlastung von Mitgliedern geschäftsführender Organe im Recht der Kapitalgesellschaften. Eine rechtsvergleichende Studie zum deutschen, schweizerischen und französischen Recht. 2004.

Band 40 Andreas Wolf: Wege zur virtuellen Haupt- und Gesellschafterversammlung. Eine vergleichende Untersuchung über die Einbeziehung elektronischer Medien in die Hauptversammlung einer Aktiengesellschaft und die Gesellschafterversammlung einer GmbH. 2004.

Band 41 Bianca Natalie Baldus: Der elektronisch geschlossene Vertrag mit Schiedsabrede. Zulässigkeit und anwendbares Recht in nationalen und internationalen Schiedsverfahren. 2004.

Band 42 Vania Dilek: Der Wettbewerbsschutz in Bulgarien und in der Russischen Föderation während des Übergangs vom Dirigismus zur Privatautonomie. 2004.

Band 43 Rudolf Lenders: Treuhand am Gesellschaftsanteil. Die Einbindung des Treugebers in das gesellschaftsrechtliche Organisationsgefüge. 2004.

Band 44 Weizuo Chen: Rück- und Weiterverweisung (Renvoi) in staatsvertraglichen Kollisionsnormen. 2004.

www.peterlang.de

Peter Lang · Europäischer Verlag der Wissenschaften

Freia Peters

Treuhand und Unterbeteiligung an Gesellschaftsanteilen

Eine vergleichende Betrachtung für den Bereich des Gesellschafts- und des Steuerrechts

Frankfurt am Main, Berlin, Bern, Bruxelles, New York, Oxford, Wien, 2003.
234 S.
Zivilrechtliche Schriften. Herausgegeben von Peter Kreutz und Dieter Reuter.
Bd. 34
ISBN 3-631-50224-9 · br. € 42.50*

Treuhand und Unterbeteiligung werden herkömmlich als zwei verschiedene Formen der Beteiligung an Gesellschaftsanteilen betrachtet. Sie werden rechtlich in unterschiedlicher Weise behandelt. Ob angesichts der Gemeinsamkeiten beider Rechtsinstitute an dieser Auffassung festgehalten werden kann, ist Gegenstand der Untersuchung. Die rechtliche Behandlung von Treuhand und Unterbeteiligung wird anhand einzelner Bereiche des Gesellschafts- und des Steuerrechts erörtert. Im Vordergrund steht hierbei die Frage, ob die für die unmittelbaren Gesellschafter geltenden Vorschriften auf Treugeber und Unterbeteiligte als bloß mittelbar Beteiligte anzuwenden sind und inwieweit sich in diesem Zusammenhang Unterschiede im Gesellschafts- und im Steuerrecht ergeben.

Aus dem Inhalt: Begriff und Entwicklung von Treuhand und Unterbeteiligung · Gegenüberstellung beider Rechtsinstitute · Behandlung von Treuhand und Unterbeteiligung im Gesellschaftsrecht · Haftung und Stimmrecht · Einkommensteuerrecht

Kolibri 360 GmbH
Ferdinand-Jühlke-Straße 7
99095 Erfurt, Deutschland
produktsicherheit@kolibri360.de

Druck:
CPI Druckdienstleistungen GmbH
im Auftrag der
Kolibri 360 GmbH
Ferdinand-Jühlke-Str. 7
99095 Erfurt